Die Republik Österreich stellt Ihnen Buch und E-Book für Ihre Ausbildung zur Verfügung.
Ihre Professorinnen und Professoren helfen Ihnen, den Stoff zu erlernen und so eine gute Basis für Ihr späteres Berufsleben oder Ihr Studium zu legen. Übernehmen aber auch Sie selbst Verantwortung für Ihren Lernerfolg und nutzen Sie die vielfältigen Möglichkeiten, die Ihnen dieses Buch und das zugehörige E-Book zum Lernen, Üben, Sichern und Wissen bieten.

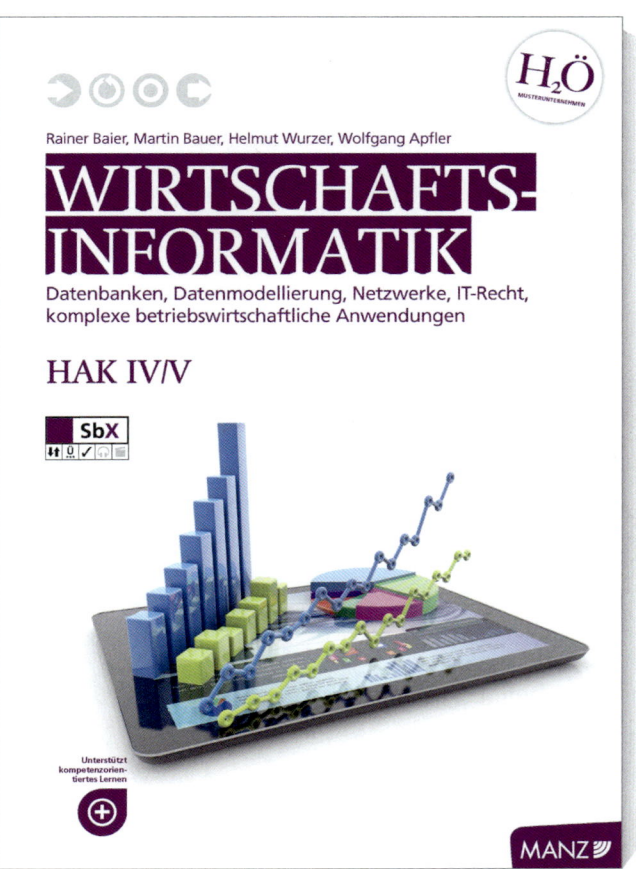

Autoren:

Mag. Rainer Baier
BHAK/BHAS Wien 13,
Wirtschaftsuniversität Wien

AL Mag. Martin Bauer, MSc
Bundesministerium für Bildung

Mag. Helmut Wurzer
BHAK/BHAS Amstetten

Mag. Wolfgang Apfler
BHAK/BHAS Neunkirchen

Wien 2017

Buch-Nr. 180.800

Dieses Lern- und Arbeitsbuch wurde mit Erlass des Bundesministeriums für Bildung vom 4. Oktober 2016, Geschäftszahl BMBF-5.025/0017-IT/3/2016, für den Unterrichtsgebrauch an Handelsakademien im Unterrichtsgegenstand Wirtschaftsinformatik, IV.-V. Jahrgang, für geeignet erklärt.

Herzlich willkommen im neuen Schuljahr!

Das innovative MANZ Lernpaket

Als führender Verlag im berufsbildenden Schulwesen wissen wir, dass Sie Lernpakete benötigen, die Sie zielgerecht zum Lernerfolg – zu Wissen und Kompetenz – führen. Wir wollen, dass Sie nach Abschluss Ihrer Ausbildung Ihre persönlichen Chancen am Arbeitsmarkt bestmöglich wahrnehmen können. Wir arbeiten täglich an der Produktion zeitgemäßer Lernpakete und stehen dabei im ständigen Dialog mit erfahrenen Schulbuchautorinnen und -autoren sowie Wissenschaftlerinnen und Wissenschaftlern.

Ihr Lernpaket besteht aus einem übersichtlich gegliederten Schülerbuch und abwechslungsreichen Ergänzungen inklusive des MANZ Lernraums im E-Book. Alle Teile des Lernpakets sind aufeinander abgestimmt und folgen dem MANZ 4-Schritte-Lernmodell.

Das MANZ 4-Schritte-Lernmodell

Dieses Buch ist ein speziell für Sie gestaltetes, modernes Lern- und Arbeitsbuch. Der Lernstoff ist in diesem Buch in Kapitel und innerhalb der Kapitel in Lerneinheiten gegliedert. Die Lerneinheiten sind nach dem MANZ 4-Schritte-Lernmodell aufgebaut und ein spezielles Leitsystem erleichtert die „Navigation" im Buch.

 LERNEN (Input)
Information aufnehmen, Zusammenhänge erkennen, Theorie erfassen

 ÜBEN (Anwendung)
Routine erwerben, Zusammenhänge verstehen, Erfahrung sammeln

 SICHERN (Festigung)
Gelerntes zusammenfassen, Übersicht gewinnen, Inhalte wiederholen

 WISSEN (Kontrolle)
Wissen testen, Kompetenz überprüfen, Können beweisen

SbX Zu diesem Lern- und Arbeitsbuch gibt es im Rahmen des E-Books vielfältige Online-Ergänzungen sowie ein Lernmanagementsystem, den **MANZ Lernraum.** Auch die Online-Ergänzungen sind nach dem MANZ 4-Schritte-Lernmodell aufgebaut und ermöglichen Ihnen zusammen mit dem Buch abwechslungsreiches und nachhaltiges Lernen.

 Alle Übungsaufgaben in diesem Buch sind realitätsnah gestaltet. Die mit dem H2Ö-Symbol gekennzeichneten Aufgabenstellungen beziehen sich auf das fächerübergreifende virtuelle Musterunternehmen H2Ö GmbH. Durch die Bearbeitung der H2Ö-Aufgaben können Sie innerhalb des Unternehmens H2Ö GmbH in verschiedene Rollen schlüpfen und so Wirtschaft hautnah erleben und verstehen lernen.

Dem Verlag MANZ ist es ein grundlegendes Anliegen, …

… Chancengleichheit wo immer möglich zu fördern. Frauen und Männer werden in den Texten und Beispielen dieses Buches gleichberechtigt behandelt. Um den Lesefluss nicht zu stören, wird aber – wo nötig – auf das Nebeneinander weiblicher und männlicher Formen verzichtet.

Das Schülerbuch als E-Book inklusive SbX

Zusatzmaterial
Alle Download-Dateien (Angaben, Lehrbeispiele, Zusatzinfos) sind hier gesammelt.

Der MANZ Lernraum
ist Ihr Arbeits- und Kommunikationsbereich.

Suchfeld
Suchen Sie hier nach Schlagworten und wählen Sie dann aus den Vorschlägen.

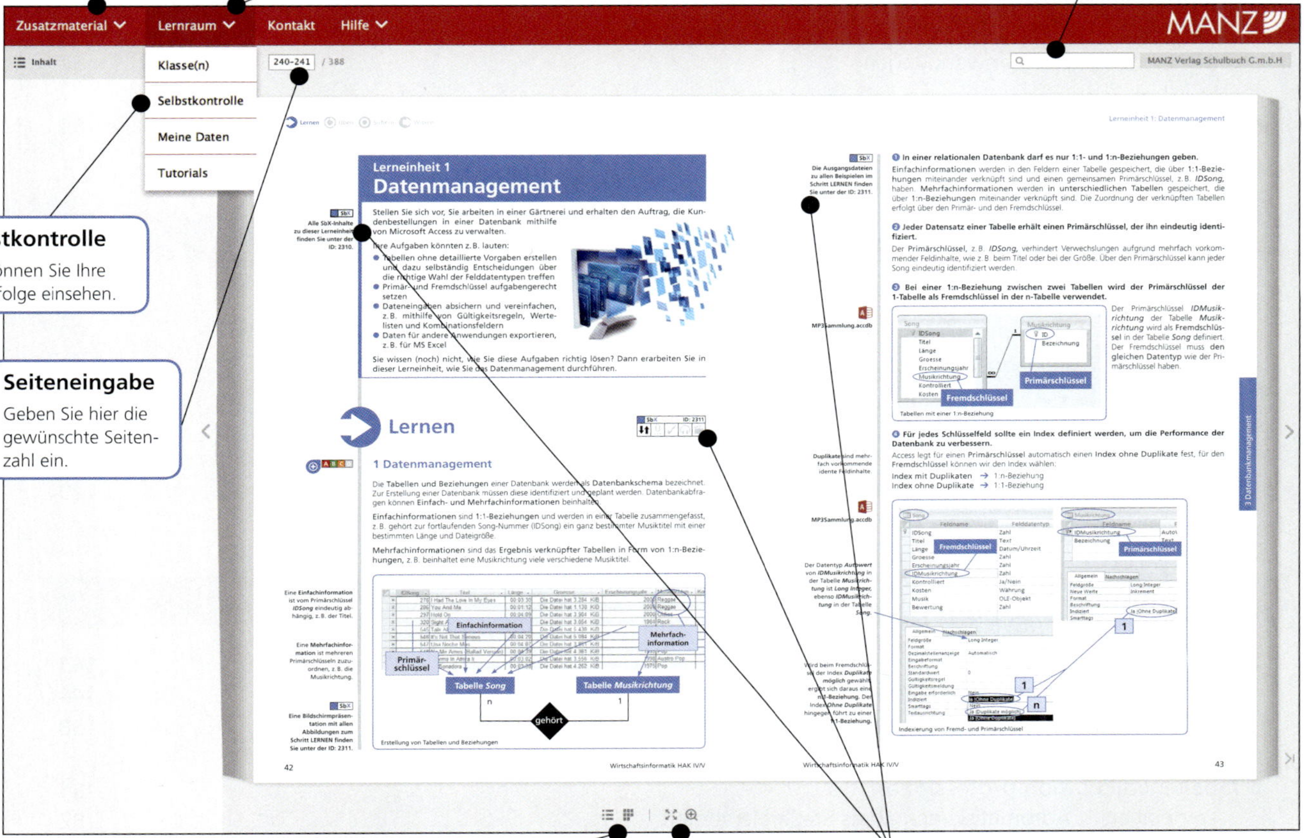

Selbstkontrolle
Hier können Sie Ihre Lernerfolge einsehen.

Seiteneingabe
Geben Sie hier die gewünschte Seitenzahl ein.

Ansicht
Sie können zwischen der Inhaltsansicht mittels Inhaltsverzeichnis und einer Miniaturansicht der Buchseiten wählen.

Zoomfunktion und Vollbildmodus
Die Lupe oder ein Doppelklick ermöglichen eine Detailansicht. Der Vollbildmodus öffnet sich in einem neuen Fenster.

SbX-Leiste und SbX-ID
Ein Klick auf die SbX-ID öffnet eine Übersicht der passenden SbX-Inhalte zum aktuellen Lernschritt.

Das E-Book finden Sie online unter:

 **www.wissenistmanz.at**

 **Startcode: 00255336**

Inhaltsverzeichnis

7. Semester – Kompetenzmodul 7

1 Datenauswertung 1

2 Reporting 19

3 Datenbankmanagement 41
    Lerneinheit 1: Datenmanagement 42
    Lerneinheit 2: Datenanwendungen 57

4 Datenmanipulation 63

8. Semester – Kompetenzmodul 8

5 Datenbankmodellierung 79
    Lerneinheit 1: Datenmodellierung 80
    Lerneinheit 2: Relationale Auflösung 93

6 Netzwerke 105
    Lerneinheit 1: Netzwerkadministration 106
    Lerneinheit 2: Netzwerkkonfiguration 129

9. Semester – Kompetenzmodul 9

7 IT und Recht 143
    Lerneinheit 1: Risiken und Datensicherung 144
    Lerneinheit 2: Rechtliche Grundlagen 158

8 Tabellenkalkulation professional 181
    Lerneinheit 1: Automatisieren mittels Steuerelementen 182
    Lerneinheit 2: Automatisieren mittels Makros 192
    Lerneinheit 3: Finanzmathematik 203

9 Betriebswirtschaftliche Beispiele 219

Anhang 263
    Stichwortverzeichnis 263
    Bildnachweis 265

1 DATENAUSWERTUNG
Kompetenzmodul 7

Worum geht's in diesem Kapitel?

Frau Zeilinger aus dem Sekretariat der H2Ö GmbH benötigt immer häufiger Auswertungen, die Daten zusammenfassen: z.B. die Anzahl der Dienstreisen je Mitarbeiter und je Abteilung sowie die Summe der gefahrenen Kilometer. Erstellen Sie mit Access Abfragen, die diese Informationen liefern.

In diesem Kapitel erwerben Sie Kompetenzen zu folgenden Bildungs- und Lehraufgaben:

- Abfragen mit komplexen Kriterien erstellen
- Datums- und Zeitfunktionen zum Filtern einsetzen
- Berechnungen in Abfragen vornehmen
- Parameterabfragen erstellen
- Kreuztabellenabfragen erstellen

In diesem Kapitel finden Sie Lehrbeispiele, Übungsaufgaben, Kontrollfragen und Wissensaufgaben zur Kompetenzüberprüfung auf den Handlungsebenen **A** Verstehen und **B** Anwenden.

Lernen

SbX
Die Ausgangsdateien zu allen Beispielen im Schritt LERNEN finden Sie unter der ID: 2111.

1 Abfragen mit mehreren Kriterien erstellen

Die Ergebnisse einer Abfrage werden mit Abfragekriterien begrenzt. Es werden nur jene Datensätze angezeigt, bei denen die Feldwerte den Abfragekriterien entsprechen.

	Textfelder	Zahlenfelder	Datumsfelder
genaue Übereinstimmung	„ABC"	100	#01.01.2016#
keine Übereinstimmung	<> „ABC" Nicht „ABC"	<> 100 Nicht 100	<> #01.01.2016# Nicht #01.01.2016#
teilweise Übereinstimmung	Wie „A*" Wie „A?C" Nicht Wie „A*"	Wie „*1,99" Nicht Wie „*1,99"	–
Operatoren	>= „C*"	< 100 > 100 <= 100 >= 100	< #01.01.2016# > #01.01.2016# <= #01.01.2016# >= #01.01.2016#
Grenzwerte	Wie „[A-C]*"	zwischen 0 und 100 >=0 und <=100	zwischen #01.01.2016# und #31.01.2016# >=#01.01.2016# und <=#31.01.2016#
Werteliste	IN(„A";„B";„C")	–	–
leere Felder nicht leere Felder	Ist Null Ist Nicht Null		
* steht für eine beliebige Anzahl von Zeichen, ? steht für genau ein Zeichen > größer, < kleiner, >= größer gleich, <= kleiner gleich, <> ungleich			

Bei **Ja/Nein-Feldern** sind nur zwei Kriterien möglich: das Kriterium *Ja* oder *True* für alle Datensätze, in denen das Kontrollkästchen markiert ist, das Kriterium *Nein* oder *False* für all jene, deren Kontrollkästchen deaktiviert ist.

Lehrbeispiel

H₂Ö
MUSTERUNTERNEHMEN

h2oe_mitarbeiter.accdb

L 1.1: Auswahlabfragen mit mehreren Kriterien erstellen 🅱

Die Datenbank „h2oe_mitarbeiter.accdb" beinhaltet Mitarbeiterdaten, Daten zu Dienstreisen sowie Daten zu den Räumen, in denen die Mitarbeiter/innen ihren Arbeitsplatz haben. Die Abfragen sollen zumindest die Felder „Zuname", „Vorname" und „Abteilung" beinhalten. Erstellen Sie folgende Abfragen und speichern Sie diese fortlaufend unter „Abfrage a", „Abfrage b" usw. ab:

a) Es sollen alle Mitarbeiter/innen angezeigt werden, deren Vorname mit dem Buchstaben M beginnt und deren Geburtstag vor 1970 liegt.

Feld:	Zuname	Vorname	Geburtsdatum			
Tabelle:	Mitarbeiter	Mitarbeiter	Mitarbeiter			
Sortierung:						
Anzeigen:	✓	✓	✓	☐	☐	☐
Kriterien:		Wie "M*"	<#01.01.1970#			
oder:						

b) Es sollen alle Mitarbeiter/innen aus den Abteilungen Vetrieb und Lager ohne Leitungsfunktion angezeigt werden.

Feld:	Zuname	Vorname	Abteilung	Funktion		
Tabelle:	Mitarbeiter	Mitarbeiter	Mitarbeiter	Mitarbeiter		
Sortierung:						
Anzeigen:	✓	✓	✓	✓	☐	☐
Kriterien:			"Vertrieb"	"Mitarbeit"		
oder:			"Lager"	"Mitarbeit"		

c) Es sollen alle weiblichen Mitarbeiter/innen angezeigt werden, die eine Leitungsfunktion haben und nicht in Karenz sind.

Feld:	Anrede	Zuname	Vorname	Abteilung	Funktion	Karenz	
Tabelle:	Mitarbeiter	Mitarbeiter	Mitarbeiter	Mitarbeiter	Mitarbeiter	Mitarbeiter	
Sortierung:							
Anzeigen:	☑	☑	☑	☑	☑	☑	
Kriterien:	Wie "Frau*"				"Leitung"	Nein	
oder:							

d) Es sollen alle männlichen Mitarbeiter angezeigt werden, die nach dem 31.12.2002 sowie alle weiblichen Mitarbeiterinnen, die im Jahr 2004 eingetreten sind.

Feld:	Anrede	Zuname	Vorname	Abteilung	seit	
Tabelle:	Mitarbeiter	Mitarbeiter	Mitarbeiter	Mitarbeiter	Mitarbeiter	
Sortierung:						
Anzeigen:	☑	☑	☑	☑	☑	
Kriterien:	Wie "Herr*"				>#31.12.2002#	
oder:	Wie "Frau*"				Zwischen #01.01.2004# Und #31.12.2004#	

e) Es sollen alle Mitarbeiter/innen angezeigt werden, die in einem Raum arbeiten, dessen Raumnummer an der 2. Stelle den Wert 1 aufweist, die keine Leitungsfunktion haben und bereits vor 2005 beim Unternehmen waren.

Feld:	Zuname	Vorname	Abteilung	Funktion	Raum	seit
Tabelle:	Mitarbeiter	Mitarbeiter	Mitarbeiter	Mitarbeiter	Mitarbeiter	Mitarbeiter
Sortierung:						
Anzeigen:	☑	☑	☑	☑	☑	☑
Kriterien:				"Mitarbeit"	Wie "?1*"	<#01.01.2005#
oder:						

f) Es sollen alle Mitarbeiter/innen angezeigt werden, die in Orten mit den Postleitzahlen 8623, 8693, 8605 oder 8772 wohnen und die nicht im Jahr 2004 angefangen haben, beim Unternehmen zu arbeiten. Verwenden Sie für das Kriterium der Postleitzahlen die Funktion *IN()!*

Feld:	Zuname	Vorname	Abteilung	PLZ	seit	
Tabelle:	Mitarbeiter	Mitarbeiter	Mitarbeiter	Mitarbeiter	Mitarbeiter	
Sortierung:						
Anzeigen:	☑	☑	☑		☑	
Kriterien:				In ("8623";"8693";"8605";"8772")	<#01.01.2004# Oder >#31.12.2004#	
oder:						

g) Es sollen alle Mitarbeiter/innen mit Leitungsfunktion angezeigt werden, sowie alle männlichen Mitarbeiter, die in den Abteilungen Vertrieb oder Marketing tätig sind.

Feld:	Anrede	Zuname	Zuname	Abteilung	Funktion	
Tabelle:	Mitarbeiter	Mitarbeiter	Mitarbeiter	Mitarbeiter	Mitarbeiter	
Sortierung:						
Anzeigen:	☑	☑	☑	☑	☑	☐
Kriterien:					"Leitung"	
oder:	Wie "Herr*"			"Vertrieb" Oder "Marketing"		

Übungsbeispiel

h2oe_mitarbeiter.accdb

Ü 1.1 ★: Auswahlabfragen mit mehreren Kriterien B

Die Datenbank „h2oe_mitarbeiter.accdb" beinhaltet Mitarbeiterdaten, Daten zu Dienstreisen sowie Daten zu den Räumen, in denen die Mitarbeiter/innen ihren Arbeitsplatz haben. Erstellen Sie folgende Abfragen und speichern Sie diese fortlaufend unter „Abfrage a", „Abfrage b" usw. ab:

a) Es sollen alle Orte angezeigt werden, deren Postleitzahl an der vierten Stelle den Wert 2 aufweist und die im Bundesland Steiermark liegen.

b) Es sollen alle Orte angezeigt werden, deren Ortsnamen die Zeichenfolge „Bad" enthalten, und die nicht in Nieder- oder Oberösterreich liegen.

c) Es sollen alle Orte angezeigt werden, deren Ortsname mit einem Buchstaben zwischen A und D bzw. zwischen K und M beginnt und die in den Bundesländern Vorarlberg, Tirol oder Salzburg liegen.

d) Es sollen alle Räume im Hauptgebäude angezeigt werden, die eine Größe zwischen 40 und 50 qm haben.

e) Es sollen alle Räume angezeigt werden, deren Raumnummer an der zweiten Stelle den Wert 0 aufweist und die eine Größe von mindestens 45 qm haben.

f) Es sollen alle Büroräume angezeigt werden, die sich im Hauptgebäude befinden und deren Größe entweder weniger als 40 qm oder mehr als 50 qm beträgt.

g) Es sollen alle Dienstreisen angezeigt werden, die im Mai 2015 stattgefunden haben und deren Distanz mindestens 100 km beträgt.

2 Abfragen mit berechneten Feldern erstellen

Eine Kombination von unterschiedlichen Felddatentypen in einer Spalte ist möglich.

Ein berechnetes Feld ist eine Art zusätzliche Spalte, die nur in der jeweiligen Abfrage gültig ist und sich auf ein bestimmtes Feld oder auf mehrere Felder bezieht. Berechnete Felder werden vor allem im Zusammenhang mit Text-, Zahlen und Datumsfeldern eingesetzt.

❶ Textfunktionen

Syntax	Bedeutung
=Links(Textfeld;n)	schneidet von links n Zeichen aus
=Rechts(Textfeld;n)	schneidet von rechts n Zeichen aus
=Teil(Textfeld;Start;n)	schneidet n Zeichen ab dem Start aus
=Länge(Textfeld)	ermittelt die Anzahl von Zeichen
=Großbst(Textfeld)	wandelt Text in Großbuchstaben um
=Kleinbst(Textfeld)	wandelt Text in Kleinbuchstaben um

❷ Zahlenfunktionen

*In der Praxis werden die Zahlenfunktionen mithilfe von **Aggregatfunktionen** realisiert.*

Syntax	Bedeutung
=Min(Zahlenfeld)	ermittelt den kleinsten Wert eines Feldes
=Max(Zahlenfeld)	ermittelt den größten Wert eines Feldes
=Mittelwert(Zahlenfeld)	ermittelt den Mittelwert eines Feldes
=Summe(Zahlenfeld)	ermittelt die Summe eines Feldes

Mit Zahlenfeldern lassen sich alle wichtigen Rechenoperationen durchführen, die mit Zahlen möglich sind: Addition (+), Subtraktion (–), Multiplikation (*), Division (/) und Potenzierung (^).

❸ Datums- und Zeitfunktionen

Syntax	Bedeutung
=Jetzt()	das aktuelle Datum und die aktuelle Uhrzeit
=Datum()	das aktuelle Datum
=Zeit()	die aktuelle Uhrzeit
=Tag(Datum)	den Tag eines Datums
=Monat(Datum)	der Monat eines Datums
=Jahr(Datum)	das Jahr eines Datums
=Wochentag(Datumsfeld)	der Wochentag eines Datums
=Sekunde(Zeitfeld)	die Sekunde einer Uhrzeit
=Minute(Zeitfeld)	die Minute einer Uhrzeit
=Stunde(Zeitfeld)	die Stunde einer Uhrzeit
=DatTeil(Intervall, Datumsfeld)	den Teil eines Datums
=DatAdd(Intervall; Zahl; Datumsfeld)	fügt einem Datum eine Zeitspanne hinzu
=DatDiff(Intervall; Datumsfeld1; Datumsfeld2)	ermittelt die Differenz zwischen zwei Datumswerten
=Format(Datum; Format)	formatiert einen Wert

Intervall: „jjjj" = Jahr, „q" = Quartal, „m" = Monat, „t" = Tag, „w" = Wochentag, „ww" = Woche

Format: „t" = Tag (ein- oder zweistellig), „tt" = Tag (zweistellig), „ttt" = Tag abgekürzt, „tttt" = Wochentagsname, „w" = Wochentag, „ww" = Kalenderwoche, „m" = Monat (ein- oder zweistellig), „mm" = Monat (zweistellig), „mmm" = Monat abgekürzt, „mmmm" = Monatsname, „j" = Zahl für den Tag des Jahres (1 bis 366), „jj" = Jahr (zweistellig), „jjjj" = Jahr (vierstellig)

Lehrbeispiel

MUSTERUNTERNEHMEN

h2oe_mitarbeiter.accdb

L 1.2: Auswahlabfragen mit berechneten Feldern erstellen B

Die Datenbank „h2oe_mitarbeiter.accdb" beinhaltet Mitarbeiterdaten, Daten zu Dienstreisen sowie Daten zu den Räumen, in denen die Mitarbeiter/innen ihren Arbeitsplatz haben. Erstellen Sie folgende Abfragen und speichern Sie diese fortlaufend unter „Abfrage a", „Abfrage b" usw. ab:

a) Erstellen Sie eine Auswahlabfrage mit einer Spalte „Name", in der die Anrede ohne Titel, der Vorname, der Zuname in Großbuchstaben sowie das Geburtsdatum in Klammern angezeigt werden soll, also beispielsweise „Frau Lea SCHREINER (26.10.1975)".

Feld:	Name: Links([Anrede];4) & " " & [Vorname] & " " & Großbst([Zuname]) & " (" & [Geburtsdatum] & ")"		
Tabelle:			
Sortierung:			
Anzeigen:	☑	☐	☐
Kriterien:			
oder:			

b) Erstellen Sie eine Auswahlabfrage mit einer Spalte „Kilometer Durchschnitt", die den Durchschnitt aller Kilometer der Dienstreisen ermittelt!

Feld:	Kilometer Durchschnitt: Mittelwert([Kilometer])				
Tabelle:					
Sortierung:					
Anzeigen:	☑	☐	☐	☐	☐
Kriterien:					
oder:					

Felder werden in eckige Klammern [ ] gesetzt. Mehrere Felder werden mit & verbunden. Die Zeichenfolge " " erzeugt zwischen den Feldern ein Leerzeichen.

c) Ermitteln Sie die Auswirkungen einer Gehaltserhöhung von 2,4 Prozent für die Mitarbeiter/innen der H2Ö GmbH!

Feld:	Zuname	Vorname	Funktion	Gehalt	Gehaltserhöhung: [Gehalt]*1,024
Tabelle:	Mitarbeiter	Mitarbeiter	Mitarbeiter	Mitarbeiter	
Sortierung:					
Anzeigen:	☑	☑	☑	☑	☑
Kriterien:					
oder:					

d) Ermitteln Sie alle Dienstreisen, die gestern begonnen haben! Es sollen die Felder „Zuname", „Vorname", „Abteilung", „Beginn", „Ziel" und „Kilometer" angezeigt werden.

Feld:	Zuname	Vorname	Abteilung	Beginn	Ziel	Kilometer
Tabelle:	Mitarbeiter	Mitarbeiter	Mitarbeiter	Dienstreisen	Dienstreisen	Dienstreisen
Sortierung:						
Anzeigen:	☑	☑	☑	☑	☑	☑
Kriterien:				Datum()-1		
oder:						

e) Ermitteln Sie alle Dienstreisen, die im aktuellen Monat begonnen haben! Es sollen die Felder „Zuname", „Vorname", „Beginn" und „Ziel" angezeigt werden.

Feld:	Zuname	Vorname	Beginn	Ziel	M: Monat([Beginn])	J: Jahr([Beginn])
Tabelle:	Mitarbeiter	Mitarbeiter	Dienstreisen	Dienstreisen		
Sortierung:						
Anzeigen:	☑	☑	☑	☑	☑	☑
Kriterien:					Monat(Datum())	Jahr(Datum())
oder:						

f) Ermitteln Sie alle Dienstreisen, die im aktuellen Quartal begonnen haben! Es sollen die Felder „Zuname", „Vorname", „Beginn" und „Ziel" angezeigt werden.

Feld:	Zuname	Vorname	Beginn	Ziel	Q: DatTeil("q";[Beginn])	J: Jahr([Beginn])
Tabelle:	Mitarbeiter	Mitarbeiter	Dienstreisen	Dienstreisen		
Sortierung:						
Anzeigen:	☑	☑	☑	☑	☑	☑
Kriterien:					DatTeil("q";Datum())	Jahr(Datum())
oder:						

g) Ermitteln Sie alle Dienstreisen, die innerhalb der letzten 60 Tage begonnen haben! Es sollen die Felder „Zuname", „Vorname", „Beginn", „Ziel" und „Kilometer" angezeigt werden.

Feld:	Zuname	Vorname	Beginn	Ziel	Kilometer
Tabelle:	Mitarbeiter	Mitarbeiter	Dienstreisen	Dienstreisen	Dienstreisen
Sortierung:					
Anzeigen:	☑	☑	☑	☑	☐
Kriterien:			>DatAdd("t";-60;Datum())		
oder:					

Übungsbeispiel

MUSTERUNTERNEHMEN

h2oe_mitarbeiter.accdb

Ü 1.2 ★★: Auswahlabfragen mit berechneten Feldern B

Die Datenbank „h2oe_mitarbeiter.accdb" enthält Daten zu Mitarbeitern, zu Dienstreisen sowie zu den Räumen, in denen die Mitarbeiter/innen ihren Arbeitsplatz haben. Erstellen Sie folgende Abfragen und speichern Sie diese fortlaufend unter „Abfrage a", „Abfrage b" usw. ab:

a) Erstellen Sie eine Auswahlabfrage mit der Spalte „Arbeitsraum", in der die Daten des Raums nach folgendem Muster angezeigt werden: „001 - Hauptgebäude - Büro (40 qm)"!

b) Erstellen Sie eine Auswahlabfrage mit der Spalte „Arbeitsraum", in der die Daten des Raums nach folgendem Muster angezeigt werden: „Raum 001 ist ein Büro mit 40 qm"!

c) Erstellen Sie eine Auswahlabfrage mit der Spalte „Arbeitsraum", in der die Daten des Raums nach folgendem Muster angezeigt werden: Raum „Hauptgebäude 001 (B - 40 qm)"!

d) Erstellen Sie eine Auswahlabfrage mit der Spalte „wohnhaft", in der der Titel, der Zuname, die Textfolge „, wohnhaft in", die Postleitzahl sowie der Ort angezeigt werden, also beispielsweise „Herr Mag. Turek, wohnhaft in 8623 Aflenz"!

e) Erstellen Sie eine Auswahlabfrage mit den Spalten „Kilometer max" und „Kilometer min", die die Kilometer der längsten sowie die der kürzesten Dienstreise ermittelt!

f) Ermitteln Sie die Auswirkungen einer Gehaltserhöhung für die Mitarbeiter der H2Ö GmbH mit Ausnahme aller Mitarbeiter/innen mit Leitungsfunktion! Dabei sollen zwei Alternativen gegenübergestellt werden: eine Erhöhung um einen Fixbetrag von EUR 150,– und eine Erhöhung um 2,5 Prozent. Erstellen Sie dazu eine Auswahlabfrage mit den Feldern „Zuname", „Vorname", „Abteilung" und „Gehalt" sowie den beiden berechneten Feldern!

g) Erstellen Sie eine Auswahlabfrage mit der Spalte „Arbeitsplatz", in der der Vorname, der Zuname, die Textfolge „arbeitet in Raum", die Raumnummer sowie das Gebäude in Klammern angezeigt werden, also beispielsweise „Lukas Turek arbeitet in Raum 001 (Hauptgebäude)"!

h) Ermitteln Sie die Auswirkungen einer Gehaltserhöhung für die Mitarbeiter/innen der H2Ö GmbH, die sich aus einem Fixbetrag von EUR 150,– und 1,5 Prozent zusammensetzt!

i) Ermitteln Sie die Dauer aller Dienstreisen aus dem aktuellen Jahr! Verwenden Sie für die Berechnung der Dauer die Funktion *DatDiff()*!

j) Ermitteln Sie alle Dienstreisen, die innerhalb der letzten 30 Tage geendet haben! Es sollen die Felder „Zuname", „Vorname", „Beginn", „Ziel" und „Kilometer" angezeigt werden.

3 Parameterabfragen erstellen

Kriterien werden bei einer Auswahlabfrage im Abfrageentwurf definiert und müssen auch dort geändert werden, wenn sich die Aufgabenstellung ändert. Bei einer **Parameterabfrage** handelt es sich um eine Auswahlabfrage, bei der ein oder mehrere Kriterienwerte interaktiv vom Benutzer eingegeben werden können.

Eine Parameterabfrage ist kein eigener Abfragetyp, sondern eine Sonderform der Auswahlabfrage.

L 1.3: Parameterabfrage mit einem Kriterium B

Erstellen Sie eine Parameterabfrage, mit der die Mitarbeiter/innen einer bestimmten Abteilung angezeigt werden können! Speichern Sie die Abfrage unter L_1_3 - Parameterabfrage!

Lehrbeispiel

MUSTERUNTERNEHMEN

h2oe_mitarbeiter.accdb

❶ Erstellen Sie eine Auswahlabfrage mit den Feldern „Zuname", „Vorname" und „Abteilung"! Geben Sie bei Abteilung unter Kriterien *[Abteilung:]* ein!

❷ Führen Sie anschließend die Abfrage durch einen Klick auf *Ansicht* bzw. *Ausführen* aus und geben Sie im angezeigten Dialogfenster den Wert *Marketing* ein! Wiederholen Sie die Abfrage und geben Sie nun als Parameter den Wert *Produktion* ein!

Wird bei einem Feld ein Text in eckigen Klammern angegeben, ist die Eingabe eines Parameters möglich.

Feld:	Zuname	Vorname	Abteilung		
Tabelle:	Mitarbeiter	Mitarbeiter	Mitarbeiter		
Sortierung:					
Anzeigen:	☑	☑	☑	☐	☐
Kriterien:			[Abteilung:]		
oder:					

Parameterwert eingeben
Abteilung:
Marketing
OK   Abbrechen

Ü 1.3 ★: Parameterabfragen B

Erstellen Sie die folgenden Parameterabfragen und speichern Sie diese fortlaufend unter „Abfrage a", „Abfrage b" usw. ab:

a) Eine Parameterabfrage, mit der Mitarbeiter/innen angezeigt werden, die eine bestimmte Funktion erfüllen (Leitung bzw. Mitarbeit)!

b) Eine Parameterabfrage, mit der der Zuname der Mitarbeiter/innen flexibel gewählt werden kann! Es sollen alle Felder der Tabelle „Mitarbeiter" angezeigt werden.

c) Eine Parameterabfrage, mit der die Postleitzahl der Mitarbeiter/innen flexibel gewählt werden kann! Es sollen die gesamten Anschriftsdaten angezeigt werden.

Neben der Verwendung eines Kriteriums sind auch die Festlegung mehrerer Kriterien, die Angabe von Wertgrenzen sowie die Abfrage mit ungefährer Übereinstimmung möglich.

L 1.4: Parameterabfrage mit mehreren Kriterien B

Erstellen Sie die folgenden Parameterabfragen und speichern Sie diese fortlaufend unter „Abfrage a", „Abfrage b" usw. ab:

a) Erstellen Sie eine Parameterabfrage, mit der die Abteilung und die Funktion der Mitarbeiter/innen individuell angegeben werden können!

Feld:	Zuname	Vorname	Abteilung	Funktion		
Tabelle:	Mitarbeiter	Mitarbeiter	Mitarbeiter	Mitarbeiter		
Sortierung:						
Anzeigen:	☑	☑	☑	☑	☐	☐
Kriterien:			[Abteilung:]	[Funktion:]		
oder:						

b) Erstellen Sie eine Parameterabfrage, mit der die Unter- und Obergrenze des Gehalts frei gewählt werden kann!

Wertgrenzen können bei Zahlen- und Datumsfeldern verwendet werden.

Feld:	Zuname	Vorname	Gehalt		
Tabelle:	Mitarbeiter	Mitarbeiter	Mitarbeiter		
Sortierung:					
Anzeigen:	☑	☑	☑	☐	☐
Kriterien:			Zwischen [Untergrenze:] Und [Obergrenze:]		
oder:					

c) Erstellen Sie eine Parameterabfrage, mit der in Bezug auf den Zunamen nach ungefährer Übereinstimmung ausgewertet wird!

Ungefähre Übereinstimmung bedeutet die Verwendung der Wildcard-Zeichen * und ?.

Feld:	Zuname	Vorname	Abteilung	Funktion		
Tabelle:	Mitarbeiter	Mitarbeiter	Mitarbeiter	Mitarbeiter		
Sortierung:						
Anzeigen:	☑	☑	☑	☑	☐	☐
Kriterien:	Wie [Zuname:] & "*"					
oder:						

Ü 1.4 ★: Parameterabfragen Dienstreisen B

Erstellen Sie die folgenden Parameterabfragen und speichern Sie diese fortlaufend unter „Abfrage a", „Abfrage b" usw. ab:

a) Erstellen Sie eine Parameterabfrage, mit der das Land und die Art der Kunden flexibel angegeben werden können!

b) Erstellen Sie eine Parameterabfrage, mit der Produkte abgefragt werden, deren Preis höher ist als der vom Benutzer eingegebene Parameter!

c) Erstellen Sie eine Parameterabfrage, mit der Mitarbeiter/innen (Zuname, Vorname) und deren Dienstreisen (Beginn, Ende, Ziel, Kilometer) angezeigt werden! Der Zeitraum, in dem die Dienstreisen begonnen haben, soll mit zwei Parametern (Unter- und Obergrenze) eingrenzbar sein.

d) Erstellen Sie eine Parameterabfrage, mit der Kunden (Art, Kunde, PLZ, Ort, Land) angezeigt werden! Die Abfrage ist so zu gestalten, dass nach einer ungefähren Übereinstimmung des Kundennamens gefragt wird.

4 Aggregieren von Werten

Aggregieren von Werten bedeutet das Zusammenfassen von Datensätzen (Aggregationen). Die wichtigsten Funktionen in diesem Zusammenhang sind *Gruppierung, Anzahl, Summe, Min, Max, Mittelwert* und *Bedingung.* Damit eine Auswahlabfrage zum Zusammenfassen von Werten eingesetzt werden kann, muss die Abfrage um die Zeile *Funktion* erweitert werden.

Funktion	Bedeutung
Gruppierung	fasst Datensätze mit gleichen Werten zusammen
Anzahl	ermittelt die Anzahl der Werte in diesem Feld
Summe	berechnet die Summe der Werte in diesem Feld
Min	ermittelt den kleinsten Wert in diesem Feld
Max	ermittelt den höchsten Wert in diesem Feld
Mittelwert	berechnet den Durchschnitt der Werte in diesem Feld
Bedingung	dient zur Angabe von Kriterien Felder mit dieser Funktion werden in der Datenblattansicht nicht angezeigt.

Lehrbeispiel

MUSTERUNTERNEHMEN

h2oe_mitarbeiter.accdb

Summen

L 1.5: Aggregieren von Werten auf Basis einer Tabelle B

Erstellen Sie eine Auswahlabfrage, mit der angezeigt wird, wie viele Mitarbeiter/innen in den einzelnen Abteilungen arbeiten! Mitarbeiter/innen der Abteilung „Geschäftsleitung" sowie alle Mitarbeiter/innen mit Leitungsfunktion sollen dabei nicht berücksichtigt werden. Sortieren Sie die Daten so, dass die Abteilungen mit den meisten Mitarbeitern bzw. Mitarbeiterinnen zuerst angezeigt werden!

❶ Erstellen Sie eine Auswahlabfrage mit den Feldern „Abteilung" und „ID" aus der Tabelle „Mitarbeiter"!

❷ Wählen Sie in der kontextbezogenen Funktionsleiste *Abfragetools – Entwurf* die Schaltfläche *Summen!* Daraufhin erscheint im Abfrageentwurf die Zeile *Funktion.*

❸ Wählen Sie beim Feld „Abteilung" die Funktion *Gruppieren,* beim Feld „ID" die Funktion *Anzahl* und stellen Sie die Sortieroption *Absteigend* beim Feld „ID" ein. Führen Sie die Abfrage aus!

Feld:	Abteilung	ID	
Tabelle:	Mitarbeiter	Mitarbeiter	
Funktion:	Gruppierung	Anzahl	
Sortierung:		Absteigend	
Anzeigen:	☑	☑	☐
Kriterien:			
oder:			

Abteilung	AnzahlvonID
Lager	5
Vertrieb	4
Sekretariat	4
Produktion	4
Marketing	2
Geschäftsleitung	2
Rechnungswesen	1
Produktion und Lager	1
Logistik, Marketing und Vertrieb	1
Logistik	1
IT/Prozessmanagement	1

❹ Fügen Sie das Feld „Funktion" hinzu, wählen Sie die Funktion *Bedingung* und tragen Sie in der Zeile „Kriterien" *Nicht „Leitung"* sowie *Nicht „Geschäftsleitung"* beim Feld „Abteilung" ein! Führen Sie die Abfrage aus!

Feld:	Abteilung	ID	Funktion				
Tabelle:	Mitarbeiter	Mitarbeiter	Mitarbeiter				
Funktion:	Gruppierung	Anzahl	Bedingung				
Sortierung:		Absteigend					
Anzeigen:	☑	☑	☐	☐	☐	☐	☐
Kriterien:	Nicht "Geschäftsleitung"		Nicht "Leitung"				
oder:							

❺ Speichern Sie die Abfrage unter „L_1_5 - Mitarbeiter je Abteilung"!

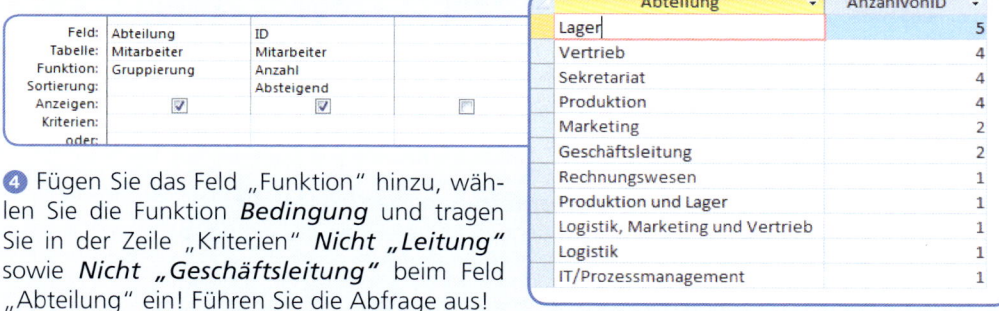

Abteilung	AnzahlvonID	Funktion
Vertrieb	4	Mitarbeit
Sekretariat	4	Mitarbeit
Produktion	4	Mitarbeit
Lager	4	Mitarbeit
Marketing	2	Mitarbeit
Logistik	1	Mitarbeit

Übungsbeispiel

H₂Ö
MUSTERUNTERNEHMEN

h2oe_mitarbeiter.accdb

Ü 1.5 ★: Aggregieren von Werten auf Basis mehrerer Tabellen B

Erstellen Sie die folgenden Auswahlabfragen und speichern Sie diese unter „Ü_1_5a", „Ü_1_5b" etc. ab:

a) Erstellen Sie eine Auswahlabfrage, mit der die Anzahl der Kunden je Land angezeigt wird!

b) Erstellen Sie eine Auswahlabfrage, mit der die Anzahl der Kunden aus der Gastronomie je Bundesland angezeigt wird! Dabei sollen nur österreichische Kunden berücksichtigt werden.

c) Erstellen Sie eine Auswahlabfrage, mit der das durchschnittliche Gehalt aller Mitarbeiter/innen angezeigt wird!

d) Erstellen Sie eine Auswahlabfrage, mit der das durchschnittliche Gehalt je Abteilung angezeigt wird!

e) Erstellen Sie eine Auswahlabfrage, mit der das durchschnittliche Gehalt aller Mitarbeiter/innen mit Leitungsfunktion angezeigt wird!

Lehrbeispiel

H₂Ö
MUSTERUNTERNEHMEN

h2oe_mitarbeiter.accdb

L 1.6: Aggregieren von Werten auf Basis einer Tabelle B

Erstellen Sie eine Auswahlabfrage „Dienstreisen je Abteilung", mit der angezeigt wird, wie viele Dienstreisen je Abteilung im Jahr 2015 gemacht wurden!

Feld:	Abteilung	DID	Beginn		
Tabelle:	Mitarbeiter	Dienstreisen	Dienstreisen		
Funktion:	Gruppierung	Anzahl	Bedingung		
Sortierung:					
Anzeigen:	☑	☑	☐	☐	☐
Kriterien:			Zwischen #01.01.2015# Und #31.12.2015#		
oder:					

Übungsbeispiel

H₂Ö
MUSTERUNTERNEHMEN

h2oe_mitarbeiter.accdb

Ü 1.6 ★: Aggregieren von Werten auf Basis mehrerer Tabellen B

Erstellen Sie die folgenden Auswahlabfragen und speichern Sie diese unter „Ü_1_6a" und „Ü_1_6b" ab:

a) Erstellen Sie eine Auswahlabfrage, mit der die Summe der gefahrenen Kilometer für Dienstreisen angezeigt wird! Dabei sollen nur Dienstreisen der Geschäftsleitung im 1. Halbjahr 2015 berücksichtigt werden.

b) Erstellen Sie eine Auswahlabfrage mit der Anzahl der Verkäufe je Kunde! Dabei sollen nur Kunden berücksichtigt werden, die nicht aus Österreich stammen.

Fügen Sie einer Auswahlabfrage mit aggregierten Feldern nur jene Tabellen hinzu, die Sie für die Abfrage benötigen. Tabellen, die Teil der Abfrage sind, deren Felder jedoch nicht benötigt werden, können zu einem falschen bzw. zu einem falsch interpretierten Ergebnis führen.

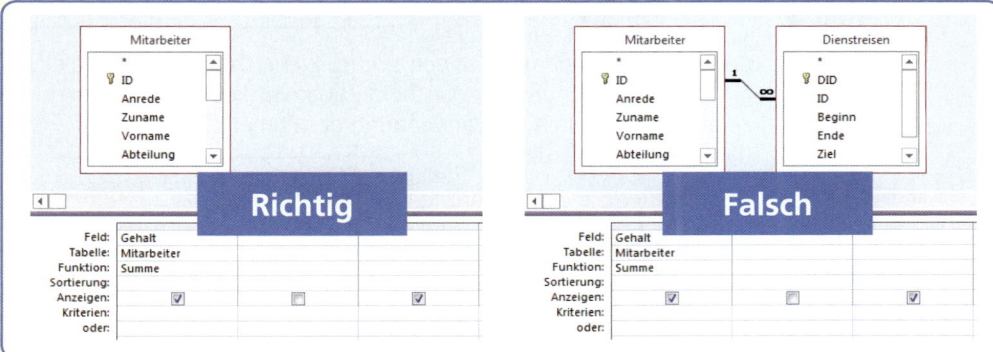

Der einzige Unterschied zwischen diesen beiden Abfragen ist, dass die falsche Lösung zusätzlich die Tabelle „Dienstreise" enthält, die für das Abfrageergebnis nicht notwendig ist. Trotzdem zeigen beide Abfragen ein unterschiedliches Resultat.

5 Spitzenwerte festlegen

Die Eigenschaft **Spitzenwert** legt fest, wie viele Datensätze angezeigt werden.

Für Auswahlabfragen kann die Eigenschaft *Spitzenwerte* festgelegt werden. **Damit wird die Anzahl der angezeigten Datensätze begrenzt.** So können beispielsweise jene zehn Mitarbeiter/innen ausgegeben werden, die am meisten verdienen, oder jene fünf Produkte mit dem höchsten Umsatz usw. Dabei kommt es zu keiner Berechnung oder Filterung der Daten, es wird lediglich festgelegt, wie viele Datensätze einer „normalen" Auswahlabfrage in der Datenblattansicht angezeigt werden.

Lehrbeispiel

MUSTERUNTERNEHMEN

h2oe_mitarbeiter.accdb

L 1.7: Abfrage mit Spitzenwerten B

Ermitteln Sie jene fünf Mitarbeiter/innen der H2Ö GmbH, die am meisten verdienen.

❶ Erstellen Sie eine Auswahlabfrage mit den den Feldern „Zuname", „Vorname", „Funktion", „Abteilung" und „Gehalt" und stellen Sie für das Feld „Gehalt" die Sortierung *Absteigend* ein!

Feld:	Zuname	Vorname	Abteilung	Funktion	Gehalt	
Tabelle:	Mitarbeiter	Mitarbeiter	Mitarbeiter	Mitarbeiter	Mitarbeiter	
Sortierung:					Absteigend	
Anzeigen:	☑	☑	☑	☑	☑	☐
Kriterien:						
oder:						

❷ Blenden Sie das Eigenschaftsfenster der Abfrage ein, indem Sie im Register *Entwurf* auf die Schaltfläche *Eigenschaftenblatt* klicken!

❸ Wählen Sie für die Eigenschaft *Spitzenwerte* den Wert *5* aus, damit die Top-5 der Datensätze angezeigt werden, und führen Sie die Abfrage aus!

Bei Abfragen mit Spitzenwerten kommt der Sortierung eine große Bedeutung zu.

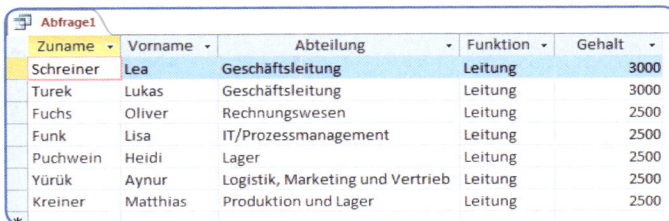

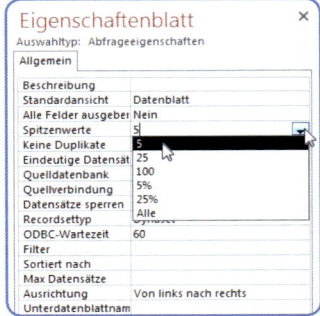

Das Resultat zeigt interessanterweise nicht fünf, sondern sieben Datensätze an. Der Grund: Wird bei *Spitzenwerte* eine bestimmte Anzahl angegeben, werden außerdem alle Datensätze mit Werten zurückgegeben, die mit dem Wert im vorherigen Datensatz übereinstimmen. Da es fünf Mitarbeiter/innen gibt (Plätze 3–7), die im Feld „Gehalt" den gleichen Wert aufweisen, werden diese ebenfalls angezeigt. Um die Funktionsweise und das Verhalten der Eigenschaft *Spitzenwerte* zu verstehen, führen Sie noch folgende Aktionen aus.

Bei **aufsteigender Sortierung** werden die Datensätze mit den **kleinsten Werten** zurückgegeben.

❹ Ändern Sie die Sortierung für das Feld „Zuname" auf *Aufsteigend!*

In diesem Fall werden nur fünf Datensätze angezeigt, da es sich beim ersten sortierten Feld

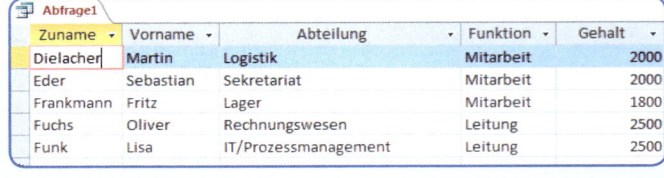

um das Feld „Zuname" handelt und es keine Datensätze mit gleichen Werten in diesem Feld gibt. Bei Mitarbeitern mit gleichem Zunamen könnten auch mehr als fünf Datensätze angezeigt werden. Durch die Verwendung des Primärschlüsselfeldes anstelle des Zunamens könnte das verhindert werden.

Bei **absteigender Sortierung** werden die Datensätze mit den **höchsten Werten** zurückgegeben.

❺ Entfernen Sie die Sortierung aus dem Feld „Zuname" und ändern Sie für das Feld „Gehalt" die Sortierung auf *Aufsteigend!*

Das Ergebnis zeigt die Mitarbeiter/innen mit dem geringsten Gehalt an. Dabei werden acht Datensätze angezeigt, da alle acht Mitarbeiter/innen im Feld „Gehalt" den gleichen Wert aufweisen.

Die Eigenschaft *Spitzenwerte* bietet folgende Vorgaben zur Auswahl an: *5, 25, 100, 5 %, 25 %* und *Alle.* Standardmäßig wird die Eigenschaft bei einer neuen Abfrage auf *Alle* eingestellt. Die vorgegebenen Werte können überschrieben werden.

Übungsbeispiel

h2oe_mitarbeiter.accdb

Ü 1.7 ★: Spitzenwert Geburtsdatum B

Erstellen Sie die folgenden Auswahlabfragen und speichern Sie diese unter „Ü_1_7a" und „Ü_1_7b" ab:

a) Es sollen die drei ältesten Mitarbeiter/innen angezeigt werden.

b) Es sollen die drei jüngsten Mitarbeiter/innen angezeigt werden.

c) Es sollen alphabetisch die drei ersten Mitarbeiter/innen aus der Abteilung „Lager" angezeigt werden.

6 Kreuztabellenabfragen

Kreuztabellenabfragen geben einen besseren Überblick über Daten.

Bei einer Kreuztabellenabfrage handelt es sich um eine besondere Form der Auswahlabfrage, mit der Daten besonders übersichtlich dargestellt werden können.

Lehrbeispiel

h2oe_mitarbeiter.accdb

L 1.8: Kreuztabellenabfrage mit dem Assistenten erstellen B

Erstellen Sie auf Basis der Tabelle „Produktion" eine Kreuztabelle mit dem Feld „Monat" als Zeilenüberschrift, dem Feld „PID" als Spaltenüberschrift und dem Feld „Menge" für die Summenberechnung!

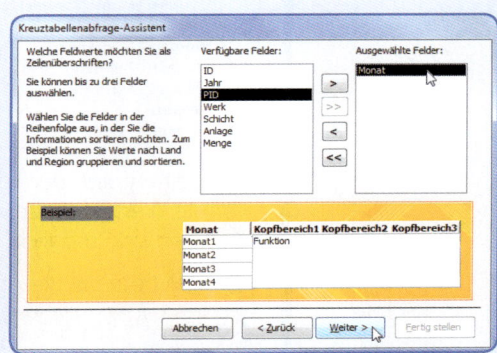

❶ Erstellen Sie eine Abfrage mit dem Abfrage-Assistenten und wählen Sie im ersten Dialogfenster die Tabelle „Produktion". Alternativ ist auch die Auswahl bestehender Auswahlabfragen möglich. Klicken Sie auf *Weiter.*

Für Kreuztabellen sind drei Felder erforderlich: die Zeilenüberschrift, die Spaltenüberschrift, ein Berechnungsfeld.

❷ Für die Wahl der Zeilenüberschrift verschieben Sie das Feld „Monat" von der Spalte „verfügbare Felder" in die Spalte „ausgewählte Felder". Für Zeilenüberschriften sind maximal drei Felder auswählbar. Klicken Sie auf *Weiter.*

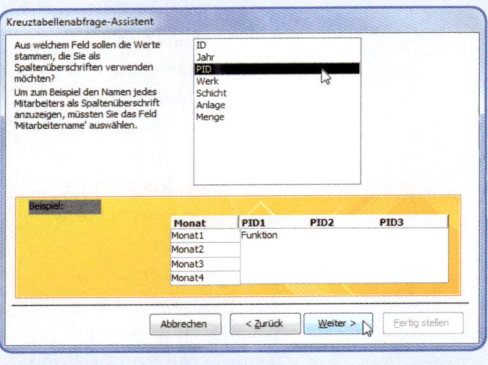

❸ Wählen Sie für die Spaltenüberschrift das Feld „PID" und klicken Sie auf *Weiter.*

❹ Als berechnendes Feld wählen Sie das Feld „Menge" sowie die Funktion *Summe* und klicken auf *Weiter.*

❺ Im letzten Dialogfenster wird festgelegt, unter welchem Namen die Kreuztabellenabfrage gespeichert werden soll. Klicken Sie auf *Fertig stellen.* Das Ergebnis der Kreuztabellenabfrage zeigt übersichtlich die Abfüllmengen der Produkte (Spalten) gruppiert nach Monaten (Zeilen) an.

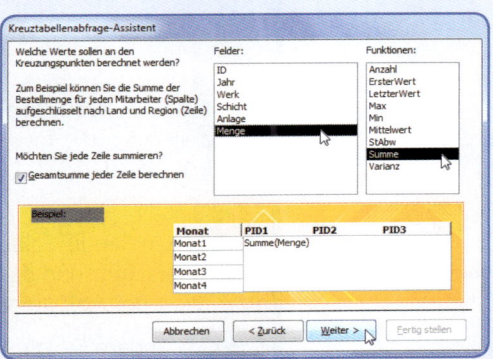

Ob Sie die Kreuztabellenabfrage mit dem Assistenten oder direkt im Abfrageentwurf erstellen, ist für das Ergebnis der Abfrage unerheblich.

h2oe_mitarbeiter.accdb

Kreuztabelle

Lehrbeispiel

L 1.9: Kreuztabellenabfrage mit dem Assistenten erstellen B

Erstellen Sie eine Kreuztabellenabfrage, aus der ersichtlich ist, welche Mitarbeiter/innen in welchen Monaten des Jahres 2015 auf ihren Dienstreisen welche Entfernungen zurückgelegt haben!

❶ Erstellen Sie eine Auswahlabfrage mit den Spalten „Name: Zuname & " " Vorname", „Monat(Beginn)", „Kilometer" und „Beginn"!

❷ Wählen Sie in der Funktionsleiste *Erstellen* die Schaltfläche *Kreuztabelle* und legen Sie im Entwurfsfenster die Zeilenüberschrift, die Spaltenüberschrift und das Wertfeld gemäß der Abbildung fest!

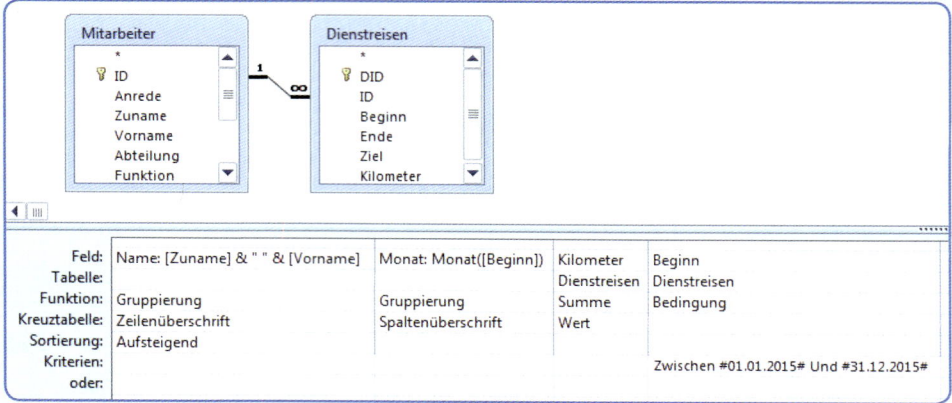

Die Reihenfolge der Felder ist grundsätzlich nicht von Bedeutung, wichtig ist nur der ausgewählte Wert in der Zeile *Kreuztabelle.* Die Festlegung einer Sortierung sowie die Eingabe von Kriterien sind möglich.

❸ Speichern Sie die Abfrage unter „L_1_9 - Kreuztabelle" und führen Sie die Abfrage aus!

Name	1	2	3	4	5	6	7	8
Dielacher Martin		80			276	525	80	
Fuchs Oliver			690		225		320	
Funk Lisa	111		111	115		191		
Habek Manuel		424	226	136	465		225	
Heinz Klara	136			160	504		225	
Kettner Monika	288		80		111	560	160	
Kreiner Matthias			240		160		184	576
Malcik Martina		465	288	216	465	1153	160	
Manhardt Stefan	368	240	288		528			
Scharner Sophie	115					225	601	
Schreiner Lea	140	225			216	768	288	625
Turek Lukas			351	584	225	240	160	160
Yürük Aynur					513	275	448	
Zeilinger Gertrude		80					80	80

Übungsbeispiel

h2oe_mitarbeiter.accdb

Ü 1.8 ★★: Kreuztabelle Verkauf B

Erstellen Sie die folgenden Kreuztabellenabfragen und speichern Sie diese unter „Ü_1_8a", „Ü_1_8b" und „Ü_1_8c" ab:

a) Erstellen Sie auf Basis der Tabelle „Produktion" eine Kreuztabelle mit dem Assistenten! Legen Sie die Felder „Jahr" und „Monat" als Zeilenüberschrift, das Feld „PID" als Spaltenüberschrift und das Feld „Menge" für die Berechnung fest! Die Kreuztabelle soll den Mittelwert der Abfüllmengen darstellen.

b) Verändern Sie die Kreuztabellenabfrage aus L 1.9 so, dass der Durchschnitt der gefahrenen Kilometer auf Dienstreisen angezeigt wird.

c) Erstellen Sie manuell eine Kreuztabellenabfrage, aus der ersichtlich ist, welche Kunden in welchen Monaten wie viel von welchen Produkten gekauft haben! Es sollen nur Daten des 2. Halbjahres 2015 berücksichtigt werden.

Üben

SbX   ID: 2112

h2oe_mitarbeiter.accdb

SbX

Die Ausgangsdateien zu allen Übungsbeispielen finden Sie unter der ID: 2112.

Wählen Sie bei allen Auswahlabfragen eine Sortierung, die Ihnen sinnvoll erscheint.

Ü 1.9 ★★: Auswahlabfragen zu H2Ö-Mitarbeitern B

Die Datenbank „h2oe_mitarbeiter.accdb" beinhaltet Daten zu Mitarbeitern, Postleitzahlen, Räumen und Dienstreisen. Erstellen Sie folgende Abfragen und speichern Sie diese fortlaufend unter „Abfrage a", „Abfrage b" etc.:

a) Ermitteln Sie alle Mitarbeiter/innen aus den Abteilungen „Produktion" und „Lager", die vor 1970 geboren wurden.

b) Ermitteln Sie alle männlichen Mitarbeiter, die in den Räumen 003, 010 und 011 arbeiten. Verwenden Sie für das Kriterium der Räume die Funktion *IN()!*

c) Es sollen der Zuname, der Vorname sowie die Initialen der Mitarbeiter/innen (1. Buchstabe des Vornamens und erster Buchstabe des Zunamens) ausgegeben werden.

d) Erstellen Sie eine Auswahlabfrage mit der Spalte „Mitarbeiter", in der der 1. Buchstabe des Vornamens, der Zuname sowie das Geburtsjahr nach folgendem Muster angezeigt werden: „L. Turek wurde im Jahr 1973 geboren."!

e) Erstellen Sie eine Auswahlabfrage mit den Spalten „Mitarbeiter" und „Aufgabenbereich"! In der Spalte „Mitarbeiter" soll der Titel, der erste Buchstabe des Vornamens, der Zuname in Großbuchstaben sowie die ID in Klammern, z.B. „Herr Mag. L. TUREK (2)", in der Spalte „Aufgabenbereich" soll die Abteilung sowie der 1. Buchstabe der Funktion mit Schrägstrich getrennt angezeigt werden, z.B. „Geschäftsleitung / L".

f) Ermitteln Sie alle Mitarbeiter/innen, die ihren Geburtstag im ersten Halbjahr haben.

g) Ermitteln Sie, wie lange die Mitarbeiter/innen beschäftigt sind (in Jahren auf 2 Dezimalstellen genau). Die Abfrage soll immer tagesaktuell sein.

h) Ermitteln Sie von allen karenzierten Mitarbeitern/Mitarbeiterinnen, wie lange sie bereits bei der H2Ö GmbH beschäftigt sind (in Monaten auf 2 Dezimalstellen genau). Die Abfrage soll immer tagesaktuell sein.

i) Ermitteln Sie alle Mitarbeiter/innen, die bereits länger als fünf Jahre bei der H2Ö GmbH beschäftigt sind. Die Abfrage soll immer tagesaktuell sein.

j) Ermitteln Sie alle Mitarbeiter/innen, die im ersten Quartal eines Jahres eingestellt wurden (unabhängig vom Jahr).

k) Ermitteln Sie alle Mitarbeiter/innen, die nicht in einem Büro arbeiten und schon länger als fünf Jahre bei der H2Ö GmbH beschäftigt sind.

l) Erstellen Sie eine Parameterabfrage, mit der Mitarbeiter/innen angezeigt werden, die in einem bestimmten Raum arbeiten.

m) Erstellen Sie eine Parameterabfrage, mit der Mitarbeiter/innen angezeigt werden, die in einem bestimmten Monat Geburtstag haben.

n) Erstellen Sie eine Parameterabfrage, mit der Mitarbeiter/innen angezeigt werden, die in einem bestimmten Zeitraum bei der H2Ö Gmbh zu arbeiten begonnen haben.

o) Ermitteln Sie, wie viele Personen in den jeweiligen Gebäuden tätig sind.

p) Ermitteln Sie, wie viele qm die jeweiligen Gebäude haben.

h2oe_mitarbeiter.accdb

Ü 1.10 ★★: Auswahlabfragen zu H2Ö-Dienstreisen B

Die Datenbank „h2oe_mitarbeiter.accdb" beinhaltet Daten zu Mitarbeitern, Postleitzahlen, Räumen und Dienstreisen. Erstellen Sie folgende Abfragen und speichern Sie diese fortlaufend unter „Abfrage a", „Abfrage b" etc. ab:

a) Ermitteln Sie alle Dienstreisen von Mitarbeiterinnen und Mitarbeitern, die in Aflenz wohnen und die mehr als 100 km betragen.

b) Ermitteln Sie alle Dienstreisen von Mitarbeiterinnen und Mitarbeitern aus der Verkaufsabteilung, die im Jahr 2015 stattgefunden haben.

c) Ermitteln Sie alle Dienstreisen von Mitarbeiterinnen und Mitarbeitern mit Leitungsfunktion, deren Ziel Salzburg oder Wien war.

d) Ermitteln Sie die Dauer aller Dienstreisen in Tagen.

e) Ermitteln Sie alle Dienstreisen, die an einem Samstag oder Sonntag begonnen haben.

f) Ermitteln Sie alle Dienstreisen von Mitarbeiterinnen und Mitarbeitern, die nicht in der Geschäftsleitung tätig sind und die länger als zwei Tage gedauert haben.

g) Ermitteln Sie alle Dienstreisen der Geschäftsleitung im Monat Mai 2015.

h) Ermitteln Sie alle Dienstreisen nach Graz und Linz, die in den Monaten Jänner, März, Mai und Juli stattgefunden haben. Verwenden Sie dafür die Funktion *IN()*.

i) Es sollen der Zuname, der Vorname sowie die Daten der Dienstreise nach folgendem Muster angezeigt werden: „15. Mai - 10. Mai (80 km nach Graz)".

j) Erstellen Sie eine Parameterabfrage, mit der Dienstreisen angezeigt werden, deren Ziel einem eingegebenen Wert entspricht.

k) Erstellen Sie eine Parameterabfrage, mit der Dienstreisen angezeigt werden, deren Distanz zwischen zwei eingegebenen Werten liegt.

l) Erstellen Sie eine Parameterabfrage, mit der Dienstreisen angezeigt werden, die an einem bestimmten Wochentag (1–7) geendet haben.

m) Ermitteln Sie die Anzahl aller Dienstreisen nach Zielort gruppiert.

n) Ermitteln Sie die Anzahl aller Dienstreisen im 1. Quartal 2015 nach Eisenstadt.

o) Ermitteln Sie die Anzahl und die Summe der Kilometer aller Dienstreisen je Abteilung im Jahr 2015.

p) Ermitteln Sie die Summe der Kilometer, die alle weiblichen Mitarbeiterinnen im 1. Halbjahr 2015 auf Dienstreisen zurückgelegt haben.

q) Es sollen die zehn längsten Dienstreisen angezeigt werden (Distanz).

r) Es sollen die 5 % der längsten Dienstreisen angezeigt werden (Dauer).

fahrradverleih.accdb

Ü 1.11 ★★: Auswahlabfragen zu Fahrradverleih B

Die Datenbank „fahrradverleih.accdb" beinhaltet Daten eines Familienunternehmens, das Fahrräder verleiht. Erstellen Sie folgende Abfragen und speichern Sie diese unter „Abfrage a", „Abfrage b" etc. ab:

a) Geben Sie Fahrräder aus, die am 03. oder. 04.08.2015 verliehen worden sind. Es soll ersichtlich sein, wer welches Fahrrad ausgeliehen hat und wie weit damit gefahren wurde.

b) Geben Sie alle Radtouren aus, für die keine Versicherung abgeschlossen wurde und die mit Fahrrädern unternommen wurden, deren letztes Service vor dem 01. Mai 2015 liegt.

c) Geben Sie alle Radtouren von mehr als 40 Kilometern aus, die mit einem Mountainbike unternommen wurden. Es soll ersichtlich sein, wer dabei welches Fahrrad ausgeliehen hat.

d) Geben Sie alle Radtouren von mehr als 50 Kilometern aus, die mit einem Rad unternommen wurden, das keine Trinkflaschenhalterung hat. Es soll ersichtlich sein, wer dabei welches Fahrrad ausgeliehen hat.

e) Geben Sie das Alter aller Leiher aus.

f) Erstellen Sie eine Abfrage mit einer Spalte. In dieser Spalte sollen alle Fahrräder nach dem Format „ART - Modell (Farbe)" angezeigt werden.

g) Erstellen Sie eine Abfrage mit einer Spalte. In dieser Spalte sollen alle Fahrräder nach dem Format „ZUNAME / Modell - km" angezeigt werden.

h) Ermitteln Sie die Anzahl und die Summe der gefahrenen Kilometer je Fahrrad.

i) Ermitteln Sie die durchschnittlichen gefahrenen Kilometer je Fahrrad.

j) Ermitteln Sie die Summe der gefahrenen Kilometer je Monat im Jahr 2015.

k) Ermitteln Sie alle Fahrräder, die innhalb der letzten 90 Tage ein Service hatten.

l) Ermitteln Sie alle Fahrräder, die innhalb der letzten 14 Tage nicht verliehen worden sind.

m) Erstellen Sie eine Parameterabfrage, mit der alle Verleihvorgänge innerhalb eines bestimmten Zeitraums angezeigt werden können. Zusätzlich soll auch die Fahrradmarke wählbar sein.

n) Ermitteln Sie die zwei am häufigsten ausgeliehenen Fahrräder.

schokoartikel.accdb

Ü 1.12 ★★: Auswahlabfragen zu Schokoartikeln B

Die Datenbank „schokoartikel.accdb" beinhaltet Daten zu verschiedenen Schokoladeartikeln und deren Herstellern. Erstellen Sie folgende Abfragen und speichern Sie diese unter „Abfrage a", „Abfrage b" etc. ab:

a) Geben Sie jene Hersteller aus, die aus Österreich stammen.

b) Geben Sie jene Hersteller aus, die nicht aus der Schweiz stammen.

c) Geben Sie jene Hersteller aus, die nicht aus der Schweiz oder aus Deutschland stammen.

d) Geben Sie jene Artikel aus, deren Bestelldauer maximal 3 Tage beträgt.

e) Geben Sie jene Artikel aus, deren Preis unter EUR 2,– liegt.

f) Geben Sie jene Artikel aus, deren Lagerbestand zwischen 700 und 900 liegt.

g) Geben Sie jene Artikel aus, deren Artikelname mit „M" beginnt.

h) Geben Sie jene Artikel aus, deren Mindestbestand 200 beträgt und deren Hersteller aus den USA kommen.

i) Geben Sie jene Artikel aus, die den Mindestbestand unterschritten haben.

j) Geben Sie jene Artikel aus, deren Bestelldauer mehr als 5 Tage beträgt oder deren Mindestbestand unterschritten wurde.

k) Geben Sie von allen Artikeln den Lagerwert aus. Der Lagerwert berechnet sich wie folgt: Lagerwert = Packungspreis x Lagerbestand.

l) Geben Sie von allen Artikeln den Lagerbestand in Prozent vom Mindestbestand aus.

m) Erstellen Sie eine Abfrage mit einer Spalte. In dieser Spalte sollen alle Artikel nach dem Format „HERSTELLER (Land) - Artikel" angezeigt werden.

n) Geben Sie die Anzahl der Hersteller je Land aus!

o) Geben Sie die Anzahl der Artikel je Hersteller aus!

p) Geben Sie den durchschnittlichen Lagerbestand je Hersteller aus!

q) Geben Sie die Summe der Lagerbestände je Hersteller aus! Es sollen nur Hersteller aus Österreich, Deutschland und der Schweiz berücksichtigt werden.

r) Geben Sie die Hersteller und deren Artikel aus! Dabei soll das Herstellerland flexibel angegeben werden können!

s) Geben Sie alle Felder der Tabelle „Artikel" aus! Es sollen nur jene Artikel angezeigt werden, deren Lagerbestand der vom Benutzer eingegebenen Unter- und Obergrenze entspricht!

t) Erstellen Sie eine Abfrage, mit der Artikel angezeigt werden, deren Lagerwert (Preis x Lagerbestand) höher ist als der vom Benutzer eingegebene Wert!

u) Erstellen Sie eine Abfrage, mit der die Anzahl der Artikel je Land und eingetragenem Mindestbestand übersichtlich angezeigt wird!

Mindestbestand	AT	BE	CH	DE	IT	NL	US
100	3		3	2	2		3
200	3		1	5	2	1	8
300	5	1	5	1	5	1	5
400	1		2	3			2

via.accdb

Ü 1.13 ★★: Auswahlabfragen zu „Vienna International Airport" B

Die Datenbank „via.accdb" beinhaltet Abflugdaten des „Vienna International Airport". Erstellen Sie folgende Abfragen und speichern Sie diese unter „Abfrage a", „Abfrage b" etc. ab:

a) Geben Sie die Anzahl der Flüge je Fluggesellschaft aus!

b) Geben Sie die Anzahl der Fluggesellschaften je Terminal aus!

c) Geben Sie die Anzahl der Flüge je Zielflughafen aus! Es sollen nur Flüge vom 17.08.2015 berücksichtigt werden!

d) Geben Sie die Anzahl der Flüge aus, die am Vormittag des 17.08.2015 nach Zürich fliegen!

e) Geben Sie die Anzahl der Flüge je Gate aus! Es sollen nur Gates berücksichtigt werden, deren Bezeichnung mit D beginnt!

f) Geben Sie alle Felder einer Fluglinie aus! Dabei soll das Kürzel der Fluglinie flexibel angegeben werden können!

g) Erstellen Sie eine Abfrage, mit der alle Abflüge angezeigt werden, deren Start nach dem vom Benutzer eingegebenen Wert liegt!

h) Erstellen Sie einen Raster, aus dem die Anzahl der Flüge je Fluglinie (Kürzel als Spaltenüberschrift) und Zielflughafen (als Zeilenüberschrift) abzulesen ist!

ID: 2112

Weitere Übungen im SbX

Ü 1.14 ★★: Auswahlabfragen zu Büchern B
Erstellen Sie die Abfragen zu Büchern!

Ü 1.15 ★★: Auswahlabfragen zu Fahrzeugen B
Erstellen Sie die Abfragen zu Fahrzeugen!

Ü 1.16 ★★: Auswahlabfragen zu Seminaren B
Erstellen Sie die Abfragen zu Seminaren!

Ü 1.17 ★★: Auswahlabfragen zu Unternehmen B
Erstellen Sie die Abfragen zu Unternehmen!

Ü 1.18 ★★: Auswahlabfragen zu Filmen B
Erstellen Sie die Abfragen zu Filmen!

Sichern

berechnete Felder

Berechnete Felder sind zusätzliche Spalten in einer Abfrage, die sich auf bestehende Felder beziehen. Je nach Datentyp *(Text* oder *Zahl)* des zugrunde liegenden Feldes sind die zu berechnenden Felder unterschiedlich zu notieren.

Parameterabfragen

Parameterabfragen sind Auswahlabfragen, bei denen die Kriterien flexibel und interaktiv durch den Benutzer eingegeben werden können. Es können mehrere Kriterien, Wertgrenzen sowie ungefähre Übereinstimmungen über Parameter festgelegt werden.

aggregierte Abfragen

Über die Funktionszeile können **Zusammenfassungen (Aggregationen) von Datensätzen** erstellt werden. Als Funktionen stehen beispielsweise *Gruppierung, Anzahl, Summe, Min, Max* und *Bedingung* zur Verfügung. Aggregierte Abfragen dürfen nur jene Tabellen enthalten, die für die Auswertung benötigt werden.

Spitzenwerte

Mit der Abfrageeigenschaft *Spitzenwerte* kann die Anzahl der angezeigten Datensätze festgelegt bzw. begrenzt werden. Dabei stehen die Werte *5, 25, 100, 5%, 25%* und *Alle* zur Auswahl.

Wissen

SbX   **ID: 2114**

 A B C D

SbX

Die Ausgangsdateien zu allen Aufgaben finden Sie unter der ID: 2114.

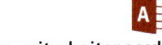
MUSTERUNTERNEHMEN

h2oe_mitarbeiter.accdb

W 1.1: Problemstellungen zur H2Ö GmbH B
Im Zuge Ihrer Tätigkeit bei der H2Ö GmbH werden Sie mit den folgenden Problemstellungen konfrontiert. Lösen Sie diese Aufgaben mithilfe geeigneter Abfragen.

a) Es soll jenes Produkt angezeigt werden, das in den Werken der H2Ö GmbH am meisten abgefüllt wurde!

b) Es sollen jene 5 % der Kunden (Kunden, Ort) angezeigt werden, die nach der Summe der verkauften Produktmengen den höchsten Umsatz hatten.

c) Es sollen jene 5 % der Kunden (Kunden, Ort) angezeigt werden, die nach der Summe der verkauften Produktmengen den geringsten Umsatz hatten.

d) Erstellen Sie eine Auswertung, mit der für jedes Produkt die Summe der verkauften Menge angezeigt wird! Berechnen Sie gleichzeitig den Wert dieser verkauften Menge!

e) Erstellen Sie eine Auswertung, mit der die durchschnittlichen Abfüllmengen der Abfüllanlagen je Werk angezeigt werden!

f) Erstellen Sie eine Auswertung, mit der die Summe der Tage angezeigt wird, an denen Mitarbeiter/innen einer bestimmten Abteilung auf Dienstreise waren! Die Angabe der Abteilung soll dabei frei wählbar und vom Benutzer flexibel eingebbar sein.

g) Die Personalabteilung benötigt die Daten aller Mitarbeiter/innen mit Leitungsfunktion, deren Dienstreisen länger als einen Tag gedauert haben. Konkret sollen Zuname, Vorname, Abteilung, Funktion, Beginn, Ende, Ziel und Kilometer in einer eigenen Tabelle verfügbar sein.

h) Die Preise für alle Sirupe sollen um 0,03 EUR erhöht werden, für die Materialkosten der Sirupe wird eine Erhöhung um 0,02 EUR erwartet. Berechnen Sie die neuen Preise und Materialkosten sowie den Deckungsbeitrag der Sirupe. Um wieviel Prozent wird sich der Deckungsbeitrag erhöhen?

i) Der Produktionsleiter möchte wissen, welche Mengen von welchen Produkten in welchem Betrieb, in welcher Schicht, in welcher Anlage im Jahr 2015 abgefüllt wurden. Die Daten sollen möglichst übersichtlich dargestellt werden.

bestellungen.accdb

W 1.2: Problemstellungen zu Zeitintervallen B

Die Frage nach Datensätzen, die die vorherige bzw. nächste Woche, den vorherigen bzw. nächsten Monat oder das vorherige bzw. nächste Quartal betreffen, ist komplexer, als dies auf den ersten Blick scheint. Angenommen, der aktuelle Monat ist Dezember (12), so wäre der Folgemonat Jänner (1). Eine Lösung unter Verwendung der Funktion *Monat(Datum())* ist somit nicht möglich. Werden jedoch die Datumswerte auf eine einheitliche Basis hochgerechnet, so können entsprechende Kriterien formuliert werden:

Zeitraum	Vergleichsausdruck (D=Datumsfeld)
letzte Woche	Jahr(D)*12+DatTeil("ww";D) = Jahr(Datum())*12+DatTeil("ww";Datum())-1
nächste Woche	Jahr(D)*12+DatTeil("ww";D) = Jahr(Datum())*12+DatTeil("ww";Datum())+1
letzter Monat	Jahr(D)*12+DatTeil("m";D]) = Jahr(Datum())*12+DatTeil("m";Datum())-1
nächster Monat	Jahr(D)*12+DatTeil("m";D) = Jahr(Datum())*12+DatTeil("m";Datum())+1
letztes Quartal	Jahr(D)*12+DatTeil("q";D) = Jahr(Datum())*12+DatTeil("q";Datum())-1
nächstes Quartal	Jahr(D)*12+DatTeil("q";D) = Jahr(Datum())*12+DatTeil("q";Datum())+1

Eine Auswahlabfrage, die vom aktuellen Tagesdatum ausgehend alle Dienstreisen des letzten Quartals anzeigt, sieht folgendermaßen aus:

Feld:	Beginn	Ende	Ziel	Kilometer	Ausdr1: Jahr([Beginn])*4+DatTeil("q";[Beginn])
Tabelle:	Dienstreisen	Dienstreisen	Dienstreisen	Dienstreisen	
Sortierung:					
Anzeigen:	☑	☑	☑	☑	☑
Kriterien:					Jahr(Datum())*4+DatTeil("q";Datum())−1
oder:					

Ermitteln Sie alle Bestellungen

a) der vorherigen Woche.

b) der nächsten Woche.

c) des vorherigen Monats.

d) des nächsten Quartals.

Ein kurzer Kompetenz-Check, bevor's weitergeht!

Kompetenz-Check

	☺	😐	☹
Ich kann Auswertungen mit komplexen Kriterien erstellen.			
Ich kann Datums-/Zeitfunktionen zum Filtern einsetzen.			
Ich kann Berechnungen in Abfragen vornehmen.			
Ich kann Parameterabfragen erstellen.			
Ich kann Daten mittels Gruppierungen zusammenfassen.			

2 REPORTING
Kompetenzmodul 7

SbX

Alle SbX-Inhalte zu diesem Kapitel finden Sie unter der ID: 2210.

Worum geht's in diesem Kapitel?

Neben den Dienstreisen der Mitarbeiter/innen werden auch die in jedem Monat geleisteten Überstunden in der Datenbank der H2Ö GmbH gespeichert. Diese Informationen sollen gemeinsam mit den Dienstreisen in einem Formular angezeigt werden. Das Sekretariat benötigt zudem einen Bericht, in dem diese Daten nach Abteilung gruppiert und auf jeweils einer Seite aufscheinen. In diesem Kapitel erfahren Sie, wie Sie solche Aufgaben lösen können.

In diesem Kapitel erwerben Sie Kompetenzen zu folgenden Bildungs- und Lehraufgaben:

- Berichte erstellen und dabei Daten gruppieren und Berechnungen durchführen
- Daten in Formularen darstellen, filtern, Berechnungen durchführen

In diesem Kapitel finden Sie Lehrbeispiele, Übungsaufgaben, Kontrollfragen und Wissensaufgaben zur Kompetenzüberprüfung auf den Handlungsebenen
A Verstehen, **B** Anwenden, **C** Analysieren und **D** Entwickeln.

Lernen

SbX   ID: 2211

SbX

Die Ausgangsdateien zu allen Beispielen im Schritt LERNEN finden Sie unter der ID: 2211.

1 Datensatzquelle eines Formulars

Eine der wichtigsten Eigenschaften eines Formulars ist die Datensatzquelle. Mit dieser Eigenschaft wird festgelegt, welche Felder aus welchen Tabellen im Formular angezeigt werden sollen. Grundsätzlich gibt es drei Varianten.

❶ Tabelle: Als Datensatzquelle ist eine einzelne Tabelle angegeben. Es stehen nur Felder dieser einen Tabelle im Formular zur Verfügung.

❷ Abfrage: Als Datensatzquelle ist eine bereits zuvor erstellte Abfrage angegeben. Es stehen im Formular alle Felder zur Verfügung, die Teil der Abfrage sind. Da einer Abfrage Felder mehrerer Tabellen hinzugefügt werden können, können auch im Formular Felder aus mehreren Tabellen verwendet werden. Die zugrunde liegende Abfrage verhält sich so wie eine einzelne Tabelle.

Wird ein Formular mit dem Assistenten erstellt, wird eine SQL-Anweisung als Datensatzquelle eingetragen.

❸ SQL-Anweisung: Als Datensatzquelle wird eine SQL-Anweisung angegeben. Es stehen alle Felder zur Verfügung, die Teil der SELECT-Anweisung sind. Bei dieser Variante handelt es sich um ein Art temporäre Abfrage, die nur für dieses Formular gültig ist und jederzeit über die Entwurfsansicht des Formulars geändert werden kann.

Intern wandelt Access auch die Einstellungen *Tabelle* bzw. *Abfrage* in SQL-Anweisungen um.

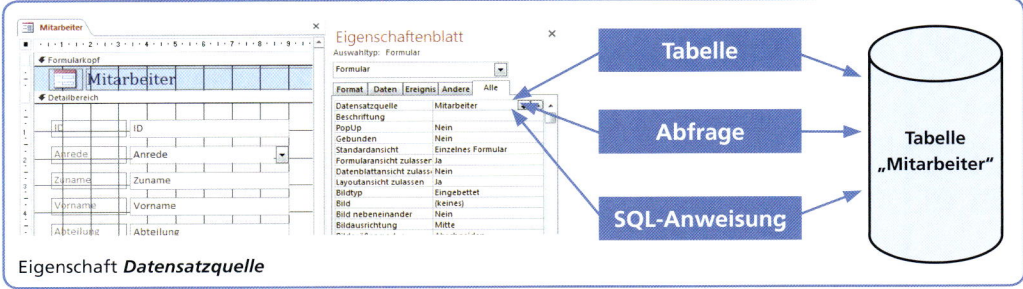

Eigenschaft *Datensatzquelle*

Lehrbeispiel

H₂Ö
MUSTERUNTERNEHMEN

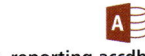

h2oe_reporting.accdb

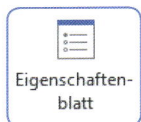
Eigenschaften-blatt

L 2.1: Datensatzquelle auf eine Abfrage ändern **B**
Ändern Sie die Datensatzquelle eines Formulars über die Entwurfsansicht!

❶ Öffnen Sie die Datenbank „h2oe_reporting.accdb" und erstellen Sie auf Basis der Tabelle „Mitarbeiter" ein Formular! Wechseln Sie in die Entwurfsansicht des Formulars und blenden Sie das *Eigenschaftenblatt* ein! Als *Datensatzquelle* ist die Tabelle „Mitarbeiter" eingetragen.

Um die Eigenschaften des Formulars im *Eigenschaftenblatt* anzuzeigen, klicken Sie in einen leeren Bereich des Formulars oder Sie wählen aus dem Kombinationsfeld des Eigenschaftenblatts *Formular*.

❷ Erstellen Sie mit dem Abfrage-Assistenten eine Abfrage „MitarbeiterPostleitzahlen" mit den Feldern „Anrede", „Zuname", „Vorname", „PLZ" und „Straße" der Tabelle „Mitarbeiter" und dem Feld „Ort" der Tabelle „Postleitzahlen"! Schließen Sie die Abfrage und ändern Sie in der Entwurfsansicht des Formulars die *Datensatzquelle* auf die Abfrage „MitarbeiterPostleitzahlen"! Speichern Sie das Formular unter „L_2_1"!

2 Reporting

h2oe_reporting.accdb

Lehrbeispiel

L 2.2: Datensatzquelle auf eine SQL-Anweisung ändern B

Ändern Sie die Datensatzquelle eines Formulars über die Entwurfsansicht!

❶ Öffnen Sie die Datenbank „h2oe_reporting.accdb" und erstellen Sie auf Basis der Tabelle „Mitarbeiter" ein Formular! Wechseln Sie in die Entwurfsansicht des Formulars und blenden Sie das *Eigenschaftsblatt* ein! Als *Datensatzquelle* ist die Tabelle „Mitarbeiter" eingetragen.

❷ Setzen Sie den Cursor in das Eingabefeld der Eigenschaft *Datensatzherkunft* und starten Sie den Abfrage-Generator, indem Sie auf ⋯ klicken! Bestätigen Sie den Dialog mit *Ja!* Daraufhin wird der **Abfrage-Generator** geöffnet.

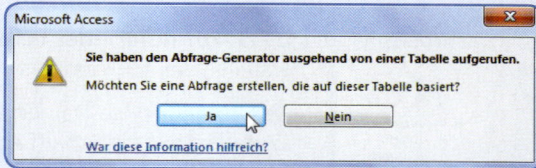

Verschieben Sie die Felder „Anrede", „Zuname", „Vorname", „PLZ" und „Straße" der Tabelle „Mitarbeiter" und das Feld „Ort" der Tabelle „Postleitzahlen" mittels Drag&Drop vom oberen in den unteren Bereich!

Die Tabelle „Postleitzahlen" muss über die Schaltfläche *Tabelle anzeigen* hinzugefügt werden.

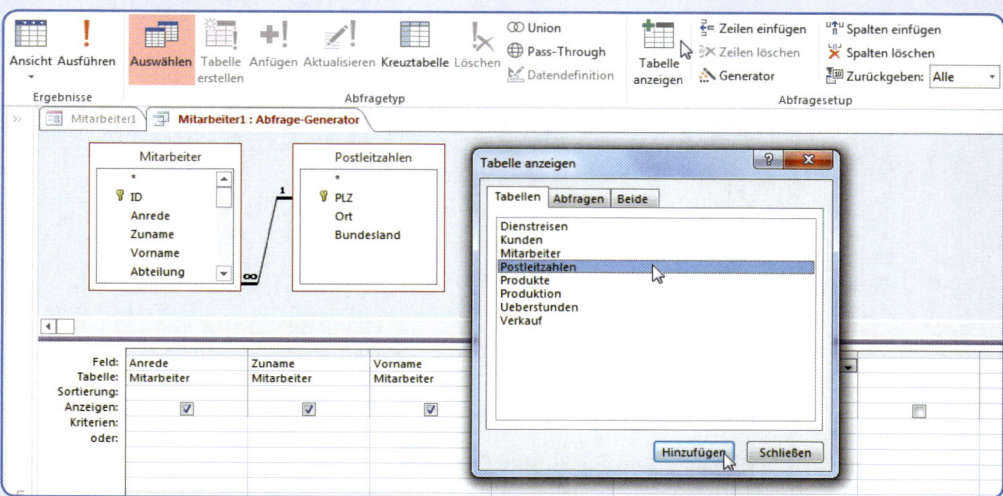

Schließen Sie den Abfrage-Generator und bestätigen Sie die Meldung mit *Ja!*

Die Meldung weist darauf hin, dass mit *Ja* die Eigenschaft *Datensatzquelle* des Formulars auf eine neue SQL-Anweisung geändert wird.

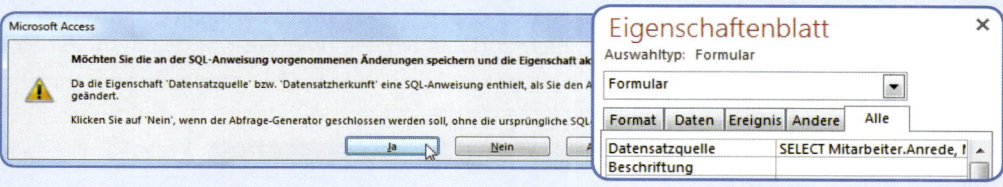

Vorhandene Felder hinzufügen

❸ Blenden Sie die *Feldliste* ein und fügen Sie dem Formular das Feld „Bundesland" hinzu! Speichern Sie das Formular unter „L_2_2"!

In der *Feldliste* werden alle verfügbaren Felder der Datensatzquelle angezeigt.

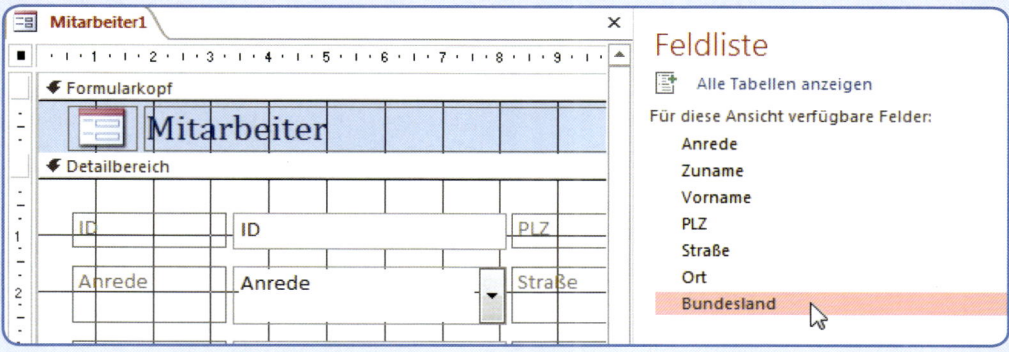

Übungsbeispiel

h2oe_reporting.accdb

Ü 2.1 ★: Datensatzquelle für Produkte und Produktion ändern B

Erstellen Sie auf Basis der Tabelle „Produkte" ein Formular und fügen Sie anschließend über den Abfrage-Generator das Feld „Werk" der Datensatzquelle hinzu!

2 Formular über Feldliste erstellen

Neben den Möglichkeiten, die Access bietet, Formulare mehr oder weniger automatisiert anzulegen, lässt sich ein Formular auch über die Feldliste erstellen. In diesem Fall wird mit einem leeren (ungebundenen) Formular begonnen, in das über die Feldliste Schritt für Schritt die benötigten Felder hinzugefügt werden.

Lehrbeispiel

h2oe_reporting.accdb

L 2.3: Formular über Feldliste erstellen B
Erstellen Sie ein Formular über die Feldliste auf Basis der Tabelle „Mitarbeiter"!

❶ Öffnen Sie die Datenbank „h2oe_reporting.accdb" und klicken Sie in der Funktionsleiste *Erstellen* auf die Schaltfläche *Leeres Formular!*

❷ Erstellen Sie ein leeres Formular und stellen Sie sicher, dass die Feldliste angezeigt wird! Erweitern Sie die Ansicht der Tabelle „Mitarbeiter" und verschieben Sie die Felder „Anrede", „Zuname", „Vorname", „PLZ" und „Straße" in die Layoutansicht des Formulars!

❸ Wählen Sie zusätzlich die Felder „Ort" und „Bundesland" aus der Tabelle „Postleitzahlen" und platzieren Sie diese ebenfalls im Formular!

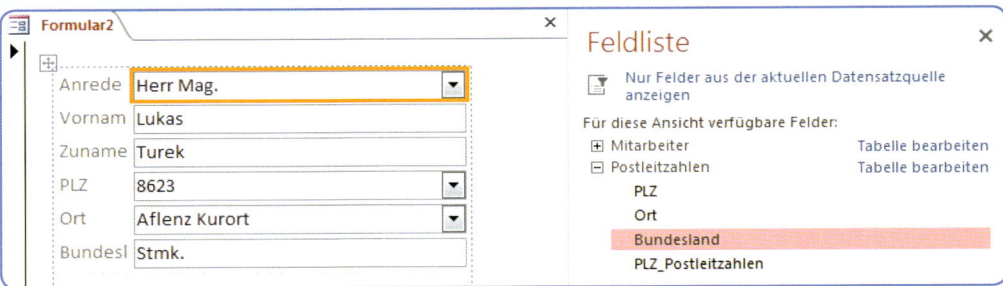

❹ Wechseln Sie in die *Entwurfsansicht* des Formulars und blenden Sie das *Eigenschaftsfenster* ein! Kontrollieren Sie den Wert der Eigenschaft *Datensatzquelle,* indem Sie den *Abfrage-Generator* aufrufen!

❺ Wechseln Sie in die *Entwurfsansicht* des Formulars, klicken Sie mit der rechten Maustaste in den *Detailbereich* und blenden Sie über das Kontextmenü den *Formularkopf/-fuß* ein!

❻ Fügen Sie dem Formular den Formulartitel *Mitarbeiter* hinzu und speichern Sie das Formular unter „L_2_3_Mitarbeiter"!

Übungsbeispiel

h2oe_reporting.accdb

Ü 2.2 ★: Formular „Produkte" über Feldliste erstellen B
Erstellen Sie ein leeres Formular, in dem die Felder der Tabelle „Produkte" angezeigt werden! Blenden Sie den Formularkopf/-fuß ein und formatieren Sie diese Bereiche passend! Legen Sie den Formulartitel „Produkte" fest! Speichern Sie das Formular unter „Ü_2_2_Mitarbeiter"!

3 Formular manuell erstellen

Neben dem automatisierten Anlegen von Formularen und der Verwendung der Feldliste können Formulare auch manuell erstellt werden.

Lehrbeispiel

MUSTERUNTERNEHMEN

h2oe_reporting.accdb

L 2.4: Formular manuell erstellen B
Erstellen Sie manuell ein Formular auf Basis der Tabelle „Mitarbeiter"!

❶ Öffnen Sie die Datenbank „h2oe_reporting.accdb" und klicken Sie in der Funktionsleiste *Erstellen* auf die Schaltfläche *Leeres Formular!*

❷ Erstellen Sie ein leeres Formular, wechseln Sie in die Entwurfsansicht und blenden Sie das *Eigenschaftsblatt* ein! Setzen Sie den Cursor in das Eingabefeld der Eigenschaft *Datensatzquelle* und rufen Sie den *Abfrage-Generator auf!* Fügen Sie dem *Abfrage-Generator* die Tabelle „Mitarbeiter" hinzu und doppelklicken Sie auf den Eintrag *!* Damit werden alle Felder der Tabelle „Mitarbeiter" der Datenquelle hinzugefügt. Schließen Sie den *Abfrage-Generator,* bestätigen Sie die Hinweismeldung mit *Ja* und kehren Sie in die *Entwurfsansicht* zurück!

❸ Stellen Sie sicher, dass das Register *Entwurf* aktiviert ist und beachten Sie die Symbole in der Befehlsgruppe *Steuerelemente!* Zum Anzeigen von Feldinhalten werden die entsprechenden Steuerelemente im Formular platziert.

Für „normale" Textfelder wird das Steuerelement *Textfeld* verwendet.

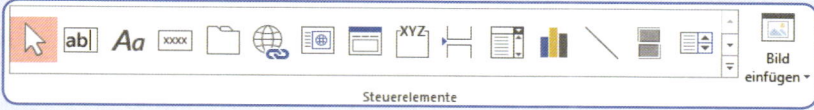

❹ Markieren Sie die Schaltfläche *Textfeld* und klicken Sie in einen freien Bereich des *Detailbereichs!* Legen Sie fünf weitere Textfelder an! Markieren Sie das erste Textfeld und tragen Sie in der Eigenschaft *Name „Zuname"* ein! Wählen Sie für die Eigenschaft *Steuerelementinhalt* den Eintrag *Zuname!* Wiederholen Sie diesen Vorgang für die Felder „Vorname", „Abteilung", „Gehalt", „Geburtsdatum" und „Straße"! Ändern Sie die dazugehörigen Beschreibungsfelder entsprechend und kontrollieren Sie die Auswirkungen in der Normalansicht!

Textfelder werden automatisch um ein Bezeichnungsfeld ergänzt, in das die Beschreibung des Textfeldes eingegeben werden kann.

Werden ein Formular und dessen Steuerelemente manuell erstellt, kommt es zu keiner automatischen Gruppierung der Elemente.

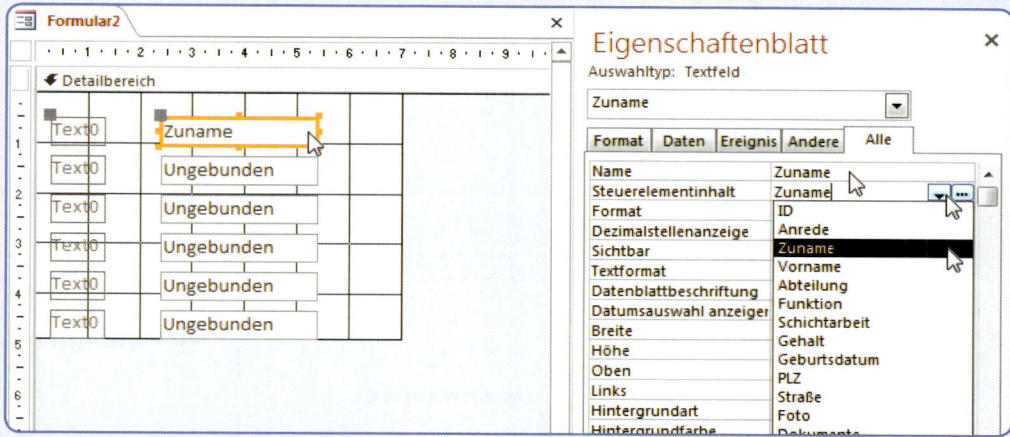

Je nachdem, um welche Art von Feld es sich handelt, das im Formular angezeigt werden soll, stehen unterschiedliche Steuerelemente zur Verfügung.

Steuerelement	Felddatentyp	Beispiel
Textfeld	*Text, Zahl, Datum, Memo*	Zuname, Vorname
Listenfeld	Text mit Mehrfachauswahl bzw. Nachschlagefelder	Absetzbeträge
Kombinationsfeld	*Text, Zahl* (Nachschlagefelder), *Ja/Nein*	PLZ
Umschaltflächen	*Ja/Nein*	Schichtarbeit
Anlage	*Anlage*	Bild, Dokumente

❺ Erstellen Sie für das Feld „Anrede" ein *Listenfeld,* mit dem die Auswahl zwischen den Werten *Frau* und *Herr* möglich ist! Markieren Sie die Schaltfläche *Listenfeld* und klicken Sie in einen freien Bereich des Detailbereichs! Damit wird der *Listenfeld-Assistent* gestartet.

Listenfelder

Für Felder mit Auswahl-möglichkeiten werden die Steuerelemente **Listen-** oder **Kombinationsfeld** vewendet.

Im 2. Dialog werden die Werte eingegeben. Ein Listenfeld kann mehrere Spalten auf-weisen. Nur der Wert der ersten Spalten ist für später relevant.

Im 3. Dialog wird jenes Feld des Formulars ausgewählt, an das das Listenfeld gebunden ist.

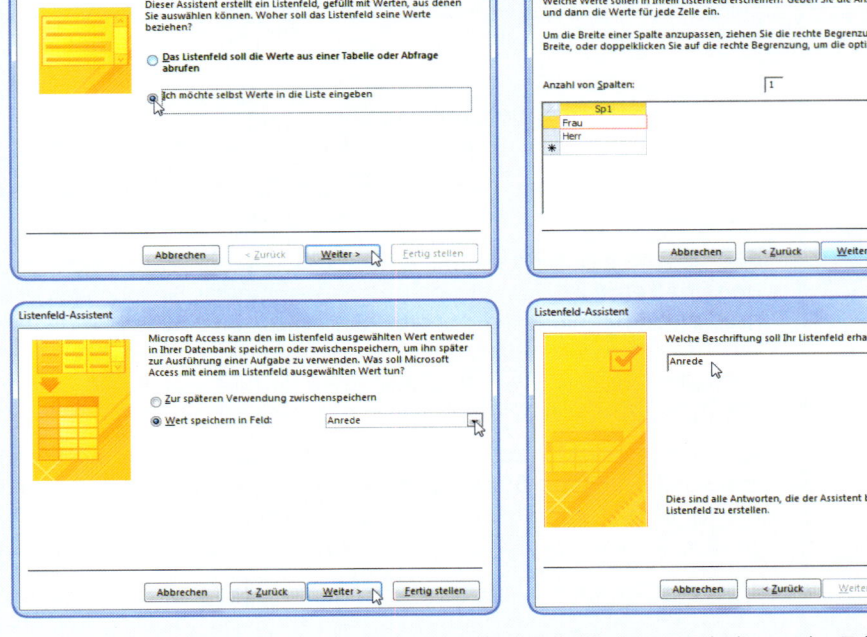

Erstellen Sie für das Feld „PLZ" ein **Kombinationsfeld,** dessen Inhalt aus der Tabelle „Postleit-zahlen" stammt! Markieren Sie die Schaltfläche **Kombinationsfeld** und klicken Sie in einen freien Bereich des Detailbereichs! Damit wird der **Kombinationsfeld-Assistent** gestartet.

Im 2. Dialog wird jene Tabelle oder Abfrage ausgewählt, in der sich die gewünschten Daten befinden.

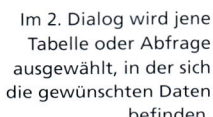
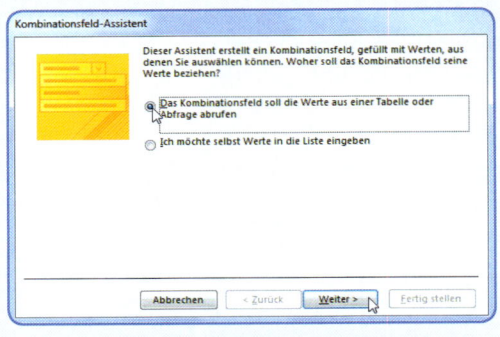
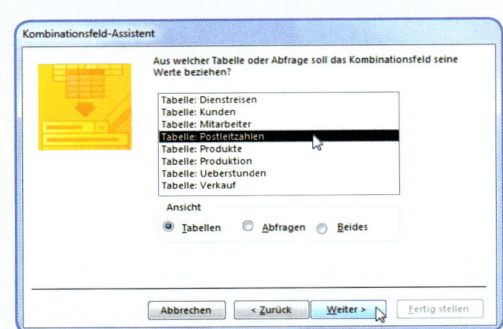

Im 3. Dialog werden jene Felder ausgewählt, die im Kombinations-feld angezeigt werden.

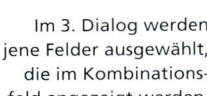
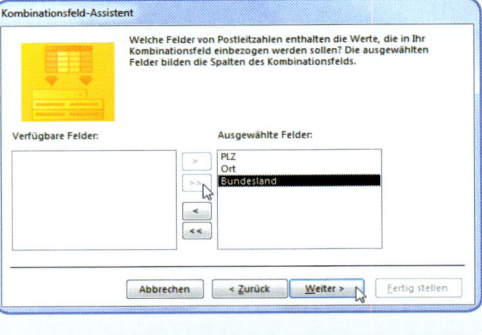
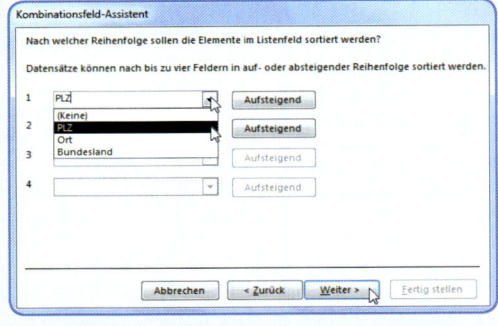

Im 5. Dialog werden die Spaltenbreiten fest-gelegt. In diesem Fall ist die Schlüsselspalte einzublenden.

Im 6. Dialog wird jenes Feld ausgewählt, das weiterverwendet werden soll.

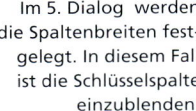
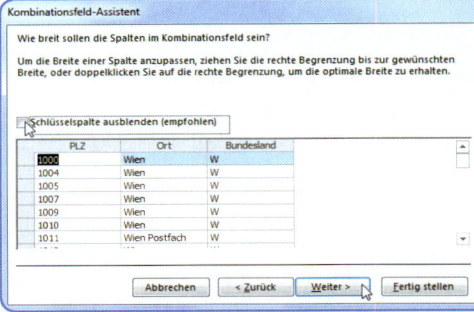
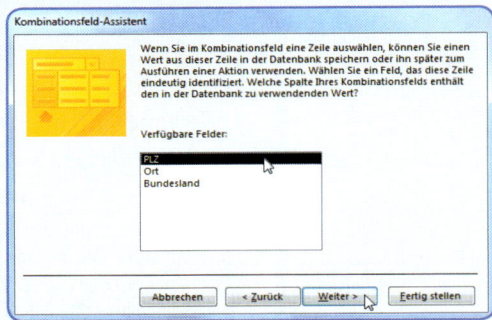

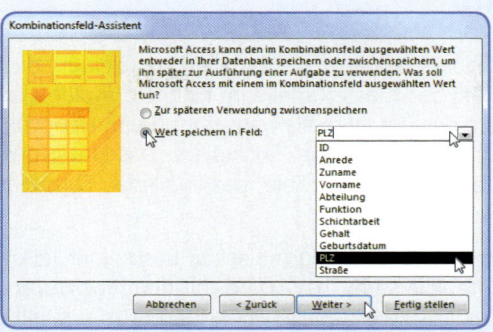 

Im 7. Dialog wird jenes **Feld des Formulars** ausgewählt, an das das Listenfeld gebunden ist.

Erstellen Sie für das Feld „Funktion" ein *Kombinationsfeld,* mit dem die Auswahl zwischen den Werten *Leitung* und *Mitarbeit* möglich ist!

6 Erstellen Sie für das Feld „Schichtarbeit" eine *Umschaltfläche,* indem Sie die Schaltfläche *Umschaltfläche* markieren und in einen freien Bereich des Detailbereichs klicken! Stellen Sie die Eigenschaften *Name, Beschriftung* und *Steuerelementinhalt* auf *Schichtarbeit!*

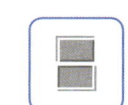

Umschaltfläche

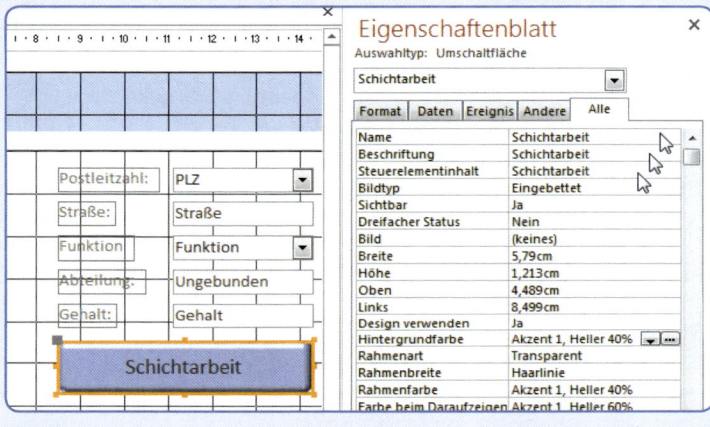

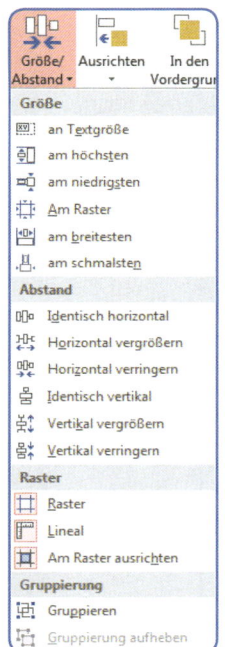

Schaltflächen im Register *Anordnen* zum Ausrichten mehrerer markierter Steuerelemente

7 Erstellen Sie für die Felder „Foto" und „Dokumente" ein Steuerelement *Anlage,* indem Sie die Schaltfläche *Anlage* markieren und in einen freien Bereich des Detailbereichs klicken! Stellen Sie die Eigenschaften *Name* und *Steuerelementinhalt* auf *Foto* bzw. *Dokumente!*

8 Kontrollieren Sie das Ergebnis in der Formularansicht!

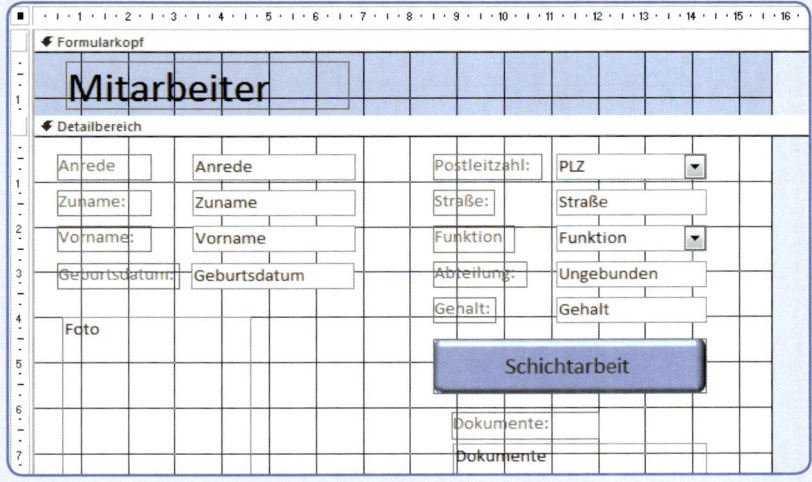

Übungsbeispiel

h2oe_reporting.accdb

Ü 2.3 ★: Formular „Produkte" manuell erstellen B

Erstellen Sie manuell ein Formular, in dem die Felder der Tabelle „Produkte" angezeigt werden! Erstellen Sie für die Felder „Gebinde" und „Logistik" Kombinationsfelder mit den Werten *Glas* und *PET* bzw. *Einweg* und *Mehrweg!* Gestalten Sie das Formular benutzerfreundlich!

4 Unterformulare

Unterformulare dienen dazu, Daten aus zwei Tabellen anzuzeigen, die miteinander in Beziehung stehen. Zu einem Datensatz der Mastertabelle im Hauptformular werden im Unterformular die dazugehörigen Datensätze der Detailtabelle angezeigt. Beim Hauptformular wie auch beim Unterformular handelt es sich um „normale" Formulare. Das Unterformular wird lediglich in das Hauptformular eingebettet und über ein Feld, das in beiden Formularen vorhanden sein muss, mit dem Hauptformular verbunden.

Wird mit der Schaltfläche *Formular* ein Formular auf Basis einer Tabelle erstellt, die in einer 1:n-Beziehung zu einer Detailtabelle steht, bzw. wird mit dem *Formular-Assistenten* ein Formular erstellt, in dem sich Felder aus zwei Tabellen befinden (1:n), erstellt Access im Hauptformular automatisch ein Unterformular.

Access kann lediglich ein Unterformular automatisiert einbetten.

Lehrbeispiel

MUSTERUNTERNEHMEN

h2oe_reporting.accdb

L 2.5: Formular mit zwei Unterformularen manuell erstellen B
Erstellen Sie auf Basis der Tabelle „Mitarbeiter" ein Formular, in dem die Daten der Dienstreisen (Tabelle „Dienstreisen") sowie die Daten der geleisteten Überstunden (Tabelle „Überstunden") zu jedem Mitarbeiter bzw. zu jeder Mitarbeiterin angezeigt werden!

❶ Öffnen Sie die Datenbank „h2oe_reporting.accdb" und erstellen Sie drei Formulare:

- Formular mit den Feldern „ID", „Zuname", „Vorname", „Funktion" und „Abteilung" der Tabelle „Mitarbeiter", Standardansicht *Einzelnes Formular*
- Formular mit allen Feldern der Tabelle „Dienstreisen", Standardansicht *Endlosformular*
- Formular mit allen Feldern der Tabelle „Überstunden", Standardansicht *Endlosformular*

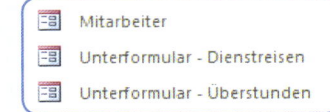

❷ Öffnen Sie das Formular mit den Mitarbeiterdaten in der *Entwurfsansicht* und erweitern Sie die Fläche des Detailbereichs! Ziehen Sie anschließend die beiden Unterformulare per Drag&Drop vom *Navigationsbereich* in den *Entwurfsbereich* des Hauptformulars und passen Sie die Größe der Unterformulare an!

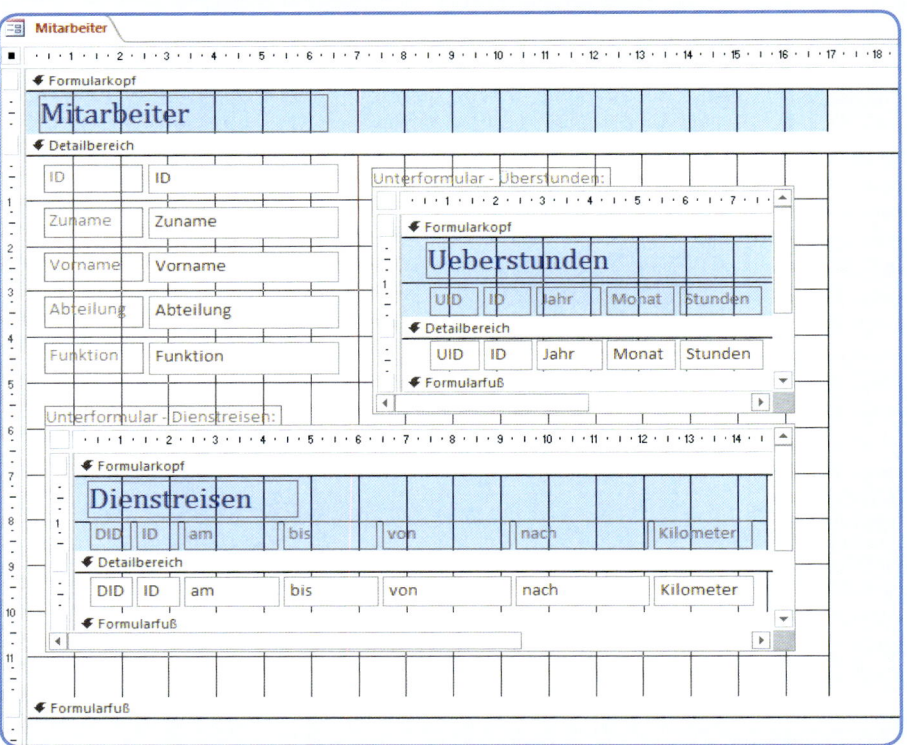

❸ Gestalten Sie das Hauptformular sowie die beiden Unterformulare entsprechend der Abbildung! Es ist dabei unerheblich, ob Sie die Unterformulare über die Entwurfsansicht des Hauptformulars oder über die Entwurfsansicht der Unterformulare verändern.

❹ Markieren Sie das Unterformular *Überstunden* in der Entwurfsansicht und blenden Sie das Eigenschaftsfenster ein! Überprüfen Sie die Eigenschaften *Verknüpfen nach* und *Verknüpfen von!* Wiederholen Sie den Vorgang mit dem Unterformular *Dienstreisen!*

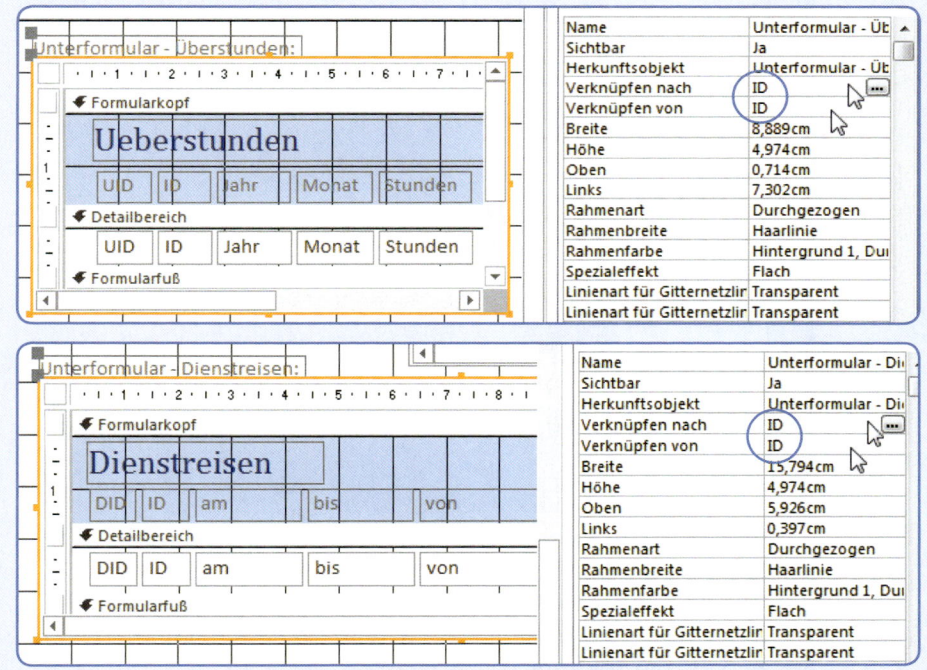

Über die hier eingetragenen Felder wird die Verbindung zwischen dem Haupt- und dem Unterformular hergestellt. In der Regel handelt es sich dabei um das Primär- bzw. das Fremdschlüsselfeld.

Übungsbeispiel

A

h2oe_reporting.accdb

Ü 2.4 ★: Formular „Produkte" manuell erstellen **B**
Erstellen Sie ein Formular mit den Feldern „PID", „Produkt", „Menge" und „Materialkosten" aus der Tabelle „Produkte"! Erstellen Sie ein weiteres Formular mit den Feldern „PID", „Jahr", „Monat", „Werk" und „Abfüllmenge" aus der Tabelle „Produktion"! Fügen Sie das Formular mit den Produktionsdaten als Unterformular in das Formular mit den Produktdaten ein!

5 Berechnete Textfelder

Einem Formular können berechnete Textfelder hinzugefügt werden. Dabei handelt es sich um sogenannte **ungebundene Textfelder,** da sie an kein Feld der Datensatzquelle gebunden sind.

Lehrbeispiel

h2oe_reporting.accdb

L 2.6: Berechnete Textfelder für Dienstreisen B

Erstellen Sie ein Formular, in dem die Daten der Dienstreisen zu jedem Mitarbeiter bzw. zu jeder Mitarbeiterin angezeigt werden. Zusätzlich sollen die Dauer der Dienstreisen, die Anzahl der Dienstreisen sowie die Summe der dabei zurückgelegten Kilometer angezeigt werden.

❶ Öffnen Sie die Datenbank „h2oe_reporting.accdb" und erstellen Sie folgendes Formular und Unterformular!

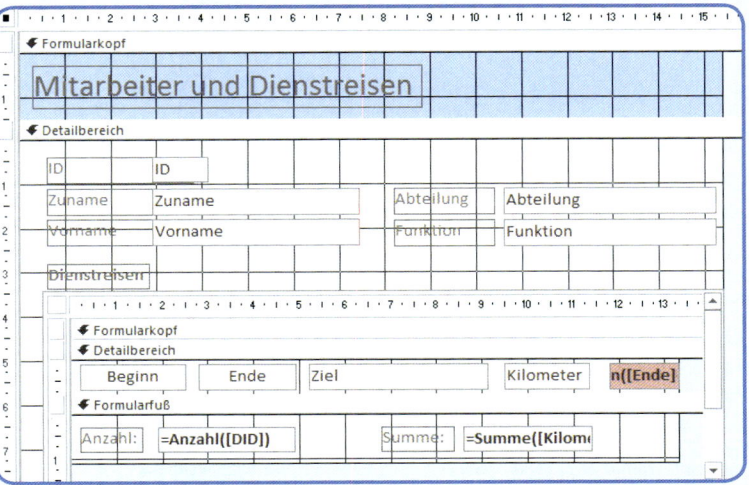

❷ Für die zu berechnenden Felder fügen Sie jeweils ein Textfeld ein und legen für die Eigenschaft *Steuerelementinhalt* folgende Einstellungen fest:

● *Dauer: =[Ende]-[Beginn]+1 & Wenn([Ende]-[Beginn]=0;" Tag";" Tage")*
● *Anzahl: =Anzahl([Kilometer])*
● *Summe: =Anzahl([Kilometer]), Standardzahl, 0 Dezimalstellen*

Übungsbeispiel

h2oe_reporting.accdb

Ü 2.5 ★: Berechnetes Textfeld für Überstunden B

Erstellen Sie ein Formular, in dem die Daten der Überstunden zu jedem Mitarbeiter bzw. zu jeder Mitarbeiterin angezeigt werden. Zusätzlich soll die Summe der Überstunden angezeigt werden!

6 Gruppieren und Sortieren von Berichten

Um die Übersichtlichkeit ausgedruckter Daten zu erhöhen, bietet Access bei Berichten über die Schaltfläche *Gruppieren und Sortieren* mehr Einstellungsmöglichkeiten für die Strukturierung eines Ausdrucks an als beispielsweise bei Formularen.

❶ Gruppieren: Datensätze können in Gruppen zusammengefasst werden. Eine Gruppe besteht aus allen Datensätzen, die im entsprechenden Feld den gleichen Wert aufweisen. Für jede Gruppe kann ein eigener Gruppenfuß bzw. -kopf eingeblendet werden. Diese Bereiche eignen sich zur Darstellung zusammenfassender Informationen einer Gruppe.

❷ Sortieren: Die Sortierung legt fest, in welcher Reihenfolge die Datensätze angezeigt werden (auf- oder absteigend). Die Sortierung eines Berichts erfolgt unabhängig von den Sortierungseinstellungen der zugrunde liegenden Datensatzquelle.

Lehrbeispiel

MUSTERUNTERNEHMEN

h2oe_reporting.accdb

L 2.7: Bericht mit einer Gruppierungsebene erstellen 🅱

Erstellen Sie einen Bericht (manuell), mit dem die Mitarbeiterdaten nach Abteilung gruppiert ausgedruckt werden! Gestalten Sie den Bericht so, dass für jede Abteilung eine eigene Seite begonnen wird, und dass je Abteilung die Anzahl der Mitarbeiter/innen sowie die Gehaltssumme im Gruppenfuß angezeigt werden!

❶ Öffnen Sie die Datenbank „h2oe_reporting.accdb", klicken Sie in der Funktionsleiste *Erstellen* auf die Schaltfläche *Leerer Bericht,* wechseln Sie in die *Entwurfsansicht* des Berichts und blenden Sie die *Feldliste* über die Schaltfläche *Vorhandene Felder hinzufügen* ein!

❷ Fügen Sie über die *Feldliste* die Felder „Zuname", „Vorname", „Abteilung", „Funktion" und „Gehalt" aus der Tabelle „Mitarbeiter" ein!

Die Vorgangsweise beim manuellen Erstellen eines Berichts entspricht jener von Formularen.

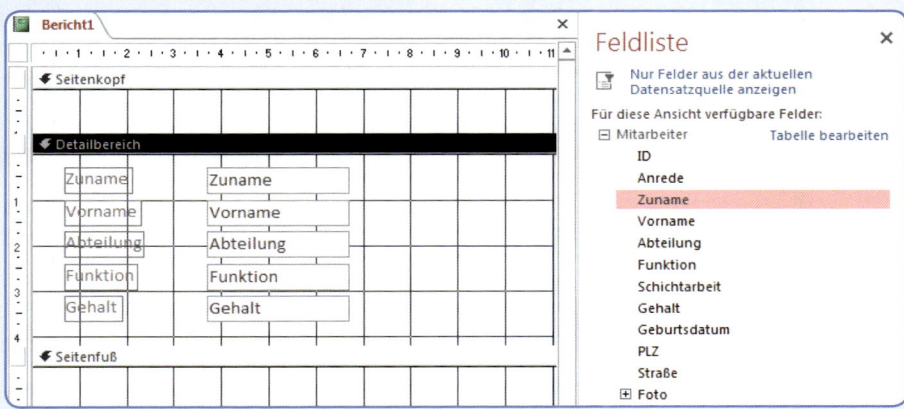

❸ Klicken Sie auf die Schaltfläche *Gruppieren und Sortieren,* dann auf *Gruppe hinzufügen* und wählen Sie das Feld *Abteilung!* Verschieben Sie das Feld *Abteilung* vom Detailbereich in den Gruppenkopf, formatieren Sie den Bericht entsprechend der Abbildung und klicken Sie im Fensterbereich *Gruppieren, Sortieren und Summe* auf *Mehr,* um alle Optionen einzublenden! Kontrollieren Sie die Änderungen in der Berichtsansicht bzw. in der Seitenansicht!

Gruppieren und Sortieren

Schaltfläche im Register *Entwurf* zum Einblenden der Gruppierungs- und Sortieroptionen

Beim Hinzufügen einer Gruppe wird automatisch ein Gruppenkopf eingeblendet.

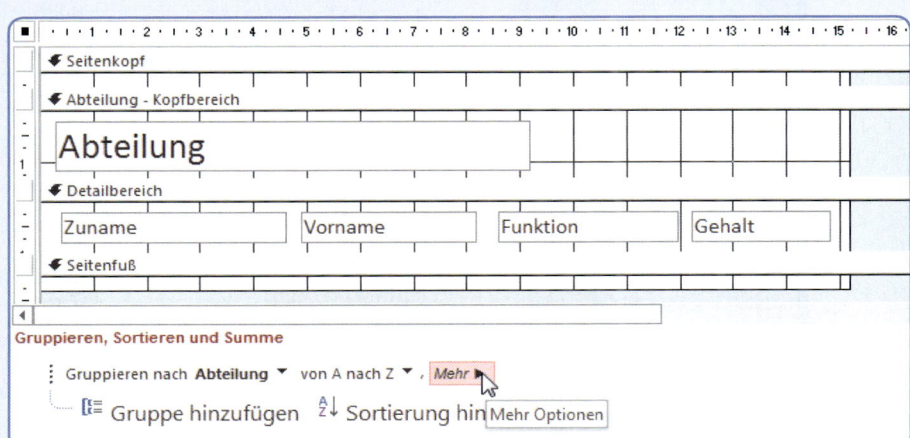

2 Reporting

4 Blenden Sie für die Gruppe *Abteilung* einen Gruppenfuß ein!

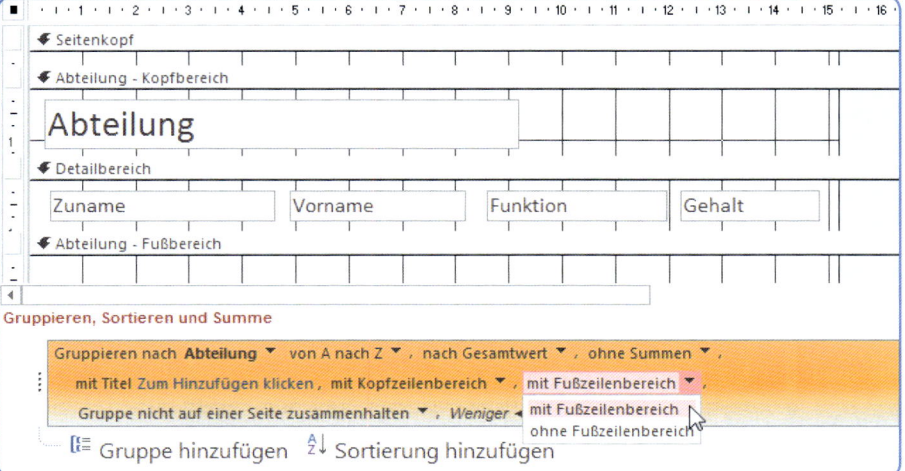

5 Blenden Sie im Gruppenfuß die Anzahl der Mitarbeiter/innen ein!

Die Anzahl der Mitarbeiter/innen kann alternativ auch im Gruppenkopf angezeigt werden.

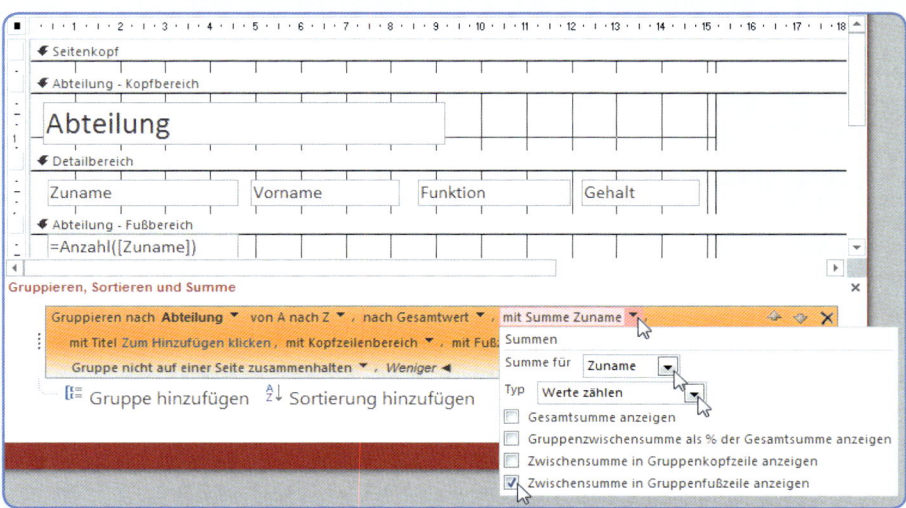

6 Blenden Sie im Gruppenfuß die Summe für das Feld „Gehalt" ein!

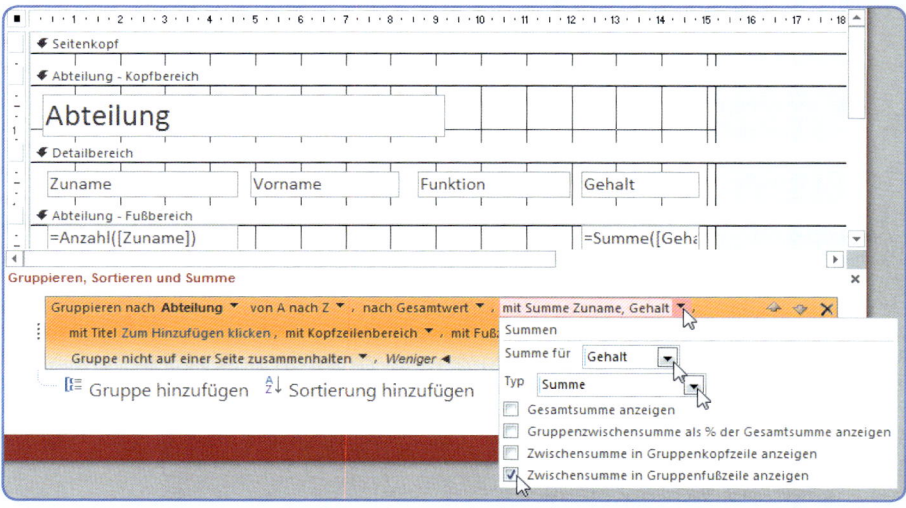

7 Markieren Sie den Gruppenfuß und blenden Sie das *Eigenschaftsfenster* ein! Wählen Sie für die Eigenschaft *Neue Seite – Nach Bereich!*

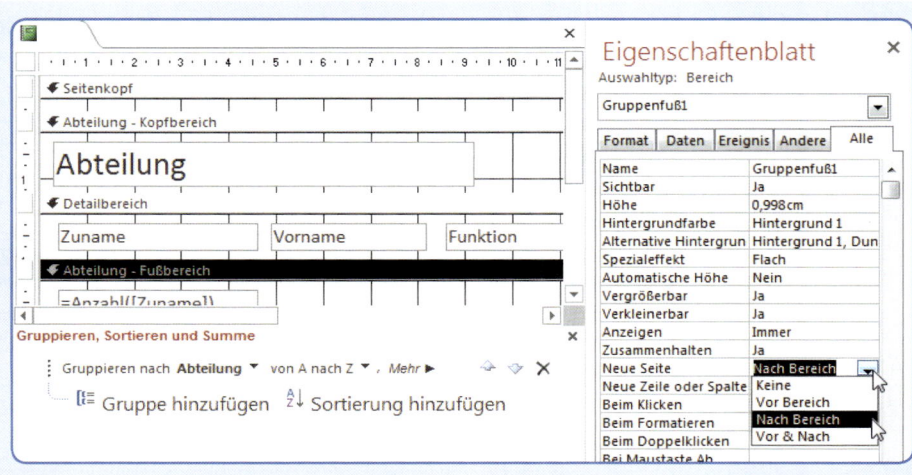

Die Einstellung *Neue Seite – Nach Bereich* führt dazu, dass nach jedem Bereich, also nach jeder Abteilung, eine neue Seite begonnen wird.

⑧ Kontrollieren Sie die Wirkung der Eigenschaft *Neue Seite* in der Seitenansicht!

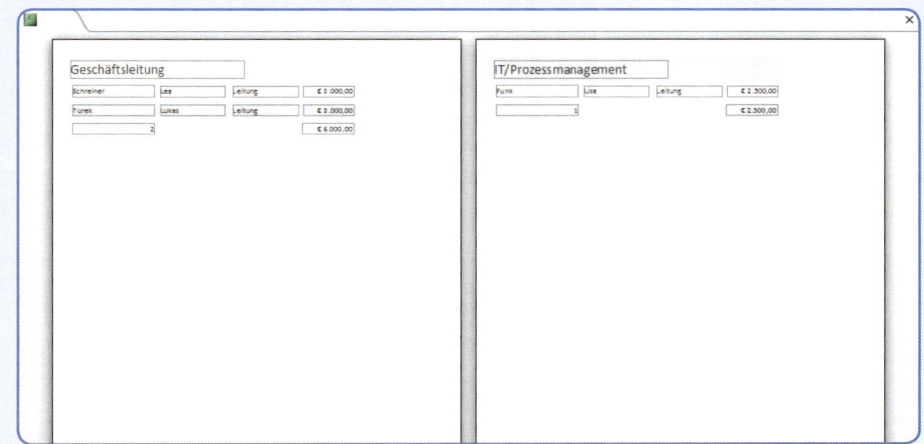

Die Einstellungen der Eigenschaft *Neue Seite* werden nur in der Seitenansicht dargestellt.

Übungsbeispiel

h2oe_reporting.accdb

Ü 2.6 ★★: Bericht mit gruppierten Kundendaten B

Erstellen Sie einen Bericht (manuell), mit dem die Kundendaten („Art", „Kunde", „Land", „seit") nach Land gruppiert ausgedruckt werden! Gestalten Sie den Bericht so, dass für jedes Land eine eigene Seite begonnen wird und dass die Anzahl der Kunden je Land im Gruppenfuß angezeigt wird!

Lehrbeispiel

h2oe_reporting.accdb

L 2.8: Bericht mit zwei Gruppierungsebenen erstellen B

Erstellen Sie einen Bericht (manuell), mit dem die Mitarbeiterdaten nach Abteilung und Funktion gruppiert ausgedruckt werden! In den Kopfbereichen der Gruppen soll die Anzahl der Mitarbeiter, in den Fußbereichen die Gehaltssumme angezeigt werden! Diese Informationen sollen auch für alle Datensätze im Berichtsfuß aufscheinen. Die Daten sollen als durchgehende Liste, d.h. ohne Seitenumbrüche, druckbar sein.

① Öffnen Sie die Datenbank „h2oe_reporting.accdb" und kopieren Sie den Bericht aus „L 2.7" unter „L 2.8"! Öffnen Sie den Bericht in der Entwurfsansicht, markieren Sie den Fußbereich der Abteilung und stellen Sie für die Eigenschaft *Neue Seite* den Wert *Keine* ein!

② Fügen Sie eine weitere Gruppe für das Feld „Funktion" hinzu und verschieben Sie das Textfeld *Funktion* in den Kopfbereich der Gruppe *Funktion*!

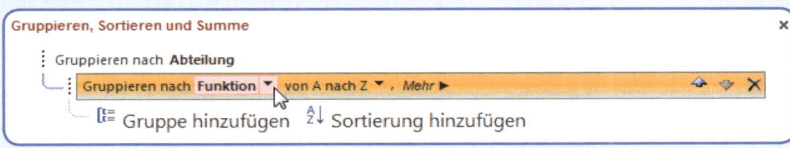

3 Blenden Sie für die Gruppe *Funktion* einen Gruppenfuß ein und erstellen Sie im Fußbereich der Gruppe *Funktion* eine Kopie der beiden Textfelder, in denen die Anzahl der Mitarbeiter/innen bzw. die Gehaltssumme angezeigt werden!

4 Blenden Sie den Berichtskopf bzw. -fuß ein und erstellen Sie im Berichtsfuß eine Kopie der Textfelder, in denen die Anzahl der Mitarbeiter/innen bzw. die Gehaltssumme angezeigt werden!

5 Blenden Sie den Berichtskopf bzw. -fuß ein und legen Sie darin zwei Textfelder an, in denen die Anzahl der Mitarbeiter/innen sowie die Gehaltssumme angezeigt werden! Tagen Sie dazu in der Eigenschaft *Steuerelementinhalt* die Werte *=Anzahl([Zuname])* bzw. *=Summe([Gehalt])* ein!

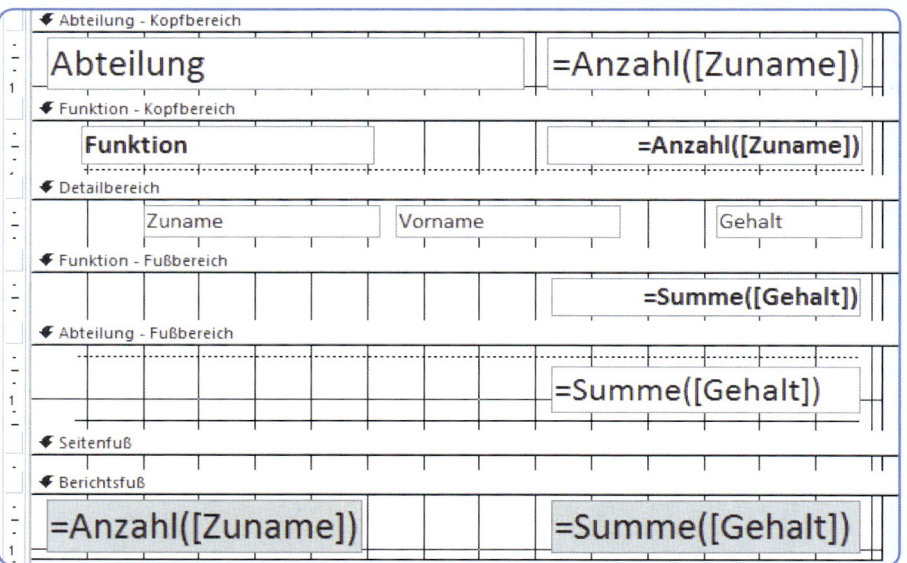

6 Formatieren Sie den Bericht entsprechend der Abbildung und kontrollieren Sie das Ergebnis in der Berichts- bzw. in der Seitenansicht!

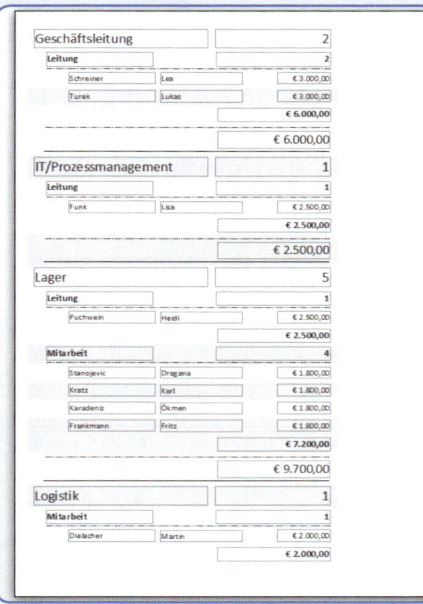
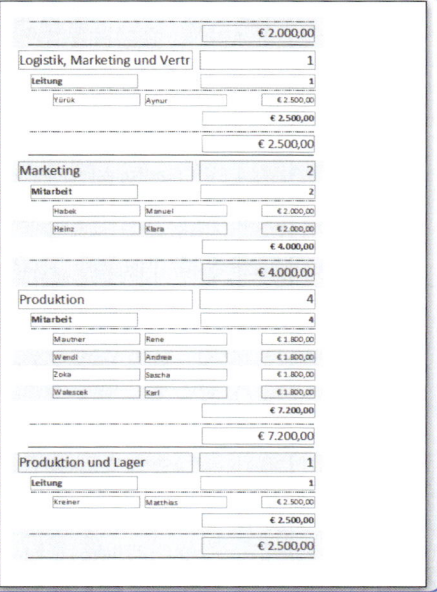

Übungsbeispiel

h2oe_reporting.accdb

Ü 2.7 ★★: Bericht mit gruppierten Kundendaten B

Erstellen Sie einen Bericht (manuell), mit dem die Kundendaten nach Land und Art gruppiert ausgedruckt werden! In den Fußbereichen der Gruppen soll die Anzahl der Kunden angezeigt werden! Diese Informationen sollen auch für alle Datensätze im Berichtsfuß aufscheinen. Die Daten sollen als durchgehende Liste, d. h. ohne Seitenumbrüche, druckbar sein!

7 Unterberichte

Im Normalfall werden Daten aus zwei miteinander in Beziehung stehenden Tabellen mithilfe von Gruppierungen dargestellt. Alternativ können jedoch wie bei Formularen 1:n-Beziehungen in Form von Unterberichten dargestellt werden. Diese Variante ist vor allem dann notwendig, wenn Daten aus drei Tabellen (Mastertabelle mit zwei Detailtabellen) gedruckt werden müssen.

Beim Hauptbericht sowie beim Unterbericht handelt es sich um „normale" Berichte. Der Unterbericht wird lediglich in den Hauptbericht eingebettet und über ein Feld, das in beiden Berichten vorhanden sein muss, mit dem Hauptbericht verbunden.

Lehrbeispiel

h2oe_reporting.accdb

L 2.9: Bericht mit zwei Unterberichten manuell erstellen B

Erstellen Sie auf Basis der Tabelle „Mitarbeiter" einen Bericht, in dem die Daten der Dienstreisen (Tabelle „Dienstreisen") sowie die Daten der geleisteten Überstunden (Tabelle „Überstunden") gedruckt werden!

1 Öffnen Sie die Datenbank „h2oe_reporting.accdb" und erstellen Sie drei Berichte:
- Bericht mit „ID", „Zuname", „Vorname" und „Abteilung" der Tabelle „Mitarbeiter"
- Bericht mit allen Feldern der Tabelle „Dienstreisen"
- Bericht mit allen Feldern der Tabelle „Überstunden"

2 Öffnen Sie den Bericht mit den Mitarbeiterdaten in der *Entwurfsansicht* und erweitern Sie die Fläche des Detailbereichs! Ziehen Sie anschließend die beiden Unterberichte per Drag&Drop vom *Navigationsbereich* in den Entwurfsbereich des Unterberichts! Gestalten Sie das Hauptformular sowie die beiden Unterformulare entsprechend der Abbildung! Es ist dabei unerheblich, ob Sie die Unterformulare über die Entwurfsansicht des Hauptformulars oder über die Entwurfsansicht der Unterformulare verändern.

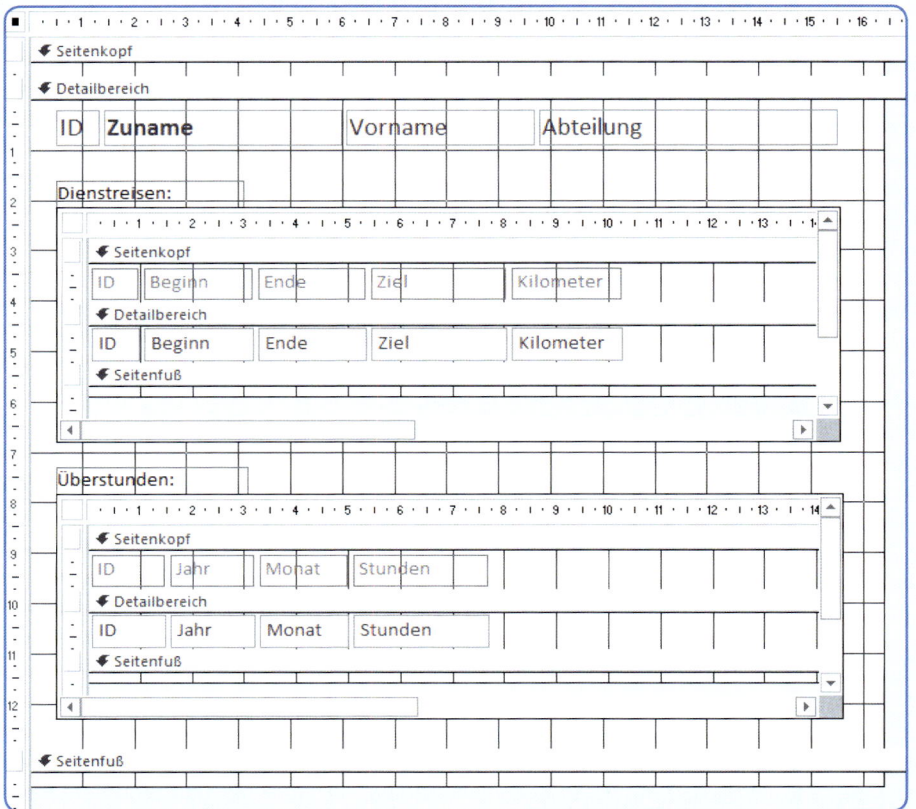

3 Markieren Sie das Unterformular *Dienstreisen* in der *Entwurfsansicht* und blenden Sie das *Eigenschaftenblatt* ein! Tragen Sie in den Eigenschaften *Verknüpfen nach* und *Verknüpfen von ID* ein, also jenes Feld, über das diese beiden Berichte verknüpft werden! Wiederholen Sie den Vorgang mit dem Unterformular *Überstunden!*

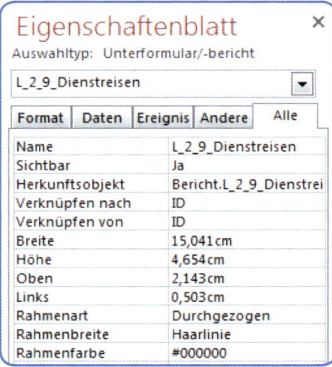

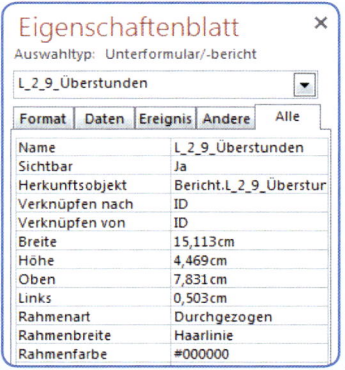

Über die eingetragenen Felder wird die Verbindung zwischen dem Haupt- und dem Unterbericht hergestellt, i. d. R. handelt es sich dabei um das Primär- bzw. das Fremdschlüsselfeld.

Übungsbeispiel

MUSTERUNTERNEHMEN

h2oe_reporting.accdb

Ü 2.8 ★★: Haupt- und Unterbericht für Produkte und Produktion manuell erstellen 🅱

Erstellen Sie einen Bericht mit den Feldern „PID", „Produkt", „Menge" und „Materialkosten" aus der Tabelle „Produkte"! Erstellen Sie einen weiteren Bericht mit den Feldern „PID", „Jahr", „Monat", „Werk" und „Abfüllmenge" aus der Tabelle „Produktion"! Fügen Sie den Bericht mit den Produktionsdaten als Unterbericht in den Bericht mit den Produktdaten ein!

Üben

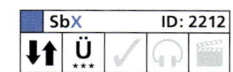

h2oe_reporting.accdb

SbX

Die Ausgangsdateien
zu allen Übungsbeispie-
len finden Sie unter
der ID: 2212.

Ü 2.9 ★★: Formular „Kunden" manuell erstellen B

Erstellen Sie manuell ein Formular, in dem die Felder der Tabelle „Kunden" angezeigt werden! Erstellen Sie für die Felder „Art" und „Land" Kombinationsfelder mit den Werten *Gastronomie* und *Handel* bzw. *AT, DE, CH, LI* und *IT!* Gestalten Sie das Formular benutzerfreundlich! Speichern Sie das Formular unter „Ü_2_09"!

h2oe_reporting.accdb

Ü 2.10 ★★: Haupt- und Unterformular für Kunden und Verkauf manuell erstellen B

Erstellen Sie ein Formular mit den Feldern „KID", „Art", „Kunde" und „Land" aus der Tabelle „Kunden"! Erstellen Sie ein weiteres Formular mit den Feldern „PID", „KID", „Datum" und „Menge" aus der Tabelle „Verkauf"! Fügen Sie das Formular mit den Verkaufsdaten als Unterformular in das Formular mit den Kundendaten ein! Speichern Sie alle Datenbankobjekte mit dem Präfix „Ü_2_10"!

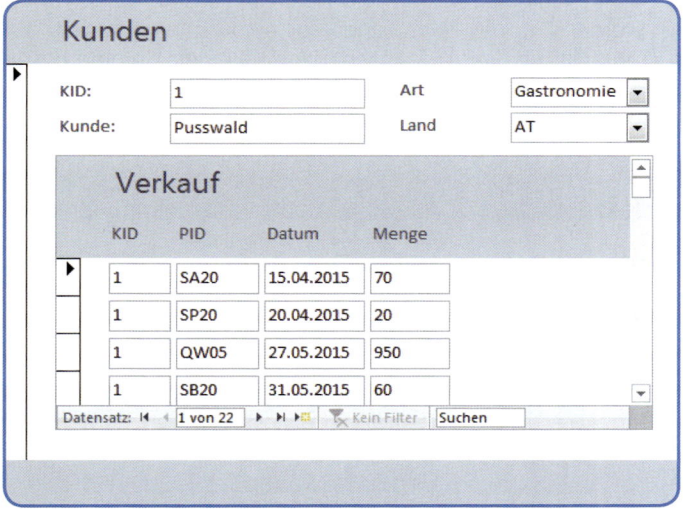

fahrradverleih.accdb

Ü 2.11 ★★: Formular „Fahrräder" C

Erstellen Sie ein Formular mit den Feldern „Modell", „Art" und „Service". Zusätzlich soll das Datum des nächsten Servicetermins angezeigt werden sowie die Tage bis zu diesem Datum. Das Service ist immer 365 Tage nach dem letzten Service zu machen. Speichern Sie das Formular unter „Ü_2_11"!

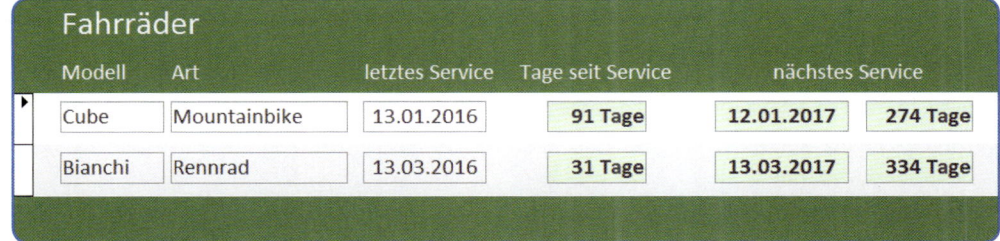

fahrradverleih.accdb

Ü 2.12 ★★: Formular „Fahrradverleih" C

Erstellen Sie ein Formular, in dem die Verleihvorgänge je Kunde angezeigt werden! Die Anzahl der Verleihvorgänge sowie die Anzahl der Kilometer je Kunde sind anzuzeigen. Gestalten Sie das Formular entsprechend der Abbildung und achten Sie besonders auf die Formatierung der Spalte „Fahrrad"! Speichern Sie das Formular unter „Ü_2_12"!

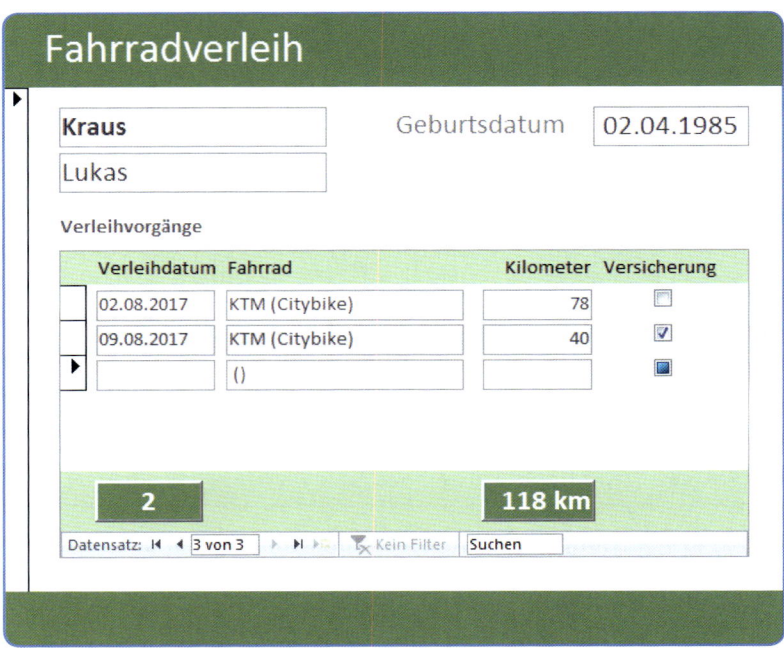

schokoartikel.accdb

Ü 2.13 ★★: Formular „Schokoladeartikel" B

Erstellen Sie ein Formular, in dem die Hersteller und in einem Unterformular deren Produkte angezeigt werden. Für das Feld „Land" soll ein Kombinationsfeld mit den Werten *AT, DE, FR, NL,* und *IT* erstellt werden. Die Anzahl der Artikel, die Summe des Lagerbestandes, der Puffer sowie die Kapitalbindung der Lagerartikel sollen ebenfalls angezeigt werden. Gestalten Sie das Formular entsprechend der Abbildung! Speichern Sie das Formular unter „Ü_2_13"!

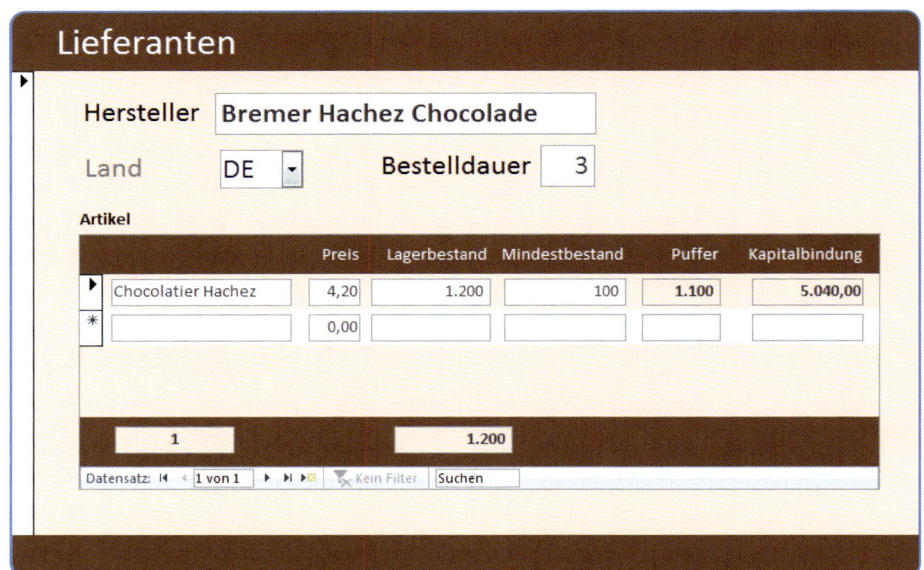

MUSTERUNTERNEHMEN

h2oe_reporting.accdb

Ü 2.14 ★★: Bericht mit gruppierten Produktionsdaten C

Erstellen Sie einen Bericht (manuell), mit dem die Produktionsdaten nach Werk und Abfüllanlage gruppiert ausgedruckt werden (2 Gruppierungen)! Verwenden Sie für den Bericht die Felder „Werk", „Anlage", „Jahr", „Monat", „PID" und „Menge"! In den Fußzeilen der Gruppen und in der Fußzeile des Berichts soll die Summe der produzierten Menge angezeigt werden!

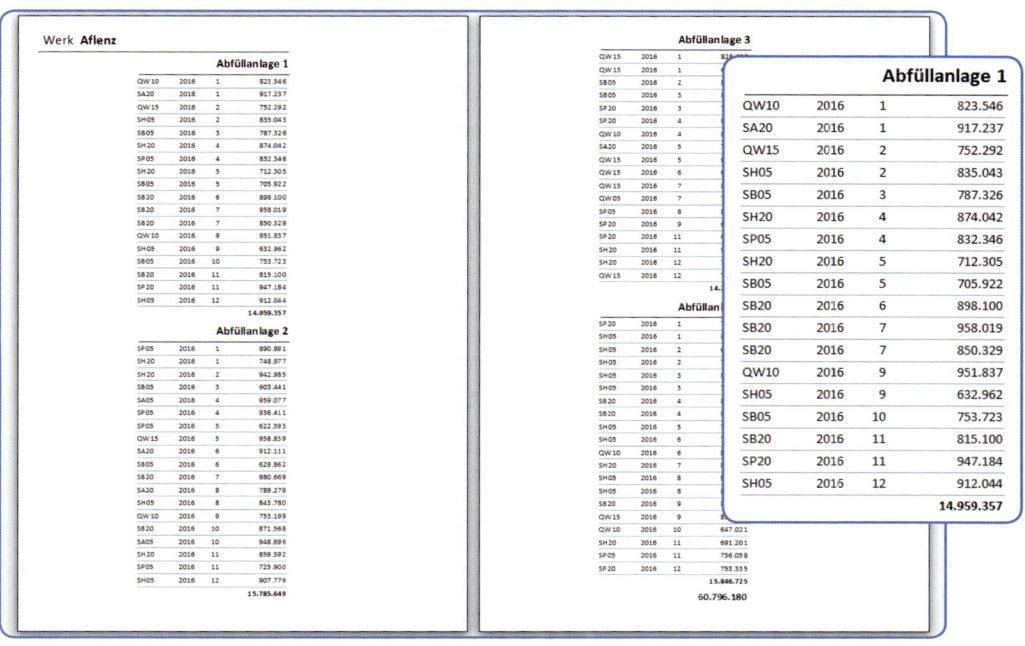

Ü 2.15 ★: Bericht mit gruppierten Daten der Dienstreisen C

Erstellen Sie einen Bericht (manuell), mit dem die Dienstreisen der Mitarbeiter/innen angezeigt werden. Verwenden Sie dazu die Felder „ID", „Zuname", „Vorname" und „Abteilung" aus der Tabelle „Mitarbeiter" sowie die Felder „Beginn", „Ende, „Ziel" und „Kilometer" aus der Tabelle „Dienstreisen"! Erstellen Sie eine Gruppierung für das Feld „PID" und zeigen Sie im Fußbereich der Gruppe die Anzahl der Dienstreisen sowie die Summe der gefahrenen Kilometer an! Diese Informationen sollen auch für alle Datensätze im Berichtsfuß aufscheinen! Speichern Sie das Formular unter „Ü_2_15"!

MUSTERUNTERNEHMEN

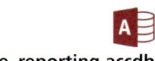
h2oe_reporting.accdb

2 Reporting

SbX

ID: 2212

Weitere Übungen im SbX

Ü 2.16 ★★: Reporting zu Büchern C
Erstellen Sie Formulare und Berichte zu Büchern!

Ü 2.17 ★★: Reporting zu Fahrzeugen C
Erstellen Sie Formulare und Berichte zu Fahrzeugen!

Ü 2.18 ★★: Reporting zu Seminaren C
Erstellen Sie Formulare und Berichte zu Seminaren!

Ü 2.19 ★★: Reporting zu Unternehmen C
Erstellen Sie Formulare und Berichte zu Unternehmen!

Sichern

Datensatzquelle

Die in einem Formular verfügbaren Felder werden über die Eigenschaft *Datensatzquelle* festgelegt. Als Datensatzquelle kann eine Tabelle, eine Abfrage oder eine SQL-Anweisung verwendet werden.

Feldliste

Das **manuelle Erstellen von Formularen** ist in Access möglich. Dabei werden die benötigten Textfelder dem Formular über die **Feldliste** hinzugefügt. Mithilfe von Steuerelementen (z. B. Textfeldern) werden die Daten einer Tabelle in einem Formular angezeigt.

Unterformulare

Um Daten aus zwei Tabellen, die in einer 1:n-Beziehung stehen, in einem Formular anzuzeigen, werden **Unterformulare** verwendet. Das Unterformular wird entweder über den Formular-Assistenten automatisch erstellt oder manuell in das Hauptformular eingebettet.

berechnete Textfelder

Bei **berechneten Textfeldern** handelt es sich um **ungebundene Textfelder,** die Formeln, Funktionen sowie Bezüge auf gebundene Textfelder enthalten können. Der Bezug auf ein berechnetes Textfeld ist in einem berechneten Textfeld nicht möglich.

Ähnlichkeit zu Formularen

Formulare und Berichte weisen starke Ähnlichkeiten hinsichtlich der Einstellungen für die Datensatzquelle, der Vorgangsweise beim manuellen Erstellen sowie der Funktionsweise von Unterformularen bzw. -berichten auf.

Gruppieren und Sortieren

Mit *Gruppieren und Sortieren* können zusätzliche Gliederungsebenen erstellt werden. Für jede Gruppe kann ein Gruppenkopf und/oder ein Gruppenfuß eingeblendet werden.

Unterberichte

Um Daten aus zwei Tabellen, die zueinander in einer 1:n-Beziehung stehen, in einem Bericht anzuzeigen, können **Unterberichte** verwendet werden.

Wissen

Die Ausgangsdateien zu allen Aufgaben finden Sie unter der ID: 2214.

H₂Ö
MUSTERUNTERNEHMEN

h2oe_reporting.accdb

W 2.1: Formular „Kunden - Umsätze" D

Erstellen Sie ein Formular, in dem die Umsätze der Kunden angezeigt werden! Gestalten Sie das Formular wie abgebildet! Speichern Sie alle benötigten Datenbankobjekte mit dem Präfix „W_2_1"!

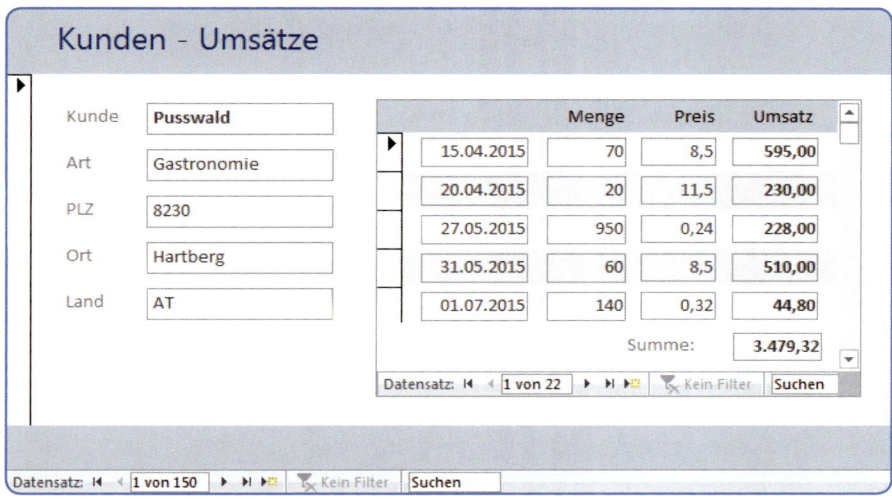

H₂Ö
MUSTERUNTERNEHMEN

h2oe_reporting.accdb

W 2.2: Bericht „Produkte und Produktionsdaten" D

Erstellen Sie einen Bericht, in dem die Produktionsdaten zu den Produkten der H2Ö GmbH angezeigt werden! Gestalten Sie den Bericht wie abgebildet! Speichern Sie alle benötigten Datenbankobjekte mit dem Präfix „W_2_2"!

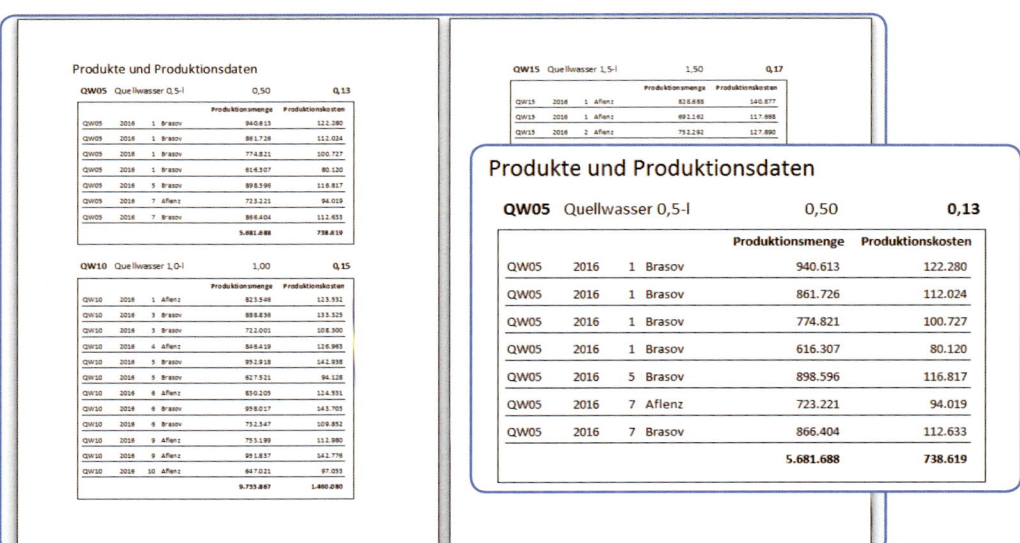

Ein kurzer Kompetenz-Check, bevor's weitergeht!

Kompetenz-Check

	☺	☺	☹
Ich kann Berichte erstellen und dabei Daten gruppieren und Berechnungen durchführen.			
Ich kann Daten in Formularen darstellen, filtern und Berechnungen durchführen.			

2 Reporting

3 DATENBANK-MANAGEMENT
Kompetenzmodul 7

Worum geht's in diesem Kapitel?

Stellen Sie sich vor, Sie sind als Sachbearbeiter/in bei einer Versicherung, bei einer Bank oder in einem Industriebetrieb damit betraut, die innerbetrieblich anfallenden Daten mithilfe einer Datenbank zu verwalten. Wie können Sie die Datenanwendungen optimieren, sodass alle benötigten Abfragen möglich sind? Wie muss die Datenbank aufgebaut werden, damit sie problemlos funktioniert? Wie können Tabellen erstellt, die richtigen Felddatentypen verwendet und verknüpft werden?

In diesem Kapitel erwerben Sie Kompetenzen zu folgenden Bildungs- und Lehraufgaben:

- Datenmanagement durchführen und dazu Tabellen ohne detaillierte Vorgaben erstellen
- selbständig Entscheidungen über die richtige Wahl der Felddatentypen treffen
- die Bedeutung eines Primärschlüssels beschreiben und diesen aufgabengerecht setzen
- Dateneingaben absichern und vereinfachen (Gültigkeitsregeln, Werteliste, Kombinationsfelder)
- Daten aufbereiten und importieren (unterschiedliche Datenformate)
- Daten für andere Anwendungen bereitstellen (exportieren)

In diesem Kapitel finden Sie Lehrbeispiele, Übungsaufgaben, Kontrollfragen und Wissensaufgaben zur Kompetenzüberprüfung auf den Handlungsebenen A Verstehen, B Anwenden, C Analysieren und D Entwickeln.

Dieses Kapitel umfasst folgende Lerneinheiten:

1 Datenmanagement

2 Datenanwendungen

Lerneinheit 1
Datenmanagement

SbX
Alle SbX-Inhalte zu dieser Lerneinheit finden Sie unter der ID: 2310.

Stellen Sie sich vor, Sie arbeiten in einer Gärtnerei und erhalten den Auftrag, die Kundenbestellungen in einer Datenbank mithilfe von Microsoft Access zu verwalten.

Ihre Aufgaben könnten z. B. lauten:

- Tabellen ohne detaillierte Vorgaben erstellen und dazu selbständig Entscheidungen über die richtige Wahl der Felddatentypen treffen
- Primär- und Fremdschlüssel aufgabengerecht setzen
- Dateneingaben absichern und vereinfachen, z. B. mithilfe von Gültigkeitsregeln, Wertelisten und Kombinationsfeldern
- Daten für andere Anwendungen exportieren, z. B. für MS Excel

Sie wissen (noch) nicht, wie Sie diese Aufgaben richtig lösen? Dann erarbeiten Sie in dieser Lerneinheit, wie Sie das Datenmanagement durchführen.

> Lernen

SbX   ID: 2311

1 Datenmanagement

Die **Tabellen und Beziehungen** einer Datenbank werden als **Datenbankschema** bezeichnet. Zur Erstellung einer Datenbank müssen diese identifiziert und geplant werden. Datenbankabfragen können **Einfach- und Mehrfachinformationen** beinhalten.

Einfachinformationen sind **1:1-Beziehungen** und werden in einer Tabelle zusammengefasst, z. B. gehört zur fortlaufenden Song-Nummer (IDSong) ein ganz bestimmter Musiktitel mit einer bestimmten Länge und Dateigröße.

Mehrfachinformationen sind das **Ergebnis verknüpfter Tabellen** in Form von **1:n-Beziehungen,** z. B. beinhaltet eine Musikrichtung viele verschiedene Musiktitel.

Eine **Einfachinformation** ist vom Primärschlüssel *IDSong* eindeutig abhängig, z. B. der Titel.

Eine **Mehrfachinformation** ist mehreren Primärschlüsseln zuzuordnen, z. B. die Musikrichtung.

SbX
Eine Bildschirmpräsentation mit allen Abbildungen zum Schritt LERNEN finden Sie unter der ID: 2311.

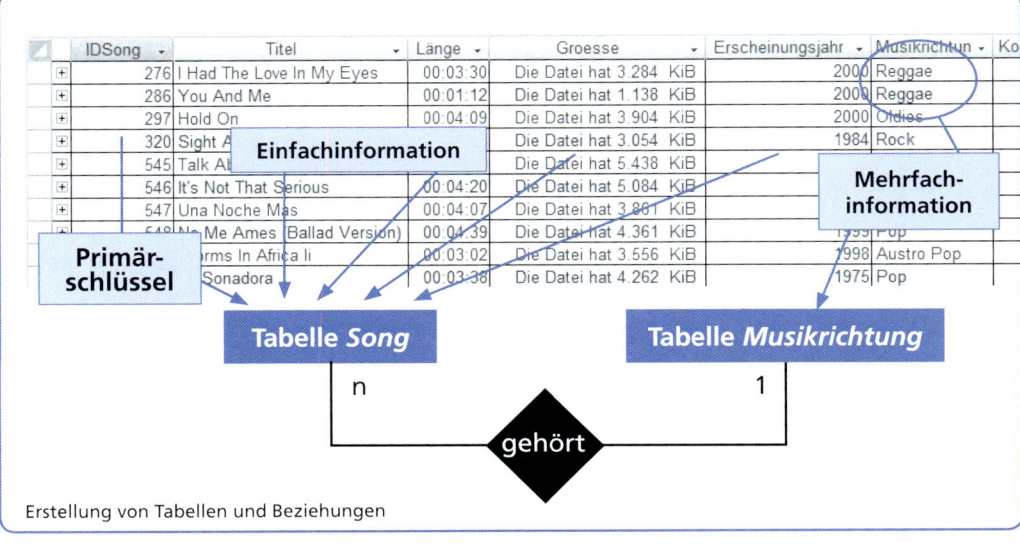

Erstellung von Tabellen und Beziehungen

❶ In einer relationalen Datenbank darf es nur 1:1- und 1:n-Beziehungen geben.

Einfachinformationen werden in den Feldern einer Tabelle gespeichert, die über 1:1-Beziehungen miteinander verknüpft sind und einen gemeinsamen Primärschlüssel, z.B. *IDSong,* haben. Mehrfachinformationen werden in unterschiedlichen Tabellen gespeichert, die über 1:n-Beziehungen miteinander verknüpft sind. Die Zuordnung der verknüpften Tabellen erfolgt über den Primär- und den Fremdschlüssel.

❷ Jeder Datensatz einer Tabelle erhält einen Primärschlüssel, der ihn eindeutig identifiziert.

Der Primärschlüssel, z.B. *IDSong,* verhindert Verwechslungen aufgrund mehrfach vorkommender Feldinhalte, wie z.B. beim Titel oder bei der Größe. Über den Primärschlüssel kann jeder Song eindeutig identifiziert werden.

❸ Bei einer 1:n-Beziehung zwischen zwei Tabellen wird der Primärschlüssel der 1-Tabelle als Fremdschlüssel in der n-Tabelle verwendet.

MP3Sammlung.accdb

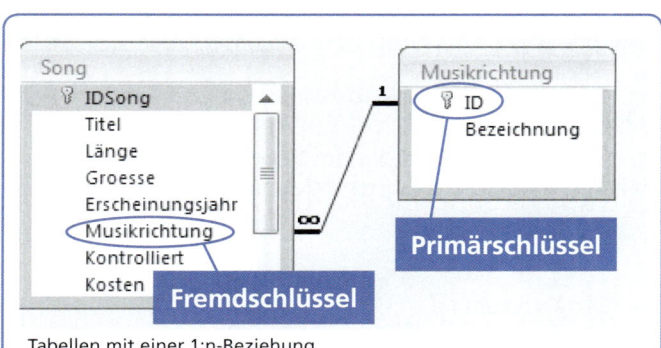

Der Primärschlüssel *IDMusikrichtung* der Tabelle *Musikrichtung* wird als Fremdschlüssel in der Tabelle *Song* definiert. Der Fremdschlüssel muss den gleichen Datentyp wie der Primärschlüssel haben.

Tabellen mit einer 1:n-Beziehung

❹ Für jedes Schlüsselfeld sollte ein Index definiert werden, um die Performance der Datenbank zu verbessern.

Duplikate sind mehrfach vorkommende idente Feldinhalte.

Access legt für einen Primärschlüssel automatisch einen Index ohne Duplikate fest, für den Fremdschlüssel können wir den Index wählen:

Index mit Duplikaten → 1:n-Beziehung
Index ohne Duplikate → 1:1-Beziehung

MP3Sammlung.accdb

Der Datentyp *Autowert* von *IDMusikrichtung* in der Tabelle *Musikrichtung* ist *Long Integer,* ebenso *IDMusikrichtung* in der Tabelle *Song.*

Wird beim Fremdschlüssel der Index *Duplikate möglich* gewählt, ergibt sich daraus eine n:1-Beziehung. Der Index *Ohne Duplikate* hingegen führt zu einer 1:1-Beziehung.

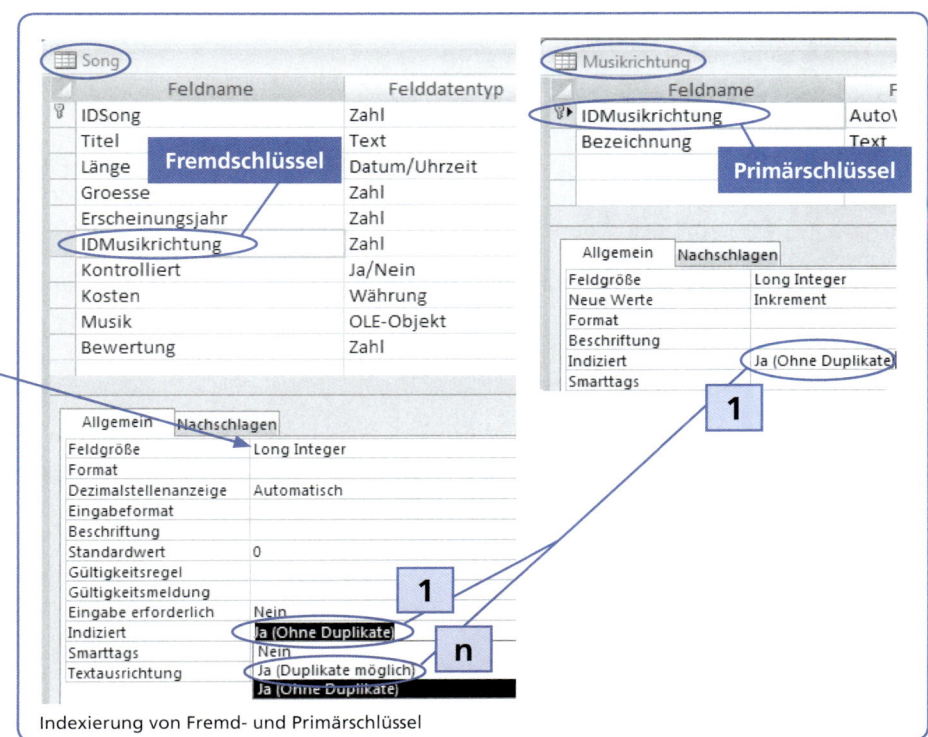

Indexierung von Fremd- und Primärschlüssel

Lehrbeispiel

L 3.1: Datenbank erstellen B

Erstellen Sie eine neue Datenbank für eine Autowerkstatt: Jedes Auto hat eine Marke, z.B. Audi, VW, und einen Typ, z.B. A4, A6, Golf, sowie eine Fahrgestellnummer als Primärschlüssel. Es gibt mehrere Autos einer Marke bzw. eines Typs. Ein Kunde kann mehrere Autos reparieren lassen, ein Auto gehört aber nur einem Kunden. Planen Sie die Tabellen und Beziehungen!

Primärschlüssel sind unterstrichen, **Fremdschlüssel** kursiv dargestellt.

Tabelle **Marke** (<u>IDMarke</u>, Bezeichnung)
Tabelle **Typ** (<u>IDTyp</u>, *IDMarke*, Bezeichnung)
Tabelle **Auto** (<u>Fahrgestellnummer</u>, *IDTyp*, *IDKunde*)
Tabelle **Kunde** (<u>IDKunde</u>, Zuname, Vorname, Straße, PLZ, Ort, Telefon)

Übungsbeispiele

Ü 3.1 ★★: Gärtnerei B

Eine Gärtnerei möchte eine Datenbank zur Verwaltung der Kundenbestellungen erstellen. Ein Kunde bestellt pro Auftrag verschiedene Blumen in unterschiedlichen Stückzahlen. Welche Tabellen und Beziehungen planen Sie für diese Datenbank?

Ü 3.2 ★★: Fahrschule B

Eine Fahrschule plant eine Datenbank zur Verwaltung der Trainingsfahrten. Eine Fahrschülerin/ Ein Fahrschüler bucht mehrere Fahrten. Welche Tabellen und Beziehungen planen Sie für diese Datenbank?

Ü 3.3 ★★★: Segelverleih C

Erstellen Sie eine neue Datenbank für einen Segelverleih: Jedes Boot hat eine Marke (z.B. Neptun oder Sunbeam), einen Typ (z.B. 26 oder 28) sowie eine Nummer als Primärschlüssel. Es gibt mehrere Boote einer Marke bzw. eines Typs. Ein Kunde kann mehrere Boote ausleihen. Planen Sie die Tabellen und Beziehungen!

Mit einem **Entity-Relationship-Diagramm,** das Sie in Kapitel 5 kennenlernen werden, können Relationen und Beziehungen gezeichnet und anschließend in Tabellen aufgelöst werden. Ein besonderes Problem stellt dabei eine **n:m-Beziehung** dar. Diese muss in eine **Beziehungstabelle** aufgelöst werden, es entstehen zwei 1:n-Beziehungen. In einer Access-Datenbank können keine n:m-Beziehungen erstellt werden.

2 Tabellen und Datentypen

In Microsoft Access werden **alle Objekte,** wie z.B. Tabellen und deren Daten, Beziehungen, Abfragen, Formulare, Berichte, Makros und Module, die zu einer Datenbank gehören, in einer Datei mit der Endung *.accdb* gespeichert.

❶ **Über *Neu | Leere Desktopdatenbank* wird eine neue Datenbank erstellt.**

Die leere Datenbank dient als Container für alle Datenbankobjekte.

Hier legen Sie den Namen für die neue Datenbank fest.

Um den Speicherort zu ändern, klicken Sie auf das Ordnersymbol.

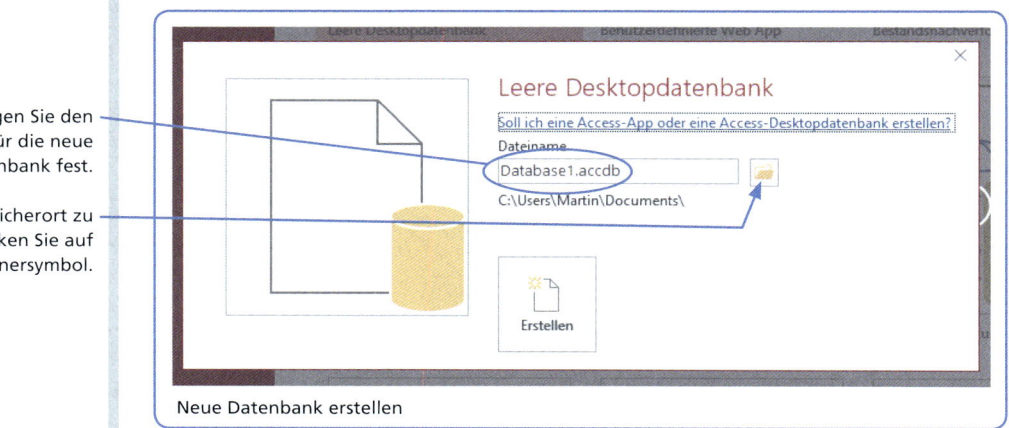

Neue Datenbank erstellen

❷ Im nächsten Schritt werden die Tabellen angelegt.

Achten Sie bei der Erstellung der Tabellen besonders auf die Anlage der **Primär- und Fremd-schlüssel**. Fremdschlüssel müssen den gleichen Datentyp wie die korrespondierenden Primär-schlüssel erhalten. Zur Erhöhung der Geschwindigkeit sollten Schlüssel einen Index erhalten.

❸ Bei der Erstellung von Beziehungen sollte die referenzielle Integrität verwendet werden.

Die **referenzielle Integrität** prüft, ob die verwendeten **Primär- und Fremdschlüssel zusam-menpassen**. Es ist z. B. unzulässig, dass ein nicht existierender Primärschlüssel als Fremdschlüs-sel verwendet wird.

Zur Verhinderung von falschen Daten und Anomalien verwenden Sie die referenzielle Integrität und **aktivieren** die **Aktualisierungs-** und die **Löschweitergabe**.

Wird für ein Feld ein **Index** erstellt, verwaltet Access für dieses Feld intern eine sortierte Liste. Das Suchen nach einem bestimmten Eintrag geht in einer sortierten Liste deutlich schneller als in einer nicht sortierten. Vor allem bei Schlüsselfeldern ist es daher aus Performancegründen ratsam, einen Index anzulegen.

Primärschlüssel

Alle Informationen eines Datensatzes innerhalb einer Tabelle hängen vom gleichen Primärschlüs-sel ab. Ein **Primärschlüsseleintrag** darf innerhalb einer Tabelle nicht mehrfach vorkommen, weshalb er immer einen **Index ohne Duplikate** erhält.

❶ Jede Tabelle sollte einen Primärschlüssel haben.

Gutes Datenbankdesign zeichnet sich durch die Vermeidung von **Redundanz** und **Anomalien** aus. Wir wollen also weder Daten doppelt speichern noch sollen falsche Daten oder Zuordnun-gen in einer Datenbank enthalten sein. An Beziehungen zwischen Tabellen ist immer mindestens ein Primärschlüssel beteiligt.

Primärschlüssel aus dem Register *Entwurf*

❷ Ein Primärschlüssel erhält zur Kennzeichnung ein Schlüsselsymbol und einen Index ohne Duplikate.

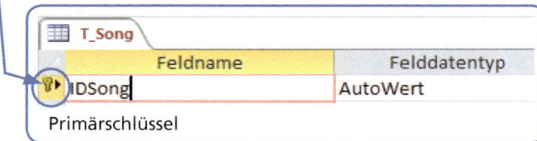

Primärschlüssel

Ein Feld wird zum Primärschlüssel, indem wir auf das Schlüsselsymbol in der Symbolleiste klicken.

❸ Ein zusammengesetzter Primärschlüssel sind mehrere als Primärschlüssel definierte Felder in einer Tabelle.

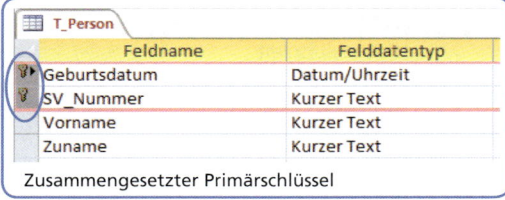

Zusammengesetzter Primärschlüssel

Ein typisches Beispiel für einen **zusammen-gesetzten Primärschlüssel** ist die **Sozial-versicherungsnummer**, die aus einer vierstel-ligen Zahl und dem Geburtsdatum besteht. Dieser Primärschlüssel wird häufig zur eindeu-tigen Identifikation von Personen, z. B. Mitar-beitern oder Patienten, verwendet.

Zur Erstellung eines zusammengesetzten Primärschlüssels werden vor dem Aktivieren des Schlüsselsymbols in der Symbolleiste die entsprechenden Felder markiert.

Bei einem **zusammengesetzten Primärschlüssel** können die einzelnen Felder mehrfach vor-kommende Werte enthalten, z. B. das gleiche Geburtsdatum. Daher erstellt Access in diesem Fall **keinen Index**. Der **gewünschte Index**, z. B. mit Duplikaten, muss bei den Feldern eines zusammengesetzten Primärschlüssels **manuell gesetzt** werden.

3 Datenbankmanagement

Indexierung

Ein **Primärschlüssel** erhält automatisch einen **Index ohne Duplikate**.

Fremdschlüssel können entweder einen **Index ohne Duplikate** (entspricht einer 1:1-Beziehung) oder einen **Index mit Duplikaten** (entspricht einer 1:n-Beziehung) erhalten.

Ein **Index** sollte in den **Feldeigenschaften** festgelegt werden, wenn vorherzusehen ist, dass nach dem Feld häufig gesucht oder gefiltert wird. Bei **Fremdschlüsseln** ist das immer sinnvoll.

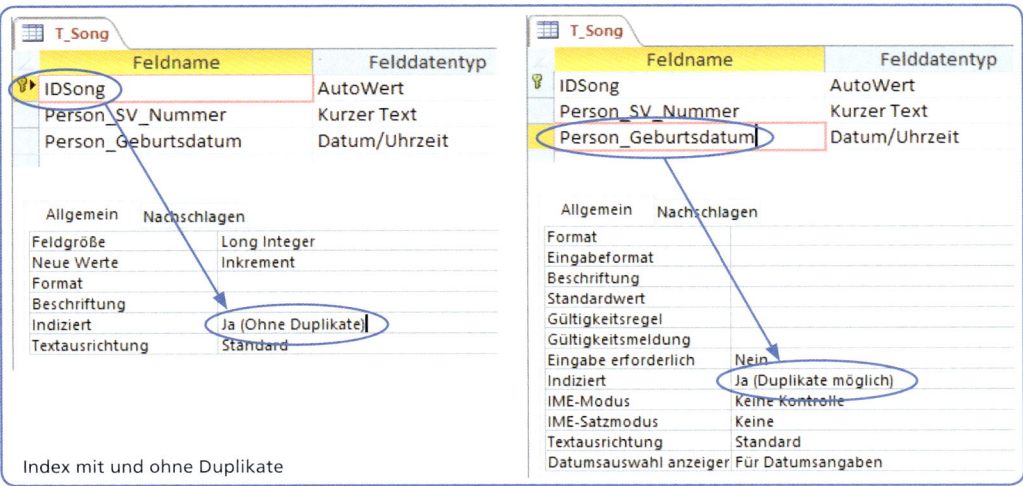

Index mit und ohne Duplikate

Soll eine Tabelle mit einem **zusammengesetzten Primärschlüssel** mit einer anderen Tabelle verknüpft werden, so müssen darin alle Bestandteile des Primärschlüssels als Fremdschlüssel angelegt werden. Die Beziehung wird über den Dialog *Datenbanktools | Beziehungen* erstellt.

Felder

❶ In der Entwurfsansicht wird der Felddatentyp festgelegt.

Jedem Feld einer Tabelle muss ein **Felddatentyp** zugeordnet werden. Wie die Abbildung zeigt, wird der Felddatentyp aus einem Kombinationsfeld ausgewählt.

Abhängig vom gewählten Datentyp stehen unterschiedliche Feldeigenschaften zur Verfügung.

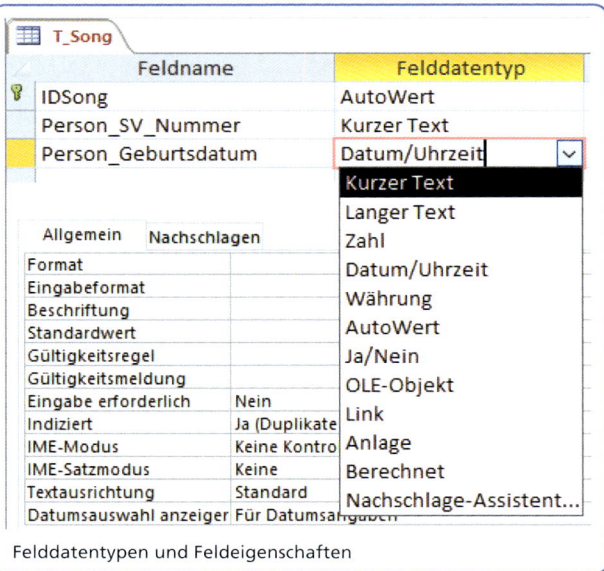

Felddatentypen und Feldeigenschaften

❷ Für jeden Felddatentyp können bei den Feldeigenschaften zusätzliche Einstellungen vorgenommen werden.

Wichtige Einstellungen für die Felddatentypen sind **Format** sowie **Feldgröße** bzw. **Eingabeformat,** in Abhängigkeit vom ausgewählten Felddatentyp.

❸ Für jedes Feld kann ein Standardwert festgelegt werden.

In der Tabelle *Song* wird das Erscheinungsjahr eingegeben. Hierfür kann als Standardwert *=Jahr(Datum())* festgelegt werden, wodurch das Jahr des Tagesdatums automatisch vorgegeben wird, wenn ein Benutzer einen neuen Datensatz anlegt. Standardwerte können vom Benutzer jederzeit überschrieben werden.

❹ Eine Gültigkeitsregel prüft die Eingabe des Benutzers und gibt eine Meldung aus, falls die Eingabe nicht der Regel entspricht.

Die **Gültigkeitsregel** für das Erscheinungsjahr lautet *>= 1900 und <= Jahr(Datum())*. Falls die Eingabe des Benutzers der Gültigkeitsregel widerspricht, wird die **Gültigkeitsmeldung** ausgegeben und der Benutzer muss die Eingabe wiederholen.

❺ Bei Pflichtfeldern ist eine Eingabe erforderlich.

Das Feld *Titel* ist ein Pflichtfeld, denn es wäre nicht sinnvoll, hier ein leeres Feld zuzulassen. Um den Benutzer zu einer Eingabe zu zwingen, wird *Eingabe erforderlich* auf *Ja* gesetzt. Es erfolgt nun immer eine Prüfung auf *Null* – kein Wert ist also nicht erlaubt.

Null (gesprochen „Nall") bedeutet „kein Wert".

Null bedeutet „kein Wert". *Null* entspricht **nicht** dem **numerischen Wert 0** und auch **nicht** dem **Leerstring " "**.

Datentypen

❶ *Kurzer Text* und *Langer Text* können nicht für Berechnungen verwendet werden.

Telefonnummern werden z. B. als Text gespeichert, um auch Leerzeichen, Klammern, Plus und Schrägstrich verwenden zu können.

Die beiden Textdatentypen *Kurzer Text* und *Langer Text* eignen sich zum Speichern von Buchstaben, Ziffern und Sonderzeichen. Kurze Textfelder können bis zu 255, lange Textfelder bis zu 1 GB an Zeichen enthalten. Mit Textdatentypen können keine Berechnungen durchgeführt werden.

❷ Werte vom Datentyp *Datum/Uhrzeit* werden als Dezimalzahl gespeichert.

Wird das **Datum** als Textdatentyp gespeichert, wird die Sortierung falsch dargestellt.

Als Beginn der Zeitrechnung gilt für Microsoft Access der 1. Jänner 1900. Mit der Zahl 2,5 wird z. B. der 2.1.1900 repräsentiert. 0,5 bedeutet, dass der halbe Tag bereits vorbei ist – also 12:00 Uhr mittags. Ein Datum vor dem 1.1.1900 kann nur als Textdatentyp gespeichert werden.

❸ Zahlen unterscheiden sich hinsichtlich ihres Zahlenraumes sowie der Genauigkeit der Darstellung.

Es werden die ganzen Zahlen *Byte, Integer* und *Long Integer* sowie die Fließkommazahlen *Single, Double* und *Dezimal* unterschieden. Werte im **Währungsformat** werden auf 15 Stellen vor und vier Stellen nach dem Komma genau dargestellt und eignen sich daher besonders für Geldbeträge.

Datentyp	Wertebereich
Byte	0 bis 255
Integer	–32 768 bis 32 767
Long Integer	–2 147 483 648 bis 2 147 483 647
Single	$-3{,}4 \cdot 10^{38}$ bis $3{,}4 \cdot 10^{38}$; 7 Nachkommastellen
Double	$-1{,}8 \cdot 10^{308}$ bis $1{,}8 \cdot 10^{308}$; 15 Nachkommastellen
Replikations-ID	erzeugt eine eindeutige Kennung (GUID)
Dezimal	$-9{,}999 \cdot 10^{27}$ bis $9{,}999 \cdot 10^{27}$

❹ Werte des Datentyps *Ja/Nein* können den Zustand *Ja* oder *Nein* annehmen.

Ja/Nein-Datentypen werden als Schalter benutzt und speichern einen Zustand.

OLE = Object Linking and Embedding

❺ Ein *OLE-Objekt* speichert einen formatierten Text in beliebiger Größe, ein Bild, ein Video oder Musik.

❻ Ein *Link* verweist auf eine Internet- oder E-Mail-Adresse.

3 Datenbankmanagement

Eingabeformate

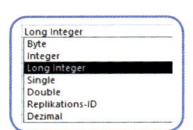

Eingabeformate für den Felddatentyp *Zahl*

❶ Eingabeformate wirken sich auf die Art der Darstellung des Feldinhaltes aus.

Access bietet im **Eingabeformat-Assistenten** einige häufig gebrauchte Eingabeformate für den **Felddatentyp** *Text* zur Auswahl an. In der Abbildung wurde z. B. das Eingabeformat für Telefonnummern eingestellt.

Eingabeformate für den Felddatentyp ***Datum/Uhrzeit***

❷ Für jeden Felddatentyp stehen eigene Eingabeformate zur Verfügung.

Für die Felddatentypen *Zahl, Datum/Uhrzeit* und *Ja/Nein* gibt es eine Reihe von vordefinierten Eingabeformaten.

❸ Über benutzerdefinierte Eingabeformate stehen weitere Möglichkeiten der Formatierung zur Verfügung.

Eine Zahl kann z. B. um einen Text ergänzt werden. Da sich das Eingabeformat nur auf die Eingabe bzw. Darstellung der Zahl auswirkt, nicht aber auf deren Speicherung, können mit solchen Feldern auch Berechnungen durchgeführt werden.

Übungsbeispiele

Ü 3.4 ★: Datentypen B

Wählen Sie einen geeigneten Datentyp für die folgenden Werte!

Beispiele	Datentyp	Beispiele	Datentyp
Getreidemarkt 1		20.05.1965, 17:30 Uhr	
5020		KleineNachtmusik.mp3	
+43 (662) 4711 – 67		Ja	
http://www.google.at		EUR 12.945,56	

Ü 3.5 ★: Tabelle erstellen B

Erstellen Sie in einer neuen Datenbank eine Tabelle mit folgenden Feldern und verwenden Sie sinnvolle Felddatentypen und Eingabeformate!

T_Artikel (Artikelnummer, Bezeichnung, Mengeneinheit, Einkaufspreis, Ablaufdatum, Lagermenge, Verkaufspreis, End_of_life, Hersteller_Website)

Ü 3.6 ★★: Benutzerdefiniertes Eingabeformat B

Nähere Informationen zu den benutzerdefinierten Zahlenformaten bietet die Microsoft-Access-Hilfe.

In der Tabelle *Song* soll im Feld *Größe* stehen: *Die Datei hat 0.000 KB.* Dazu erstellen Sie ein **benutzerdefiniertes Eingabeformat**. Bei den **Feldeigenschaften** geben Sie unter *Format* den Text **"Die Datei hat" #.##0" KB"** ein. Mit **#.##** werden Tausendertrennzeichen gesetzt, mit *0* Zahlen auf Ganzzahlen gerundet. Die Texte müssen immer unter Anführungszeichen stehen.

Ü 3.7 ★★★: Erscheinungsjahr B

Wie muss das Format für das **Erscheinungsjahr** aussehen, wenn davor *erschienen im Jahr* stehen soll.

3 Nachschlagefelder

Nachschlagefelder können auch in Formularen angelegt werden.

Ein Nachschlagefeld enthält eine Auswahl an Feldinhalten, die aus einem Kombinationsfeld gewählt werden.

❶ Die Werte für das Kombinationsfeld stammen aus einer Tabelle oder Abfrage.

Um ein Nachschlagefeld zu erzeugen, wird bei den **Feldeigenschaften** eines Textfeldes im Register *Nachschlagen* die Auswahl *Steuerelement anzeigen* auf *Kombinationsfeld* gestellt. Beim *Herkunftstyp* wird *Tabelle/Abfrage* ausgewählt.

Nachschlagefeld
Musikrichtung

Bei *Datensatzherkunft* klicken Sie auf die drei Punkte am Ende der Zeile und wählen die Tabelle mit den dazugehörigen Feldern für das Kombinationsfeld aus. Die Daten der **gebundenen Spalte** werden gespeichert. Soll, wie im abgebildeten Beispiel, die gebundene Spalte nicht angezeigt werden, stellen Sie die **Spaltenbreite auf 0 cm**. In diesem Fall wird die Musikrichtung in der Auswahlliste dargestellt, aber die Musikrichtungsnummer (ID) gespeichert.

Allgemein	Nachschlagen
Steuerelement anzeigen	Kombinationsfeld
Herkunftstyp	Tabelle/Abfrage
Datensatzherkunft	SELECT Musikrichtung.ID, Musikrichtung.Bezeichnung
Gebundene Spalte	1
Spaltenanzahl	2
Spaltenüberschriften	Nein
Spaltenbreiten	0cm;2,54cm
Zeilenanzahl	8
Listenbreite	2,54cm
Nur Listeneinträge	Ja

Nachschlagefeld aus der Tabelle *Musikrichtung*

❷ Eine Wertliste wird gewählt, um eine feste Anzahl von Werten vorzugeben.

Eine sehr elegante Methode zur verpflichtenden Auswahl von fest eingestellten Werten ist die Wertliste. Bei *Datensatzherkunft* können Sie die verschiedenen Auswahlmöglichkeiten durch Strichpunkte getrennt festlegen. Sollen nur die vorgegebenen Werte für ein Feld erlaubt sein, wird *Nur Listeneinträge* auf *Ja* gestellt.

Die **Wertliste** gibt Auswahlmöglichkeiten vor.

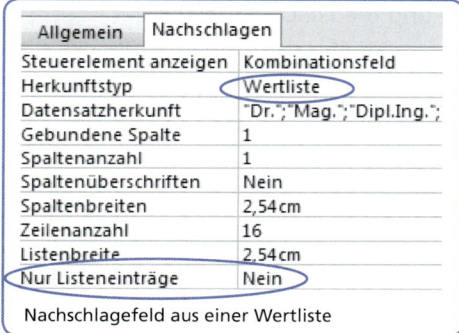

Allgemein	Nachschlagen
Steuerelement anzeigen	Kombinationsfeld
Herkunftstyp	Wertliste
Datensatzherkunft	"Dr.";"Mag.";"Dipl.Ing.";
Gebundene Spalte	1
Spaltenanzahl	1
Spaltenüberschriften	Nein
Spaltenbreiten	2,54cm
Zeilenanzahl	16
Listenbreite	2,54cm
Nur Listeneinträge	Nein

Nachschlagefeld aus einer Wertliste

Lehrbeispiel

L 3.1: Werteliste als Nachschlagefeld [B]

Für die akademischen Titel soll eine Wertliste als Nachschlagefeld erstellt werden. Die häufigsten Titel werden bei der Datensatzherkunft eingegeben: *"Dr.";* *"Mag.";* *"DI";*

Sofern die Eigenschaft *Nur Listeneinträge* auf *Nein* gestellt ist, kann der Benutzer entweder aus der Liste wählen oder einen anderen Titel, wie z. B. Univ.-Prof. oder MSc, eingeben.

Übungsbeispiel

Ü 3.8 ★★: Schultyp [B]

In einer Datenbank einer höheren Schule soll für jeden Schüler erfasst werden, welchen Schultyp er zuvor besucht hat. Erstellen Sie die Tabelle *T_Schueler* in einer neuen Access-Datenbank und entscheiden Sie selbst, welche Datenfelder benötigt werden.

a) Erstellen Sie für die Schultypen **HAK** und **HAS** eine **Wertliste** und erlauben Sie ausschließlich die Auswahl der Listeneinträge!

b) Erstellen Sie für die Schultypen **HAK** und **HAS** ein Nachschlagefeld, z. B. mit dem Nachschlageassistenten!

Welcher Variante würden Sie den Vorzug geben, wenn die Schule einen dritten Schultyp eröffnet, z. B. eine Flüchtlingsklasse oder eine Abendschule, und dies möglichst einfach berücksichtigt werden soll?

3 Datenbankmanagement

4 Beziehungen

Damit Abfragen, Formulare und Berichte Daten aus verschiedenen Tabellen darstellen können, müssen **Tabellen** über ihre **Primär- und Fremdschlüssel** miteinander **verknüpft** sein.

❶ Über *Datenbanktools | Beziehungen* **gelangen Sie in die Beziehungsansicht der Tabellen.**

In der **Beziehungsansicht** werden über das Symbol *Tabelle anzeigen* Tabellen in die Beziehungsansicht hinzugefügt. Eine **neue Beziehung** erstellen Sie durch **Ziehen des Primärschlüssels auf den Fremdschlüssel** in der Zieltabelle, z. B. *ID* auf *Musikrichtung*.

Symbol zum **Hinzufügen von Tabellen** in die Beziehungsansicht

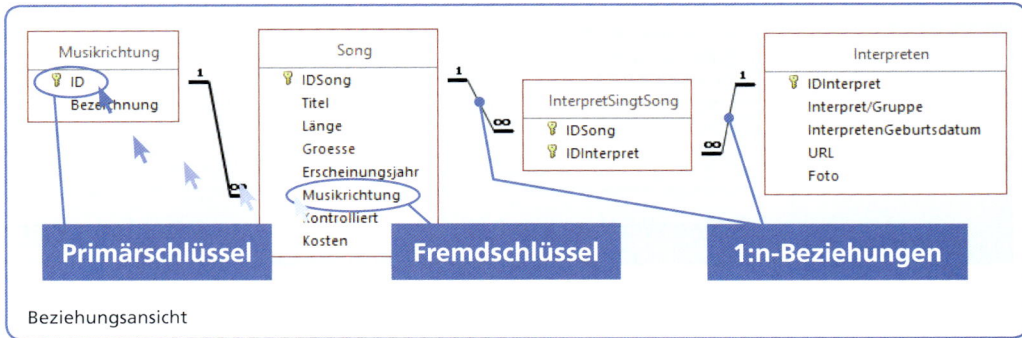

Beziehungsansicht

❷ Im Dialogfenster *Beziehungen bearbeiten* **aktivieren wir die referenzielle Integrität sowie die Aktualisierungs- und die Löschweitergabe.**

Die **Aktualisierungsweitergabe** bewirkt, dass Änderungen in den Detailfeldern ebenfalls geändert werden.

Löschweitergabe: Ein Löschen in der Haupttabelle bewirkt auch ein Löschen in der Detailtabelle.

Für die Festlegung der **referenziellen Integrität** müssen beide Felder den **gleichen Datentyp** und korrespondierende Schlüssel aufweisen. Gibt es zu einem Fremdschlüssel keinen passenden Primärschlüssel, ist die referenzielle Integrität für die Beziehung nicht aktivierbar. Dieses Problem kann nur bei Tabellen auftreten, die falsche Daten enthalten, weshalb **Beziehungen immer vor einer Dateneingabe erstellt werden** sollten.

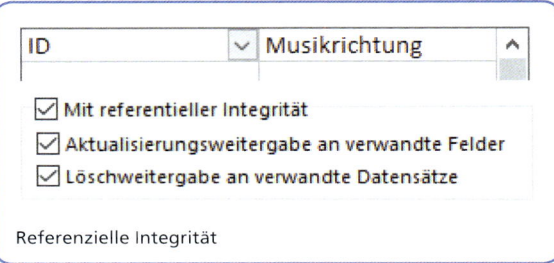

Referenzielle Integrität

❸ Tabellen mit zusammengesetzten Schlüsseln werden über eine Mehrfachbeziehung verknüpft, die über den Dialog *Beziehungen bearbeiten* **erstellt wird.**

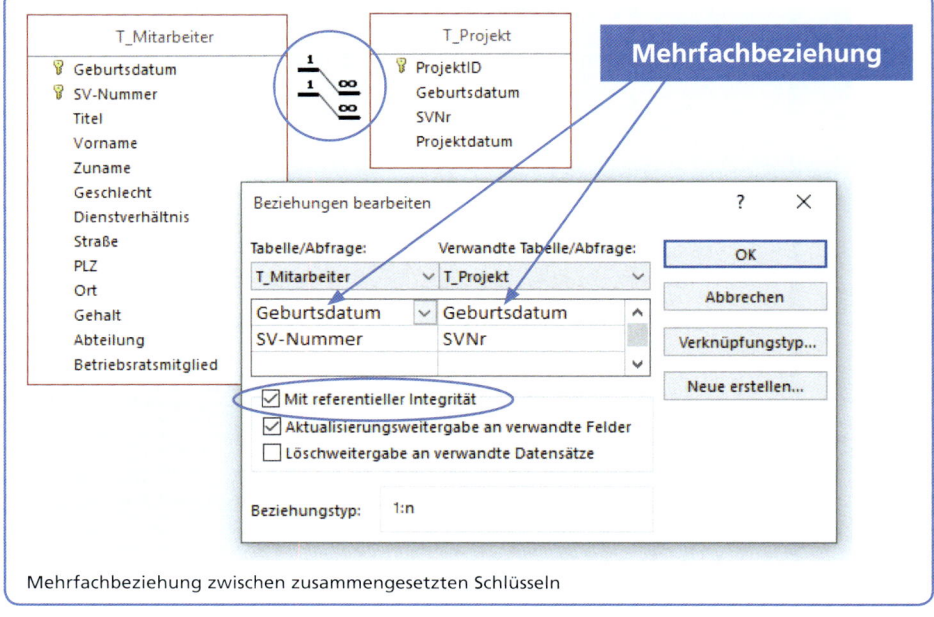

Mehrfachbeziehung zwischen zusammengesetzten Schlüsseln

Bei der Erstellung einer Beziehung erhalten Sie die Fehlermeldung „Für die Beziehung ist dieselbe Anzahl an Feldern mit denselben Datentypen erforderlich.". Um zwei Tabellen zu verknüpfen, muss der Datentyp beim Primär- und beim Fremdschlüssel ident sein. Falls Sie zusammengesetzte Schlüssel verwenden, müssen auf beiden Seiten die gleichen Schlüsselfelder vorhanden sein.

Welcher Fehler liegt vor, wenn bei der Aktivierung der referenziellen Integrität die Fehlermeldung „Es wurde kein eindeutiger Index für das in Beziehung stehende Feld der Primärtabelle angegeben." erscheint? In diesem Fall gibt es in der n-Tabelle Fremdschlüssel, zu denen kein Primärschlüssel in der 1-Tabelle passt. Löschen Sie die inkonsistenten Daten in der n-Tabelle und aktivieren Sie danach die referenzielle Integrität!

Die Erstellung des Datenbankschemas ist abgeschlossen, sobald Sie alle Tabellen mit den erforderlichen Beziehungen erstellt haben. Ein **optimales Datenbankdesign** enthält für **alle Beziehungen** zwischen den Tabellen eine **referenzielle Integrität**.

Bei der Erstellung von Abfragen werden die Beziehungen zwischen den Tabellen automatisch verwendet und in der Entwurfsansicht angezeigt – außer Sie erstellen eine Abfrage, die nicht nur Tabellen, sondern zusätzlich weitere Abfragen enthält, die miteinander verknüpft werden. Für diesen Fall müssen Sie innerhalb der Abfrage eine Beziehung erstellen.

Übungsbeispiele

Ü 3.9 ★: Schritte zur Datenbankerstellung A
Ordnen Sie die Schritte zur Erstellung einer Datenbank in chronologischer Reihenfolge!

Aufgabe	Reihenfolge
Mehrfachinformationen auf Tabellen aufteilen	
Primärschlüssel festlegen	
Leere Datenbankdatei *.accdb* erstellen	
Felder mit Datentypen und Feldgrößen anlegen	
Tabellen verknüpfen	
Informationen sammeln, die in der Datenbank gespeichert werden sollen	

Ü 3.10 ★: Richtig oder Falsch? A
Kreuzen Sie die richtigen Antworten an!

Aussage	Richtig
Access erkennt am ersten Datensatz in der Datenblattansicht, um welchen Datentyp es sich handelt und vergibt diesen automatisch.	
Ein Feld mit dem Datentyp *Autowert* kann nur mit Zahlen gefüllt werden.	
Für eine mit dem Assistenten erstellte Tabelle kann der Name festgelegt werden.	
Wenn kein Primärschlüssel vergeben wird, verwendet Access automatisch das erste Datenfeld als Primärschlüssel.	
Der Primärschlüssel verhindert doppelte Datensätze.	
Ein Primärschlüssel hat immer einen Index mit Duplikaten.	
Das Sortieren und Filtern geht bei indizierten Feldern schneller.	
Die Verwendung von Indizes benötigt keinen zusätzlichen Speicherplatz.	
Eine Beziehung ist eine Verknüpfung zweier Tabellen mit gemeinsamen Feldern.	
Die referenzielle Integrität kann nur eingestellt werden, wenn die verknüpften Felder den gleichen Datentyp haben. Die Feldgröße ist dabei nicht relevant.	

3 Datenbankmanagement

5 Verknüpfungseigenschaften

Mithilfe der **Verknüpfungseigenschaften** können Sie **in Abfragen** festlegen, wie die Daten zwischen Tabellen und Unterabfragen miteinander verknüpft werden.

❶ Die Gleichheitsverknüpfung (*Inner Join*) verknüpft Datensätze mit identen Schlüsselfeldern auf beiden Seiten.

Die folgende Auswahlabfrage verknüpft die Tabellen *Song* und *InterpretSingtSong* mit der Auswahlabfrage *A_Interpret_Songanzahl,* die alle Interpreten mit mehr als fünf Liedern enthält. Die Abfrage mit der Gleichheitsverknüpfung gibt alle Interpreten mit ihrer Anzahl an Songs sowie ihren Titeln aus.

Die *Inner-Join*-Verknüpfung ist die Standardverknüpfung zwischen Tabellen bzw. Abfragen.

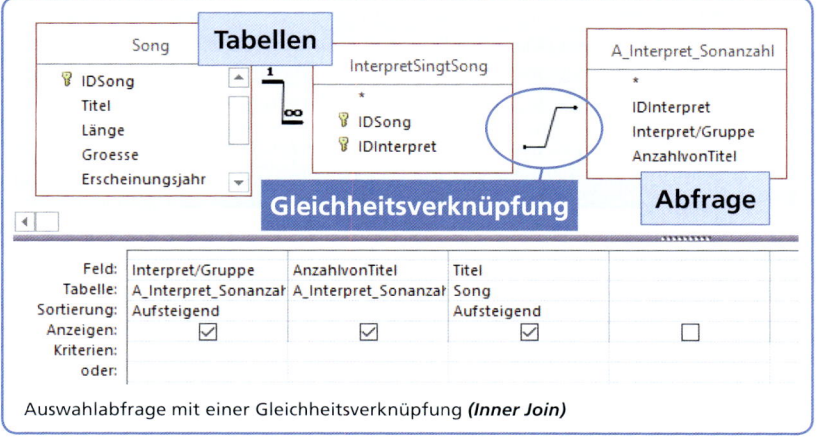

Auswahlabfrage mit einer Gleichheitsverknüpfung *(Inner Join)*

Eine **Abfrage innerhalb einer Abfrage** muss immer **manuell verknüpft** werden.

❷ Eine Inklusionsverknüpfung (*Left Join* bzw. *Right Join*) enthält alle Datensätze der einen Seite sowie die passenden der anderen. Gibt es keine passenden Datensätze auf der anderen Seite, ist der Feldinhalt *Null*.

Left Join und *Right Join* werden auch als *Outer-Join*-Verknüpfungen bezeichnet.

Null (gesprochen „Nall") bedeutet **kein Wert.**

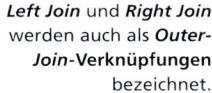

Eine **Inklusionsverknüpfung** ist durch den **Pfeil** am Ende der Verknüpfung erkennbar.

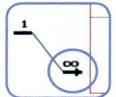

Ein **Doppelklick** auf die **Beziehung** öffnet den Dialog *Verknüpfungseigenschaften.*

Die folgende Abfrage zeigt alle Interpreten, denen keine Lieder zugeordnet sind. Die *Left-Join*-Verknüpfung zeigt **alle** Datensätze der Tabelle *Interpreten* sowie die **passenden Datensätze** der Tabelle *InterpretSingtSong* oder *Null* (= kein Wert) an. Durch das Kriterium *Ist Null* werden nur die Interpreten ohne Songs ausgegeben. Eine *Right-Join*-Verknüpfung wirkt in die entgegengesetzte Richtung, der Pfeil erscheint dann links bei der Beziehung.

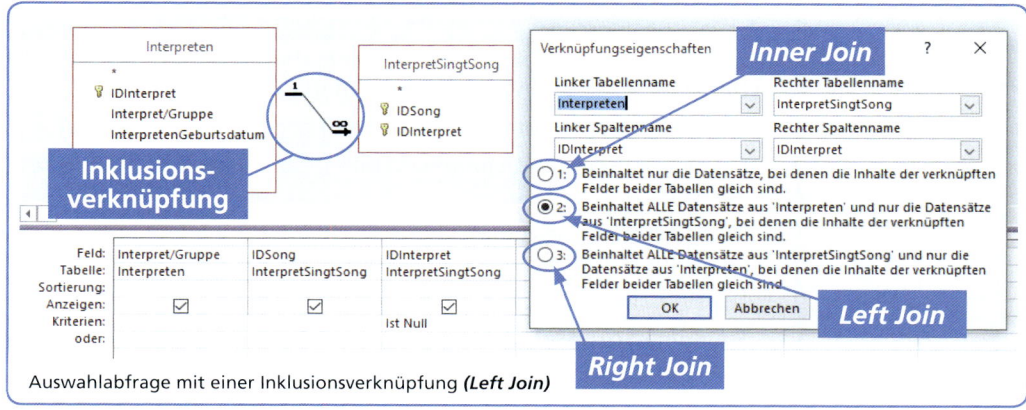

Auswahlabfrage mit einer Inklusionsverknüpfung *(Left Join)*

❸ Eine Reflexivverknüpfung verknüpft eine Tabelle oder Abfrage mit sich selbst.

Die Tabelle *T_Mitarbeiter* speichert die Namen der Mitarbeiter einer Firma unter dem Primärschlüssel *MitarbeiterID.* Der Vorgesetzte eines Mitarbeiters ist mit seiner *MitarbeiterID* im Feld *VorgesetzterID* eingetragen, z.B. ist der Vorgesetzte von Verkäufer A der Mitarbeiter mit der Nummer 2, also der Leiter der Verkaufsabteilung. Der Geschäftsführer hat keinen Vorgesetzten. Die Auswahlabfrage gibt eine Liste aller Mitarbeiter mit den Namen ihrer Vorgesetzten aus.

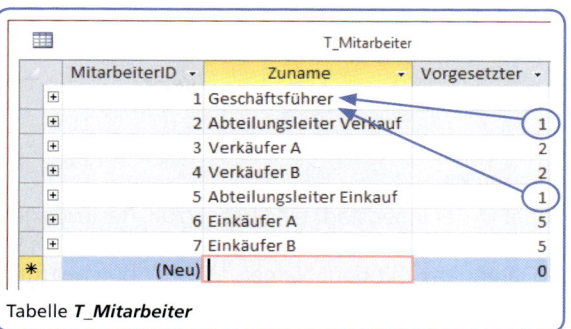

Tabelle **T_Mitarbeiter**

Zur **Erstellung der Reflexivverknüpfung** wird die Tabelle **T_Mitarbeiter** zweimal in die Abfrage übernommen.

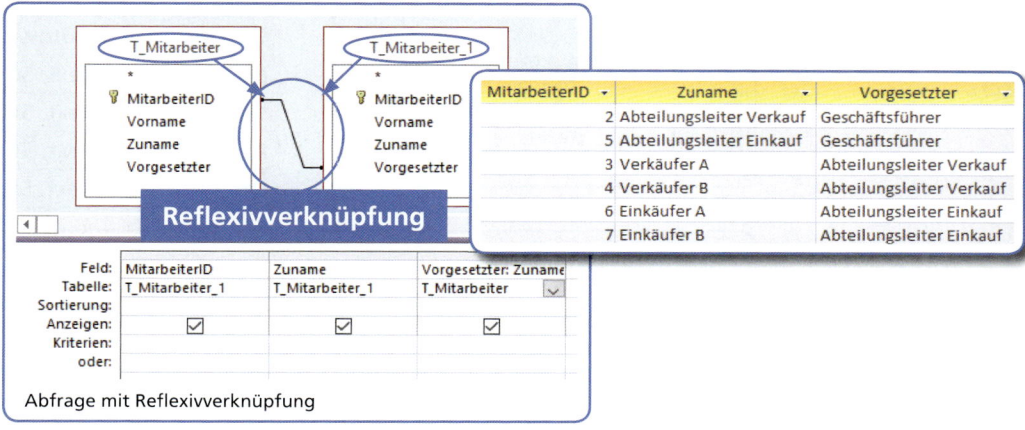

Abfrage mit Reflexivverknüpfung

Übungsbeispiel

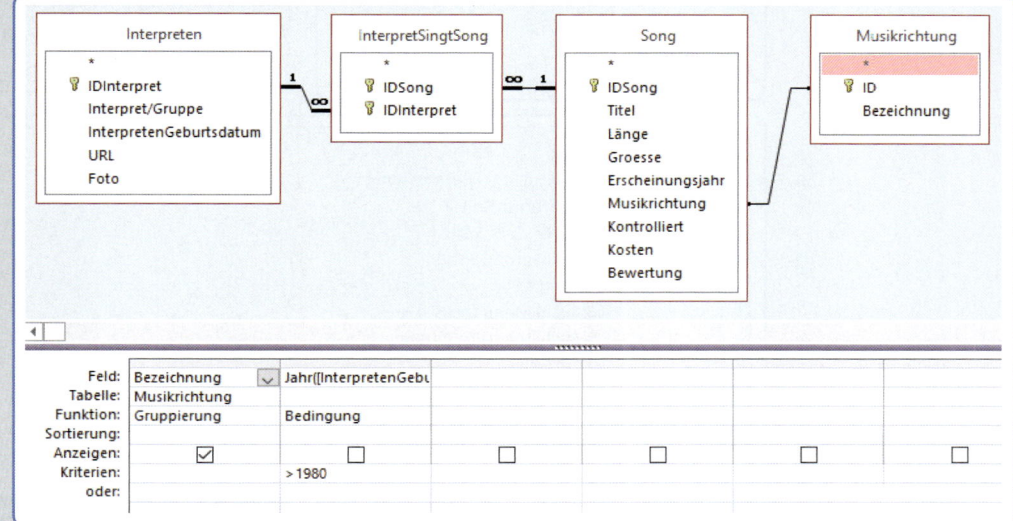

MP3Sammlung.accdb

Ü 3.11 ★★★: Schritte zur Datenbankerstellung B

Erstellen Sie in der MP3-Datenbank die Abfrage **A_Oldies** (wie abgebildet), die die Musikrichtungen aller Lieder jener Interpreten enthält, die vor **1950** geboren wurden. Kopieren Sie die Abfrage nach **A_NewAge** und ändern Sie das Kriterium beim Geburtsdatum in „>1980".

Erstellen Sie die Abfrage **A_Musikrichtungsvergleich,** die beide Abfragen kombiniert.

a) Wie viele Musikrichtungen kommen in beiden Abfragen vor?

b) Welche Musikrichtungen gibt es nur bei den **Oldies,** aber nicht bei **NewAge**?

3 Datenbankmanagement

Ü 3.12 ★★: Sushi-Lokal B

Eine Bekannte eröffnet in der Innenstadt ein Sushi-Lokal. Bestellungen von Gästen werden auch telefonisch entgegengenommen und anschließend ausgeliefert. Die Verrechnung des Lieferservices soll über eine Datenbank mit dem Namen „Sushi" durchgeführt werden. Erstellen Sie die Datenbank mit den folgenden Tabellen!

Feldname	Datentyp und Feldgröße
GastNr	Autowert
Name	Text, 50 Zeichen
Straße	Text, 50 Zeichen
PLZ	Text, 50 Zeichen
Ort	Text, 50 Zeichen

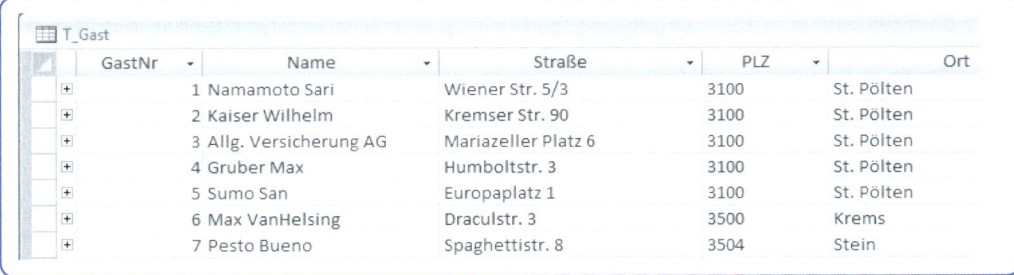

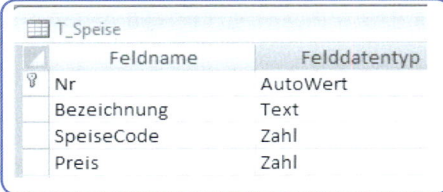

Feldname	Datentyp und Feldgröße
Nr	Autowert
Bezeichnung	Text, 50 Zeichen
SpeiseCode	Zahl, Long Integer
Preis	Zahl, Double

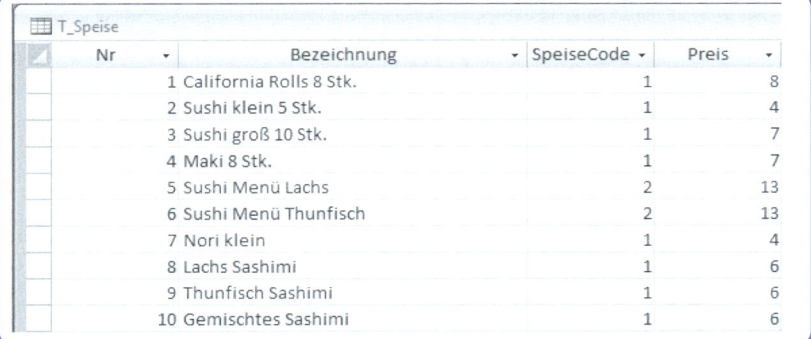

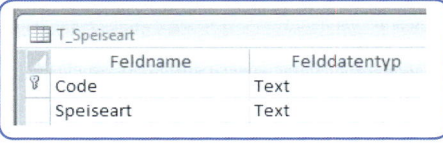

Feldname	Datentyp und Feldgröße
Code	Text, 1 Zeichen
Speiseart	Text, 50 Zeichen

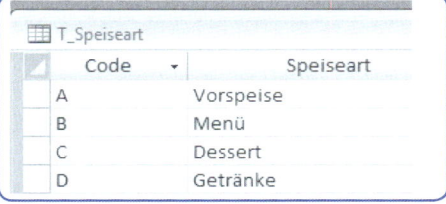

Die Ausgangsdateien zu den Übungen finden Sie unter der ID: 2312.

Sushi_Probleme.accdb

Ü 3.13 ★★★: Sushi-Datenbank Problemlösung C
Erstellen Sie zwischen den Tabellen in der Datenbank „Sushi" die erforderlichen Beziehungen und lösen Sie die bestehenden Probleme im Datenbankschema.

a) Die Tabelle *T_Speiseart* lässt sich nicht mit der Tabelle *T_Speise* verknüpfen. Finden Sie den Grund dafür heraus und beseitigen Sie das Problem. Aktivieren Sie für die Beziehung die referenzielle Integrität mit Aktualisierungsweitergabe.

b) Von einem Gast sollen mehrere Speisen bestellt werden können. Außerdem muss eine Speise von mehreren Gästen bestellbar sein. Zusätzlich sollen das Bestelldatum und ein Liefertermin (Zeitpunkt) gespeichert werden. Beachten Sie dabei, dass der gleiche Gast an verschiedenen Tagen die gleiche Speise erneut bestellen kann. Verändern Sie die Tabellenstruktur so, dass sie den Anforderungen entspricht.

c) Die California Rolls kosten 8,40 EUR, alle Sashimi kosten jeweils 6,50 EUR. Doch die Preise werden offenbar falsch gespeichert. Finden Sie die Ursache dafür heraus, lösen Sie das Problem und korrigieren Sie die Preise. Geben Sie folgende Bestellungen in der neu angelegten Tabelle *T_Bestellung* ein.

GastNr	SpeiseNr	Datum	Lieferzeit	Zahlung
1	1	01.03.	20:00	3
1	3	01.03.	21:36	3
1	4	01.03.	21:37	2
2	3	01.03.	21:37	1
2	7	01.03.	21:37	2
2	8	01.03.	21:37	1
3	3	01.03.	21:37	1
3	3	01.03.	21:37	3
3	9	01.03.	21:37	2
3	10	01.03.	21:37	3
4	4	28.02.	21:38	3
4	5	01.03.	22:00	1
4	6	01.03.	22:00	1
5	5	01.03.	22:00	2
6	3	01.03.	21:37	1
6	4	01.03.	21:37	1
8	4	28.05.	16:45	3
8	11	28.05.	16:45	3
8	12	28.05.	16:45	3

SbX
ID: 2312

Weitere Übungen im SbX

Ü 3.14 ★★: Fahrradhändler D
Bearbeiten Sie die Übungsaufgabe „Fahrradhändler" zum Erstellen einer Datenbank!

Ü 3.15 ★★★: H2Ö-Datenbank D
Bearbeiten Sie die Übungsaufgabe „H2Ö" zum Thema Datenbanken!

◎ Sichern

Datenbank-schema

Das **Datenbankschema** umfasst **Tabellen und deren Beziehungen.** Eine Access-Datenbank beinhaltet neben dem Datenbankschema auch Abfragen, Formulare, Berichte, Makros und Module.

Tabellenentwurf

Zur Erstellung einer Tabelle werden die **Felder** mit ihren **Datentypen** und **Feldgrößen** in der **Entwurfsansicht** angelegt. Jede Tabelle erhält einen **Primärschlüssel,** der einen **Datensatz eindeutig identifiziert.**

Primärschlüssel

Ein **Primärschlüsselfeld** erhält einen **Index ohne Duplikate** und kann daher nur eindeutige Werte innerhalb einer Tabelle aufnehmen. Bei einem **zusammengesetzten Primärschlüssel** werden **mehrere Felder als Schlüssel** definiert.

Fremdschlüssel	Ein **Fremdschlüssel** ist das **Pendant zum Primärschlüssel** in einer anderen Tabelle und muss daher den **gleichen Datentyp** und die **gleiche Feldgröße** aufweisen. Aus **Performance-gründen** sollte ein Fremdschlüssel einen **Index mit Duplikaten bzw. ohne Duplikate** erhalten, je nachdem, welche **Beziehung** vorliegt – **1:n bzw. 1:1**.
Beziehung	Über den **Primär- und den Fremdschlüssel** werden **Tabellen miteinander verknüpft,** indem eine Beziehung zwischen den Schlüsseln erstellt wird. Den **Grad der Beziehung** (1:n, 1:1) steuert der **Index** der Schlüsselfelder.
referenzielle Integrität	Die **referenzielle Integrität** stellt sicher, dass als Fremdschlüssel nur solche Werte verwendet werden, die es auch als Primärschlüssel gibt. Mithilfe der **Aktualisierungs-** und der **Löschwei-tergabe** werden Änderungen beim Primärschlüssel automatisch auf alle verknüpften Fremd-schlüssel übertragen.
Inner Join	Standardmäßig werden Tabellen mit der **Gleichheitsverknüpfung** verbunden. Dabei werden nur jene **Datensätze** angezeigt, bei denen die Inhalte der verknüpften Felder **beider Tabellen gleich** sind.
Outer Join	Bei der **Inklusionsverknüpfung** (*Left Join, Right Join*) werden **alle Daten der einen** sowie die **übereinstimmenden Daten der verknüpften Tabelle** oder *Null* angezeigt.
Reflexiv-verknüpfung	Bei einer **Reflexivverknüpfung** wird eine **Tabelle mit sich selbst verknüpft**.

Wissen

W 3.1 ★★: **Kontrollfragen und -aufgaben** B

1. Was machen Sie beim Design einer Datenbank mit Mehrfachinformationen in Datensätzen?
2. Welche Grade von Beziehungen können in einer Datenbank verwendet werden?
3. Warum sollte jede Tabelle einen Primärschlüssel haben?
4. Was müssen Sie hinsichtlich der Indexierung bei einem zusammengesetzten Primärschlüssel beachten?
5. Erklären Sie die Wirkungsweise der referenziellen Integrität!
6. Warum sollte für einen Fremdschlüssel ein Index festgelegt werden?
7. Wie funktioniert ein Index?
8. Kann die referenzielle Integrität verwendet werden, wenn eine der beiden Tabellen keinen Primärschlüssel hat?
9. Erklären Sie den Unterschied zwischen einer Gleichheits- und einer Inklusionsverknüpfung!
10. Was ist eine Reflexivverknüpfung?

Ein kurzer Kompetenz-Check, bevor's weitergeht!

Kompetenz-Check

	☺	😐	☹
Ich kann Datenmanagement durchführen und dazu Tabellen ohne detaillierte Vorgaben erstellen.			
Ich kann selbständig Entscheidungen über die richtige Wahl der Feld-datentypen treffen.			
Ich kann die Bedeutung eines Primärschlüssels beschreiben und die-sen aufgabengerecht setzen.			
Ich kann Dateneingaben absichern und vereinfachen, z. B. mit Gültig-keitsregeln, Wertelisten und Kombinationsfeldern.			

Lerneinheit 2
Datenanwendungen

Datenbanken dienen zum strukturierten Speichern großer Datenmengen und sind komfortabel zum raschen Auswerten benötigter Information. Häufig ist es nötig, Auswertungen in anderen Anwendungen weiterzuverarbeiten, z. B. in Excel oder Word.

Ihre Aufgaben könnten z. B. lauten:

- Importieren Sie Daten aus einer Textdatei.
- Erstellen Sie eine Abfrage und verwenden Sie das Ergebnis als Basis für einen Serienbrief.
- Verknüpfen Sie ein Abfrageergebnis mit einem Excel-Diagramm.

Sie wissen (noch) nicht, wie Sie diese Aufgaben richtig lösen? Dann erarbeiten Sie in dieser Lerneinheit, wie Sie Daten mit anderen Anwendungen austauschen können.

 # Lernen

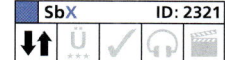

1 Datenimport

CSV = Comma Separated Value

XML = Extensible Markup Language

Access eignet sich ausgezeichnet zur **Integration und Weiterverarbeitung von Daten,** die in verschiedenen Formaten vorliegen, z. B. Excel, CSV oder XML.

Daten importieren

Register *Externe Daten | Importieren und Verknüpfen*

❶ **Über das Register *Externe Daten | Importieren und Verknüpfen* wird die zu importierende Datei ausgewählt.**

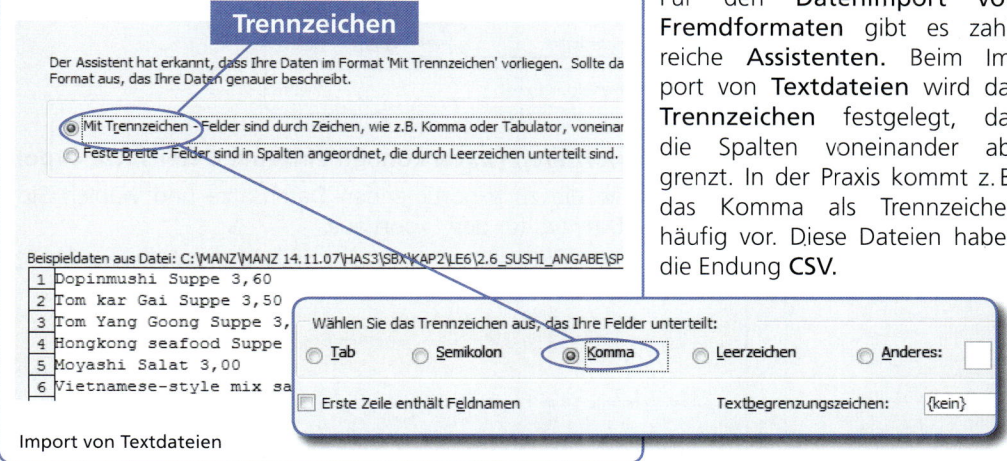

Import von Textdateien

Für den **Datenimport von Fremdformaten** gibt es zahlreiche **Assistenten.** Beim Import von **Textdateien** wird das **Trennzeichen** festgelegt, das die Spalten voneinander abgrenzt. In der Praxis kommt z. B. das Komma als Trennzeichen häufig vor. Diese Dateien haben die Endung **CSV.**

Semikolon = Strichpunkt

❷ Wie die Felder importiert werden sollen, wird über die Feldoptionen festgelegt.

Für jedes Feld der Importdatei können wir den **Feldnamen**, den **Index** und den **Datentyp** festlegen. Abschließend muss der **Primärschlüssel** definiert werden.

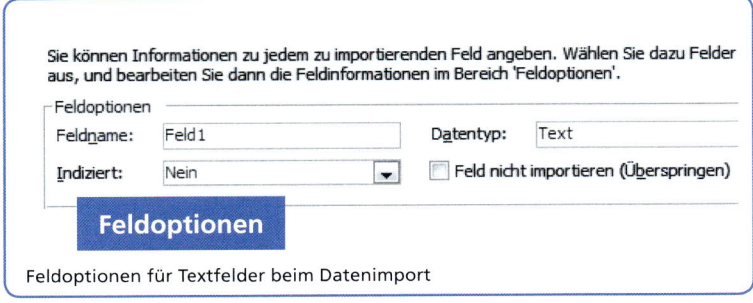

Sie können Informationen zu jedem zu importierenden Feld angeben. Wählen Sie dazu Felder aus, und bearbeiten Sie dann die Feldinformationen im Bereich 'Feldoptionen'.

Feldoptionen

Feldname: Feld1   Datentyp: Text

Indiziert: Nein   ☐ Feld nicht importieren (Überspringen)

Feldoptionen

Feldoptionen für Textfelder beim Datenimport

Register *Externe Daten | Importieren und Verknüpfen*

Über das Register *Externe Daten* können Sie alle Objekte einer Access-Datenbank entweder importieren oder verknüpfen. Beim **Importieren** wird eine Kopie erstellt, beim **Verknüpfen** verwenden Sie die jeweils aktuellen Daten aus der anderen Datenbank.

2 Datenexport

Daten aus einer Access-Datenbank können auch mit anderen Programmen, z. B. Word oder Excel, weiterverarbeitet werden. Aus einer Buchhaltungsdatenbank könnten Sie beispielsweise Mahnungen als Serienbriefe in Word drucken oder die Umsätze der Verkäufer/innen als Pivottabelle in Excel auswerten.

Daten exportieren

❶ Eine Tabelle oder Abfrage kann über das Register *Externe Daten* exportiert werden.

Einen Serienbrief in Word erzeugen Sie z. B. mit dem Symbol *Word-Seriendruck.* Der Assistent fragt, ob Sie die Daten mit einem vorhandenen Dokument verknüpfen oder ein neues Dokument erstellen wollen.

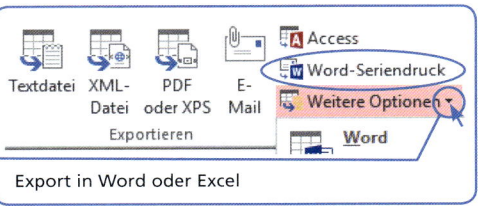

Register *Externe Daten | Exportieren | Weitere Optionen*

Textdatei XML-Datei PDF oder XPS E-Mail   Access Word-Seriendruck Weitere Optionen Word

Exportieren

Export in Word oder Excel

❷ Über *Exportieren | Excel* können einzelne Datensätze exportiert werden.

Markieren Sie die zu exportierenden Datensätze und wählen Sie im Dialogfenster den gewünschten Dateityp für den Export aus.

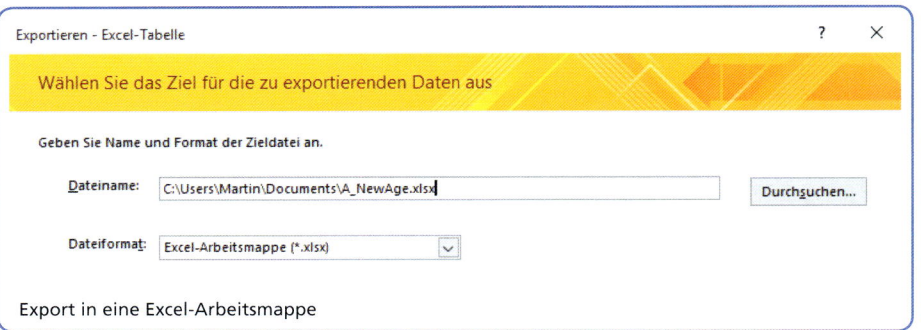

Exportieren - Excel-Tabelle   ? ✕

Wählen Sie das Ziel für die zu exportierenden Daten aus

Geben Sie Name und Format der Zieldatei an.

Dateiname: C:\Users\Martin\Documents\A_NewAge.xlsx   Durchsuchen...

Dateiformat: Excel-Arbeitsmappe (*.xlsx)

Export in eine Excel-Arbeitsmappe

Sowohl der **Export** als auch der **Import von Daten** sind auch über die **Zwischenablage** möglich, allerdings **nicht das Verknüpfen** von Daten.

Übungsbeispiele

Sushi.accdb

Speisen.txt

Ü 3.16 ★★: Daten importieren B

Importieren Sie die Datei „Speisen.txt" in die neue Tabelle *Speisen_Text* und verwenden Sie für den Primärschlüssel den Datentyp *Autowert*! Wählen Sie die Feldbezeichnungen *Speise* vom Datentyp *Kurzer Text* und *Preise* vom Datentyp *Double*! Erweitern Sie die Tabelle um ein Nachschlagefeld für die Speiseart und ergänzen Sie diese für jede Speise!

Fügen Sie alle Getränke mithilfe einer **Anfügeabfrage** an die Tabelle *T_Speise* an und speichern Sie sie unter dem Namen „Getränke neu"!

Sushi.accdb

Ü 3.17 ★★: Daten exportieren B

Verwenden Sie die Tabellenerstellungsabfrage *Gast* zur Erstellung der Tabelle *Kunden* mit den Feldern *Name, Straße, PLZ* und *Ort*! Exportieren Sie die neue Tabelle in eine Excel-Arbeitsmappe und speichern Sie diese unter dem Namen „Kunden.xlsx"!

Üben

SbX   ID: 2322

Sushi.accdb

Einladung.docx

SbX

Die Ausgangsdateien zu den Übungsbeispielen finden Sie unter der ID: 2322.

Ü 3.18 ★★: Serienbrief B

Exportieren Sie die Daten der Kunden-Tabelle in einen Word-Serienbrief und laden Sie darin alle Kunden zu einem Sommernachtsfest mit Sushi-Buffet ein! Gestalten Sie den Serienbrief wie abgebildet und speichern Sie ihn unter dem Namen „Einladung.docx"!

SUSHI Restaurant Meyaniki

**Augasse 8
1060 Wien**

Name
Straße
PLZ Ort

St. Pölten, 25. März 2016

Einladung zum Sommernachtsfest

Das jährliche Sommernachtsfest mit Sushi-Buffet findet heuer am 28. August statt. Wir laden Sie und Ihre Freunde herzlich ein, bei uns zu feiern. Wenn Sie in traditioneller japanischer Garderobe kommen, gibt es für Sie ein kleines Geschenk.

Preis pro Person € 15,- inkl. Steuer – Essen Sie so viel sie können!

Um Tischreservierung wird gebeten unter 0699/123 45 67

Auf Ihr Kommen freut sich

Yin Yang

---

3 Datenbankmanagement

Sushi.accdb

Ü 3.19 ★★★: Fakturierung C

Erstellen Sie eine Auswahlabfrage mit allen für eine **Fakturierung** erforderlichen Daten! Sortieren Sie die Abfrage aufsteigend nach dem Namen und speichern Sie sie unter dem Namen „Abfrage für Rechnung"!

Name	Straße	PLZ	Ort	Datum	Lieferzeit	Zahlung	Bezeichnung	Preis	SpeiseCode
Allg. Versicherung AG	Mariazeller Platz 6	3100	St. Pölten	01.03.2016	21:37		3 Gemischtes Sashimi	6,5	A
Allg. Versicherung AG	Mariazeller Platz 6	3100	St. Pölten	01.03.2016	21:37		1 Sushi groß 10 Stk.	7	A
Allg. Versicherung AG	Mariazeller Platz 6	3100	St. Pölten	01.03.2016	21:37		3 Sushi groß 10 Stk.	7	A
Allg. Versicherung AG	Mariazeller Platz 6	3100	St. Pölten	01.03.2016	21:37		2 Thunfisch Sashimi	6,5	A
Gebath Doris	Waldstraße 1	3100	St. Pölten	02.03.2016	16:45		3 Bier	2,3	D
Gebath Doris	Waldstraße 1	3100	St. Pölten	02.03.2016	16:45		3 Maki 8 Stk.	7	A
Gebath Doris	Waldstraße 1	3100	St. Pölten	02.03.2016	16:45		3 Cola	1,8	D
Gruber Max	Humboltstr. 3	3100	St. Pölten	01.03.2016	22:00		1 Sushi Menü Thunfisch	13	B
Gruber Max	Humboltstr. 3	3100	St. Pölten	01.03.2016	22:00		1 Sushi Menü Lachs	13	B

Öffnen Sie **Excel** und importieren Sie die Abfrage über *Daten | externe Daten abrufen | aus Access*! Fügen Sie die Daten ab der **Zeile 8** ein, damit darüber noch genug Platz für einen Spezialfilter bleibt. Erstellen Sie den **Spezialfilter** so, dass der gewünschte Kunde und das Lieferdatum ausgewählt werden können, um die Rechnung zu erstellen!

Die Excel-Tabelle enthält in den Zeilen 1 bis 7 die Parameter für den Spezialfilter, ab Zeile 8 die Datenliste und ab Zeile 31 das Filterergebnis.

	C	D	E	F	G	H	I	J	K	L
1	Name	Straße	PLZ	Ort	Datum	Lieferzeit	Zahlung	Bezeichnung	Preis	SpeiseCode
2	Gruber Max				01.03.2016					

	C	D	E	F	G	H	I	J	K	L
8	Name	Straße	PLZ	Ort	Datum	Lieferzeit	Zahlung	Bezeichnung	Preis	SpeiseCode
9	Allg. Versicherung AG	Mariazeller Platz 6	3100	St. Pölten	01.03.2016	21:37:32		3 Gemischtes Sashimi	6,5	A
10	Allg. Versicherung AG	Mariazeller Platz 6	3100	St. Pölten	01.03.2016	21:37:20		1 Sushi groß 10 Stk.	7	A
11	Allg. Versicherung AG	Mariazeller Platz 6	3100	St. Pölten	01.03.2016	21:37:21		3 Sushi groß 10 Stk.	7	A
12	Allg. Versicherung AG	Mariazeller Platz 6	3100	St. Pölten	01.03.2016	21:37:24		2 Thunfisch Sashimi	6,5	A
13	Gebath Doris	Waldstraße 1	3100	St. Pölten	01.03.2016	16:45:00		3 Bier	2,3	D
14	Gebath Doris	Waldstraße 1	3100	St. Pölten	01.03.2016	16:45:00		3 Maki 8 Stk.	7	A
15	Gebath Doris	Waldstraße 1	3100	St. Pölten	01.03.2016	16:45:00		3 Cola	1,8	D
16	Gruber Max	Humboltstr. 3	3100	St. Pölten	01.03.2016	22:00:47		1 Sushi Menü Thunfisch	13	B
17	Gruber Max	Humboltstr. 3	3100	St. Pölten	01.03.2016	22:00:38		1 Sushi Menü Lachs	13	B
18	Gruber Max	Humboltstr. 3	3100	St. Pölten	01.03.2016	21:38:00		3 Maki 8 Stk.	7	A
19	Kaiser Wilhelm	Kremser Str. 90	3100	St. Pölten	01.03.2016	21:37:14		1 Sushi groß 10 Stk.	7	A

	C	D	E	F	G	H	I	J	K	L
31	Name	Straße	PLZ	Ort	Datum	Lieferzeit	Zahlung	Bezeichnung	Preis	SpeiseCode
32	Gruber Max	Humboltstr. 3	3100	St. Pölten	01.03.2016	22:00:47		1 Sushi Menü Thunfisch	13	B
33	Gruber Max	Humboltstr. 3	3100	St. Pölten	01.03.2016	22:00:38		1 Sushi Menü Lachs	13	B
34	Gruber Max	Humboltstr. 3	3100	St. Pölten	01.03.2016	21:38:00		3 Maki 8 Stk.	7	A

Erstellen Sie in einem **neuen Registerblatt** das **Rechnungsformular** mit folgendem Aussehen:

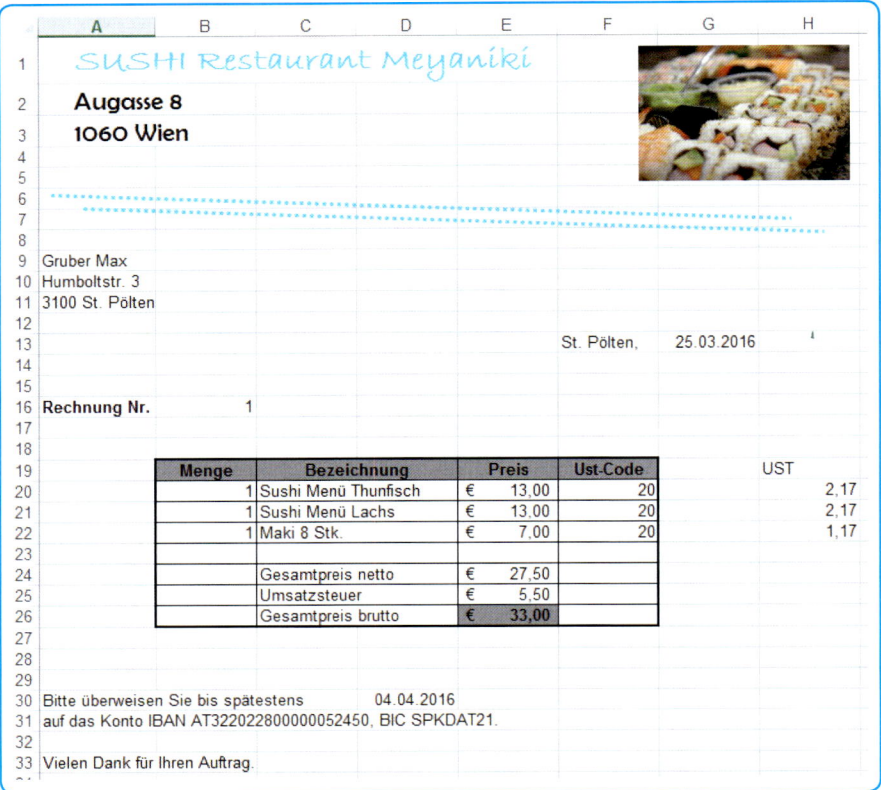

Hinweis zur Gestaltung der Rechnung in Excel:

Die Zellen A9 bis A11 sowie die Zellen C20 bis F22 beziehen ihre Daten aus dem Filterergebnisbereich der Datenliste. Das Rechnungsdatum in G13 ist das **aktuelle Datum.** Bei den Preisen handelt es sich um **Bruttopreise.** Die Berechnung des Gesamtnettopreises in der Zelle E24 sowie der Umsatzsteuer in E25 wird in der Hilfsspalte H vorgenommen. Das Fälligkeitsdatum in D30 liegt 10 Tage nach dem Rechnungsdatum in G13.

Speichern Sie die Arbeitsmappe unter dem Namen „Rechnung mit Accessimport.xlsx".

Sichern

Datenimport

Über das Register *Externe Daten* können Daten aus anderen Anwendungen, z. B. Word, Excel oder HTML, **importiert oder verknüpft** werden.

Datenexport

Das **Ergebnis einer Auswahlabfrage** kann **für Anwendungen,** z. B. einen **Word-Serienbrief** oder eine **Analyse in Excel,** verwendet werden. Dazu werden die **Exportfunktionen** verwendet bzw. werden einzelne Datensätze über die **Zwischenablage** oder über das Register *Externe Daten* kopiert.

Wissen

W 3.2 ★★: Kontrollfragen und -aufgaben B

1. Welche Dateiformate können in Access importiert werden?
2. Wodurch unterscheidet sich das Importieren vom Verknüpfen von Daten?
3. Was ist eine CSV-Datei?
4. Wie können Daten aus einer Abfrage in Excel weiterverarbeitet werden, z. B. um ein Diagramm zu erstellen?

Ein kurzer Kompetenz-Check, bevor's weitergeht!

Kompetenz-Check

	☺	☻	☹
Ich kann Daten aufbereiten und importieren und dabei unterschiedliche Datenformate verwenden.			
Ich kann Daten für andere Anwendungen bereitstellen (exportieren).			

3 Datenbankmanagement

4 DATENMANIPULATION
Kompetenzmodul 7

SbX

Alle SbX-Inhalte
zu diesem Kapitel
finden Sie unter
der ID: 2410.

Worum geht's in diesem Kapitel?

Durch einen Fehler in der Buchhaltung wurden die Verkaufszahlen falsch gespeichert. Bei jedem Verkauf wurden um 10 Stück zu wenig eingetragen. Dieser Fehler kann mit einer Aktionsabfrage korrigiert werden, die die richtigen Zahlen errechnet und aktualisiert.

In diesem Kapitel erwerben Sie Kompetenzen zu folgenden Bildungs- und Lehraufgaben:

- Abfragen erstellen, die Daten ändern, einfügen oder löschen
- Abfragen mit der Structured Query Language durchführen
- Daten aufbereiten und importieren (unterschiedliche Datenformate)
- Daten für andere Anwendungen bereitstellen (exportieren)

In diesem Kapitel finden Sie Lehrbeispiele, Übungsaufgaben, Kontrollfragen und Wissensaufgaben zur Kompetenzüberprüfung auf den Handlungsebenen **A** Verstehen, **B** Anwenden, **C** Analysieren und **D** Entwickeln.

 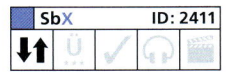

Lernen

Die Ausgangsdateien zu allen Beispielen im Schritt LERNEN finden Sie unter der ID: 2411.

Lehrbeispiel

$H_2\ddot{O}$

MUSTERUNTERNEHMEN

h2oe_mitarbeiter.accdb

1 Anfügeabfragen

Mit einer Anfügeabfrage werden Datensätze aus einer oder mehreren Datenquellen (Tabelle, Abfrage usw.) ausgewählt und an eine vorhandene Tabelle angefügt. Quell- und Zieltabellen befinden sich meist in derselben Datenbank, können sich jedoch auch in unterschiedlichen Datenbanken befinden. Die Anfügeabfrage ist **eine von vier Aktionsabfragen** (Tabellenerstellungsabfrage, Aktualisierungs- und Löschabfrage).

L 4.1: Anfügeabfrage erstellen B
Fügen Sie mithilfe einer Anfügeabfrage die Datensätze aus der Tabelle „Dienstreisen NEU" zur Tabelle „Dienstreisen" hinzu! Speichern Sie diese Abfrage unter „L_4_1 - Anfügeabfrage"!

❶ Erstellen Sie eine Auswahlabfrage auf Basis der Tabelle „Dienstreisen NEU" und verschieben Sie alle Felder mittels Drag&Drop vom oberen in den unteren Bereich.

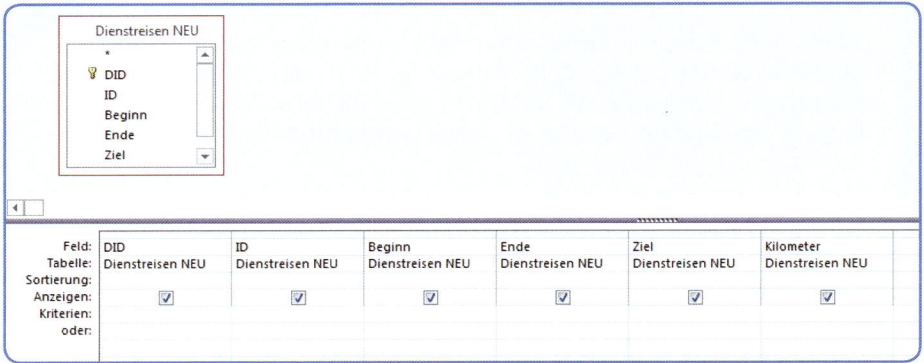

Anfügen

❷ Stellen Sie sicher, dass Access das Ausführen von 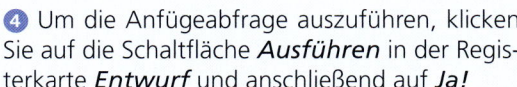 Aktionsabfragen in dieser Datenbank erlaubt! Wählen Sie anschließend die Schaltfläche **Anfügen** im Register **Enwurf,** um die Auswahlabfrage in eine Anfügeabfrage umzuwandeln!

❸ Wählen Sie im Dialogfenster **Anfügen** die Zieltabelle „Dienstreisen" aus und klicken Sie anschließend auf **OK!**

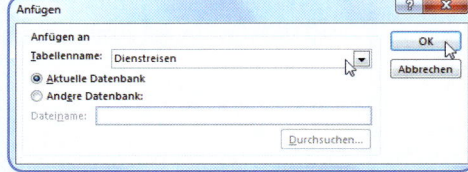

Ausführen

❹ Um die Anfügeabfrage auszuführen, klicken Sie auf die Schaltfläche **Ausführen** in der Registerkarte **Entwurf** und anschließend auf **Ja!**

Im Gegensatz zu Auswahlabfragen werden mit Aktionsabfragen Daten geändert. Access unterscheidet **vier Arten von Aktionsabfragen:** Tabellenerstellungsabfragen, Aktualisierungs-, Anfüge- und Löschabfragen. Aktionsabfragen sind einerseits ein sehr mächtiges Werkzeug, da in einem Schritt eine Vielzahl von Datensätzen geändert werden kann, andererseits ist der Einsatz nicht ganz ungefährlich, da die Änderungen nicht mehr rückgängig gemacht werden können.

Übungsbeispiel

h2oe_mitarbeiter.accdb

Ü 4.1 ★: Neue Mitarbeiter/innen hinzufügen B
Erstellen Sie eine Tabelle „Mitarbeiter Neu", mit den gleichen Feldern und Felddatentypen wie in der Tabelle „Mitarbeiter"! Erfassen Sie in der neuen Tabelle die Daten von fünf neuen Mitarbeitern und verwenden Sie dazu Namen Ihrer Mitschüler/innen! Fügen Sie die Datensätze der Tabelle „Mitarbeiter Neu" mithilfe einer Anfügeabfrage zur Tabelle „Mitarbeiter" hinzu!

2 Aktualisierungsabfragen

Mit einer Aktualisierungsabfrage können Daten einer Tabelle geändert werden. Aktualisierungs-abfragen sind mit der Funktion *Suchen und Ersetzen* vergleichbar. Im Gegensatz dazu sind Aktualisierungsabfragen jedoch leistungsfähiger, da mehrere Kriterien eingegeben sowie Daten-sätze in mehreren Tabellen gleichzeitig geändert werden können.

Lehrbeispiel

MUSTERUNTERNEHMEN

h2oe_mitarbeiter.accdb

Aktualisieren

Feldnamen werden in Access in eckigen Klammern geschrieben.

L 4.2: Aktualisierungsabfrage ohne Kriterien B
Erhöhen Sie in der Tabelle „Mitarbeiter" das Gehalt aller Mitarbeiter/innen um 100 Euro!

❶ Erstellen Sie eine Auswahlabfrage auf Basis der Tabelle „Mitarbeiter" und fügen Sie das Feld „Gehalt" hinzu!

❷ Wählen Sie anschließend die Schaltfläche *Aktualisieren* in der Registerkarte *Entwurf,* um die Auswahlabfrage in eine Aktualisierungsabfrage umzuwandeln.

❸ Tragen Sie bei *Gehalt* in der Zeile *Aktualisieren [Gehalt]+100* ein.

Feld:	Gehalt				
Tabelle:	Mitarbeiter				
Aktualisieren:	[Gehalt]+100				
Kriterien:					
oder:					

❹ Klicken Sie zuerst auf die Schaltfläche *Datenblattansicht,* um zu überprüfen, welche Werte beim Ausführen der Abfrage geändert werden! Wechseln Sie zurück in die *Entwurfsansicht!*

❺ Um die Aktualisierungsabfrage auszuführen, klicken Sie auf die Schaltfläche *Ausführen* in der Registerkarte *Entwurf* und anschließend auf *Ja.*

❻ Speichern Sie die Abfrage unter „L_4_2 - Aktualisierungsabfrage"!

Aktualisierungsabfragen können nicht rückgängig gemacht werden. Da es sich bei einer Aktu-alisierung um eine Veränderung bestehender Daten handelt, sollte **vor dem Ausführen einer solchen Abfrage die Datenbank oder zumindest die Tabelle gesichert werden!**

Lehrbeispiel

MUSTERUNTERNEHMEN

h2oe_mitarbeiter.accdb

L 4.3: Aktualisierungsabfrage mit Kriterien B
Erhöhen Sie in der Tabelle „Mitarbeiter" das Gehalt aller Mitarbeiter/innen aus den Abtei-lungen „Sekretariat" und „Lager" um 5 Prozent!

❶ Erstellen Sie eine Auswahlabfrage auf Basis der Tabelle „Mitarbeiter" und fügen Sie die Felder „Gehalt" und „Abteilung" hinzu!

❷ Wählen Sie anschließend die Schaltfläche *Aktualisieren* in der Registerkarte *Entwurf,* um die Auswahlabfrage in eine Aktualisierungsabfrage umzuwandeln.

❸ Tragen Sie bei *Gehalt* in der Zeile *Aktualisieren [Gehalt]*1,05* ein.

❹ Tragen Sie bei *Abteilung* in der Zeile *Kriterien* die Werte „Sekretariat" oder „Lager" ein.

Feld:	Gehalt	Abteilung			
Tabelle:	Mitarbeiter	Mitarbeiter			
Aktualisieren:	[Gehalt]*1,05				
Kriterien:		"Sekretariat" Oder "Lager"			
oder:					

❺ Führen Sie die Abfrage aus und speichern Sie diese unter „L_4_3 - Aktualisierungsabfrage"!

Bei jedem Ausführen einer Aktualisierungsabfrage kommt es zu einer erneuten Änderung der Daten. So führt jedes Ausführen der Abfragen aus L 4.2 und L 4.3 zu einer weiteren Gehalts-erhöhung.

Übungsbeispiel

MUSTERUNTERNEHMEN

**h2oe_
aktionsabfragen.accdb**

Ü 4.2 ★★: Aktualisierungsabfragen B

Erstellen Sie die folgenden Aktualisierungsabfragen und speichern Sie diese unter „Ü_4_2a" usw. ab:

a) Erhöhen Sie in der Tabelle „Mitarbeiter" das Gehalt aller Mitarbeiter/innen aus den Abteilungen „Lager" und „Produktion", die keine Leitungsfunktion haben, um 150 Euro!

b) Erhöhen Sie in der Tabelle „Produkte" die Preise aller Quellwasserprodukte um 0,1 Euro!

c) In der Tabelle „Postleitzahlen" soll in einem neuen Feld die Langbezeichnung des Bundeslandes gespeichert werden. Legen Sie in der Tabelle „Postleitzahlen" ein neues Feld mit der Bezeichnung *Bundesland lang* mit dem Felddatentyp *kurzer Text (20)* an! Erstellen Sie eine Aktualisierungsabfrage, mit der Sie in das neue Feld die Langbezeichnung speichern: W = Wien, Bgld. = Burgenland, NÖ = Niederösterreich, OÖ = Oberösterreich, Sbg. = Salzburg, Stmk. = Steiermark, Ktn. = Kärnten, T = Tirol, Vbg. = Vorarlberg. Verwenden Sie für diese Aktualisierung eine Abfrage, die Sie neun Mal ausführen!

3 Löschabfragen

Mit einer Löschabfrage werden Datensätze aus einer Tabelle gelöscht. Beim Löschen wird immer eine gesamte Zeile mit allen Werten gelöscht.

Lehrbeispiel

MUSTERUNTERNEHMEN

**h2oe_
aktionsabfragen.accdb**

Um besser beurteilen zu können, welche Datensätze tatsächlich gelöscht werden, können der Abfrage weitere Felder hinzugefügt werden.

Löschen

L 4.4: Löschabfrage erstellen B

Löschen Sie mithilfe einer Löschabfrage aus der **Tabelle „Kunden"** alle Kunden, die nicht aus Österreich kommen!

❶ Erstellen Sie eine Kopie der Tabelle „Kunden" unter **„Kopie von Kunden"**!

❷ Erstellen Sie eine Auswahlabfrage auf Basis der Tabelle „Kopie von Kunden" und fügen Sie die Felder „Kunde" und „Land" der Abfrage hinzu!

❸ Tragen Sie beim Feld „Land" in der Zeile *Kriterien* den Wert *Nicht „AT"* ein!

Feld:	Land					
Tabelle:	Kunden					
Löschen:	Bedingung					
Kriterien:	Nicht "AT"					
oder:						

❹ Wählen Sie anschließend die Schaltfläche *Löschen* in der Registerkarte *Entwurf,* um die Auswahlabfrage in eine **Löschabfrage** umzuwandeln.

❺ Bevor Sie die Löschabfrage ausführen, klicken Sie auf die Schaltfläche *Ansicht,* um zu überprüfen, welche Datensätze vom Löschvorgang betroffen sind! Grundsätzlich reicht ein einziges Feld, um die Datensätze zu löschen, die dem Kriterium bzw. den Kriterien entsprechen.

❻ Führen Sie die Anfügeabfrage mit einem Klick auf die Schaltfläche *Ausführen* aus!

Übungsbeispiel

MUSTERUNTERNEHMEN

**h2oe_
aktionsabfragen.accdb**

Ü 4.3 ★★: Löschabfragen B

Erstellen Sie die folgenden Löschabfragen und speichern Sie diese unter „Ü_4_3a" etc.:

a) Erstellen Sie eine Löschabfrage, mit der Sie aus der **Tabelle „Dienstreisen"** alle Dienstreisen löschen, die im Juni 2015 begonnen haben!

b) Erstellen Sie eine Löschabfrage, mit der Sie aus der **Tabelle „Verkauf"** alle Verkäufe des Kunden mit der *KID 80,* die im Jahr 2008 getätigt wurden, löschen!

C) Erstellen Sie eine Löschabfrage, mit der Sie aus der **Tabelle „Produktion"** alle Datensätze löschen, die folgenden Kriterien entsprechen: 1. Halbjahr 2007, Schicht 2, Abfüllanlage 3!

Da Löschabfragen nicht rückgängig gemacht werden können, sollte vor dem Ausführen die Datenbank oder zumindest die entsprechende Tabelle gesichert werden. Wurde zwischen Master- und Detailtabelle die Option *Löschweitergabe* aktiviert, so werden auch alle Datensätze der Detailtabelle gelöscht, ohne dass eine zusätzliche Warnmeldung ausgegeben wird.

4 Abfragen mit SQL

SQL („eskuel" oder „sequel") steht für Structured Query Language und ist eine **standardisierte Abfragesprache, mit der Daten relationaler Datenbankmanagementsysteme (RDBMS) verwaltet werden.** SQL ist ein internationaler Standard, der von ISO und ANSI anerkannt wird.

SQL ist eine sogenannte nichtprozedurale Sprache, mit der angegeben wird, „was" mit den Daten geschehen soll und nicht „wie" das erfolgen soll. D. h., SQL ist keine Programmiersprache, wie z. B. Java, C# oder Visual Basic, und deshalb auch viel einfacher zu erlernen.

Die wichtigsten Vorgänge im Zusammenhang mit der Manipulation von Daten sind Abfragen *(SELECT),* Hinzufügen *(INSERT),* Ändern *(UPDATE)* und Löschen *(DELETE).*

SQL-Statement	Erklärung	Entspricht in Access einer
SELECT	Abfrage von Daten aus Tabellen	Auswahlabfrage
INSERT	Hinzufügen eines neuen Datensatzes	Anfügeabfrage
UPDATE	Änderung eines bestehenden Datensatzes	Aktualisierungsabfrage
DELETE	Löschen eines Datensatzes	Löschabfrage

Jede Abfrage, die mit Access erstellt wird, wird intern in eine SQL-Anweisung umgewandelt. Beim Ausführen einer Abfrage wird dieser SQL-Befehl an die Jet-Datenbankengine (ACE) geschickt, die die SQL-Anweisungen ausführt und das Ergebnis an Access zurückliefert.

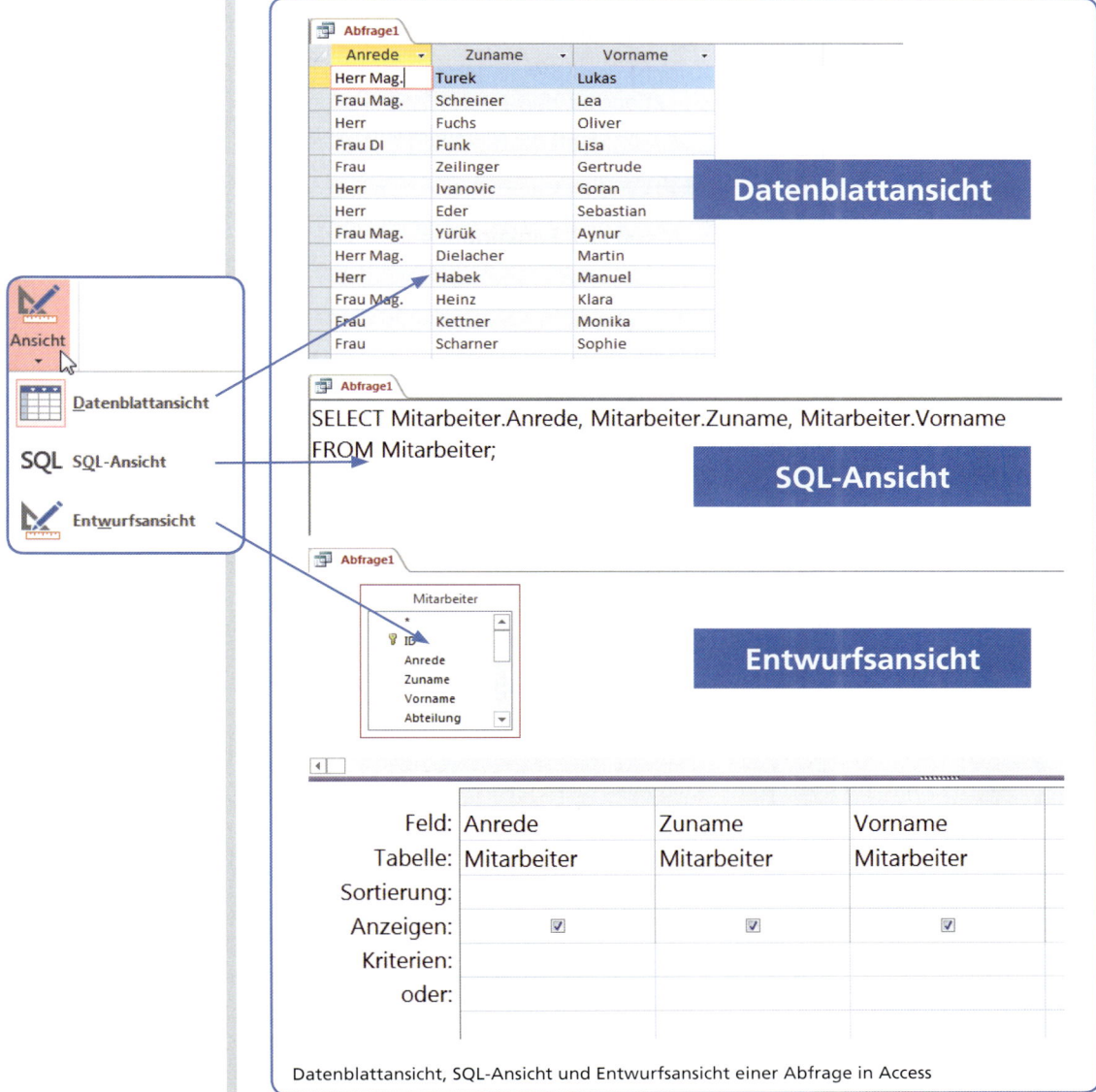

Datenblattansicht, SQL-Ansicht und Entwurfsansicht einer Abfrage in Access

Das *SELECT*-Statement

Mit der *SELECT*-Anweisung werden Daten aus Tabellen abgefragt. Die wichtigsten Schlüssel-wörter (Klauseln) sind *SELECT, FROM, WHERE* und *ORDER BY.*

SQL-Klausel	Erklärung
SELECT	kennzeichnet die SQL-Anweisung als Auswahlabfrage und gibt die gewünsch-ten Felder an
FROM	Angabe der Tabellen, die die Felder enthalten, die in der ***SELECT***-Klausel ange-geben sind
WHERE	Angabe von Kriterien, um nur bestimmte Datensätze abzufragen
ORDER BY	Angabe der Sortierung des Ergebnisses
Beispiele	`SELECT * FROM Mitarbeiter`

	`SELECT Zuname, Vorname, Abteilung`
	`FROM Mitarbeiter`
	`WHERE Abteilung = 'Lager'`
	`ORDER BY Zuname`

Das Zeichen * steht für alle Felder einer Tabelle.

Lehrbeispiel

**h2oe_
aktionsabfragen.accdb**

Ist die Schaltfläche ***Auswahlabfrage*** aktiviert, erscheint in der SQL-Ansicht auto-matisch das Schlüssel-wort ***SELECT.***

In der SQL-Ansicht werden Zeilenum-brüche ignoriert, d. h., sie stellen kein Problem dar.

L 4.5: Datensätze aus einer Tabelle abfragen 🅱

Erstellen Sie eine SQL-Anweisung, mit der Mitarbeiter/innen mit Leitungsfunktion abgefragt werden!

❶ Öffnen Sie die Datenbank „h2oe_aktionsabfragen.accdb" und wählen Sie in der Funktions-leiste *Erstellen* die Schaltfläche *Abfrageentwurf!*

❷ Wechseln Sie in die *SQL-Ansicht* der Abfrage und formulieren Sie eine SQL-Anweisung, die alle Mitarbeiter mit Leitungsfunktion mit den Feldern „ID", „Zuname", „Vorname", „Funk-tion", und „Abteilung" anzeigt! Sortieren Sie die Datensätze nach dem Zunamen und dem Vornamen!

```
Abfrage1
SELECT Zuname, Vorname, Abteilung, Funktion
FROM Mitarbeiter
WHERE Funktion = "Leitung"
ORDER BY Zuname, Vorname;
```

❸ Führen Sie die SQL-Anweisung aus und kontrollieren Sie das Ergebnis der Abfrage!

❹ Wechseln Sie in die *Entwurfsansicht* und beachten Sie, dass Access Ihre SQL-Anweisung im Abfrageentwurf grafisch darstellt!

Beachten Sie bei der Formulierung von SQL-Statements Folgendes:

● Die **Angabe der Kriterien** hängt vom zugrunde liegenden Datentyp (Text, Zahl, Datum) ab und erfolgt analog zu den Angaben in der Entwurfsansicht einer Abfrage.

● Alle Anweisungen erfolgen **in englischer Sprache:** Wie = Like, Ist Null = Is Null, Ist Nicht Null = Is Not Null, zwischen = between.

● Bei Datumswerten ist die englische Schreibweise **#MM/TT/JJJJ#** erforderlich.

● Mehrere Kriterien werden mit **AND** bzw. **OR** verbunden.

Übungsbeispiel

**h2oe_
aktionsabfragen.accdb**

Ü 4.4 ★★: Abfragen mit SQL-Anweisungen 🅱

a) Erstellen Sie eine SQL-Anweisung, mit der alle Produkte abgefragt werden, deren Material-kosten über einem Euro liegen („PID", „Produkt", „Preis", „Materialkosten")!

b) Erstellen Sie eine SQL-Anweisung, mit der alle Produkte abgefragt werden, bei denen es sich um einen Fruchtsirup handelt („PID", „Produkt", „Preis", „Materialkosten")!

c) Erstellen Sie eine SQL-Anweisung, mit der alle Postleitzahlen abgefragt werden, die mit 2 oder 3 beginnen („PLZ", „Ort", „Bundesland")!

Lehrbeispiel

h2oe_
aktionsabfragen.accdb

L 4.6: Datensätze aus zwei Tabellen abfragen B

Erstellen Sie eine SQL-Anweisung, mit der die Adressdaten der Mitarbeiter abgefragt werden!

❶ Öffnen Sie die Datenbank „h2oe_aktionsabfragen.accdb" und wählen Sie in der Funktionsleiste *Erstellen* die Schaltfläche *Abfrageentwurf!*

❷ Wechseln Sie in die *SQL-Ansicht* der Abfrage und formulieren Sie eine SQL-Anweisung, die alle Mitarbeiter mit den Feldern „Anrede", „Zuname", „Vorname", „Straße", „PLZ", „Ort" und „Bundesland" anzeigt! Sortieren Sie die Datensätze nach „PLZ" und „Zuname"!

```
Abfrage1

SELECT Mitarbeiter.Anrede, Mitarbeiter.Zuname, Mitarbeiter.Vorname,
Mitarbeiter.Straße, Mitarbeiter.PLZ,
Postleitzahlen.Ort, Postleitzahlen.Bundesland
FROM Postleitzahlen
INNER JOIN Mitarbeiter ON Postleitzahlen.PLZ = Mitarbeiter.PLZ
ORDER BY Postleitzahlen.PLZ, Mitarbeiter.Zuname;
```

❸ Führen Sie die SQL-Anweisung aus und kontrollieren Sie das Ergebnis der Abfrage!

❹ Wechseln Sie in die *Entwurfsansicht* und beachten Sie, dass Access Ihre SQL-Anweisung im Abfrageentwurf grafisch darstellt!

Das *INSERT*-Statement

Mit der *INSERT*-Anweisung wird einer Tabelle ein neuer Datensatz hinzugefügt. Die Schlüsselwörter (Klauseln) sind *INSERT INTO* und *VALUES.*

SQL-Klausel	Erklärung
INSERT INTO	kennzeichnet die SQL-Anweisung als Anfügeabfrage und gibt die Tabelle und die Felder an
VALUES	Angabe der Werte des neuen Datensatzes
Beispiel	`INSERT INTO Postleitzahlen (PLZ, Ort, Bundesland)` `VALUES ('3999', 'Unterbachberg','NÖ')`

Bei der Formulierung einer *INSERT*-Anweisung sind folgende Regeln zu beachten:

● Beide Klammern müssen die gleiche Anzahl an Feldern enthalten.
● Die Reihenfolge der Felder in der ersten Klammer muss der Reihenfolge der Werte in der zweiten Klammer entsprechen.
● Autowert-Felder müssen/können nicht Teil der *INSERT*-Anweisung sein, da deren Wert von Access automatisch erstellt wird.
● Werte für Textfelder müssen unter einfache Hochkommas gesetzt werden.
● Werte für Datumsfelder müssen im Format *#MM/TT/YYYY#* notiert werden.

Lehrbeispiel

h2oe_
aktionsabfragen.accdb

Felder vom Datentyp *Ja/Nein* werden mit *True* oder *False* befüllt.

L 4.7: Datensatz einer Tabelle hinzufügen B

Fügen Sie mit einer SQL-Anweisung der Tabelle „Mitarbeiter" einen neuen Mitarbeiter bzw. eine neue Mitarbeiterin hinzu! Verwenden Sie dafür Ihre persönlichen Daten!

❶ Öffnen Sie die Datenbank „h2oe_aktionsabfragen.accdb", erstellen Sie eine neue Abfrage und formulieren Sie in der *SQL-Ansicht* die folgende SQL-Anweisung!

```
Abfrage1

INSERT INTO Mitarbeiter ( Anrede, Zuname, Vorname, Abteilung,
Funktion, Schichtarbeit, Gehalt, Geburtsdatum, PLZ, Straße )
VALUES ('Herr', 'Muster', 'Max', 'Rechnungswesen', 'Mitarbeit',
False, 2000, #12/1/2000#, '8862', 'Unterweg 1');
```

❷ Führen Sie die SQL-Anweisung aus und kontrollieren Sie das Ergebnis der Abfrage!

❸ Wechseln Sie in die *Entwurfsansicht* und beachten Sie, dass Access Ihre SQL-Anweisung im Abfrageentwurf grafisch darstellt!

❹ Öffnen Sie die Tabelle „Mitabeiter" und stellen Sie fest, ob Ihre SQL-Anweisung durchgeführt wurde!

Übungsbeispiel

**h2oe_
aktionsabfragen.accdb**

Ü 4.5 ★★: Produkte mit einer SQL-Anweisung hinzufügen B
Überlegen Sie sich zwei neue Produkte für die H2Ö GmbH und fügen Sie diese mit einer SQL-Anweisung zur Tabelle „Produkte" hinzu! Es sollen alle Felder befüllt werden.

Das *UPDATE*-Statement

Mit der *UPDATE*-Anweisung werden bestehende Datensätze geändert. Die Schlüsselwörter (Klauseln) sind *UPDATE*, *SET* und *WHERE*.

SQL-Klausel	Erklärung
UPDATE	kennzeichnet die SQL-Anweisung als Aktualisierungsabfrage und gibt die Tabelle an
SET	Angabe der Felder und Werte, die geändert werden sollen
WHERE	Angabe von Kriterien, um nur bestimmte Datensätze zu ändern
| **Beispiel** | ```
UPDATE Postleitzahlen
SET Ort = 'Unterbachberghof', Bundesland = 'NÖ'
WHERE PLZ = '3999'
``` |

Bei der Formulierung einer *UPDATE*-Anweisung sind folgende Regeln zu beachten:

● Die *WHERE*-Klausel ist von besonderer Bedeutung, da mit ihr festgelegt wird, welcher Datensatz bzw. welche Datensätze geändert werden. Fehlt die *WHERE*-Klausel, werden **alle** Datensätze der Tabelle auf die angegebenen Werte geändert.

● Es können alle Felder, bestimmte Felder oder ein Feld eines Datensatzes geändert werden.

● Autowert-Felder können nicht aktualisiert werden.

Lehrbeispiel

**h2oe_
aktionsabfragen.accdb**

L 4.8: Datensatz in einer Tabelle ändern B
Ändern Sie die Abteilung und das Gehalt des Mitarbeiters bzw. der Mitarbeiterin, den bzw. die Sie im vorigen Lehrbeispiel der Tabelle „Mitarbeiter" hinzugefügt haben! Definieren Sie für die neue Abteilung und das neue Gehalt Werte Ihrer Wahl!

❶ Öffnen Sie die Datenbank „h2oe_aktionsabfragen.accdb", erstellen Sie eine neue Abfrage und formulieren Sie in der *SQL-Ansicht* die folgende SQL-Anweisung!

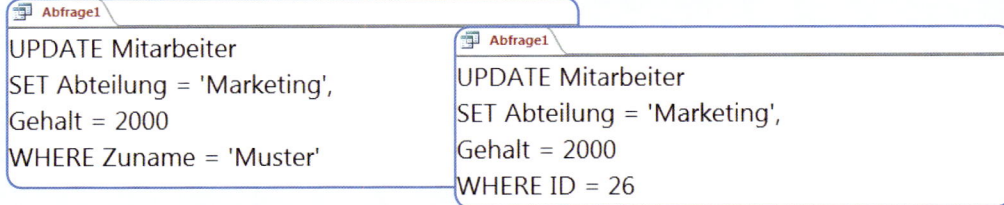

Während die erste Anweisung die Daten aller Mitarbeiter, deren Zuname auf „Muster" lautet, aktualisiert, ändert die zweite Anweisung die Daten eines bestimmten (eindeutigen) Datensatzes. In diesem Fall ist die bessere bzw. richtige Variante jene mit dem Primärschlüsselfeld.

❷ Führen Sie die SQL-Anweisung aus, bestätigen Sie die Warnmeldung positiv!

❸ Wechseln Sie in die *Entwurfsansicht* und beachten Sie, dass Access Ihre SQL-Anweisung im Abfrageentwurf grafisch darstellt!

❹ Öffnen Sie die Tabelle „Mitabeiter" und stellen Sie fest, ob Ihre SQL-Anweisung durchgeführt wurde!
```

Übungsbeispiel

h2oe_
aktionsabfragen.accdb

Ü 4.6 ★★: Produkte mit einer SQL-Anweisung ändern B
Ändern Sie die Preise der beiden Produkte, die Sie im vorigen Übungsbeispiel der Tabelle „Produkte" hinzugefügt haben! Definieren Sie für die neuen Preise Werte Ihrer Wahl!

Das *DELETE*-Statement

Mit der *DELETE*-Anweisung werden bestehende Datensätze gelöscht. Die Schlüsselwörter (Klauseln) sind *DELETE, FROM* und *WHERE*.

SQL-Klausel	Erklärung
DELETE	kennzeichnet die SQL-Anweisung als Löschabfrage
FROM	Angabe der Tabelle, aus der ein Datensatz gelöscht werden soll
WHERE	Angabe von Kriterien, um nur bestimmte Datensätze zu löschen
Beispiel	`DELETE FROM Postleitzahlen` `WHERE PLZ = '3999'`

Bei der Formulierung einer *DELETE*-Anweisung sind folgende Regeln zu beachten:

● Die *WHERE*-Klausel ist von besonderer Bedeutung, da mit ihr festgelegt wird, welcher Datensatz bzw. welche Datensätze gelöscht werden. Fehlt die *WHERE*-Klausel, werden **alle** Datensätze der Tabelle gelöscht.

● Beim Löschen wird immer der gesamte Datensatz gelöscht. Das Löschen einzelner Felder ist nicht möglich.

Lehrbeispiel

h2oe_mitarbeiter.accdb

L 4.9: Datensatz aus einer Tabellen löschen B
Löschen Sie mit einer SQL-Anweisung jenen Mitarbeiter, den Sie der Tabelle „Mitarbeiter" hinzugefügt haben!

❶ Öffnen Sie die Datenbank „h2oe_aktionsabfragen.accdb", erstellen Sie eine neue Abfrage und formulieren Sie in der *SQL-Ansicht* die folgende SQL-Anweisung!

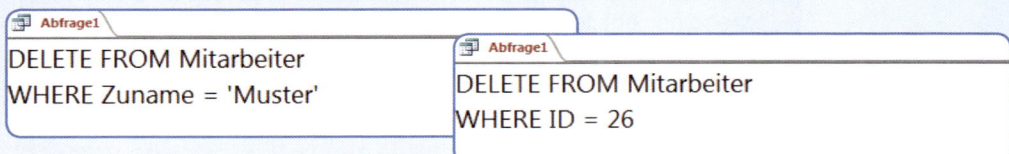

Während die erste Anweisung alle Mitarbeiter/innen deren Zunamen auf „Muster" lautet, löscht, löscht die zweite Anweisung einen bestimmten (eindeutigen) Datensatz. In diesem Fall ist die richtige Variante jene mit dem Primärschlüsselfeld.

❷ Führen Sie die SQL-Anweisung aus und kontrollieren Sie das Ergebnis der Abfrage!

❸ Wechseln Sie in die *Entwurfsansicht* und beachten Sie, dass Access Ihre SQL-Anweisung im Abfrageentwurf grafisch darstellt!

❹ Öffnen Sie die Tabelle „Mitabeiter" und stellen Sie fest, ob Ihre SQL-Anweisung durchgeführt wurde!

Wird ein Datensatz einer Mastertabelle gelöscht, der in Beziehung zu Datensätzen einer Detailtabelle steht, und ist bei den Verknüpfungseigenschaften die **Löschweitergabe** aktiviert, werden alle Datensätze der Detailtabelle automatisch gelöscht, ohne dass Access eine Warnmeldung ausgibt.

5 Daten exportieren

Eine besonders nützliche Funktion von Access ist das Exportieren von Daten, um diese in anderen Anwendungen wie z. B. Excel oder Word weiterzuverarbeiten.

Daten können über verschiedene Wege exportiert werden:

Export über
das Kontextmenü

❶ Im Register *Externe Daten* steht eine Reihe von Schaltflächen zur Verfügung, die das Exportieren in verschiedene Datenformate erleichtert.

❷ Eine zweite, schnellere Variante ist jene über das Kontextmenü. Mit einem Rechtsklick auf eine Tabelle oder Abfrage und durch Wahl des Befehls *Exportieren* wird eine Liste möglicher Exportformate angezeigt.

❸ Datensätze aus Tabellen oder Abfragen können auch über die Zwischenablage – Strg C und Strg V – in andere Anwendungen kopiert werden.

Lehrbeispiel

h2oe_
aktionsabfragen.accdb

L 4.10: Daten in eine Textdatei exportieren B

Exportieren Sie die Daten aller Dienstreisen der Geschäftsleitung in eine Textdatei! Die Spaltenüberschriften sollen in der ersten Zeile der Exportdatei aufscheinen. Verwenden Sie zudem als Texttrennzeichen das Semikolon und als Textqualifizierer doppelte Anführungszeichen!

❶ Erstellen Sie eine Abfrage mit den entsprechenden Feldern aus den Tabellen „Mitabeiter" und „Dienstreisen" und speichern Sie diese unter „L_4_10_ExportDienstreisen" ab!

Feld:	Zuname	Vorname	Abteilung	Beginn	Ziel	Kilometer
Tabelle:	Mitarbeiter	Mitarbeiter	Mitarbeiter	Dienstreisen	Dienstreisen	Dienstreisen
Sortierung:				Aufsteigend		
Anzeigen:	☑	☑	☑		☑	☑
Kriterien:			"Geschäftsleitung"			
oder:						

❷ Schließen Sie die Abfrage, klicken Sie mit der rechten Maustaste auf die Abfrage und wählen Sie aus dem Kontextmenü *Exportieren | Textdatei!* Wählen Sie die Einstellungen entsprechend der Abbildungen!

Daten für Textdateien können mit Trennzeichen oder mit fester Breite exportiert werden.

Achten Sie darauf, dass das Format des Datums falsch ist!

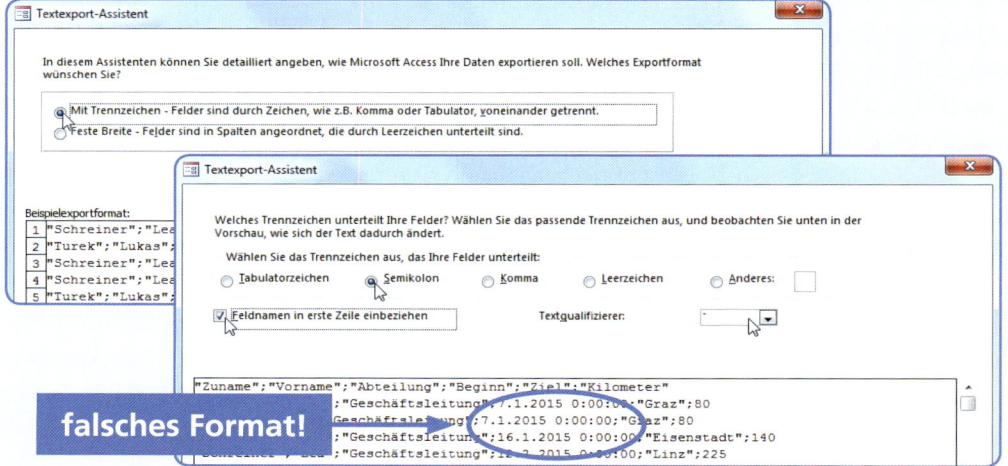

❸ Brechen Sie den Exportvorgang ab und ergänzen Sie im Abfrageentwurf das Feld „Beginn" mit der Funktion *Format* so, dass lediglich der Datumswert exportiert wird!

Feld:	Zuname	Vorname	Abteilung	am: Format([Beginn];"tt.mm.jjjj")	Ziel	Kilometer
Tabelle:	Mitarbeiter	Mitarbeiter	Mitarbeiter		Dienstreisen	Dienstreisen
Sortierung:				Aufsteigend		
Anzeigen:	☑	☑	☑	☑	☑	☑
Kriterien:			"Geschäftsleitung"			
oder:						

❹ Führen Sie den Exportvorgang erneut aus und kontrollieren Sie abschließend die Daten in der Textdatei!

Übungsbeispiel

MUSTERUNTERNEHMEN

h2oe_mitarbeiter.accdb

Ü 4.7 ★★: Daten exportieren B

Führen Sie die folgenden Exportvorgänge bzw. Aufgabenstellungen durch!

a) Exportieren Sie die Felder „Zuname", „Vorname", „Geburtsdatum" und „Gehalt" in eine Textdatei. Verwenden Sie als Texttrennzeichen den Tabulator und als Textqualifizierer einfache Anführungszeichen! Achten Sie darauf, dass das Datum richtig formatiert ist!

b) Exportieren Sie die Daten aller Dienstreisen vom 2. Halbjahr 2015, deren Distanz mehr als 100 km beträgt, in eine Excel-Datei („Zuname", „Vorname", „Abteilung", „Beginn", „Ende", „Kilometer")!

c) Exportieren Sie alle Felder der Tabelle „Mitarbeiter" sowie die Felder „Ort" und „Bundesland" aus der Tabelle „Postleitzahlen" als HTML-Datei! Sortieren Sie die Daten nach PLZ und Zuname aufsteigend!

6 Daten importieren

Beim Import werden Daten aus externen Datenquellen in Access verfügbar gemacht. Es gibt grundsätzlich zwei Arten, um auf externe Daten zuzugreifen.

❶ Importieren

Das Importieren ist ein einmaliger Vorgang, bei dem Daten aus einer externen Datenquelle in einer Access-Tabelle gespeichert werden. Die möglichen Datenquellen sind dabei recht vielfältig: Access-Datenbanken, Excel-Dateien, Textdateien usw.

❷ Verknüpfen

Eine Änderung der Tabellenstruktur ist bei einer verknüpften Tabelle nicht möglich.

Beim Verknüpfen wird eine Verbindung mit den Daten einer anderen Datenbank hergestellt, ohne dass die Daten importiert werden. Auf diese Weise können die Daten aus der Quelldatenbank angezeigt und geändert werden. Eine Verknüpfung, bei der die Daten der Quelldatei geändert werden können, kann nur mit Tabellen aus einer anderen Access-Datenbank erstellt werden. Excel-Dateien können zwar verknüpft und damit in Access angezeigt werden, eine Änderung der Daten ist jedoch nicht möglich.

Daten können über verschiedene Wege importiert werden:

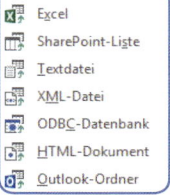

Import über das Kontextmenü

❶ Im Register *Externe Daten* steht eine Reihe von Schaltflächen zur Verfügung, die das Importieren aus verschiedenen Quellen ermöglicht.

❷ Eine zweite, schnellere Variante ist jene über das Kontextmenü. Mit einem Rechtsklick auf eine Tabelle und durch Wahl des Befehls *Importieren* wird eine Liste möglicher Importformate angezeigt. Die importierten Daten werden als neue Tabelle abgespeichert.

❸ Datensätze aus Tabellen oder Abfragen können auch über die Zwischenablage – Strg C und Strg V – in andere Anwendungen kopiert werden.

Vor dem Importvorgang sollten die Daten unbedingt analysiert werden. Da die zu importierenden Daten häufig im Textformat vorliegen, reicht i. d. R. ein Texteditor aus, um einen Überblick über die Datenstruktur zu erhalten. Besonders ist darauf zu achten, **mit welchem Zeichen die Daten getrennt sind** (häufige Texttrennzeichen: Tabulator, Semikolon, Komma, Leerzeichen), **welches Zeichen für das Dezimalzeichen verwendet wurde** (Komma oder Punkt) und **in welchem Format die Datumswerte** (z. B. TT.MM.JJJJ, MM.TT.JJ, JJ/MM/TT) **vorliegen.**

L 4.10: Daten aus Textdateien importieren B

Importieren Sie die Daten der Datei „h2oe_glasprodukte.txt" nach Access!

❶ Wählen Sie im Register *Externe Daten* die Schaltfläche *Textdatei!* Suchen Sie mittels *Durchsuchen* die entsprechende Datei und aktivieren Sie die Option *Importieren!*

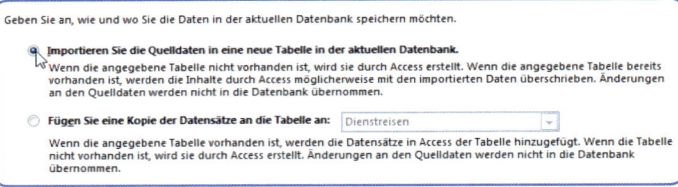

❷ Da die Daten bzw. Spalten mit einem **Semikolon** getrennt sind, aktivieren Sie die Option *Mit Trennzeichen!* Klicken Sie anschließend auf die Schaltfläche *Erweitert* und überprüfen Sie die Einstellungen für die Texttrennung, für Datumswerte und die Dezimalwerte!

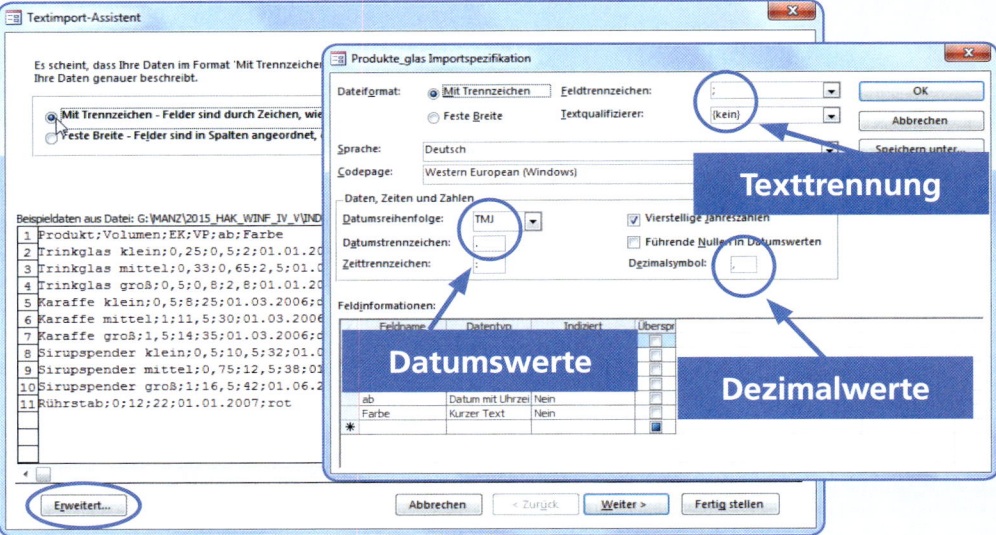

❸ Wenn Sie alle Werte korrekt eingestellt haben, klicken Sie auf *OK* und *Weiter!* Aktivieren Sie im folgenden Dialog die Option *Erste Zeile enthält Feldnamen* und überprüfen Sie die Datenvorschau! Klicken Sie auf *Weiter!*

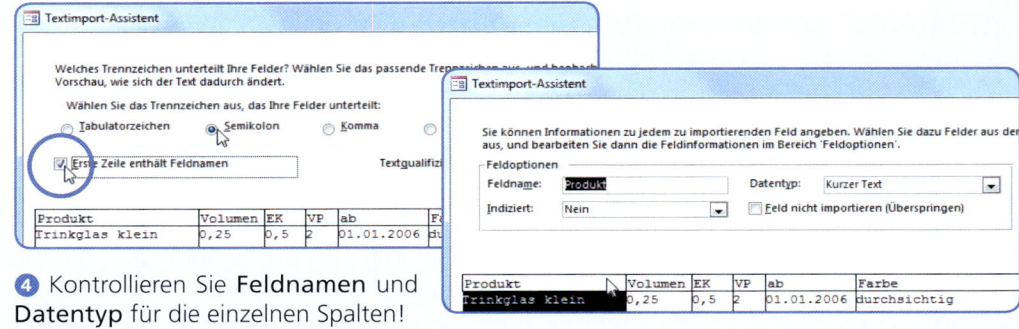

Access versucht, die **Datentypen** der Spalten automatisch zu erkennen.

Die **Datentypen** können später auch in der *Entwurfsansicht* der Tabelle geändert werden.

❹ Kontrollieren Sie **Feldnamen** und **Datentyp** für die einzelnen Spalten!

❺ Aktivieren Sie im letzten Dialog die Option *Primärschlüssel soll von Access hinzugefügt werden!*

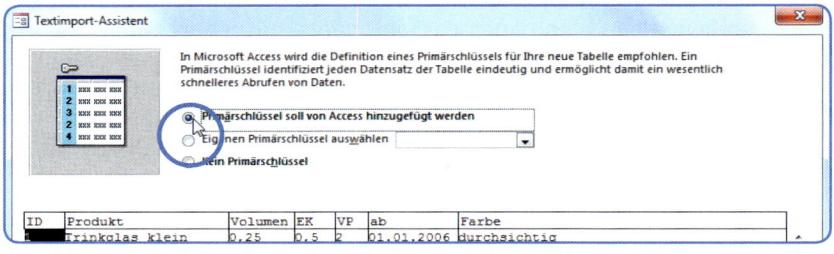

❻ Überprüfen Sie abschließend die importierten Daten sowohl in der Entwurfs- als auch in der Datenblattansicht der Tabelle!

**h2oe_
aktionsabfragen.accdb**

Ü 4.8 ★★: Daten importieren B

Führen Sie die folgenden Importvorgänge für die Glasprodukte der H2Ö GmbH durch! Achten Sie bei jedem Importvorgang besonders auf die Einstellungen für Texttrennung, Datumswert und Dezimalwert!

a) Importieren Sie die Daten der Datei „produkte_glas_a.xlsx"!

b) Importieren Sie die Daten der Datei „produkte_glas_b.txt"!

c) Importieren Sie die Daten der Datei „produkte_glas_c.txt"!

 # Üben

SbX ID: 2412

Die Ausgangsdateien zu allen Übungsbeispielen finden Sie unter der ID: 2412.

schokoladeartikel.accdb

Ü 4.9 ★★: Aktionsabfragen zu Schokoladeartikeln B

Erstellen Sie die folgenden Auswahl- und Aktionsabfragen und speichern Sie diese unter „Ü_4_9a" etc. ab!

a) Erstellen Sie eine Aktionsabfrage, mit der der Mindestbestand aller Produkte um 50 Stück erhöht wird!

b) Erstellen Sie eine Aktionsabfrage, mit der der Preis aller Artikel von Ferrero und Ritter Sport um 10 % erhöht wird!

c) Erstellen Sie eine Aktionsabfrage, mit der alle Artikel gelöscht werden, deren Lagerwert unter EUR 500,– liegt!

d) Erstellen Sie eine Aktionsabfrage, mit der alle Artikel von Herstellern gelöscht werden, deren Bestelldauer mindestens 6 Tage beträgt!

Ü 4.10 ★★: Aktionsabfragen zu „Vienna International Airport" B

Erstellen Sie die folgenden Auswahl- und Aktionsabfragen und speichern Sie diese unter „Ü_4_10a" etc. ab!

a) Alle Abflüge vom 17.08.2015 sollen von Gate D61 auf D62 verlegt werden. Erstellen Sie eine entsprechende Aktionsabfrage!

b) Erstellen Sie eine Abfrage, mit der alle Flüge von UPS und FedEx gelöscht werden!

c) Bei allen Fluglinien, denen keine Gates zugewiesen sind, soll der Wert „k.A." eingetragen werden.

via.accdb

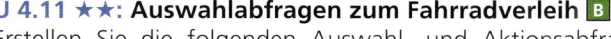

fahrradverleih.accdb

Erstellen Sie vor der Ausführung von Aktionsabfragen jeweils eine Sicherungskopie der entsprechenden Tabelle und stellen Sie nach der Ausführung die Daten wieder her!

Ü 4.11 ★★: Auswahlabfragen zum Fahrradverleih B

Erstellen Sie die folgenden Auswahl- und Aktionsabfragen und speichern Sie diese unter „Ü_4_11a" etc. ab!

a) Erstellen Sie eine Aktionsabfrage, mit der bei allen Fahrrädern der Marke KTM als Servicedatum das aktuelle Tagesdatum eingetragen wird.

b) Alle Crossbikes wurden mit einer Trinkflasche ausgestattet. Erstellen Sie eine Aktionsabfrage, mit der Sie die Datensätze entsprechend ändern können.

c) Für alle Verleihvorgänge des Kunden mit der ID 11 soll die Versicherung auf „Ja" gestellt werden.

d) Erhöhen Sie für alle Verleihvorgänge vom August die Kilometer um den Wert 5!

e) Erstellen Sie eine Aktionsabfrage, mit der alle Verleihvorgänge, die Räder der Marke KTM betreffen und auf Montag fallen, gelöscht werden!

h2oe_produktion.accdb

Ü 4.12 ★★: Abfragen mit SQL B

Führen Sie folgende Auswahl- und Aktionsabfragen mithilfe von SQL-Anweisung aus und speichern Sie diese unter „Ü_4_12a" etc. ab!

a) Erstellen Sie eine SQL-Anweisung, mit der die Produktionsdaten (PID, Jahr, Monat, Werk, Menge) des Produkts SH20 aus dem ersten Halbjahr 2015 abgefragt werden! Es sollen nur Abfüllmengen des Werks in Aflenz ausgegeben werden.

 Lernen  Üben  Sichern  Wissen

b) Fügen Sie mit einer SQL-Anweisung der Tabelle „Kunden" zwei neuen Kunden hinzu! Recherchieren Sie dazu zwei Gastronomiebetriebe aus Ihrer Umgebung!

c) Erstellen Sie eine SQL-Anweisung, mit der Sie die Gehälter aller Mitarbeiter/innen der Abteilung „Lager" um 100 Euro erhöhen!

d) Erstellen Sie eine SQL-Anweisung, mit der Sie die Materialkosten und die Preise aller Produkte um 10 % erhöhen!

e) Erstellen Sie eine SQL-Anweisung, mit der Sie aus der Tabelle „Produktion" alle Datensätze der Abfüllanlage 1 für den Jänner 2015 löschen!

H₂Ö
MUSTERUNTERNEHMEN

h2oe_mitarbeiter.accdb

Ü 4.13 ★★: Export von Daten B
Führen Sie folgende Exportvorgänge bzw. Aufgabenstellungen durch, und speichern Sie die relevanten Abfragen und Dateien unter „Ü_4_13a" etc. ab!

a) Exportieren Sie die Felder „Anrede" (ohne Titel), „Zuname" (in Großbuchstaben), „Vorname", „Geburtsdatum" und „Gehalt" in eine Textdatei. Verwenden Sie als Texttrennzeichen das Semikolon und als Textqualifizierer einfache Anführungszeichen! Achten Sie darauf, dass das Datum und das Gehalt (Tausenderpunkt und zwei Dezimalstellen) richtig formatiert sind!

b) Ermitteln Sie die Anzahl aller Dienstreisen je Abteilung im 1. Halbjahr 2015 und exportieren Sie diese Daten in eine Excel-Datei! Erstellen Sie auf Basis dieser Daten ein Säulendiagramm!

c) Ermitteln Sie die Anzahl der Orte gruppiert nach der 1. Stelle der Postleitzahl und exportieren Sie diese Daten in eine Excel-Datei! Erstellen Sie auf Basis dieser Daten ein Kreisdiagramm!

länderkürzel1.txt
länderkürzel2.txt
währungen.txt
ländervorwahlen.txt

Ü 4.14 ★★: Import von Daten C
Führen Sie die folgenden Importvorgänge zu internationalen Länderkürzeln, Währungskennzeichen und Vorwahlnummern in eine neu zu erstellende Datenbank durch! Achten Sie bei jedem Importvorgang besonders auf die Einstellungen für Texttrennung, Datumswert und Dezimalwert!

a) Importieren Sie die Daten der Datei „länderkürzel1.txt"!
b) Importieren Sie die Daten der Datei „länderkürzel2.txt"!
c) Importieren Sie die Daten der Datei „währungen.txt"!
d) Importieren Sie die Daten der Datei „ländervorwahlen.txt"!

incoterms.txt

Ü 4.15 ★: Import von Daten zu Incoterms B
Importieren Sie die Daten der Datei „incoterms.txt" in eine neu zu erstellende Datenbank!

SbX
ID: 2412

Weitere Übungen im SbX

Ü 4.15 ★★: Export von Daten B
Führen Sie die Exportvorgänge durch!

Ü 4.16 ★★: Import von Daten B
Führen Sie die Importvorgänge durch!

Sichern

Aktionsabfragen

Neben Auswahlabfragen gibt es sogenannte **Aktionsabfragen:** Anfügeabfragen, Aktualisierungsabfragen und Löschabfragen. Im Gegensatz zu Auswahlabfragen kommt es bei Aktionsabfragen zu einer Änderung der Datensätze.

Anfügeabfragen

Mit einer **Anfügeabfrage** werden Datensätze aus einer Quelltabelle zu einer Zieltabelle hinzugefügt. Die Angabe von Kriterien ist möglich. Anfügeabfragen können nicht rückgängig gemacht werden.

Aktualisierungs-abfragen	Mit einer **Aktualisierungsabfrage** werden Daten bzw. Datensätze einer Tabelle geändert. Die Angabe von Kriterien ist möglich. Aktualisierungsabfragen können nicht rückgängig gemacht werden.
Löschabfragen	Mit einer **Löschabfrage** werden Datensätze aus einer Tabelle gelöscht. Die Angabe von Kriterien ist möglich. Löschabfragen können nicht rückgängig gemacht werden.
SQL	Alle relationalen Datenbankmanagementsysteme verstehen **SQL,** eine standardisierte Abfragesprache, mit der Daten verwaltet und manipuliert werden. SQL ist ein internationaler Standard, der von ISO und ANSI anerkannt wird.
SELECT	Mit *SELECT* werden Daten aus einer Tabelle abgefragt. Die wichtigsten Klauseln der *SELECT*-Anweisung sind *FROM, WHERE* und *ORDER BY.* Mit *WHERE* wird festgelegt, welcher Datensatz bzw. welche Datensätze geändert werden.
INSERT	Mit *INSERT* werden Daten einer Tabelle hinzugefügt. Die Klauseln der *INSERT*-Anweisung sind *INTO* und *VALUES.*
UPDATE	Mit *UPDATE* werden Daten einer Tabelle geändert. Die Klauseln der *UPDATE*-Anweisung sind *SET* und *WHERE.* Mit *WHERE* wird festgelegt, welcher Datensatz bzw. welche Datensätze geändert werden.
DELETE	Mit *DELETE* werden Daten aus einer Tabelle gelöscht. Die Klausel der *DELETE*-Anweisung ist *WHERE,* mit der festgelegt wird, welcher Datensatz bzw. welche Datensätze gelöscht werden.
Datenexport	Das **Exportieren von Daten** ist eine besonders nützliche Funktion von Access, um diese beispielsweise in anderen Anwendungen wie z.B. Excel oder Word weiterzuverarbeiten.
Datenimport	Beim **Import** werden Daten aus externen Datenquellen in Access eingefügt oder verknüpft. Bei verknüpften Daten wird eine Verbindung mit den Daten einer anderen Datenbank hergestellt.

 **Wissen**

Die Ausgangsdateien zu allen Aufgaben finden Sie unter der ID: 2414.

via.accdb

W 4.1: Problemstellung zum „Vienna International Airport" C

Im Zusammenhang mit den Abflugdaten des Vienna International Airport werden Sie mit den folgenden Problemstellungen konfrontiert.

a) Integrieren Sie die Abflüge der nächsten 24 Stunden in den bestehenden Datenstand der Datenbank „via.accdb"! Recherchieren Sie dazu die Abflugdaten auf der Website des Vienna International Airports (www.viennaairport.com)! Lösungshinweise: Bereiten Sie die Daten in Excel auf, importieren Sie diese in Access und fügen Sie sie mithilfe einer Anfügeabfrage der Tabelle „Abflüge" hinzu!

b) Alle Fluglinien, deren Anfangsbuchstabe zwischen M und Q liegt, werden zum Terminal 3 verlegt und den Gates 301–399 zugewiesen.

MUSTERUNTERNEHMEN

h2oe_ aktionsabfragen.accdb

W 4.2: Aktionsabfragen zur H2Ö GmbH C

Im Zuge Ihrer Tätigkeit bei der H2Ö GmbH werden Sie mit den folgenden Problemstellungen konfrontiert. Lösen Sie diese Aufgaben mithilfe geeigneter Abfragen.

a) Die Personalabteilung benötigt die Daten aller Mitarbeiter/innen ohne Leitungsfunktion, deren Dienstreisen an einem Sonntag begonnen haben. Es sollen Zuname, Vorname, Abteilung, Funktion, Beginn, Ende, Ziel und Kilometer in einer eigenen Tabelle verfügbar sein.

b) Wegen der schlechten Obsternte im letzten Jahr sind die Einkaufskosten für die Rohstoffe der Sirupe gestiegen. Dies führt zu einer Erhöhung der Materialkosten und der Preise für alle Sirupe um 15 Prozent. Führen Sie diese Maßnahme durch!

c) Durch einen Fehler in der Buchhaltung wurden alle Verkaufszahlen aus dem Dezember 2015 falsch gespeichert. Bei jedem Verkauf aus diesem Zeitraum wurden um 10 Stück zu wenig eingetragen. Korrigieren Sie diesen Fehler!

d) Wegen einer Datenbankumstellung sollen alle Verkaufsdaten der Gastronomiekunden aus der Tabelle „Verkauf" gelöscht werden. Führen Sie diese Aktion mit einer Löschabfrage durch!

h2oe_ aktionsabfragen.accdb

W 4.3: Webseite zu Räumen und Mitarbeitern C
Für die interne Website der H2Ö GmbH wird eine HTML-Seite benötigt, auf der die Räume und die darin tätigen Mitarbeiter/innen nach folgendem Muster angeführt sind:

004 (Büro) | Hauptgebäude | Leitung Rechnungswesen | Oliver FUCHS

Die Mitarbeiter/innen der Geschäftsleitung sollen dabei nicht aufscheinen. Die Daten sollen nach Raumnummer und Funktion aufsteigend sortiert werden. Erstellen Sie eine entsprechende HTML-Seite.

W 4.4: Aktuelle Postleitzahlen C
Sie benötigen eine Tabelle mit aktuellen österreichischen Postleitzahlen in einer neuen Access-Datenbank. Die Österreichische Post AG veröffentlicht auf ihrer Website monatlich eine Excel-Datei mit den aktuellen Daten. Recherchieren Sie diese Datei im Internet, laden Sie sie herunter, importieren Sie die Daten in eine Access-Tabelle, ändern Sie die Feldnamen und Felddatentypen auf korrekte Werte und manipulieren Sie die Datensätze mithilfe von Aktionsabfragen so, dass nur jene externen Postleitzahlen in der Tabelle enthalten sind, die noch gültig und adressierbar sind!

BIP.txt

W 4.5: Entwicklung Bruttoinlandsprodukt D
Die Datei „BIP.txt" beinhaltet Daten zur Entwicklung des BIP verschiedener Länder. Erstellen Sie mit Excel ein Liniendiagramm, das die Entwicklung des BIP der Länder Österreich, Deutschland, Frankreich und Italien von 1994 bis 2014 zeigt!

Ein kurzer Kompetenz-Check, bevor's weitergeht!

Kompetenz-Check

	☺	☺	☹
Ich kann Abfragen erstellen, die Daten ändern, einfügen oder löschen.			
Ich kann Daten aufbereiten und importieren.			
Ich kann Daten für andere Anwendungen bereitstellen (exportieren).			

5 DATENBANK-MODELLIERUNG
Kompetenzmodul 8

Worum geht's in diesem Kapitel?

Stellen Sie sich vor, Sie sind als Projektmitarbeiter/in bei einer Versicherung, bei einer Bank oder in einem Industriebetrieb damit betraut, die Einführung einer neuen betrieblichen Software zu begleiten. Zu Ihren Aufgaben gehören die Dokumentation betrieblicher Abläufe und die Eignungsprüfung der angebotenen oder der zu entwickelnden Software. Zur Lösung dieser Aufgaben setzen Sie verschiedene Diagramme ein, die Sie in diesem Kapitel kennenlernen.

In diesem Kapitel erwerben Sie Kompetenzen zu folgenden Bildungs- und Lehraufgaben:

- ein bestehendes Datenmodell in der Datenbank abbilden
- unterschiedliche Arten der Beziehungen unterscheiden
- aufgrund einer Aufgabenstellung selbständig die für die Realisierung notwendigen Tabellen definieren und in Beziehung setzen

In diesem Kapitel finden Sie Lehrbeispiele, Übungsaufgaben, Kontrollfragen und Wissensaufgaben zur Kompetenzüberprüfung auf den Handlungsebenen A Verstehen, B Anwenden, C Analysieren und D Entwickeln.

Dieses Kapitel umfasst folgende Lerneinheiten:

1 Datenmodellierung

2 Relationale Auflösung

Lerneinheit 1
Datenmodellierung

Stellen Sie sich vor, Sie wurden vom Produktionsleiter der H2Ö GmbH mit der Erstellung einer Auftragsverwaltung in MS Access beauftragt.
Wie können Sie eine neue Datenbank korrekt modellieren? Mit dem Entity-Relationship-Diagramm haben Sie ein Werkzeug zur Verfügung, das Ihnen dabei helfen kann, Fehler beim Datenbankdesign zu vermeiden und die neue Datenbank Schritt für Schritt zu entwerfen.

Ihre Aufgaben könnten z. B. lauten:

- ein Datenmodell für die Auftragsverwaltung entwickeln
- Entitäten, Beziehungen und Attribute in ein Datenmodell eintragen
- Primär- und Fremdschlüsselattribute finden
- Kardinalitäten von Beziehungen analysieren und einzeichnen

Sie wissen (noch) nicht, wie Sie diese Aufgaben richtig lösen? Dann erarbeiten Sie in dieser Lerneinheit, wie Sie ein relationales Datenmodell entwickeln und in Form eines Entity-Relationship-Diagramms zeichnen.

Lernen

1 Datenmodelle und Analyse

Anhand von **Hierarchien,** wie z. B. Abteilungen oder Profitcenter, werden Unternehmensorganisationen gegliedert.

Zur Beschreibung der Art und Weise, wie Daten in einem Computer gespeichert werden, gibt es verschiedene **Datenmodelle.** Einige dieser Modelle finden Sie auch im Bereich der betriebswirtschaftlichen Organisationslehre, wie z. B. das **hierarchische Datenmodell** in Form der **Stablinienorganisation** oder das **Netzwerk-Datenmodell** bei der **Matrixorganisation.**

Arten von Datenmodellen

❶ Hierarchisches Datenmodell

Hierarchische Datenmodelle ermöglichen sehr rasches Suchen und Sortieren von Daten.

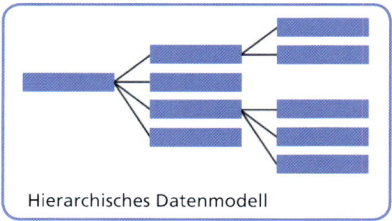

Hierarchisches Datenmodell

Das **hierarchische Datenmodell** kennen Sie vom Dateisystem Ihrer Festplatte (Laufwerksbuchstabe, Ordner, Dateien). Wir nennen dieses Modell auch eine **Baumstruktur.** Ganz links befindet sich die **Wurzel** (Root). Von ihr sind alle Objekte abhängig, die weitere abhängige Objekte haben können.

❷ Netzwerk-Datenmodell

Das **Netzwerk-Datenmodell** wird z. B. in Peer-to-Peer-Netzwerken eingesetzt.

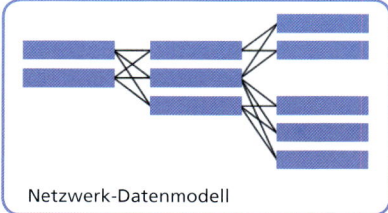

Netzwerk-Datenmodell

Beim **Netzwerk-Datenmodell** kann es **Abhängigkeiten** zwischen **allen Datenobjekten** geben. Wenn Sie im Internet eine Webseite aufrufen, stellen Sie eine Abhängigkeit zwischen Ihrem PC und einem Internet-Host (Server) her. Auf diese Art und Weise kann jeder PC mit jedem Host kommunizieren und umgekehrt.

③ Relationales Datenmodell

Das **relationale Daten-modell** ist das am häu-figsten anzutreffende Datenmodell in Daten-banksystemen.

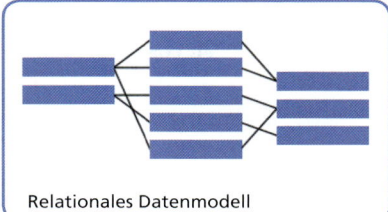

Relationales Datenmodell

Wenn Sie die ersten beiden Modelle kombinieren, so erhalten Sie das **relationale Datenmodell**. Ein **Datenobjekt ist von einem oder mehreren Datenob-jekten abhängig.** Daraus ergeben sich drei Arten von Abhängigkeiten, die wir als **Beziehungen** bezeichnen: **1:1, 1:n** und **n:m.**

Das relationale Datenmodell wird auch als **Entity-Relati-onship-Modell (ER-Modell)** bezeichnet.

④ Objekt-Datenmodell

Ein wichtiges Prinzip beim **Objektmodell** ist die **Vererbung,** durch die ein effizienteres Programmieren möglich wird.

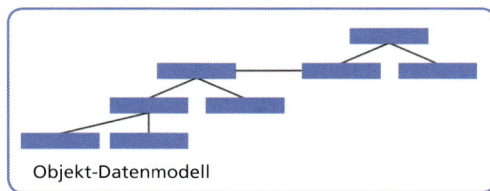

Objekt-Datenmodell

Objekte sind **modellhafte Abbilder der Wirk-lichkeit.** Das **Objekt-Datenmodell** wird vor allem im Bereich der **Softwareentwicklung** eingesetzt. In der nächsten Lerneinheit erfahren Sie dazu mehr.

Übungsbeispiel

Ü 5.1 ★★: Datenmodelle B

Um welches Datenmodell handelt es sich in diesen Beispielen?

a) Die österreichische Polizei möchte ihre Befehlsstruktur speichern.

b) Ein Sushi-Restaurant möchte die Rezepte und Zutaten verwalten.

c) Ein Baumarkt möchte alle Produkte in Produktgruppen und Produktuntergruppen gliedern und speichern.

2 Mindmaps

SbX

Das Programm Free-Mind finden Sie unter der ID: 2511.

Für die **Problemanalyse** eignet sich die **Erstellung von Mindmaps.** Im SbX finden Sie das kos-tenlose Tool **FreeMind,** mit dem Sie übersichtliche Mindmaps erstellen können.

In einer Mindmap werden **Informationen gesammelt, geordnet und strukturiert.** Das fol-gende Beispiel zeigt den Erstentwurf einer Mindmap für die Organisation einer Pizzeria mit Restaurant und Lieferservice.

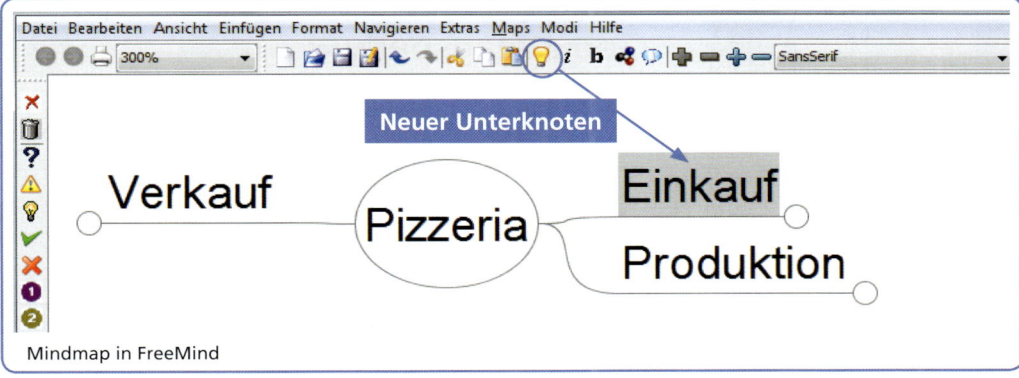

Mindmap in FreeMind

Mindmaps sind simpel in ihrem Aufbau, flexibel und leicht erweiterbar. Das Restaurant könnte z. B. in einer weiteren Mindmap dargestellt werden, ebenso der Pizza-Lieferservice.

Die Unterknoten *Ver-kauf* und *Produktion* sind ausgeblendet.

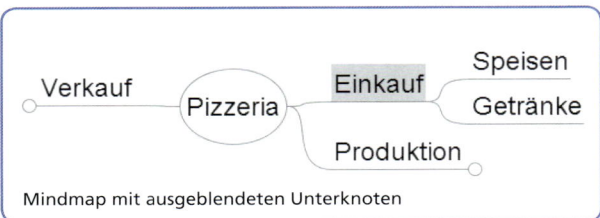

Mindmap mit ausgeblendeten Unterknoten

Wie die Abbildung zeigt, verbessert das **Ausblenden von Unterknoten** die Übersicht. Um mehr Details ange-zeigt zu bekommen, kann jeder Un-terknoten wieder eingeblendet wer-den.

5 Datenbankmodellierung

Lehrbeispiel

L 5.1: Mindmap in FreeMind erstellen A

Nach dem Start von FreeMind bzw. nach dem Aufrufen von *Datei | Neu* klicken Sie in den vorhandenen Knoten *Neue Mindmap* und fügen die Bezeichnung „Geburtstagsparty" ein.

Die Unterknoten werden durch einen Klick auf das entsprechende Symbol eingefügt und anschließend beschriftet.

Neue Unterknoten werden zum markierten Knoten hinzugefügt. Um die Unterknoten *Familie* und *Freunde* zu erstellen, muss der Knoten *Einladungen* markiert sein.

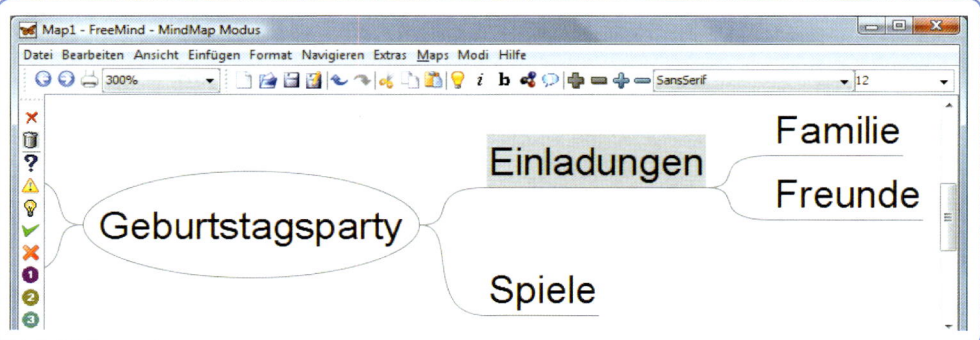

Zum Verschieben von Unterknoten wird der Kreiscursor vor dem gewünschten Knoten bei gedrückter Maustaste an eine beliebige Stelle verschoben. Ein Klick auf einen Knoten blendet alle Unterknoten aus bzw. ein.

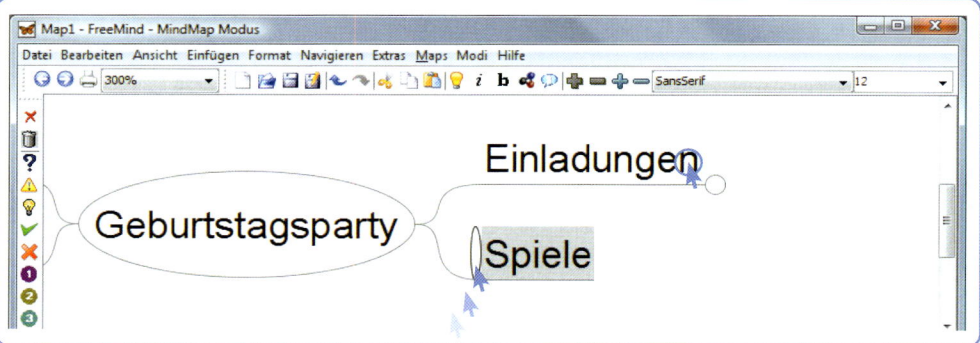

3 Relationales Datenmodell

In **Datenbanken** (z. B. Microsoft Access) und Datenbanksystemen (z. B. Microsoft SQL Server, Oracle, DB2 und MySQL) wird das **relationale Datenmodell** angewendet. Es wurde in den frühen 1970er-Jahren vom englischen Mathematiker **Edgar Frank Codd** entwickelt.

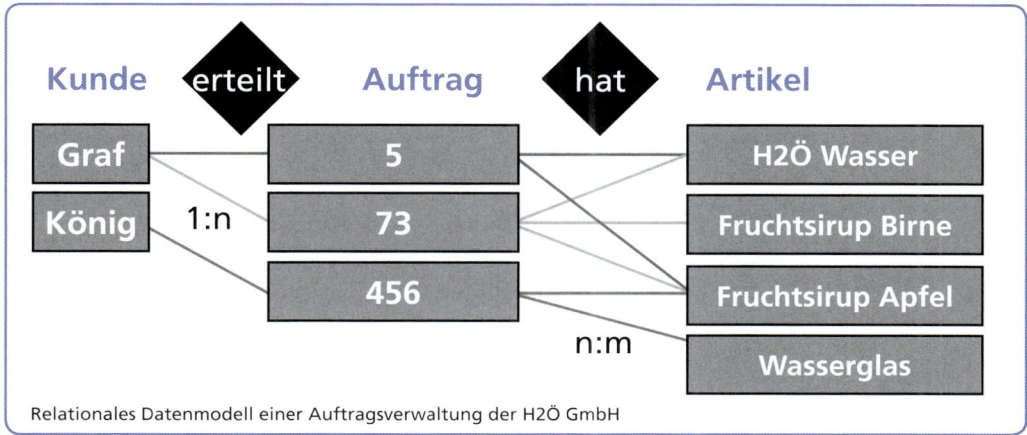

Relationales Datenmodell einer Auftragsverwaltung der H2Ö GmbH

Wie funktioniert das relationale Datenmodell?

Der Artikel „H2Ö Wasser" wurde z. B. vom Kunden Graf in den Aufträgen Nummer 5 und Nummer 73 bestellt. Die Beziehung „Kunde erteilt Auftrag" ist eine **1:n-Beziehung**. Auf einen Auftrag können mehrere Artikel verrechnet werden und ein Artikel kann auf mehreren Aufträgen aufscheinen. Hierbei handelt es sich um eine **n:m-Beziehung**.

Das **relationale Datenmodell** wurde für den Einsatz in **Datenbanksystemen** entwickelt.

Übungsbeispiel

Ü 5.2 ⋆: Exemplare zuordnen A

Beantworten Sie die folgenden Fragen mithilfe der Abbildung!

a) Welche Artikel hat Kunde Graf im Auftrag 73 bestellt?

b) Welche Kunden haben Apfel-Fruchtsirup bestellt? Geben Sie die Auftragsnummern an!

c) Welche Artikel befinden sich im Auftrag Nummer 456? Welcher Kunde hat diesen Auftrag erteilt?

Entity-Relationship-Diagramm

Ein **Modell** beschreibt ein Abbild der Wirklichkeit. Die Modellierung relationaler Datenbanken erfolgt mit dem von **Peter Chen** entwickelten **Entity-Relationship-Diagramm (ER-Diagramm, ERD)**.

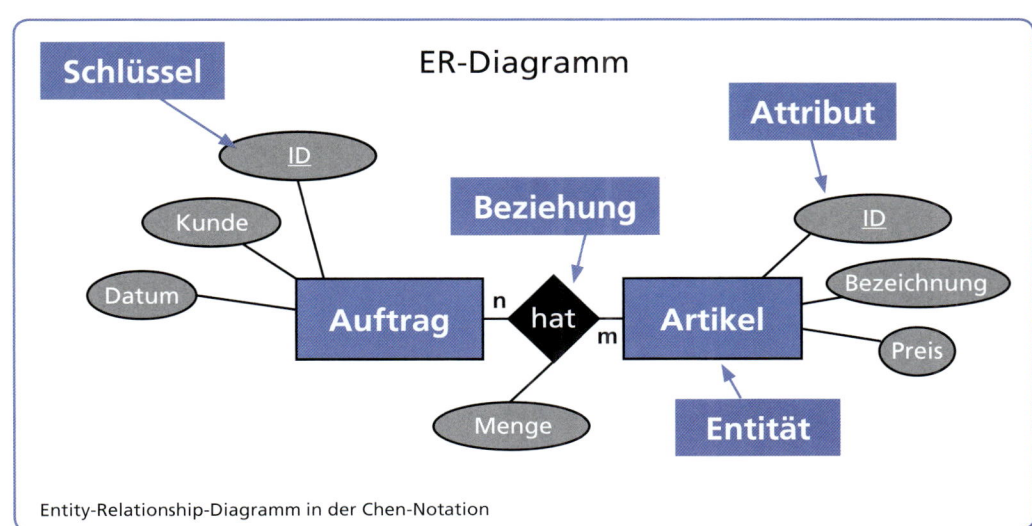

Entity-Relationship-Diagramm in der Chen-Notation

Bestandteile des Entity-Relationship-Diagramms

❶ Entitäten sind eindeutig unterscheidbare Objekte. Exemplare (Instanzen) sind konkrete Ausprägungen einer Entität.

Die Entität *Artikel* hat z. B. die Exemplare „H2Ö Wasser", „Fruchtsirup Birne", „Fruchtsirup Apfel" usw.

❷ Beziehungen sind Assoziationen zwischen Entitäten. Auch Beziehungen haben Exemplare (Instanzen).

Ein Auftrag besteht aus Artikeln. Die Beziehung *hat* legt die Menge der gewünschten Artikel für jeden Auftrag fest, z. B. „Auftrag 5 hat 120 Stück H2Ö Wasser", „Auftrag 5 hat 8 Stück Fruchtsirup Apfel", „Auftrag 73 hat 80 Stück H2Ö Wasser".

❸ Attribute sind Eigenschaften von Entitäten oder Beziehungen.

Attribute von *Artikel* sind z. B. „ID" und „Bezeichnung". Ein Attribut der Beziehung *hat* (Auftrag hat Artikel) ist z. B. „Menge".

❹ Die Attribute einer Entität sind vom Schlüsselattribut abhängig.

Der Artikel „H2Ö Wasser" hat die ID 1. Kein anderer Artikel hat diese Nummer.

Übungsbeispiel

Ü 5.3 ★★: ER-Diagramm ergänzen B

Ergänzen Sie im oben abgebildeten ER-Diagramm die Entität *Kunde*!

a) Ein Kunde hat das Schlüsselattribut *ID*.

b) Ein Kunde besteht weiters aus den Attributen *Name, Adresse, Telefonnummer* und *E-Mail.*

c) Zeichnen Sie die Beziehung zwischen den Entitäten *Kunde* und *Auftrag* ein!

Das ER-Diagramm ist ein Modell – keine Datenbank. Um diesen Unterschied auszudrücken, gibt es die Begriffe **Entität** und **Tabelle**. Im Rahmen der relationalen Auflösung werden Entitäten in Tabellen transformiert, Attribute werden zu Feldern der Tabelle.

Die Entität *Kunde* enthält das Attribut *Name,* das seinerseits aus dem Vor- und dem Zunamen oder der Firma besteht. In einer Datenbank sollte es möglichst keine zusammengesetzten Attribute geben, denn das Sortieren und Filtern ist bei zusammengesetzten Attributen meist schwierig.

Zusammengesetzte Attribute

Zusammengesetzte Attribute werden im ER-Diagramm mit Linien zwischen den Attributteilen dargestellt.

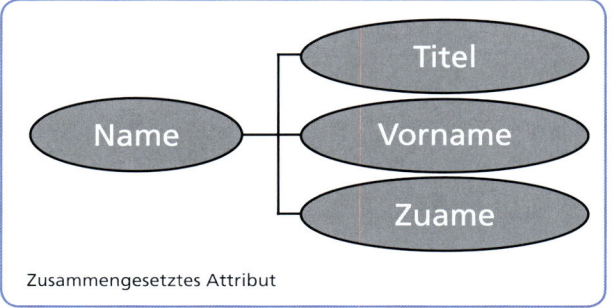
Zusammengesetztes Attribut

In der Entität *Kunde* gibt es das Attribut *Name,* z. B. mit dem Exemplar „Dr. Edith Graf". Bei genauerer Betrachtung wird Ihnen auffallen, dass das Attribut *Name* aus drei Teilen besteht: *Titel, Vorname* und *Zuname.*

Ein weiteres Beispiel ist die **Sozialversicherungsnummer,** die aus einem vierstelligen Code und dem Geburtsdatum besteht.

Auch **Schlüsselattribute** können zusammengesetzt sein, z. B. Artikelnummern in Form von EAN-Barcodes.

Lehrbeispiel

L 5.2: Schlüsselattribute A

a) Ist der Name eines Kunden ein Schlüsselattribut für die Entität *Auftrag?*

Der Name allein genügt nicht, da die Entität *Auftrag* mehrere Auftrags-Exemplare desselben Kunden beinhalten kann. Daher muss das Schlüsselattribut für jedes Exemplar der Entität *Auftrag* absolut eindeutig sein, z. B. eine fortlaufende Auftragsnummer (ID).

b) In einer Handelsakademie und Handelsschule lauten die Klassenbezeichnungen z. B. 3ak und 2bs. Handelt es sich hierbei um zusammengesetzte Attribute? Falls ja, warum?

Ja. Die Ziffer steht für den Jahrgang, der erste Buchstabe (a, b, c) für die Klasse und der zweite Buchstabe (k oder s) für die Schulform (Handelsakademie oder Handelsschule).

Übungsbeispiele

Ü 5.4 ★: Zusammengesetzte Attribute zerlegen ▣

Zerlegen Sie die zusammengesetzten Attribute!

a) Sozialversicherungsnummer: 8967120480

b) Autokennzeichen: KS577AM

c) Speicherdatum/Uhrzeit: 08.09.2016 17:33:12

Ü 5.5 ★★: Zusammengesetzte Attribute einzeichnen ▣

Zerlegen Sie alle zusammengesetzten Attribute der Entität *Kunde!*

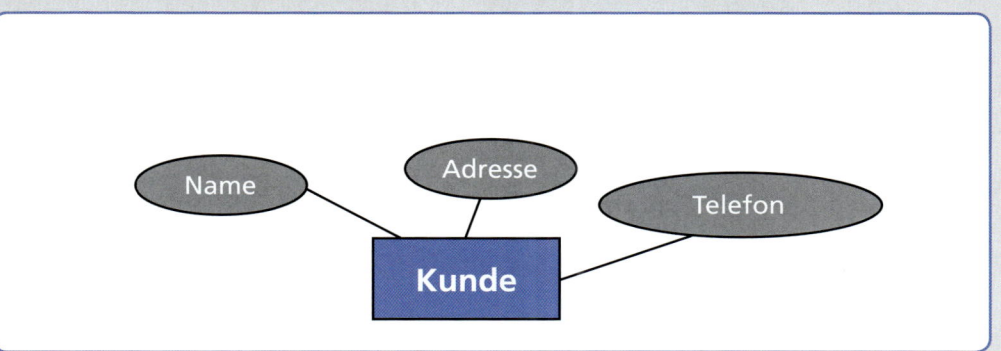

4 Schlüsselattribute

Ein Schlüsselattribut identifiziert ein Exemplar einer Entität oder Beziehung.

❶ Ein Primärschlüssel identifiziert ein Exemplar einer Entität oder Beziehung eindeutig.

Die Entität *Auftrag* hat z. B. folgende Exemplare:

Der **Primärschlüssel** der Entität *Auftrag* ist eine fortlaufende und daher eindeutige Nummer, die später von der Datenbank automatisch vergeben wird.

Primärschlüssel werden im ER-Diagramm unterstrichen dargestellt.

AuftragID	Datum	Kunde
5	08.01.20..	Graf
73	17.02.20..	Graf
456	30.05.20..	König

Der Primärschlüssel muss eindeutig sein, um die Exemplare eindeutig identifizieren zu können. Daher erstellen Sie bei der Anlage einer Tabelle in einer Datenbank für den Primärschlüssel einen **Index ohne Duplikate**. Dieser Index erlaubt nur eindeutige Schlüssel. Access und SQL-Server erledigen dies automatisch, sodass Sie sich darum nicht kümmern müssen.

❷ Ein Fremdschlüssel verknüpft ein Exemplar mit dem Primärschlüssel eines anderen.

Der Primärschlüssel eines Kunden ist seine Kundennummer (ID). Die Entität *Auftrag* wird über die **Kundennummer** (ID) mit der Entität *Kunde* verknüpft. Daher ist der Primärschlüssel der Entität *Kunde* gleichzeitig der Fremdschlüssel der Entität *Auftrag.*

Die Kundennummer *KundeID* ist in der Entität *Auftrag* ein **Fremdschlüssel**, der die Exemplare des Auftrags mit den Kundenexemplaren der Entität *Kunde* verknüpft.

Fremdschlüssel werden im ER-Diagramm üblicherweise nicht dargestellt.

AUFTRAG				KUNDE		
AuftragID	**Datum**	*KundeID*		**KundeID**	**Zuname**	**Vorname**
5	08.01.20..	101		**101**	Graf	Edith
73	17.02.20..	101		...	...	...
456	30.05.20..	258		**258**	König	Gustav

Über die **Verknüpfungen** ist es nun möglich, folgende Aussage zu formulieren: „Kundin Edith Graf hat die Aufträge 5 und 73 erteilt." Diesen Zusammenhang kann eine **Auswahlabfrage** in MS Access bzw. eine **Sicht** in MS SQL-Server herstellen.

Übungsbeispiel

MUSTERUNTERNEHMEN

Ü 5.6 ★★: Fremdschlüssel C

Artikel sollen durch Artikelgruppen kategorisiert werden können. Ergänzen Sie im ER-Diagramm der H2Ö-Auftragsverwaltung die Entität *Artikelgruppe!*

a) Wie lauten der Primär- und der Fremdschlüssel?

b) Zeichnen Sie die beiden Schlüsselattribute im Diagramm bei betroffenen Entitäten ein!

5 Virtuelle Attribute

Attribute, die aus anderen Attributen einer Entität abgeleitet bzw. berechnet werden können, werden **virtuelle Attribute** genannt. Sie werden strichliert in das ER-Diagramm eingezeichnet.

Redundanz bedeutet, dass Daten mehrfach gespeichert werden. Virtuelle Attribute führen zu redundanten Daten.

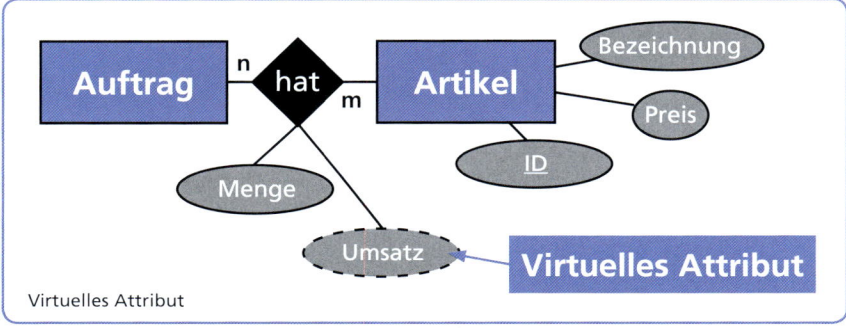

Virtuelles Attribut

Der **Umsatz** kann aus den Attributen *Menge* mal *Preis* berechnet werden. Er ist ein **virtuelles Attribut**. Problematisch sind virtuelle Attribute deshalb, weil sie zu widersprüchlichen Daten führen können. Wir nennen dies eine **Anomalie**. Sie tritt z. B. auf, wenn der berechnete Umsatz ein anderes Ergebnis liefert als der gespeicherte Umsatz.

Anomalien können durch **Redundanz** entstehen.

Virtuelle Attribute können zu **Anomalien** in einer Datenbank führen und sollten daher vermieden werden.

Auch das **Alter** einer **Person** ist ein **virtuelles Attribut**. Es resultiert aus der Differenz zwischen dem Tages- und dem Geburtsdatum. Das Alter zu speichern wäre falsch, da es sich ständig verändert. Sie müssen sich also gut überlegen, welche Attribute Sie tatsächlich für Ihre Datenbank verwenden!

Lehrbeispiel

L 5.3: Virtuelle Attribute A

In einem Autohaus hat die Entität *Auto* folgende Exemplare:

FzNr	Marke	Type	max. Tank-inhalt in l	Benzin-vorrat in l	Verbrauch l/100 km	Reichweite in km
1	Audi	A4	65	50	6,2	806
2	BMW	530D	75	34	7,1	479
3	Kia	Sorento	70	66	8,9	742

Welches Attribut ist ein **virtuelles Attribut**?

Da sich bei jedem Autoexemplar die Reichweite durch das Fahren und Tanken ständig verändert, handelt es sich dabei um ein virtuelles Attribut. Die Reichweite ist von den Attributen *Benzinvorrat* und *Verbrauch* abhängig.

Übungsbeispiel

Ü 5.7 ★★: Elektrohändler C

Ein Elektrohändler möchte eine Datenbank zum Fakturieren der Aufträge erstellen. Folgende Entitäten wurden bereits definiert:

Kunde (KID, Vorname, Zuname, Firma, Straße, PLZ, Ort, Telefon)

Rechnung (RID, Datum, KNr)

Rechnungsposten (RPID, AID, Menge, Verkaufspreis)

Artikel (AID, Bezeichnung, Lagermenge, Einkaufspreis, Verkaufspreis)

In der Datenbank sollen nach Möglichkeit keine virtuellen Attribute vorkommen. Welche Gründe könnten dafür sprechen, dass das Attribut *Verkaufspreis* redundant gespeichert wird?

Generell sollten Sie **keine virtuellen Attribute in einer Datenbank** abspeichern, um Anomalien zu vermeiden. Es gibt aber Situationen, in denen Redundanz unbedingt erforderlich ist, da sonst falsche Ergebnisse entstehen könnten. Eine Preiserhöhung bei den Artikeln des Elektrohändlers darf die Preise auf den alten Rechnungen z. B. nicht beeinflussen.

6 Fehlende Werte

Null (gesprochen „Nall") bedeutet **kein Wert.**

Was passiert, wenn ein Attribut **keinen Wert** hat? Sehen Sie sich dazu folgendes Beispiel an:

AUFTRAG				KUNDE		
AuftragID	Datum	KundeID		KundeID	Zuname	Vorname
5	08.01.20..	101		101	Graf	Edith
73	17.02.20..	101		...	...	...
456	30.05.20..		?	258	König	Gustav

Der Auftrag **456** hat **keinen Kunden.** Was passiert mit der Verknüpfung, wenn es keine Kundennummer *KundeID* gibt? Kann es einen Auftrag ohne einen Auftraggeber überhaupt geben?

Fehlende Werte

❶ Wird für ein Attribut kein Wert eingegeben, ist der Wert des Attributs *Null*.

Die Kundennummer *KundeID* von Auftrag 456 hat z. B. den Wert *Null.*

❷ *Null* führt zu Fehlern, wenn es Teil einer Bedingung oder Berechnung ist.

Eine Bedingung oder Berechnung verlangt nach berechenbaren oder logisch auswertbaren Werten. Diese können numerisch oder alphanumerisch (Text) sein. Ist jedoch kein Wert vorhanden, so kann die Berechnung nicht durchgeführt werden. Die Folge ist ein Fehler.

In einer Auswahlabfrage soll z.B. das Alter aller Mitarbeiter/innen berechnet werden. Fehlt die Sozialversicherungsnummer, z.B. weil das Geburtsdatum nicht eingegeben wurde, kann das Alter nicht berechnet werden. Die Abfrage funktioniert nicht.

❸ Bei Schlüsselattributen ist *Null* unzulässig.

Eine Verknüpfung zwischen einem Primärschlüssel und einem Fremdschlüssel basiert auf einer Bedingung, nämlich der Gleichheit beider Schlüssel. Fehlt ein Schlüsselwert, so kann die Verknüpfung nicht aufgebaut werden. Das Ergebnis ist eine Anomalie. Primärschlüssel sind daher immer Pflichtfelder und dürfen niemals *Null* enthalten.

In Microsoft Access gibt es für jedes Feld einer Tabelle die Eigenschaft „Eingabe erforderlich". Wird sie aktiviert, sind *Null*-Werte unzulässig. In MS SQL-Server gibt es dafür die Eigenschaft *Allow Null.* Wird diese Eigenschaft aktiviert, sind *Null*-Werte zulässig.

7 Kardinalität

Die **Kardinalität** oder auch **Konnektivität** gibt den **Grad einer Beziehung** an. Es werden drei Typen unterschieden:

Grade von Beziehungen

❶ 1:1

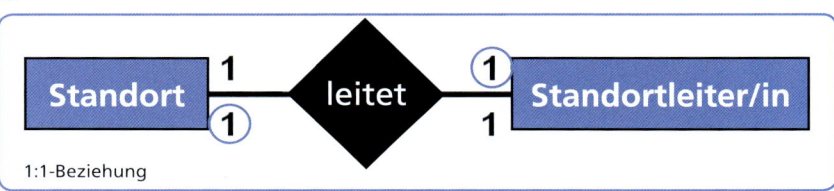

1:1-Beziehung

Ein Standort wird von wie vielen Standortleiterinnen bzw. -leitern geleitet? Von einer/einem. Eine Standortleiterin/Ein Standortleiter leitet wie viele Standorte? Einen.

❷ 1:n

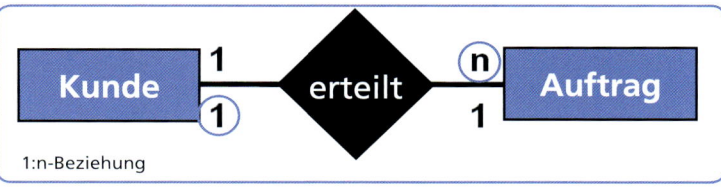

1:n-Beziehung

Ein Kunde erteilt wie viele Aufträge? Mehrere.
Ein Auftrag wurde von wie vielen Kunden erteilt? Von einem.

❸ n:m

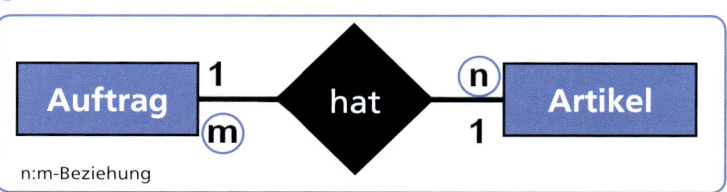

n:m-Beziehung

Ein Auftrag hat wie viele Artikel? Mehrere.
Ein Artikel kommt auf wie vielen Aufträgen vor? Auf mehreren.

Lehrbeispiel

L 5.4: Grade von Beziehungen A

Wie kann man den Grad einer Beziehung feststellen?

Sie fragen, wie viele Instanzen der zweiten Entität (z. B. Auftrag) mit einer Instanz der ersten Entität (z. B. Kunde) verknüpft werden können: Ein Kunde erteilt wie viele Aufträge? Danach fragen Sie umgekehrt. Ein Auftrag wird von wie vielen Kunden erteilt? Die größere Kardinalität bleibt auf beiden Seiten stehen: **1** Kunde erteilt **n** Aufträge.

Übungsbeispiel

Ü 5.8 ★★: Kardinalität B

Bestimmen Sie die Kardinalität der folgenden Beziehungen!

a) Kunden beauftragen Projekte.

b) Rechnungen enthalten Artikel.

c) Jeder Termin hat ein Datum.

d) Eine Schülerin geht in eine Klasse.

e) Studierende belegen ein oder mehrere Studienrichtungen.

f) Fernsehanstalten spielen Filme.

g) Schauspieler/innen spielen in Theaterstücken mit.

 # Üben

Ü 5.9 ★★: Mindmap B

Erstellen Sie eine Mindmap für die Organisation einer Firmenfeier. Planen Sie dabei folgende Dinge ein: a) Veranstaltungsort, b) Verpflegung (Essen, Trinken), c) Musik, d) Showprogramm.

Ü 5.10 ★★: Kardinalität B

Bestimmen Sie die Kardinalität der folgenden Beziehungen!

a) Gast konsumiert Cocktail.

b) Kunde leiht Blu-ray.

c) Cocktail besteht aus Zutaten.

d) Schaltung besteht aus Bauteilen.

e) Haus hat Fenster.

f) Mitarbeiter leitet Mitarbeiter.

g) Name besteht aus Vor- und Zuname.

h) Supermarkt verkauft Artikel.

Ü 5.11 ★★: ER-Diagramm korrigieren C

Korrigieren Sie die Fehler im abgebildeten ER-Diagramm und vervollständigen Sie es!

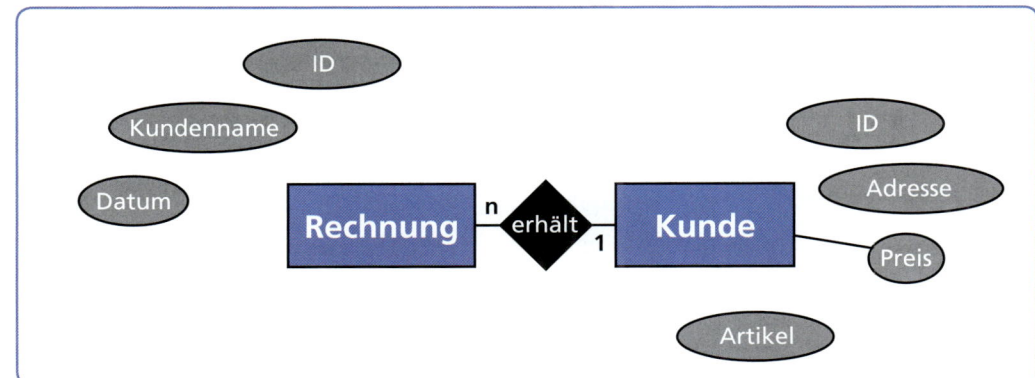

Ü 5.12 ★: Attribute unterscheiden C

Die Entität *Gebrauchtwagen* hat die Attribute *Marke, Farbe, Kilometerleistung, Motorleistung (PS/kW), Datum der Erstzulassung* und *Anzahl der Vorbesitzer.* Welches Attribut würde sich als Primärschlüssel eignen? Erfinden Sie ggf. selbst einen passenden Schlüssel!

Ü 5.13 ★★: Schule D

In einer Schule gibt es folgende Entitäten:

Klasse (<u>Klasse</u>, Sozialversicherungsnummer)
Schüler (<u>Klasse</u>, <u>Katalognummer</u>, Name = Vorname + Zuname, Straße, PLZ, Ort)
Lehrer (<u>Sozialversicherungsnummer</u>, Name = Titel + Vorname + Zuname, Alter)
Fach (<u>Fachkürzel</u>, Fachbezeichnung)
Unterricht (<u>Klasse</u>, <u>Sozialversicherungsnummer</u>, <u>Fachkürzel</u>, Wochenstunden)

Eine Klasse besteht aus mehreren Schülern. Ein Schüler besucht eine Klasse. Ein Lehrer kann Klassenvorstand von maximal einer Klasse sein. Eine Klasse hat nur einen Lehrer, der auch Klassenvorstand ist. Ein Lehrer unterrichtet ein Fach oder mehrere Fächer in einer Klasse. Eine Klasse hat mehrere Fächer und diese werden von mehreren Lehrern unterrichtet. Es kann auch vorkommen, dass ein Fach von mehreren Lehrern unterrichtet wird (z. B. Gruppenteilung in den Sprachen oder im EDV-Unterricht).

a) Nennen Sie alle **Primär- und Fremdschlüssel,** die in diesem Beispiel vorkommen!

b) Nennen Sie alle **zusammengesetzten Attribute,** die in diesem Beispiel vorkommen!

c) Nennen Sie alle **virtuellen Attribute,** die in diesem Beispiel vorkommen!

d) Zeichnen Sie das **ER-Diagramm** mit den Beziehungen und Attributen in der Chen-Notation!

Ü 5.14 ★★★: Großbäckerei D

In einer Großbäckerei werden folgende Entitäten vermutet:

Backware (BNr, Bezeichnung, Haltbarkeitsdauer, Verkaufspreis)
Produktion (PNr, PDatum, BNr, Menge, Ablaufdatum)
Auftrag (KNr, ADatum)
Kunde (KNr, Name, Adresse)

Ein Kunde erteilt pro Tag maximal einen Auftrag. Die von den Kunden beauftragten Backwaren werden an einem bestimmten Tag (Produktionsdatum) für die Produktion geplant. Das Ablaufdatum der produzierten Backwaren muss feststellbar sein. In einer Produktionscharge werden die Backwaren aus mehreren Kundenaufträgen zusammengefasst. Backwaren können in mehreren Produktionschargen vorkommen.

a) Unterstreichen Sie die **Primärschlüssel** der Entitäten!

b) Nennen Sie die **Fremdschlüssel** der Entitäten!

c) Nennen Sie alle **Beziehungen** und ihre Kardinalität!

d) Entfernen Sie das **virtuelle Attribut** aus den Entitäten und nennen Sie dessen Namen!

e) Zeichnen Sie das **ER-Diagramm** mit den Beziehungen und Attributen in der Chen-Notation!

ID: 2512

Weitere Übungen im SbX

Ü 5.15 ★★: Reisebüro D
Bearbeiten Sie die Übungsaufgabe zum ER-Diagramm Reisebüro!

Ü 5.16 ★★: Autohaus Apfelgruber D
Bearbeiten Sie die Übungsaufgabe zum ER-Diagramm Autohaus!

Ü 5.17 ★★: Autowerkstätte D
Bearbeiten Sie die Übungsaufgabe zum ER-Diagramm einer Autowerkstätte!

MUSTERUNTERNEHMEN

Ü 5.18 ★★★: H2Ö GmbH D
Bearbeiten Sie die Übungsaufgabe zum ER-Diagramm H2Ö GmbH!

Sichern

Mindmaps	Mit **Mindmaps** können Informationen **strukturiert, analysiert und verdichtet** werden.
ER-Diagramm	Das **Entity-Relationship-Diagramm (ERD)** wurde von Peter Chen zur **Modellierung relationaler Datenbanken** entwickelt. Es enthält **Entitäten, Beziehungen** mit ihrem Grad und **Attribute.** Zusätzlich werden zusammengesetzte Attribute, Primärschlüssel und virtuelle Attribute im ER-Diagramm eingezeichnet.
Entität	Entitäten sind **eindeutig unterscheidbare Objekte.** Exemplare sind konkrete Ausprägungen einer Entität.
Beziehung	Beziehungen sind **Assoziationen zwischen Entitäten.** Auch sie haben Exemplare.
Attribut	Attribute sind **Eigenschaften von Entitäten oder Beziehungen.** Die Attribute einer Entität sind vom Primärschlüssel abhängig.
zusammengesetztes Attribut	Zusammengesetzte Attribute, wie z.B. *Name* oder *Sozialversicherungsnummer,* bestehen aus weiteren Attributen.
Schlüsselattribute	Ein **Primärschlüssel** identifiziert ein Exemplar einer Entität oder Beziehung eindeutig. Ein **Fremdschlüssel** verknüpft ein Exemplar mit dem Primärschlüssel eines anderen Exemplars.
virtuelles Attribut	Virtuelle Attribute sind **von anderen Attributen ableitbar.** Sie können zu **Anomalien** in einer Datenbank führen und sollten vermieden werden.
Null	*Null* bedeutet **fehlender Wert** und ist für **Schlüsselattribute nicht zulässig,** da dies zu **Anomalien** führen könnte.
Kardinalität	Die Kardinalität gibt den Grad einer Beziehung an: **1:1, 1:n** oder **n:m.**

Wissen

W 5.1 ★★: Kontrollfragen und -aufgaben B

1. Nennen Sie die wesentlichen Bestandteile eines ER-Diagramms!
2. Beschreiben Sie ein Beispiel für eine Entität mit ihren Attributen!
3. Beschreiben Sie ein Beispiel für ein Exemplar einer Entität mit seinen Attributen!
4. Erklären Sie den Unterschied zwischen Primär- und Fremdschlüssel!
5. Nennen Sie ein Beispiel für ein zusammengesetztes Attribut!
6. Was versteht man unter einem virtuellen Attribut?
7. Warum kann der durchschnittliche Lagerbestand in einer Abfrage nicht berechnet werden, wenn in der Entität *Lager* bei einem Artikel der Lagerstand *Null* ist?
8. Welche Grade von Beziehungen gibt es?

W 5.2 ★★★: ER-Diagramm erstellen D

Erstellen Sie ein ER-Diagramm nach folgenden Vorgaben:

1. Ein Projektleiter betreut mehrere Projekte. Die Attribute eines Projektleiters sind *ID* und *Name.*
2. An einem Projekt arbeiten mehrere Projektmitarbeiter. Die Attribute eines Projektmitarbeiters sind *ID* und *Name.*
3. Der Projektleiter ist ein Projektmitarbeiter.

Lernen ◉ Üben ◉ Sichern ◗ Wissen

SbX
ID: 2514

Weitere Aufgaben im SbX

W 5.3 ★★: ER-Diagramm korrigieren C
Korrigieren Sie das fehlerhafte ER-Diagramm!

Ein kurzer
Kompetenz-Check,
bevor's weitergeht!

Kompetenz-Check

	☺	😐	☹
Ich kann mithilfe von Mindmaps Problemstellungen analysieren und strukturieren.			
Ich kann Datenmodelle aufzählen und Bestandteile eines ER-Diagramms nennen.			
Ich kann Begriffe eines ER-Diagramms erklären.			
Ich kann die Kardinalität einer Beziehung richtig erkennen.			
Ich kann Fehler in ER-Diagrammen erkennen und verbessern.			

Lerneinheit 2
Relationale Auflösung

Nachdem Sie Ihre Datenbank modelliert haben, zeichnen Sie das ER-Diagramm. Danach besteht Ihre nächste Aufgabe darin, das Diagramm in eine funktionierende relationale Datenbank zu transferieren.

Ihre Aufgaben könnten z. B. lauten:

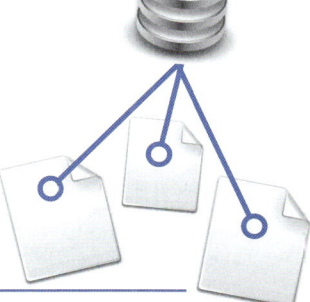

- Kardinalitäten einer Beziehung bestimmen
- ein ER-Modell in die dritte Normalform bringen
- Beziehungstabellen auflösen
- aus einem ER-Diagramm eine Datenbank erstellen

Sie wissen (noch) nicht, wie Sie diese Aufgaben richtig lösen? Dann erarbeiten Sie in dieser Lerneinheit, wie Sie ein relationales Datenmodell in die dritte Normalform bringen, Beziehungstabellen korrekt auflösen und eine Datenbank anlegen können.

 **Lernen**

1 ER-Diagramm zeichnen

Für die H2Ö-Auftragsverwaltung soll ein ER-Diagramm erstellt werden. Sie überlegen sich zunächst, welche Entitäten benötigt werden:

1. Es gibt **Kunden**, die **Aufträge** erteilen.
2. Es gibt **Artikel,** z. B. Wasser oder Fruchtsirup, die von den Kunden im Rahmen eines Auftrags bestellt werden.
3. Jeder Artikel ist einer **Artikelgruppe** zugeordnet, z. B. Wasser, Sirup, Sonstiges.

Schritt 1: Entitäten und Beziehungen

Sie erkennen die Entitäten *Kunde, Auftrag, Artikel* und *Artikelgruppe.* Nun überlegen Sie sich die **Kardinalitäten der Beziehungen** zwischen den Entitäten:

- Ein **Kunde** erteilt mehrere **Aufträge.** Ein Auftrag kann nur von einem Kunden erteilt werden. Die Beziehung *erteilt* ist also eine **1:n-Beziehung.**
- Ein **Auftrag** kann mehrere **Artikel** beinhalten, ein Artikel kann in mehreren Aufträgen vorkommen. Es handelt sich um eine **n:m-Beziehung.**
- Ein **Artikel** gehört zu einer **Artikelgruppe,** zu einer Artikelgruppe gehören mehrere Artikel. Diese Beziehung hat die **Kardinalität 1:n.**

Nun können Sie die Entitäten und ihre Beziehungen zeichnen:

> Ein **ER-Diagramm** sollte möglichst einfach aufgebaut sein.

> Bei einem **ER-Diagramm** gibt es nicht DIE richtige Lösung – es kommt immer darauf an, was möglich und erlaubt sein soll.

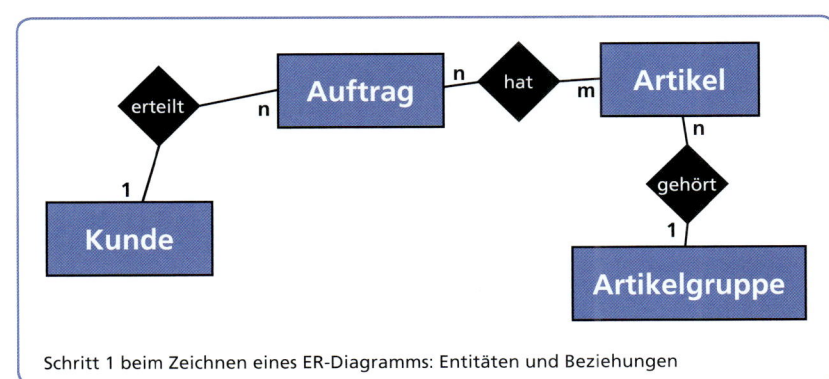

Schritt 1 beim Zeichnen eines ER-Diagramms: Entitäten und Beziehungen

5 Datenbankmodellierung

Schritt 2: Attribute und Primärschlüssel

Nun überlegen Sie sich die **Attribute** und **Primärschlüssel** der drei Entitäten:

Kunde (ID, Vorname, Zuname, Straße, Postleitzahl, Ort, Telefon)
Auftrag (ID, Datum)
Artikel (ID, Bezeichnung, Preis)
Artikelgruppe (ID, Bezeichnung)

Als **Primärschlüssel** für alle Entitäten verwenden Sie eine **eindeutige Nummer**.

Die Entität *Kunde* enthält die **zusammengesetzten Attribute** *Name* (= Vorname + Zuname) und *Adresse* (= Straße + Postleitzahl + Ort).

Häufig wird das Einzeichnen der zusammengesetzten Attribute übergangen. Es werden dann sofort die atomaren Attribute eingezeichnet.

Ein **atomares Attribut** ist nicht mehr weiter zerlegbar.

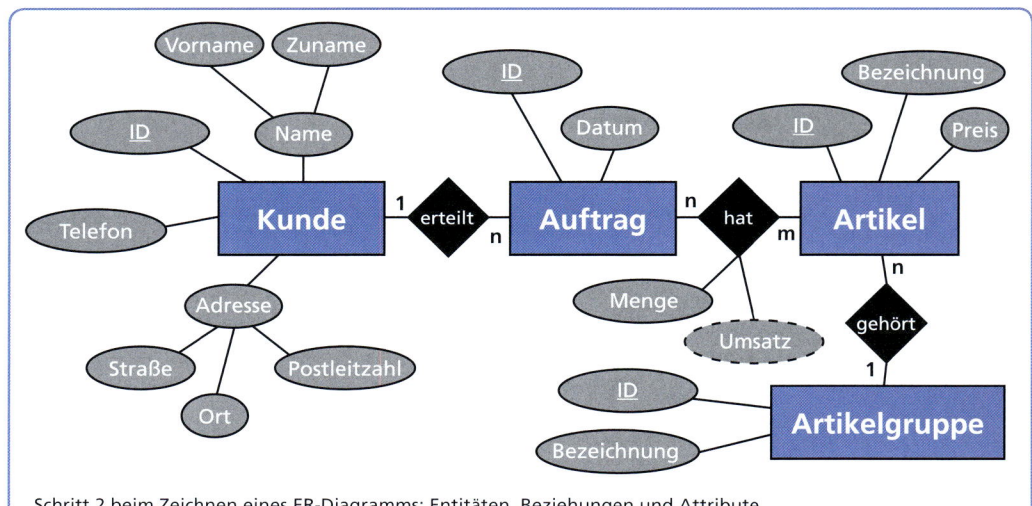

Schritt 2 beim Zeichnen eines ER-Diagramms: Entitäten, Beziehungen und Attribute

Übungsbeispiele

Ü 5.19 ★★: Rabatt B

Der Vertriebsleiter der H2Ö GmbH sieht sich Ihr ER-Diagramm an und fragt, ob es möglich ist, dass die Kunden unterschiedliche Preise für den gleichen Artikel bezahlen, z.B. ob bei einer größeren Bestellung ein Rabatt berücksichtigt werden kann. Welche Antwort geben Sie? Nennen Sie auch die Gründe dafür!

Ü 5.20 ★★★: Preisänderung C

Was passiert mit dem Preis eines Artikels in bereits erfassten Aufträgen, wenn Sie nachträglich eine Preisänderung durchführen? Wirkt sich die Preisänderung auf die bereits erfassten Aufträge aus? Falls ja, wie?

2 Relationale Auflösung

Um das Entity-Relationship-Diagramm in eine Datenbank eingeben zu können, müssen Sie die Entitäten in Relationen umwandeln. Unter der **relationalen Auflösung** wird die Umwandlung in Tabellen verstanden.

Relation bedeutet Tabelle.

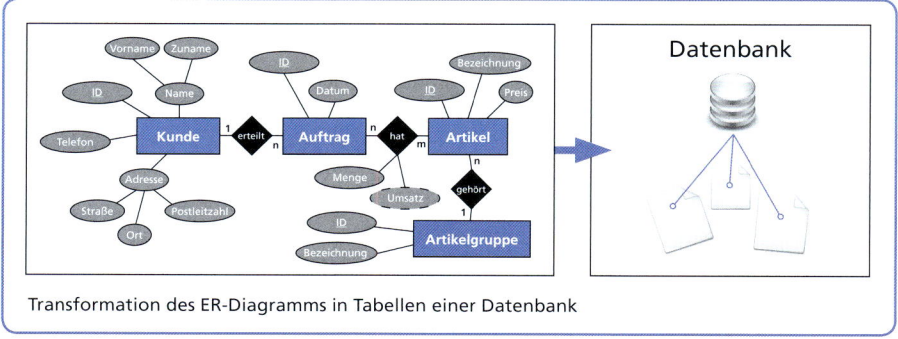

Transformation des ER-Diagramms in Tabellen einer Datenbank

Beziehungen auflösen

❶ Auflösung einer 1:1-Beziehung

Relationale Transformation:
Entität ➤ Relation
1:1-Beziehung bleibt
Attribut ➤ Feld

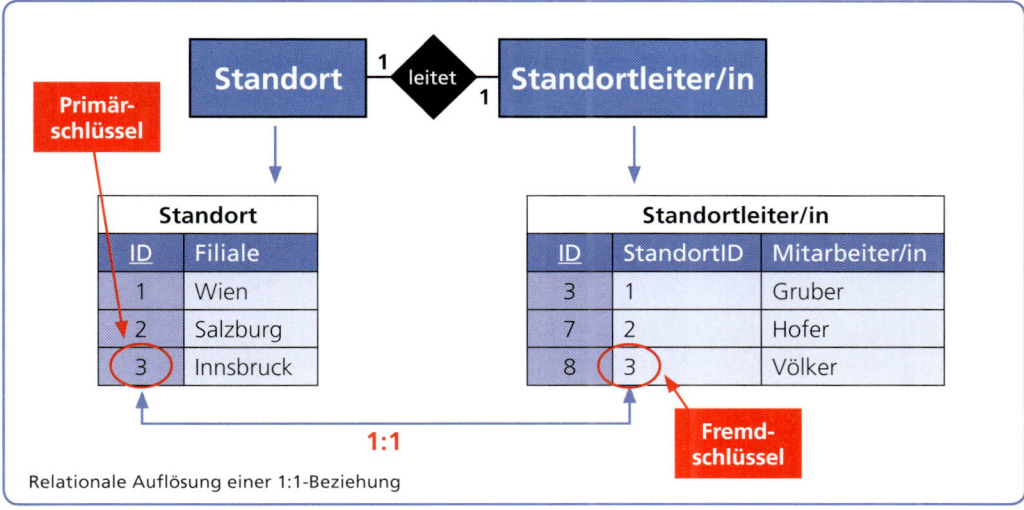

Relationale Auflösung einer 1:1-Beziehung

Die Entitäten *Standort* und *Standortleiter/in* werden zu Tabellen. Die Attribute werden zu Feldern der Tabellen. Die Primärschlüssel *ID* werden als Primärschlüsselfelder in den Tabellen festgelegt.

Als Fremdschlüssel kann bei einer **1:1-Beziehung** einer der beiden Primärschlüssel in der jeweils anderen Tabelle verwendet werden. Hier wurde *StandortID* als Fremdschlüssel in der Tabelle *Standortleiter/in* herangezogen.

Der **Index** bestimmt den Grad der Beziehung in einer Datenbank.

Da es sich um eine **1:1-Beziehung** handelt, muss für *StandortID* in der Tabelle *Standortleiter/in* ein **Index ohne Duplikate** angelegt werden. Dadurch wird verhindert, dass ein Standort mehr als einen Leiter/eine Leiterin hat.

❷ Auflösung einer 1:n-Beziehung

Relationale Transformation:
Entität ➤ Relation
1:n-Beziehung bleibt
Attribut ➤ Feld

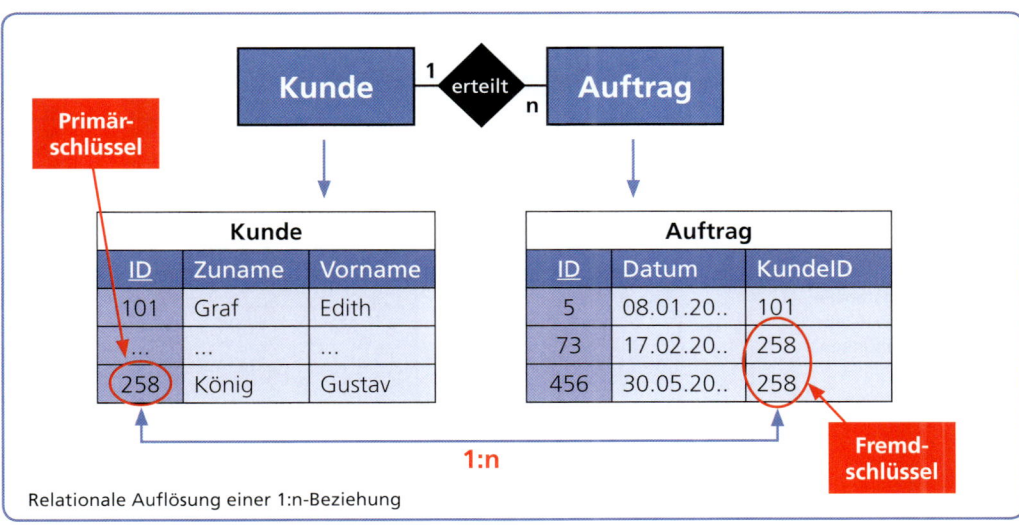

Relationale Auflösung einer 1:n-Beziehung

Die Entitäten *Kunde* und *Auftrag* werden zu Tabellen. Die Attribute werden zu Feldern der Tabellen. Die Primärschlüssel *ID* werden als Primärschlüsselfelder in den Tabellen festgelegt.

Bei einer **1:n-Beziehung** wird der Primärschlüssel der 1-Tabelle als Fremdschlüssel der n-Tabelle definiert. Hier ist der Fremdschlüssel *KundeID* in der Tabelle *Auftrag*.

Bei einem **Schlüsselfeld** sollte aus Geschwindigkeitsgründen immer ein **Index** eingesetzt werden.

Da es sich um eine **1:n-Beziehung** handelt, muss für *KundeID* in der Tabelle *Auftrag* ein **Index mit Duplikaten** angelegt werden. Dadurch kann die Geschwindigkeit von Abfragen deutlich gesteigert werden.

5 Datenbankmodellierung

3 Auflösung einer n:m-Beziehung

Relationale Transformation:
Entität → Relation
n:m-Beziehung → Beziehungsrelation
Attribut → Feld

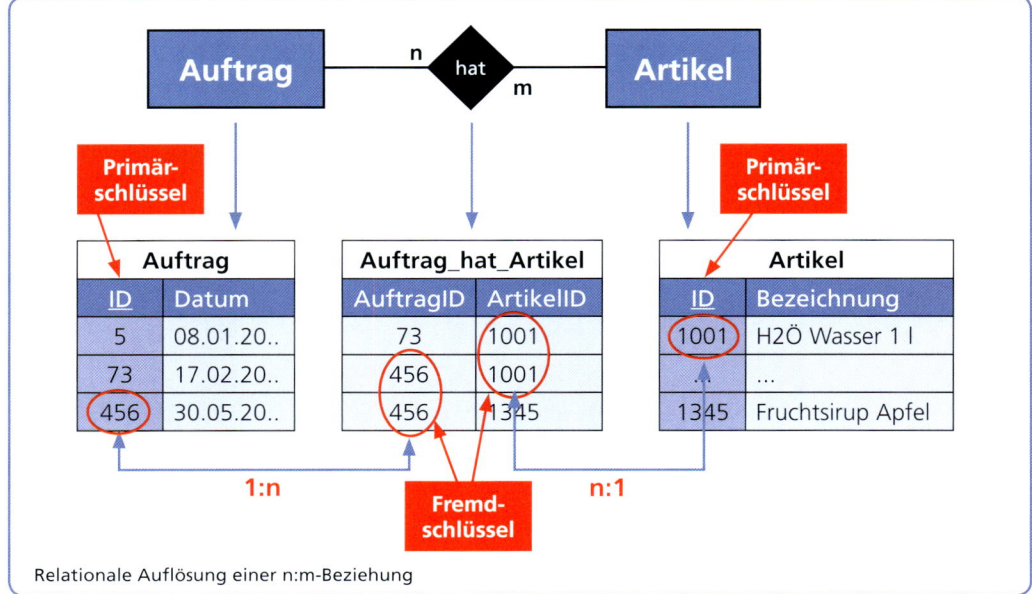

Relationale Auflösung einer n:m-Beziehung

Eine Datenbank erlaubt nur 1:1- und 1:n-Beziehungen zwischen Tabellen. Daher müssen Sie eine **n:m-Beziehung in zwei 1:n-Beziehungen** auflösen:

Die Entitäten werden zunächst in Tabellen aufgelöst. Ihre Attribute werden zu Feldern der beiden Tabellen. Die Primärschlüssel sind die Schlüsselattribute, die immer einen **Index ohne Duplikate** erhalten. Hier sind das *ID* von *Auftrag* und *ID* von *Artikel.*

Im nächsten Schritt erstellen Sie aus der Beziehung eine neue Tabelle: **die Beziehungstabelle.** Sie bekommt den Namen *Auftrag_hat_Artikel,* also eine Kombination aus den beiden Tabellen, die sie verknüpft, und dem Namen der Beziehung. In dieser Tabelle legen Sie als Fremdschlüssel die beiden Primärschlüssel aus *Auftrag* und *Artikel* an. Die Fremdschlüssel repräsentieren die n-Teile (mehrere gleiche Schlüssel), daher erstellen Sie einen **Index mit Duplikaten.**

Die **Beziehungstabelle** enthält in diesem Beispiel die beiden Fremdschlüssel *AuftragID* und *ArtikelID.* Aber wo befindet sich der Primärschlüssel?

Die **Beziehungstabelle** erhält immer die **n-Teile** der Beziehungen.

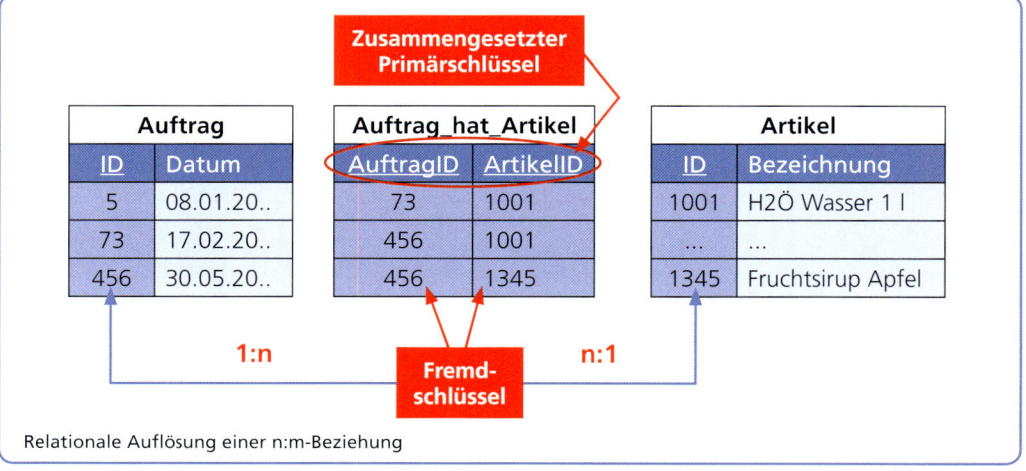

Relationale Auflösung einer n:m-Beziehung

Der **Primärschlüssel** ist eine Kombination der beiden Fremdschlüssel, also ein **zusammengesetzter Schlüssel.** Da ein Primärschlüssel keine Duplikate erlaubt, die beiden Fremdschlüssel für sich betrachtet jedoch sehr wohl, ergibt sich daraus Folgendes: Ein Artikel kann in einem Auftrag nicht mehrfach angelegt werden. Das ist auch sinnvoll, denn in diesem Fall sollte die Menge des Artikels erhöht werden. Das Feld *Menge* muss allerdings in der Beziehungstabelle *Auftrag_hat_Artikel* noch hinzugefügt werden.

Relationen-Notation

Für Entitäten, Beziehungen und Attribute haben Sie bisher die grafische Darstellung des ER-Diagramms benutzt. Bei der relationalen Auflösung wird die Relationenschreibweise verwendet. Die Entitäten werden als Relationen bezeichnet.

Lehrbeispiel

L 5.5: Relationale Auflösung B

Führen Sie die relationale Auflösung für das abgebildete ER-Diagramm durch!

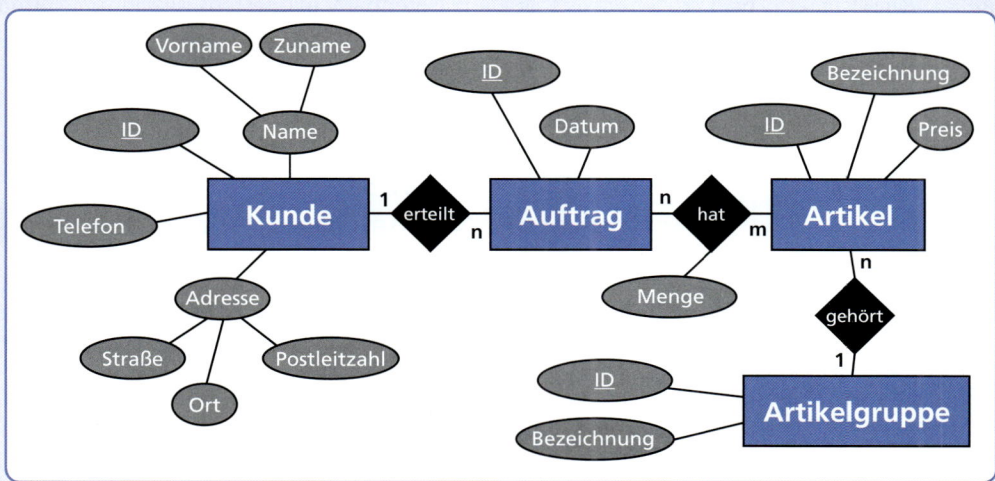

Tabellen in Relationennotation:

R_{Kunde} =   *Kunde* (<u>ID</u>, Vorname, Zuname, Straße, Postleitzahl, Ort, Telefon)

$R_{Auftrag}$ =   *Auftrag* (<u>ID</u>, Datum, KundeID)

$R_{Auftrag\_hat\_Artikel}$ =   *Auftrag_hat_Artikel* (<u>AuftragID</u>, <u>ArtikelID</u>, Menge)

$R_{Artikel}$ =   *Artikel* (<u>ID</u>, Bezeichnung, Preis, ArtikelgruppeID)

$R_{Artikelgruppe}$ =   *Artikelgruppe* (<u>ID</u>, Bezeichnung)

Übungsbeispiel

Ü 5.21 ★★★: Relationale Auflösung C

Führen Sie die relationale Auflösung für das abgebildete ER-Diagramm durch und geben Sie die Tabellen in Relationennotation an!

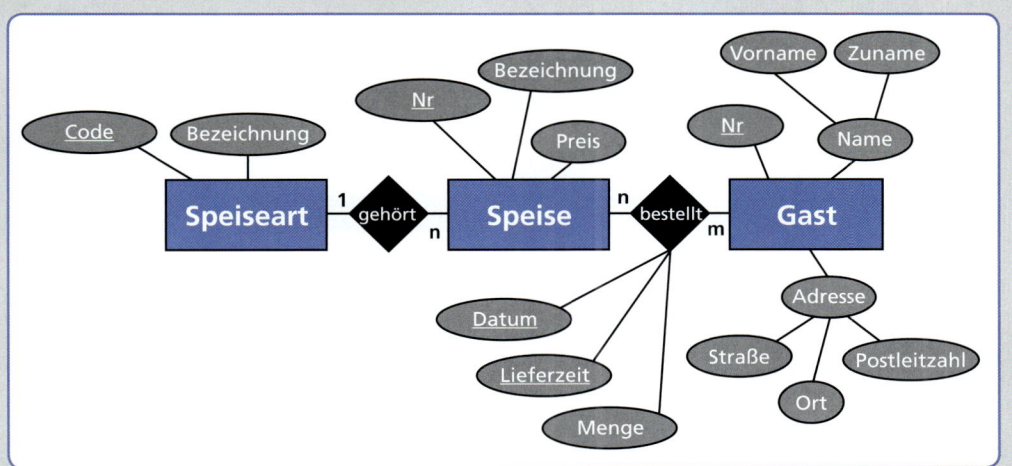

3 Normalisierung

Im Zuge der Normalisierung wenden Sie bestimmte Kriterien auf eine Datenbank an, damit sie einen festgelegten Zustand erreicht, der Inkonsistenzen (Unstimmigkeiten) vermeidet. Dieser festgelegte Zustand ist eine **Normalform**.

Sie bringen eine Datenbank nun Schritt für Schritt durch die Anwendung bestimmter Regeln von der ersten bis in die dritte Normalform. Danach gäbe es noch weitere Normalformen, z.B. die Boyce-Codd-Normalform, die vierte und die fünfte Normalform, die wir aber nicht behandeln. In der Praxis sollte jede Datenbank mindestens der dritten Normalform (3NF) entsprechen.

1NF = 1. Normalform
2NF = 2. Normalform
3NF = 3. Normalform

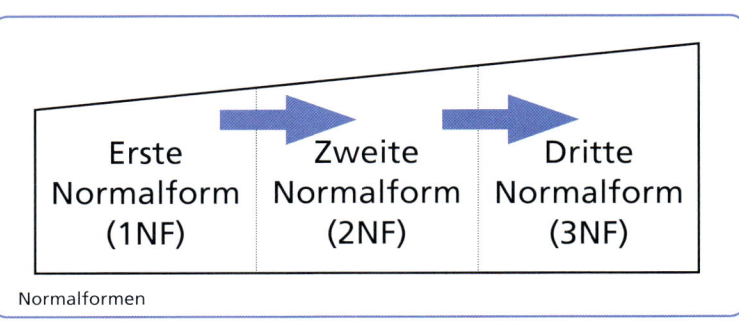

Normalformen

 Die wichtigsten **Gründe für das Normalisieren** einer Datenbank sind:

1. Vermeidung von Redundanz (doppelten Einträgen)
2. Vermeidung von Anomalien (widersprüchlichen Daten)
3. Konsistenz (Vollständigkeit und Richtigkeit)
4. Vereinfachung der Wartung

Im Rahmen der Normalisierung werden die Normalformen verwendet, um die Datenbank in einen **normalisierten Zustand** zu versetzen.

Übungsbeispiel

Ü 5.22 ★★: Relationale Auflösung B

Führen Sie die relationale Auflösung des abgebildeten ER-Diagrammes durch und geben Sie die Tabellen in Relationen-Notation an!

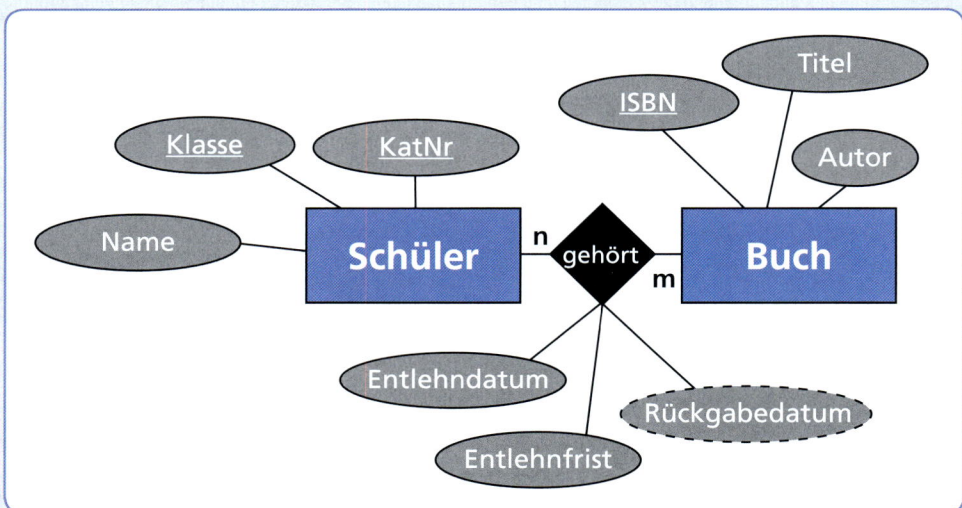

Relationale Auflösung in Relationen-Notation:

$R_{Schüler}$ =

$R_{Schüler\_leiht\_Buch}$ =

R_{Buch} =

4 Normalformen

Die wichtigsten Normalformen sind die 1NF, die 2NF und die 3NF.

❶ Erste Normalform: Jedes Attribut einer Tabelle ist unteilbar.

Eine Information in einem Attribut ist dann unteilbar, wenn sie nicht weiter in Einzelinformationen zerlegt werden kann. Als Attributwerte sind keine Aufzählungen oder Listen erlaubt.

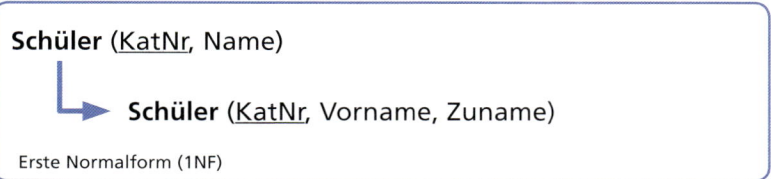

Schüler (<u>KatNr</u>, Name)

   ➜ **Schüler** (<u>KatNr</u>, Vorname, Zuname)

Erste Normalform (1NF)

In diesem Beispiel muss das Feld *Name* in seine Bestandteile, z. B. Vorname und Zuname, aufgeteilt werden.

❷ Zweite Normalform: 1NF und alle Attribute müssen vom gleichen Primärschlüssel abhängen.

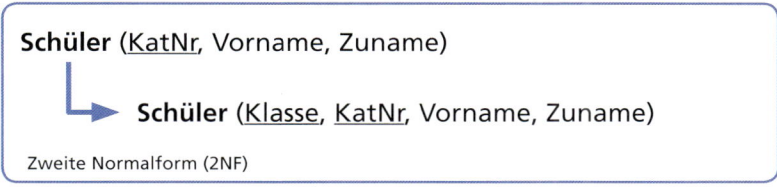

Schüler (<u>KatNr</u>, Vorname, Zuname)

   ➜ **Schüler** (<u>Klasse</u>, <u>KatNr</u>, Vorname, Zuname)

Zweite Normalform (2NF)

In diesem Beispiel ist der Primärschlüssel *Katalognummer* für alle Schülernamen der unterschiedlichen Klassen nicht ausreichend, da es z. B. die Nummer 1 in jeder Klasse gibt. Die Klasse muss als weiteres Schlüsselfeld hinzugefügt werden.

❸ Dritte Normalform: 2NF und es darf keine transitiven Abhängigkeiten geben.

Transitive Abhängigkeiten sind mehrdeutige Beziehungen innerhalb einer Tabelle. Ein Klassenvorstand ist z. B. nicht nur einem Schüler zugeordnet, sondern auch einer Klasse.

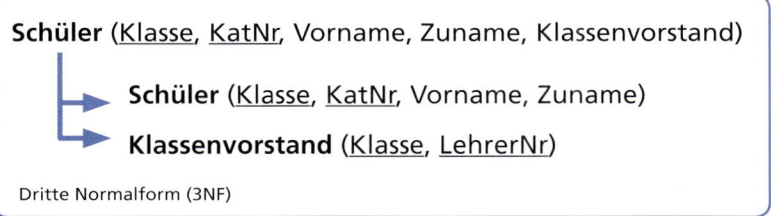

Schüler (<u>Klasse</u>, <u>KatNr</u>, Vorname, Zuname, Klassenvorstand)

   ➜ **Schüler** (<u>Klasse</u>, <u>KatNr</u>, Vorname, Zuname)

   ➜ **Klassenvorstand** (<u>Klasse</u>, <u>LehrerNr</u>)

Dritte Normalform (3NF)

In dem Beispiel ist der Klassenvorstand nicht dem Schüler, sondern der Klasse zuzuordnen. Daher muss für diese Abhängigkeit eine eigene Tabelle erstellt werden. Im Falle einer Änderung des Klassenvorstands muss nicht jeder Schüler aktualisiert werden. Es genügt, den neuen Lehrer in der Tabelle *Klassenvorstand* der Klasse zuzuordnen.

Generell muss eine Datenbank immer in die 3NF gebracht werden. Es gibt aber Fälle, wo dies nicht sinnvoll ist, wie z. B. die redundante Speicherung von Preisen bei Artikeln in Aufträgen.

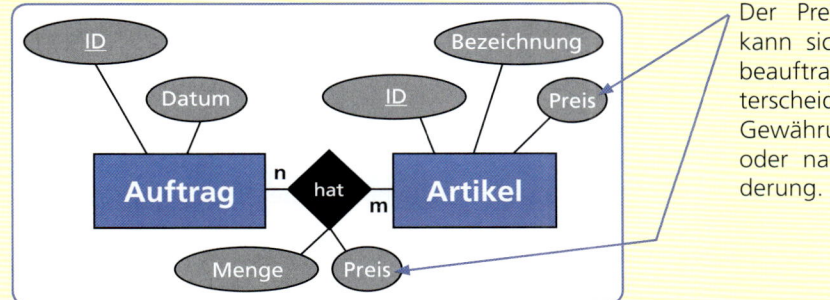

Der Preis eines Artikels kann sich vom Preis des beauftragten Artikels unterscheiden, z. B. bei der Gewährung eines Rabatts oder nach einer Preisänderung.

5 Datenbankmodellierung

Üben

Ü 5.23 ★★: Steuerberater B

Führen Sie die relationale Auflösung des abgebildeten ER-Diagramms durch und geben Sie das Ergebnis in Relationen-Notation in der dritten Normalform an! Finden Sie sinnvolle Schlüsselattribute und Attribute!

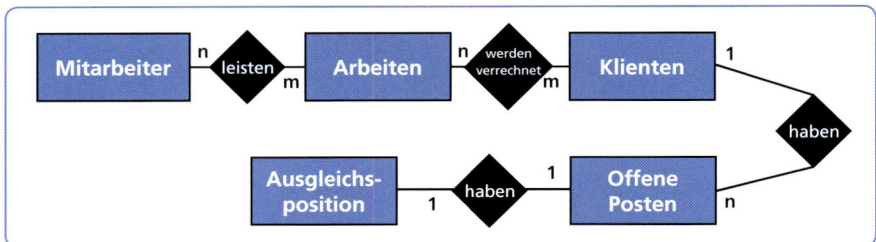

Ü 5.24 ★★: ER-Diagramm zeichnen A

Stellen Sie die folgenden Relationen in einem ER-Diagramm dar!

$R_{Artikel}$ = Artikel (<u>ArtNr</u>, ArtBezeichnung, Preis)

R_{Kunde} = Kunde (<u>KdNr</u>, Name, PLZ, Straße)

R_{PLZ} = PLZ (<u>PLZ</u>, Ort)

$R_{Auftrag}$ = Auftrag (<u>AufNr</u>, KdNr, Datum)

$R_{Besteht}$ = Besteht (<u>AufNr</u>, <u>ArtNr</u>, Bestellmenge)

Ü 5.25 ★★: DVD-Sammlung D

Frau Rothaler will ihre DVD-Sammlung in einer Datenbank verwalten:

1. Auf jeder DVD befindet sich ein Film. Filme kommen nicht doppelt vor.
2. Zu jedem Film sollen Titel, Laufzeit, Sprache, Genre, DolbyDigital (ja/nein), die Schauspieler und der Regisseur gespeichert werden.
3. In einem Film spielen mehrere Schauspieler, ein Schauspieler spielt in mehreren Filmen.
4. Jeder Film hat einen Regisseur, ein Regisseur führt in mehreren Filmen Regie.
5. Jeder Film ist einem Genre zugeordnet. Für jedes Genre gibt es mehrere Filme.

Erledigen Sie folgende Aufgabenstellungen:

a) Zeichnen Sie das ER-Diagramm für die DVD-Sammlung mit allen Entitäten, Beziehungen und Attributen in Chen-Notation!
b) Führen Sie die relationale Auflösung des ER-Diagramms durch und geben Sie das Ergebnis in Relationen-Notation in der dritten Normalform an!
c) Erstellen Sie die Datenbank in MS Access!

Ü 5.26 ★★★: Auftragsverwaltung D

Die Firma Univent möchte ihre Auftragsverwaltung in einer neuen Datenbank speichern:

1. Es gibt drei Kundengruppen: Privatkunden, Großkunden und Händler.
2. Jeder Kunde kann mehrere Aufträge erteilen. Ein Auftrag ist immer einem bestimmten Kunden zugeordnet.
3. Mit einem Auftrag werden mehrere Artikel bestellt. Jeder Artikel kann in mehreren Aufträgen bestellt werden.
4. Jeder Artikel ist einer Artikelgruppe zugeteilt. Eine Artikelgruppe besteht aus mehreren Artikeln.
5. Ein Auftrag wird in eine Rechnung übernommen. Auf einer Rechnung können mehrere Aufträge verrechnet werden.
6. Ein Kunde zahlt die Rechnung unter Umständen in Raten. Es kann mehrere Zahlungen zu einer Rechnung geben. Eine Zahlung kann sich auch auf mehrere Rechnungen beziehen.

Erledigen Sie folgende Aufgabenstellungen:

a) Zeichnen Sie das ER-Diagramm für die Auftragsverwaltung mit allen Entitäten, Beziehungen und Attributen in Chen-Notation!

b) Führen Sie die relationale Auflösung des ER-Diagramms durch und beschreiben Sie das Ergebnis in Relationen-Notation in der dritten Normalform!

c) Erstellen Sie die Datenbank in MS Access!

Ü 5.27 ★★★: Videothek D

Der Besitzer einer Videothek beschreibt sein Geschäftsmodell wie folgt:

1. Die Videothek verleiht Filme an Kunden. Jeder Kunde kann beliebig viele Filme ausleihen. Ein Film kann von vielen Kunden ausgeliehen werden. Ein Film kann auch mehrmals pro Tag verliehen werden.

2. Von den Kunden werden Kundennummer, Name und Adresse gespeichert. Jeder Kunde erhält einen PIN-Code, über den er seine Bestellungen genehmigt.

3. Es gibt Filme auf DVD und Blu-ray. Zu jedem Film werden Filmtitel, Spieldauer und der Name des Verleihers gespeichert.

4. Jeder Film ist einer Kategorie zugeordnet. Kategorien sind z. B. Science Fiction, Heimatfilm, Kriegsfilm, Komödie etc.

5. Es gibt drei Preistarife: Aktion, Standard, Aktuell. Jedem Film ist ein Tarif mit einem Preis zugeordnet. Ein Tarif kann für mehrere Filme gelten.

6. In jedem Film spielen mehrere Schauspieler mit, ein Schauspieler spielt in mehreren Filmen.

7. Wenn die Nachfrage für einen Film groß ist, werden mehrere Exemplare derselben Blu-ray bzw. DVD eingelagert. Jede Blu-ray und DVD erhält eine eindeutige Nummer. Zu einem Film kann es mehrere Blu-rays und DVDs geben (z. B. acht DVDs zu „Titanic").

Zeichnen Sie das ER-Diagramm für die Videothek mit allen Entitäten, Beziehungen und Attributen in Chen-Notation und führen Sie die relationale Auflösung bis zur 3NF durch!

Ü 5.28 ★★: Sportveranstaltung C

Ein Sportverein bittet Sie um die Erstellung des Datenbankdesigns zur Verwaltung von Sportveranstaltungen:

1. Eine Sportveranstaltung kann von mehreren Sponsoren finanziert werden, wobei ein Sponsor mehrere Veranstaltungen finanzieren kann.

2. Jede Sportveranstaltung wird an einem Ort abgehalten, an dem jedoch mehrere Sportveranstaltungen stattfinden können.

3. Bei jeder Sportveranstaltung treten mehrere Sportler an, die auch bei anderen Veranstaltungen mitwirken.

4. Eine Sportveranstaltung findet unter Anwesenheit vieler Zuschauer, die zu diesem Zeitpunkt nur bei einer Veranstaltung anwesend sein können, statt.

Erledigen Sie folgende Aufgabenstellungen:

a) Welche Entitäten und Beziehungen gibt es?

b) Zeichnen Sie das ER-Diagramm mit allen Entitäten sowie Beziehungen in Chen-Notation und tragen Sie sinnvolle Attribute und Schlüsselattribute ein!

c) Führen Sie die relationale Auflösung des ER-Diagramms durch und geben Sie das Ergebnis in Relationen-Notation in der dritten Normalform an!

ID: 2522

Weitere Übungen im SbX

Ü 5.29 ★★: Restaurant D
Bearbeiten Sie die Übungsaufgabe zum ER-Diagramm Restaurant!

Ü 5.30 ★★: Schneeräumung D
Bearbeiten Sie die Übungsaufgabe zum ER-Diagramm der Firma Linz-Schnee!

Ü 5.31 ★★: Autohaus Apfelgruber D
Bearbeiten Sie die Übungsaufgabe zum ER-Diagramm Apfelgruber!

Ü 5.32 ★★: H2Ö GmbH D
Bearbeiten Sie die Übungsaufgabe zum ER-Diagramm der H2Ö GmbH!

● Sichern

relationale Auflösung	Bei der **relationalen Auflösung** wird aus jeder Entität eine **Relation**. Zusätzlich muss eine **n:m-Beziehung** in eine **Beziehungsrelation** umgewandelt werden.
1. Normalform	Eine Tabelle ist in der **ersten Normalform (1NF)**, wenn jedes **Attribut unteilbar** ist.
2. Normalform	Die **zweite Normalform (2NF)** liegt vor, wenn die Tabelle in der ersten Normalform ist und alle Attribute vom **gleichen Primärschlüssel abhängig** sind.
3. Normalform	Eine Datenbank ist in der **dritten Normalform (3NF)**, wenn sie in der zweiten Normalform ist und **keine transitiven Abhängigkeiten** vorliegen.

▷ Wissen

SbX	ID: 2524
⇅	U ✓ 🎧

W 5.4 ★★: Kontrollfragen und -aufgaben C

1. Was ist eine Beziehungsrelation?
2. Warum muss eine n:m-Beziehung aufgelöst werden?
3. Erklären Sie die Unterschiede zwischen 1NF, 2NF und 3NF!
4. Warum sollte sich eine Datenbank mindestens in der dritten Normalform befinden?
5. Warum kann Redundanz in bestimmten Fällen erforderlich sein? Nennen Sie dafür ein Beispiel!
6. Wie beurteilen Sie die folgende Aussage: „Eine Datenbank in der 3NF verhindert jede Art von Anomalie." Nehmen Sie dazu kritisch Stellung!
7. Zeichnen Sie zu den folgenden Relationen ein ER-Diagramm in Chen-Notation:

   R_{Koch} = Koch (Sozialversicherungsnummer, Vorname, Zuname)

   R_{Pizza} = Pizza (Nummer, Bezeichnung, Verkaufspreis)

   $R_{Pizza\_hat\_Zutat}$ = Pizza_hat_Zutat (PizzaNummer, ZutatID, Menge)

   R_{Zutat} = Zutat (ID, Bezeichnung, Einkaufspreis, Mengeneinheit)

   $R_{Bestellung}$ = Bestellung (ID, Datum, KochSVNr)

   $R_{Bestellung\_hat\_Pizza}$ = Bestellung_hat_Pizza (BestellungID, PizzaID, Anzahl)

W 5.5 ★★: ER-Diagramm relational auflösen und Datenbank erstellen D

a) Überprüfen Sie das ER-Diagramm zur Verwaltung der Kundenaufträge und ergänzen Sie es falls erforderlich!
b) Bringen Sie das Datenmodell in die dritte Normalform und stellen Sie alle Entitäten in Relationennotation dar.
c) Erstellen Sie die Datenbank in MS Access oder MS SQL-Server.

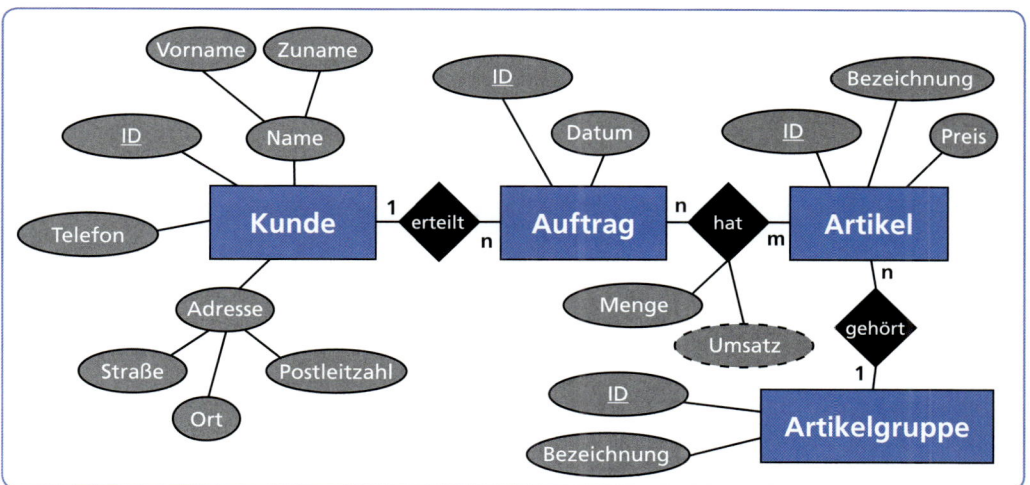

SbX
ID: 2524

Weitere Aufgaben im SbX

W 5.6 ★★: Dritte Normalform C
Bringen Sie die Datenbank in die dritte Normalform!

W 5.7 ★★★: Autohaus Apfelgruber – Datenbank erstellen D
Bearbeiten Sie das Step-by-Step-Tutorial „Apfelgruber" zur Erstellung einer Datenbank mit MS Access!

Ein kurzer
Kompetenz-Check,
bevor's weitergeht!

Kompetenz-Check

	☺	☺	☹
Ich kann ein bestehendes Datenmodell in der Datenbank abbilden.			
Ich kann unterschiedliche Arten der Beziehungen unterscheiden.			
Ich kann ein ER-Diagramm zeichnen und in Relationen auflösen.			
Ich kann Relationen in die erste, zweite und dritte Normalform bringen.			
Ich kann aufgrund einer Aufgabenstellung selbständig die für die Realisierung notwendigen Tabellen definieren und in Beziehung setzen.			

6 NETZWERKE
Kompetenzmodul 8

Worum geht's in diesem Kapitel?

Netzwerke ermöglichen die effiziente Zusammenarbeit von Mitarbeiterinnen und Mitarbeitern in Unternehmen. Diese kommunizieren miteinander, erhalten Informationen, Formulare oder Berichte und arbeiten gemeinsam an verschiedenen Projekten. In nahezu jedem Unternehmen gibt es heute ein Computernetzwerk mit einer Anbindung an das Internet. Lernen Sie in diesem Kapitel den Aufbau und die Bedienung eines Netzwerks kennen! Anschließend können Sie selbst in die Rolle der Netzwerkadministratorin/des Netzwerkadministrators schlüpfen und einige Konfigurationstools von Netzwerken ausprobieren.

In diesem Kapitel erwerben Sie Kompetenzen zu folgenden Bildungs- und Lehraufgaben:
- im Netzwerk freigegebene Ressourcen verbinden und nutzen
- Ressourcen im Netzwerk freigeben und diese über Zugriffsrechte konfigurieren
- Benutzer im Netzwerk verwalten
- Verbindungen mit unterschiedlichen Geräten auf Basis unterschiedlicher Technologien herstellen
- überprüfen, ob die Netzwerkeinstellungen richtig konfiguriert sind
- Änderungen an der Konfiguration von Netzwerkeinstellungen vornehmen
- einfache Netzwerkprobleme untersuchen und beheben.

In diesem Kapitel finden Sie Lehrbeispiele, Übungsaufgaben, Kontrollfragen und Wissensaufgaben zur Kompetenzüberprüfung auf den Handlungsebenen A Verstehen, B Anwenden, C Analysieren und D Entwickeln.

Dieses Kapitel umfasst folgende Lerneinheiten:

1 Netzwerkadministration

2 Netzwerkkonfiguration

Lerneinheit 1
Netzwerkadministration

SbX

Alle SbX-Inhalte
zu dieser Lerneinheit
finden Sie unter der
ID: 2610.

Stellen Sie sich vor, Sie möchten mit einigen Mitschülerinnen und Mitschülern gemeinsam an einem Projekt arbeiten und dafür Dateien gemeinsam bearbeiten können. Wie können Sie Dateien für die Bearbeitung durch andere Nutzer/innen freigeben? Wie können Sie mit unterschiedlichen Geräten auf diese Ressourcen zugreifen? Wie können Sie Berechtigungen für die Bearbeitung der Daten erteilen?

 # Lernen

SbX   ID: 2611
⬇⬆ Ü ✓ 🎧

 A B C D

1 Troubleshooting

In kleineren Unternehmen übernehmen meist Mitarbeiterinnen und Mitarbeiter mit guten EDV-Kenntnissen die Verwaltung des Netzwerks. Sie werden von externen EDV-Dienstleistern unterstützt. In größeren Unternehmen und bei Behörden werden Informatikerinnen und Informatiker beschäftigt, die auf diesem Gebiet eine spezielle Ausbildung absolviert haben. In einer Schule kümmert sich meist ein Systembetreuer um die Netzwerkadministration.

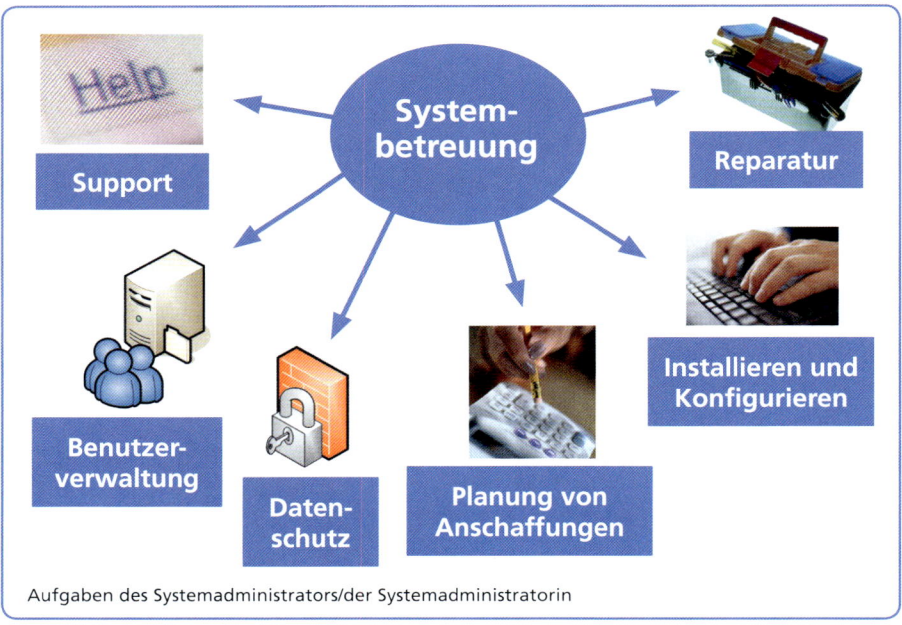

Aufgaben des Systemadministrators/der Systemadministratorin

SbX

Eine Bildschirmpräsentation mit allen Abbildungen zum Schritt LERNEN finden Sie unter der ID: 2611.

❶ **Die Systembetreuung ist eine Servicestelle für alle Benutzerinnen und Benutzer eines Netzwerks. Sie leistet Hilfe, kümmert sich um die Verwaltung der Benutzerinnen sowie Benutzer und deren Rechte und gewährleistet damit den Datenschutz.**

Die Systembetreuung informiert über mögliche Gefahren, wie z. B. Viren, Trojaner oder Hoaxes. Sie ist stets bemüht, die Sicherheitsstandards im Netzwerk hochzuhalten. Ein wichtiges Ziel ist, dass das Netzwerk als Dienstleistung seinen Benutzern immer zur Verfügung steht.

Hoax: Scherzmeldung mit der Absicht, die Benutzer zu täuschen

❷ Die Systembetreuung plant Anschaffungen und Ersatzinvestitionen und installiert bzw. repariert Geräte im Netzwerk.

An einen IT-Administrator/eine IT-Administratorin werden hohe Anforderungen gestellt. Er/Sie muss ein Experte/eine Expertin auf seinem/ihrem Gebiet sein und auch in stressigen Situationen kühlen Kopf bewahren. Ein falscher Klick kann tausende Benutzerinnen und Benutzer von einer Sekunde auf die andere vom Netzwerk trennen oder womöglich deren Daten vernichten. Die Benutzerinnen und Benutzer müssen sich an die Regeln halten, die von der Systembetreuung herausgegeben werden.

Fehleranalyse

Natürlich ist es meist ärgerlich, wenn ein Computersystem nicht funktioniert. Gehen Sie überlegt vor, um die Ursache des Fehlers zu finden, und schreiben Sie mit, welche Schritte Sie im Rahmen der Fehlersuche unternehmen.

Lehrbeispiel

Ein Absturz von Windows mit einem blauen Bildschirm wird als **Bluescreen of Death** bezeichnet.

L 6.1: Systemabsturz B

Während Herr Kinsky in Word einen Text schreibt, erhält er plötzlich einen blauen Bildschirm. Was soll er jetzt unternehmen?

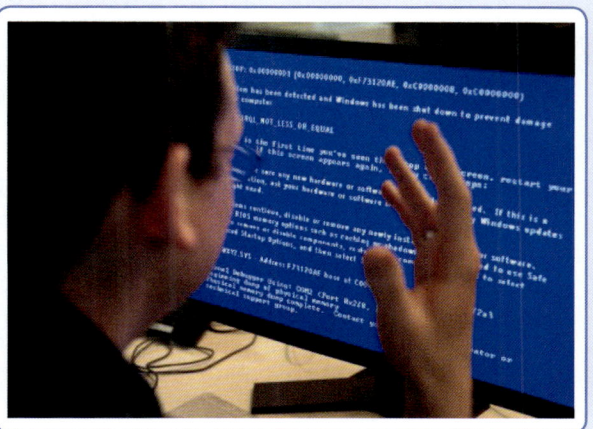

Lösung:

Ein Absturz des Betriebssystems kann viele Ursachen haben, z. B. Überhitzung des Prozessors, einen Hardwarefehler, einen Kurzschluss, einen fehlerhaften Treiber, eine fehlerhafte Anwendung oder einen Fehler im Betriebssystem. Ein strukturiertes Vorgehen hilft, kühlen Kopf zu bewahren und unnötige Schritte zu vermeiden.

Empfehlungen zur Fehleranalyse

❶ Notieren Sie **Datum und Uhrzeit** sowie jene **Tätigkeiten,** die unmittelbar vor dem Fehler passiert sind bzw. zum Fehler geführt haben. Notieren Sie **Fehlermeldungen.**

❷ Wenn das **Gerät** nicht mehr reagiert, schalten Sie es aus und warten Sie einige Sekunden, bevor Sie es wieder einschalten.

❸ Wenn eine **Anwendung** nicht mehr reagiert, beenden Sie diese mit dem Task Manager.

❹ Kontrollieren Sie alle **Anschlusskabel** auf festen Sitz.

❺ Versuchen Sie den **Fehler zu reproduzieren,** indem Sie die notierten Tätigkeiten wiederholen.

❻ Suchen Sie im **Ereignisprotokoll** von Windows nach Fehlern.

❼ **Notieren Sie,** was funktioniert und was nicht.

❽ **Recherchieren Sie** im Internet nach Lösungsmöglichkeiten oder fragen Sie Kolleginnen/Kollegen.

❾ Wenn Sie das Problem nicht selbst lösen können, verfassen Sie eine **Fehlermeldung an die Systembetreuung** oder an eine Support-Hotline.

Bei einem **Notruf** sollte man sich an das **5-W-Prinzip** halten.

Fehlermeldung verfassen: Wer? Wo? Was? Wie? Warten.

Fehlermeldungen funktionieren ähnlich einem Notruf nach dem Prinzip der 5 Ws:

1 Wer meldet den Fehler?
Geben Sie für eventuelle Rückfragen Ihre Kontaktdaten bekannt!

2 Wo tritt der Fehler auf?
Auf welchem Gerät, in welcher Anwendung tritt der Fehler auf?

3 Was ist passiert?
Beschreiben Sie die Auswirkungen des Fehlers, z. B. Fehlermeldungen.

4 Wie tritt der Fehler auf?
Lässt sich der Fehler bei gleicher Vorgangsweise wiederholen (ist der Fehler reproduzierbar) oder tritt er zufällig auf? Notieren Sie Datum und Uhrzeit.

5 Warten Sie auf Rückfragen oder auf eine Fernwartung.
Bleiben Sie erreichbar, bereiten Sie z. B. Kunden- und Seriennummer vor.

Unternehmen Sie Reparaturversuche nur, wenn Sie wissen, was Sie tun! Der Schaden wird größer und auch unüberschaubarer, wenn noch weitere Fehlerquellen dazukommen.

Übungsbeispiel

MUSTERUNTERNEHMEN

Ü 6.1 ★: Fehlermeldung verfassen B
Formulieren Sie eine Fehlermeldung an die Systembetreuung der H2Ö GmbH und berücksichtigen Sie dabei das folgende Fehlerprotokoll für das Gerät BUERO-14:

Am 4. April ist der PC um 08:03 Uhr während des Startens von Outlook mit einem Bluescreen abgestürzt. Nach dem Neustart konnte Outlook nur abgesichert geöffnet werden. Nach dem Beenden und Neustarten von Outlook hat das Programm funktioniert. Um ca. 10 Uhr wurde im Webbrowser Firefox die Fehlermeldung „Zu wenig Systemressourcen" angezeigt. Firefox musste über den Task Manager beendet werden. Am 5. April ab ca. 8:10 Uhr konnte Windows nicht mehr gestartet werden. Es erschien die Fehlermeldung „no boot device found". Drei Versuche brachten immer das gleiche Ergebnis.

Windows-Hilfe

Die erste Anlaufstelle für Fragen zur Bedienung des Betriebssystems ist die integrierte Windows-Hilfe im Rahmen der Suchfunktion von Windows 10. Geben Sie in der Suchfunktion einen Begriff ein, nutzen Sie die vorgeschlagenen Ergebnisse oder die Websuche.

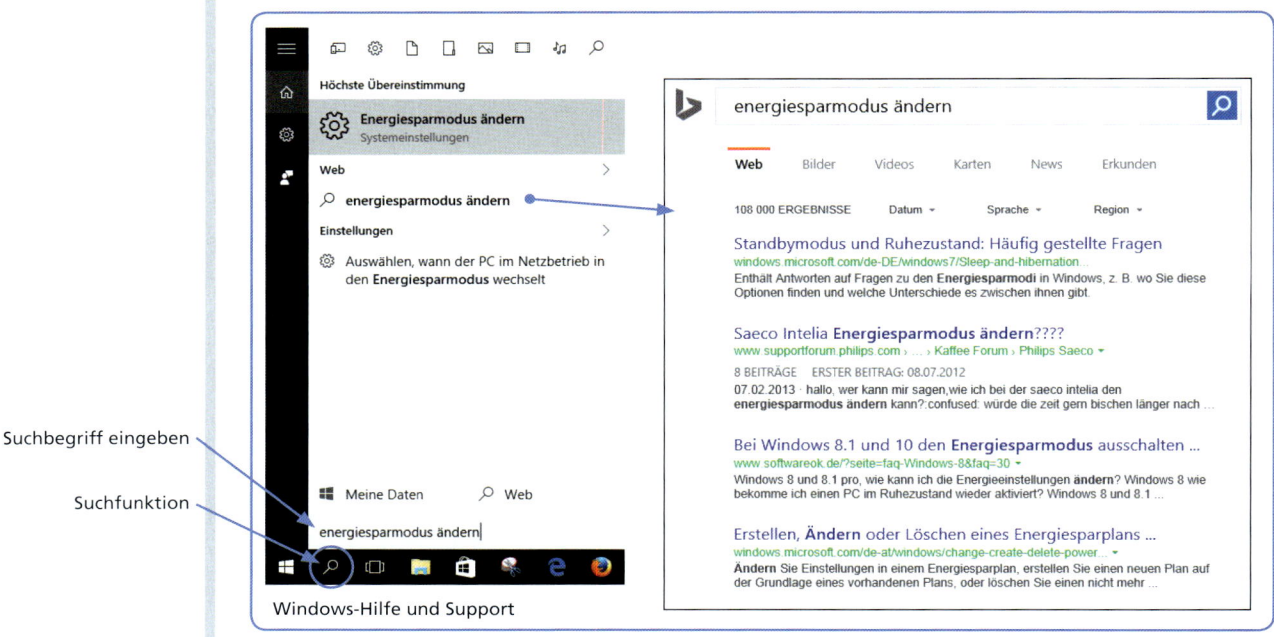

Suchbegriff eingeben

Suchfunktion

Windows-Hilfe und Support

Übungsbeispiel

Ü 6.2 ★: Windows-Hilfe nutzen B

Verwenden Sie die Windows-Hilfe und finden Sie heraus,

a) welche Gesten in Windows 10 verwendet werden können,

b) wodurch sich ein Windows-Konto und ein Microsoft-Konto unterscheiden,

c) wie Sie die Systemsteuerung aufrufen können.

Hilfequellen nutzen

Wenn Sie mit Ihrem Computer ein Problem haben, z.B. suchen Sie einen speziellen Treiber für ein Gerät oder eine Anwendung funktioniert nicht richtig, so haben Sie mehrere Möglichkeiten, Hilfe in Anspruch zu nehmen:

❶ Über eine Suchmaschine können Sie nach Stichworten zu Ihrem Problem suchen.

Als Stichworte eignen sich z.B. Fehlercodes in Kombination mit dem Programmnamen. Häufig werden als Suchergebnis Beiträge in Diskussionsforen angezeigt, wo man unter Umständen Hinweise auf die Ursache des Fehlers und Behebungsmöglichkeiten finden kann.

Tipp: Geben Sie möglichst aussagekräftige Stichworte im Suchfeld der Suchmaschine ein und adaptieren Sie öfter die gesuchten Wörter, statt lange in den Ergebnissen zu suchen!

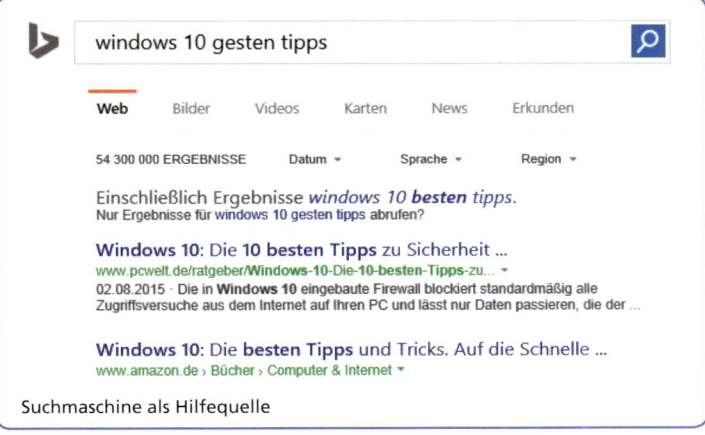

Suchmaschine als Hilfequelle

❷ Hilfedatenbanken wie die Microsoft Knowledgebase helfen bei konkreten Fehlerbeschreibungen.

Über die Supportseiten der Softwarehersteller finden Sie auch Updates und Patches zum Download.

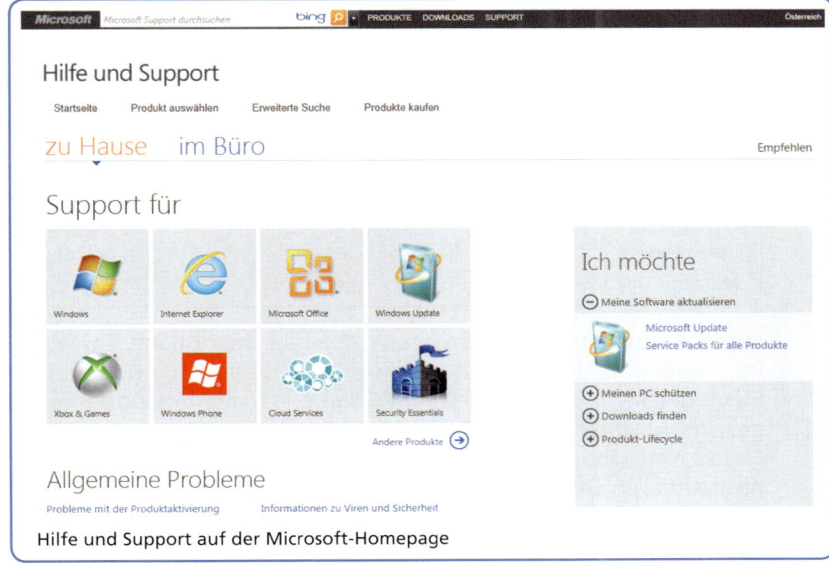

Hilfe und Support auf der Microsoft-Homepage

❸ Techniker können sich mithilfe von Fernwartungstools auf Ihren PC verbinden und das Problem vor Ort lösen.

Das kostenlose Fernwartungstool **TeamViewer** ermöglicht die Fernverbindung auf einen PC.

Ü 6.3 ★★: Fernwartung durchführen B

Verwenden Sie TeamViewer und verbinden Sie sich auf den PC Ihres Sitznachbarn/Ihrer Sitznachbarin. **Tipp:** Die **Portable-Version** von TeamViewer kann ohne Setup gestartet werden.

Für die TeamViewer-Fernwartung müssen Sie dem Partner/der Partnerin Ihre ID und das Kennwort mitteilen.

2 Ressourcen über OneDrive freigeben

OneDrive kann mit verschiedenen Betriebssystemen verwendet werden und ist somit auch für Mobilgeräte gut geeignet, z.B. für Tablets und Smartphones.

Mithilfe von **Microsoft OneDrive** können Sie Ordner über das Internet freigeben und mit anderen Personen teilen. Zum Teilen können Sie die kostenlose OneDrive-Website, z.B. **www.live.com,** verwenden und die gewünschten Dateien auf Ihren Cloudspeicher hochladen.

Microsoft bietet zusätzlich ein Tool an, mit dem sich Ihr OneDrive in den Explorer des Betriebssystems integrieren lässt. In **Windows 10 ist OneDrive bereits vorinstalliert.** Das **Tool** können Sie unter https://onedrive.live.com/about/de-de/download herunterladen.

Über den Explorer kann OneDrive wie ein USB-Stick verwendet werden. Die dort abgespeicherten Daten werden automatisch mit dem Cloudspeicher im Internet synchronisiert.

Offline verfügbar = automatische Synchronisation des Ordners auf alle Geräte mit OneDrive

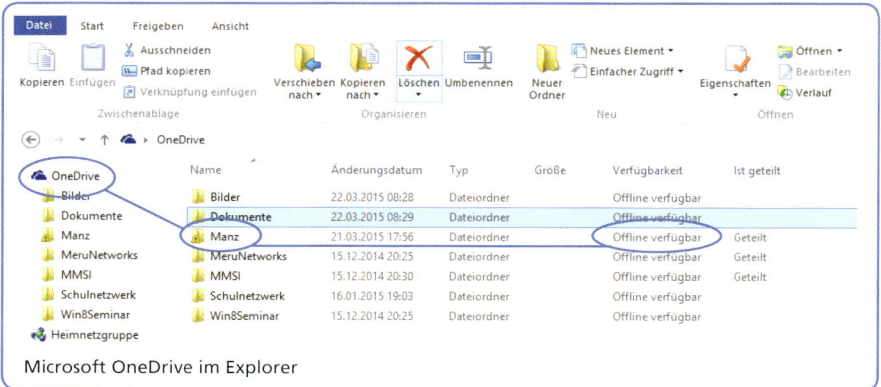

Microsoft OneDrive im Explorer

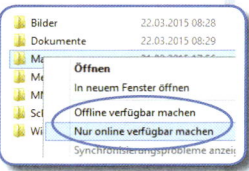

Ordner über OneDrive freigeben

Wenn Sie mehrere Geräte verwenden, z.B. ein Smartphone, ein Tablet, ein Notebook oder einen PC, werden die Dateien auf allen Geräten automatisch über das Internet auf dem aktuellen Stand gehalten. Diese Einstellung wird in der Spalte *Verfügbarkeit* als *Offline verfügbar* angezeigt. Möchten Sie eine Datei nur über das Internet abrufen können, z.B. ein Video, stellen Sie die Verfügbarkeit über das Kontextmenü auf *Nur online verfügbar machen* um, damit nicht auf allen Geräten Kopien der Datei erstellt werden.

Daten mit anderen Benutzern teilen

Zum Teilen eines Ordners oder einer Datei mit anderen Benutzern klicken Sie im Kontextmenü auf *Freigeben für | OneDrive.* Nun können Sie einen **Link abrufen,** den Sie beispielsweise per Mail versenden, oder über *Benutzer einladen* direkt Einladungen per Mail verschicken.

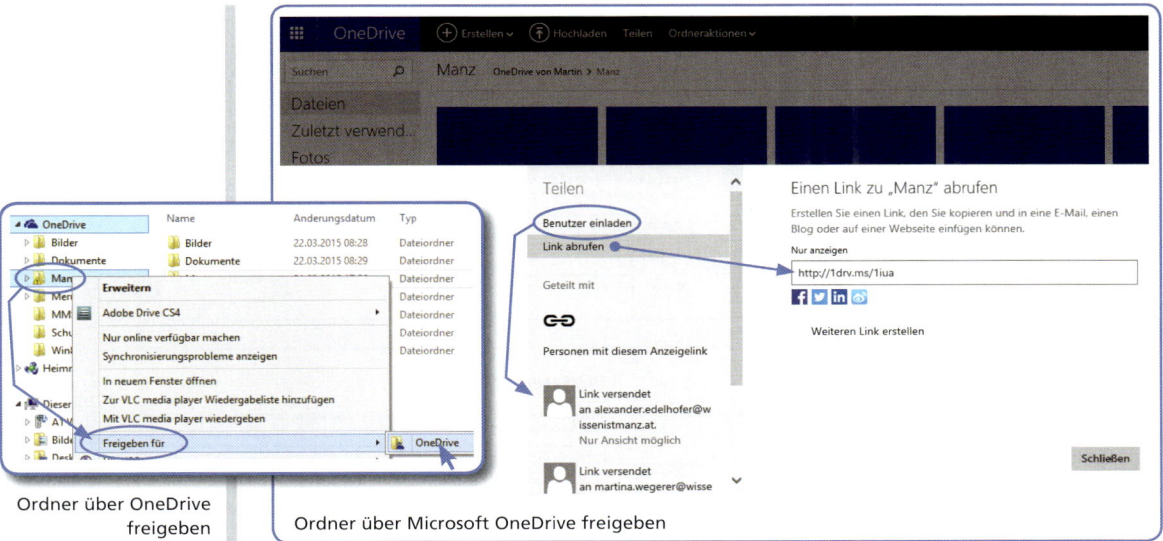

Ordner über OneDrive freigeben

Ordner über Microsoft OneDrive freigeben

Übungsbeispiel

Ü 6.4 ★★: Daten über OneDrive freigeben B

Erstellen Sie in Ihrem OneDrive einen Ordner und speichern Sie darin zwei mit Ihrem Smartphone aufgenommene Bilder! Laden Sie die Bilder über OneDrive auf Ihren PC und legen Sie die Bilder am Desktop ab. Teilen Sie den Bilderordner auf OneDrive mit einem Schulkollegen/einer Schulkollegin und bitten Sie ihn/sie per Mail, die beiden Bilder auf seinem/ihrem Desktop abzulegen!

Zugriffsberechtigungen

Wenn Sie einen Ordner oder eine Datei in OneDrive für einen anderen Benutzer freigeben, können Sie die Zugriffsberechtigung für diese Ressource festlegen. OneDrive bietet dafür zwei Möglichkeiten: *kann bearbeiten* und *kann anzeigen.*

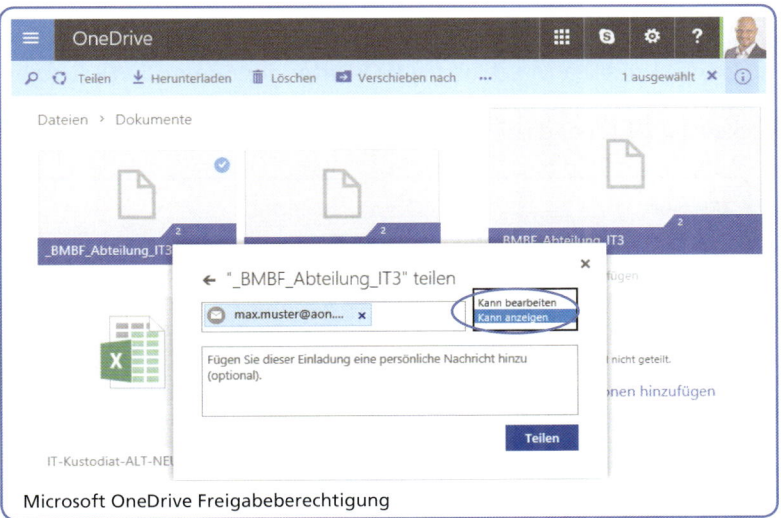

Microsoft OneDrive Freigabeberechtigung

3 Server installieren und konfigurieren

SbX

Ein Festplattenimage finden Sie unter der ID: 2611.

Statt der DVD kann in VirtualBox das ISO-Image der Server-DVD verwendet werden.

Um in einem lokalen Netzwerk Dateien mit anderen Benutzern teilen zu können, müssen Sie auf einem Gerät eine Freigabe festlegen. Durch diesen Vorgang wird das Gerät zum Server, das ist ein PC, der Ressourcen zur gemeinsamen Verwendung anbietet.

In Unternehmen wird zur Freigabe von Ressourcen im lokalen Netzwerk meist ein eigener Server verwendet. Als Betriebssystem kommt dafür **Windows Server 2016** zum Einsatz, das ist die Server-Version von Windows 10. Die Installation eines Windows Servers kann entweder auf einem **Übungsgerät** oder auf einem virtuellen PC, z. B. mit **Oracle VirtualBox,** durchgeführt werden. Für die Installation werden die **Server-DVD** oder das **ISO-Image der DVD** benötigt.

Lehrbeispiel

L 6.2: Virtuelle Maschine für Windows Server erstellen B

Erstellen Sie eine neue virtuelle Maschine für das Betriebssystem Windows Server mit der folgenden Konfiguration:

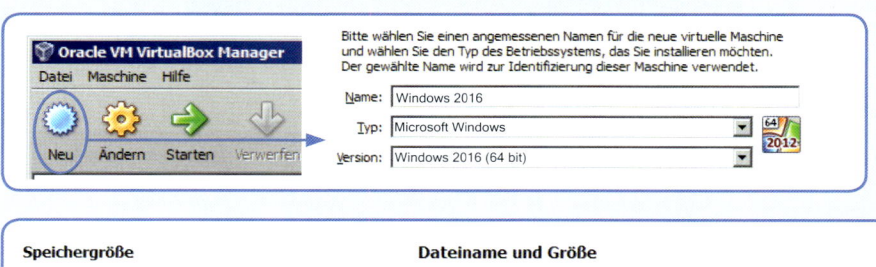

Bevor Sie das Serverbetriebssystem installieren, **ziehen Sie das Netzwerkkabel ab,** damit keine Viren oder Würmer das Gerät verseuchen. Dazu stellen Sie in **VirtualBox** die **Netzwerkkarte** auf *Internes Netzwerk* um. Das ISO-Image der Server-DVD kann trotzdem über das Netzwerk verwendet werden.

Lassen Sie den Namen des internen Netzwerks unverändert, damit sich später alle virtuellen Maschinen im selben virtuellen Netz befinden.

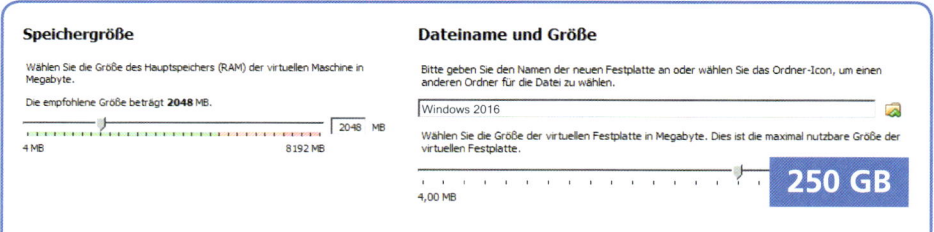

Um der virtuellen Maschine die **ISO-Datei der Server-DVD zuzuweisen,** klicken Sie auf die Option *Plattenspeicher.* Im *Plattenspeicher*-Dialog markieren Sie das *DVD*-Symbol und klicken auf ⌦. Über die Schaltfläche *Hinzufügen* wählen Sie das gewünschte ISO-Abbild aus.

Wenn Sie eine neu erstellte virtuelle Maschine erstmalig starten, können Sie ein ISO-Abbild über einen Assistenten bequem zuordnen.

Kopieren Sie die ISO-Datei der Server-DVD auf Ihren PC.

Das ISO-Image von Windows Server 2016 können Sie kostenlos herunterladen, z.B. vom Microsoft TechNet Evaluation Center..

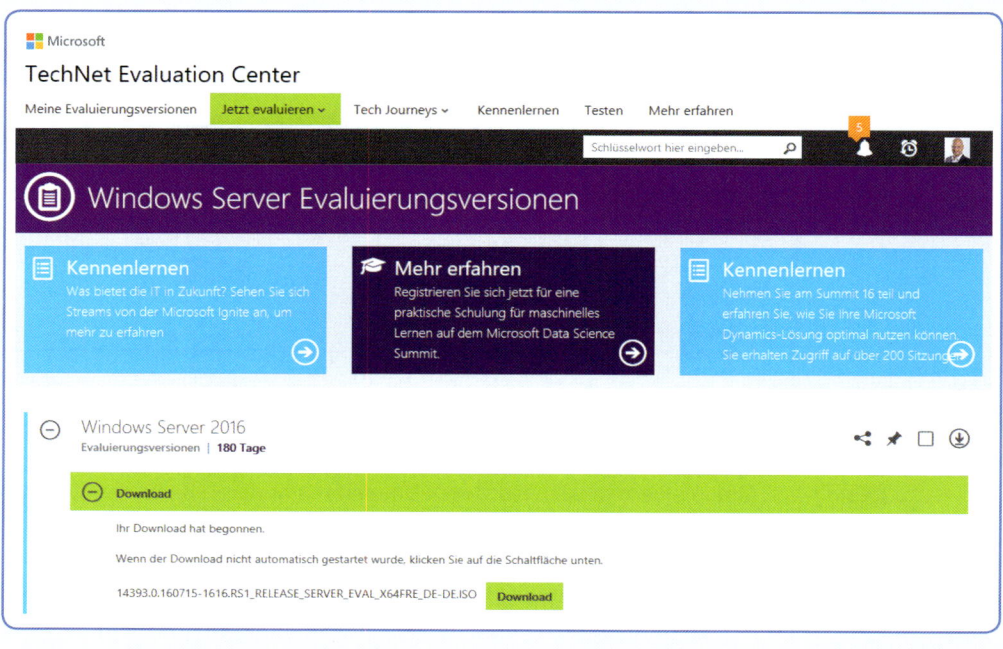

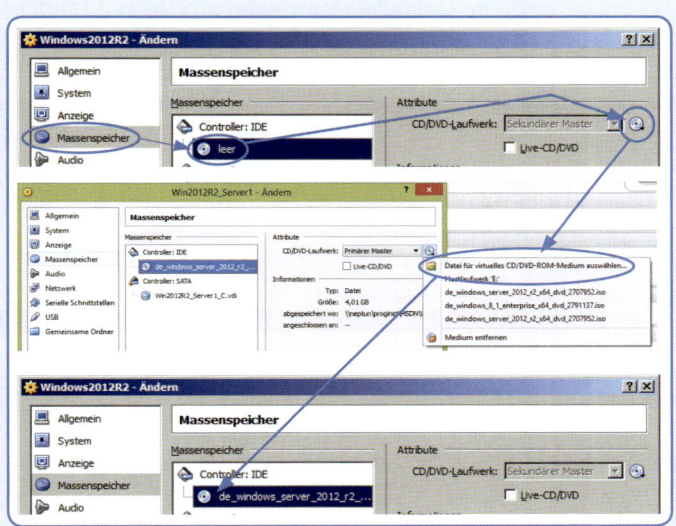

Nachdem Sie alle Dialoge bestätigt haben, starten Sie die virtuelle Maschine, um die Betriebssysteminstallation zu beginnen.

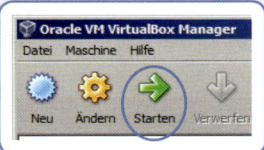

Host-Taste

Wenn Sie eine virtuelle Maschine starten und mit der Maus in das Fenster der VM klicken, wird die **Maus vom Gastbetriebssystem gefangen.** Mit der Host-Taste [Strg][F] können Sie das Gastbetriebssystem verlassen und in das Hostbetriebssystem zurückkehren.

Zum Betätigen der **Host-Taste** *müssen Sie die* **rechte** [Strg]*-Taste und* [F] *verwenden.*

Neustart

Wenn Sie die Tastenkombination [Strg][Alt][Entf] drücken, z.B. um eine VM neu zu starten oder um sich in Windows anzumelden, so wirkt sich diese Funktion immer auf das Hostbetriebssystem aus. Um die Tastenkombination **für das Gastbetriebssystem** anzuwenden, klicken Sie im Menü *Maschine* auf *Sende Strg-Alt-Entf.*

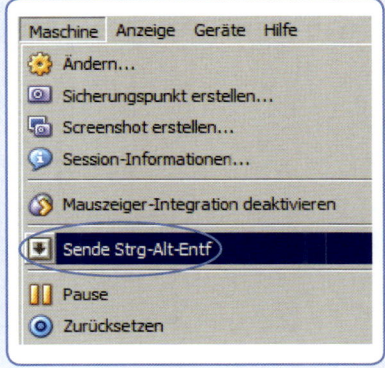

Betriebssysteminstallation von Windows Server 2016

Das Hinzufügen einer ISO-Datei ersetzt das Einlegen der DVD in das DVD-Laufwerk. Die virtuelle Maschine startet automatisch das Betriebssystem-Setup und beginnt die Installationsprozedur.

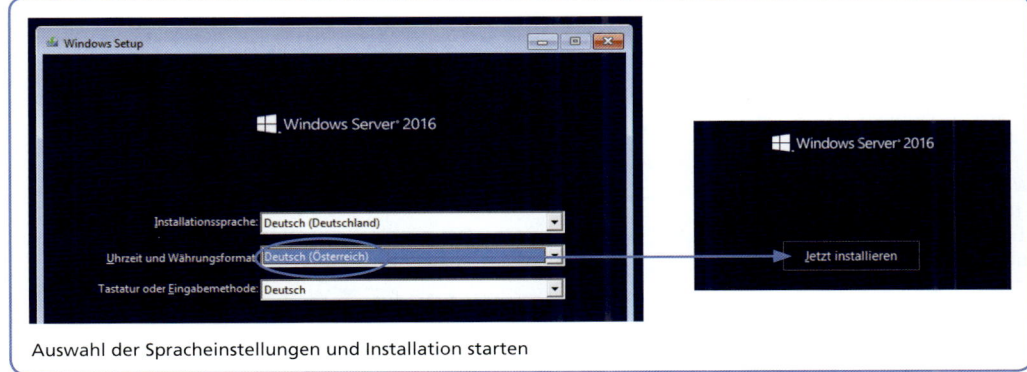

Auswahl der Spracheinstellungen und Installation starten

Wählen Sie die gewünschten Spracheinstellungen und die vollständige Installation der Standard-version aus.

Wählen Sie für die Installation von Windows Server 2016 die **Desktop Experience** aus.

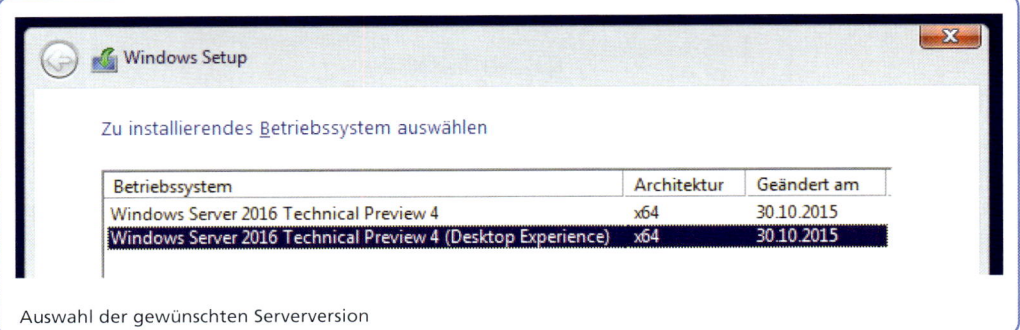

Auswahl der gewünschten Serverversion

Bestätigen Sie die Lizenzbestimmungen und wählen Sie anschließend die **benutzerdefinierte Installation** aus.

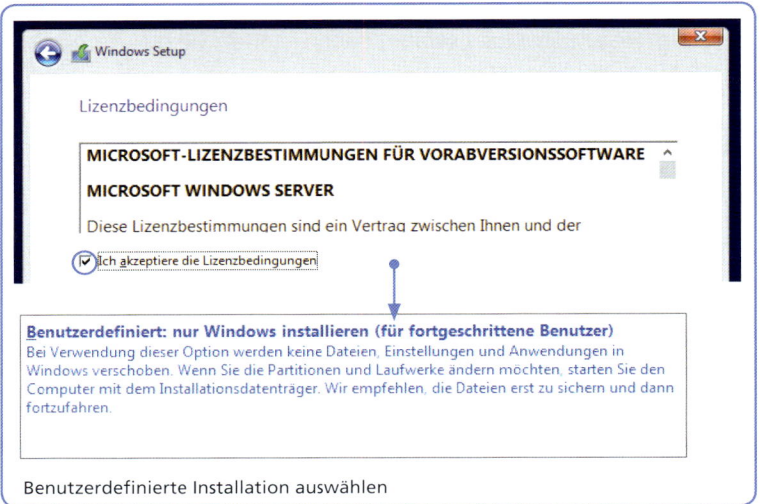

Benutzerdefinierte Installation auswählen

Im nächsten Dialog blenden Sie die **Laufwerksoptionen** ein und erstellen eine **System-** und eine **Datenpartition.** Die Systempartition erhält den Laufwerksbuchstaben **C:** und wird auto-matisch formatiert. Wenn Sie die **Datenpartition** formatieren, wird diese zum Laufwerk **D:.**

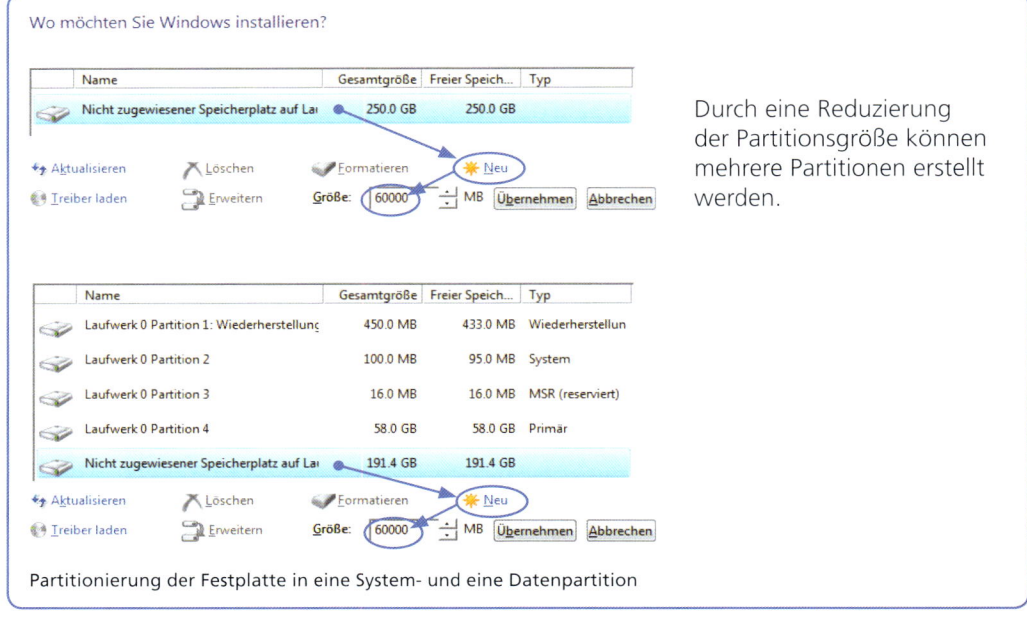

Die Festplatte des Ser-vers wird in fünf Parti-tionen aufgeteilt: Die Partitionen 1 bis 4 gehören zum Betriebs-system, Partition 5 ist für Daten vorgesehen.

Windows wird auf Parti-tion 4 installiert. Dieses Laufwerk wird automa-tisch formatiert und mit dem Laufwerksbuchsta-ben C: versehen.

Durch eine Reduzierung der Partitionsgröße können mehrere Partitionen erstellt werden.

Partitionierung der Festplatte in eine System- und eine Datenpartition

Durch das Formatieren der Partition 5 erhält diese den Laufwerksbuchstaben D: zugeordnet.

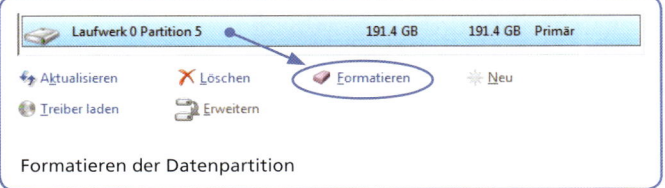

Formatieren der Datenpartition

Wenn Sie die **Partitionen formatieren,** werden die Laufwerksbuchstaben C: und D: sofort erstellt. Andernfalls könnten Sie die Datenpartition (Partition 5) auch nach der Betriebssysteminstallation formatieren, wenn Sie das erste Mal im Explorer auf das Laufwerk klicken. Die Systempartition C: wird automatisch formatiert, weil darauf das Betriebssystem installiert wird.

Nachdem alle Dateien kopiert und entpackt wurden, fährt der Server automatisch mehrmals neu hoch.

Achtung:
Wenn Sie nach einem Neustart wie am Bildschirm angezeigt eine Taste drücken, starten Sie das Setup-Programm von der DVD (bzw. ISO-Abbilddatei) und nicht das bereits installierte Betriebssystem von der Festplatte.

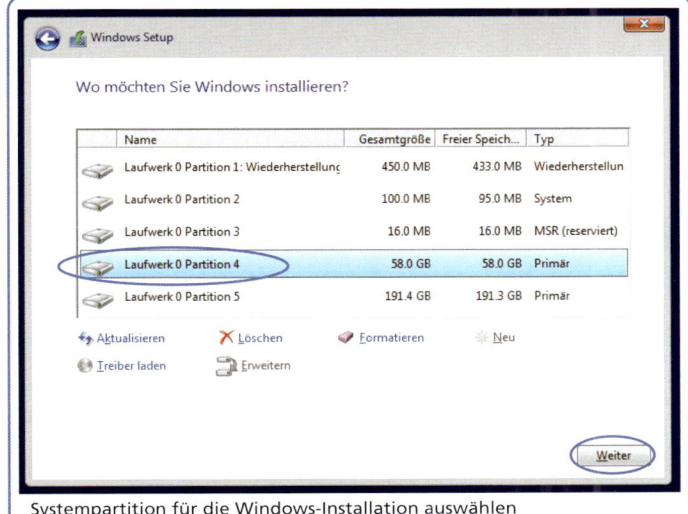

Systempartition für die Windows-Installation auswählen

Nun werden die Betriebssystemdateien auf die Festplatte kopiert und entpackt.

Übungsbeispiel

Ü 6.5 ★: Betriebssystem installieren B

Erstellen Sie drei neue virtuelle Maschinen und installieren Sie:

a) Windows Server 2016, zwei Partitionen 60 + 190 GB, 2 GB RAM

b) Windows 10, eine Partition 125 GB, 1 GB RAM

Achtung:
Die Tastenkombination [Strg][Alt][Entf] bezieht sich auf das Hostbetriebssystem und nicht auf die virtuelle Maschine. Verwenden Sie zur Anmeldung auf virtuellen Maschinen stattdessen *Sende Strg-Alt-Entf* aus dem *Menü Maschine.*

Erstkonfiguration

Nachdem die Dateien des Betriebssystems auf die Festplatte kopiert wurden, müssen Sie ein Passwort für den **Administrator** festlegen. Als Passwort verwenden Sie z. B. „Passw0rd", wobei Sie als sechstes Zeichen die Ziffer 0 eingeben.

Nach der Anmeldung erscheint das **Dashboard** des **Server-Managers.**

Benutzername	Administrator
Kennwort	••••••••
Kennwort erneut eingeben	••••••••

Kennwort festlegen

Tipp:
Wenn der anfängliche Testzeitraum von 60 Tagen abläuft, können Sie diesen maximal drei Mal zurücksetzen. Dazu geben Sie in der Eingabeaufforderung den Befehl **slmgr.vbs -rearm** ein. Mit **slmgr. vbs -dli** können Sie die verbleibenden Tage des aktuellen Testzeitraums abfragen.
Quelle: **support.microsoft.com/kb/948472**

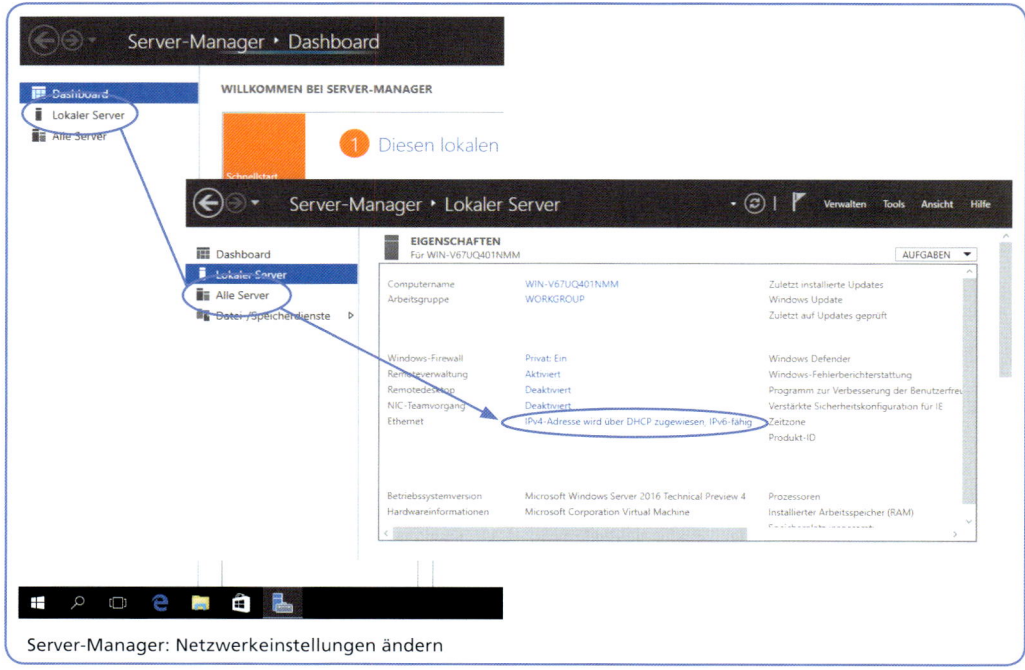

Das Setup-Programm von Windows Server verwendet die automatische Netzwerkkonfiguration, d.h., dass der neue Server von einem im Netzwerk bereits vorhandenen DHCP-Server automatisch eine IP-Adresse bezieht.

Server-Manager: Netzwerkeinstellungen ändern

Klicken Sie im **Server-Manager** auf *Lokaler Server.* Um die **Netzwerkeinstellungen** aufzurufen, klicken Sie auf den Link bei *Ethernet.*

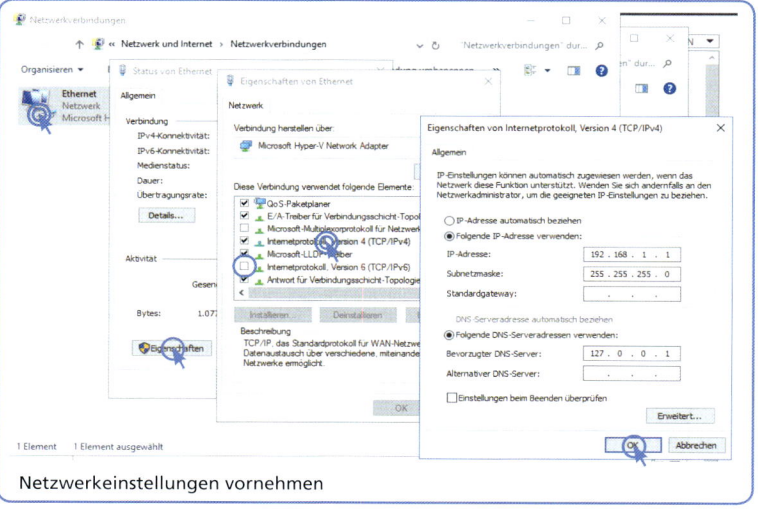

Achtung:
Wenn Sie in Ihrer virtuellen Maschine mit der **Netzwerkeinstellung** *NAT* arbeiten, müssen Sie ein von der Schule getrenntes IP-Netz verwenden. Andernfalls könnten Sie Probleme im Schulnetzwerk verursachen!

Netzwerkeinstellungen vornehmen

Das **Standardgateway** ist die IP-Adresse des **Routers** in das Internet, z.B. die des Proxys in der Schule.

Deaktivieren Sie das **Internetprotokoll Version 6 (TCP/IPv6),** da Sie es vorläufig nicht benötigen. Doppelklicken Sie auf das **Internetprotokoll Version 4 (TCP/IPV4).** Im folgenden Dialog werden die **IP-Adresse,** die **Subnetzmaske** und die Adresse des **DNS-Servers** eingetragen. Die Adresse **127.0.0.1** bezeichnet den *Localhost* und verweist auf den eigenen Server, da auf diesem später ein DNS-Server installiert werden soll. Beenden Sie den Dialog mit *OK* und schließen Sie alle offenen Fenster bis auf den Server-Manager.

Übungsbeispiel

Die **Eingabeaufforderung** finden Sie, indem Sie auf den Startknopf rechtsklicken.

Ü 6.6 ★★: IP-Adresse überprüfen B

Öffnen Sie eine **Eingabeaufforderung** und überprüfen Sie die Netzwerkkonfiguration des Servers mit dem Befehl *ipconfig.* Stellen Sie fest, ob Sie mit dem *ping*-Befehl in das Internet pingen können! Geben Sie dazu z.B. *ping www.orf.at* ein und drücken Sie die Eingabetaste.

Klicken Sie im Server-Manager auf den Link des Computernamens. Im erscheinenden Dialog klicken Sie auf die Schaltfläche *Ändern.* Eine sinnvolle Namenskonvention für den Server lautet z.B. **Server1,** wobei Sie statt der Ziffer 1 Ihre Katalognummer verwenden.

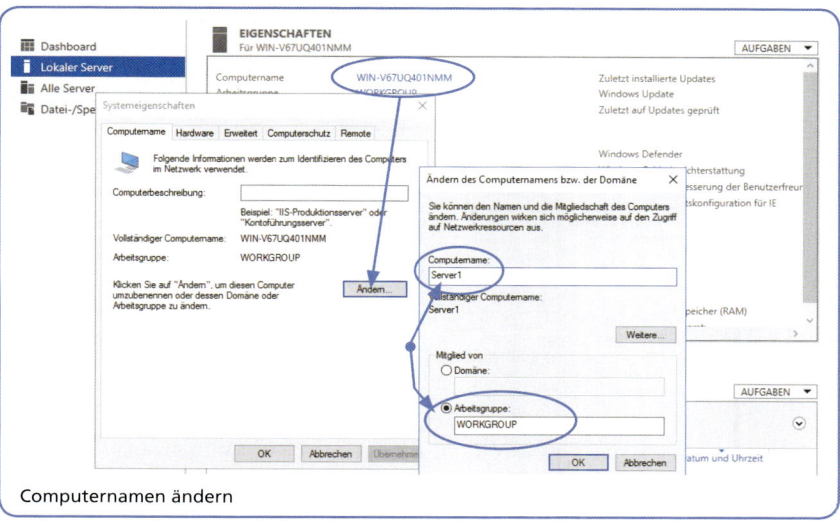

Computernamen ändern

Nach der Änderung des Computernamens muss der Server neu gestartet werden.

Gasterweiterungen installieren

Zur **besseren Integration der virtuellen Maschine in das Hostbetriebssystem** installieren Sie die **Gasterweiterungen für die virtuelle Maschine.** Dazu wählen Sie im Menü *Geräte* die Option *Gasterweiterungen installieren* aus. Rufen Sie den **Windows Explorer** auf und doppelklicken Sie auf das virtuelle DVD-Laufwerk.

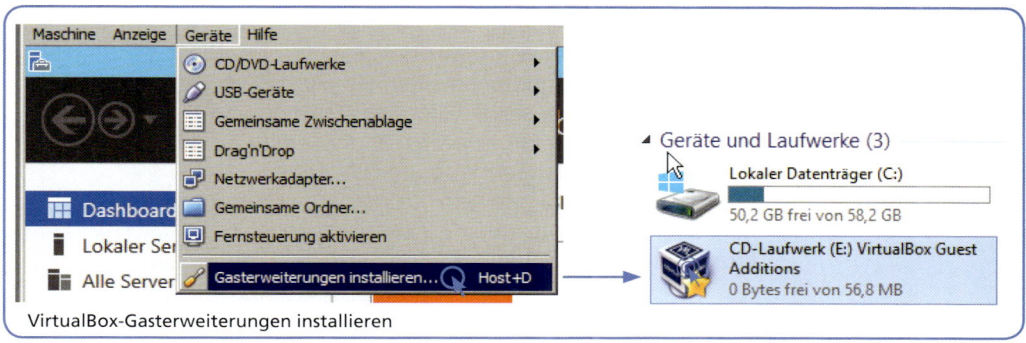

VirtualBox-Gasterweiterungen installieren

Nachdem Sie die folgenden Dialogseiten des Assistenten bestätigt haben, erhalten Sie eine Installationsaufforderung für Gerätesoftware. Aktivieren Sie das Kontrollkästchen *Software von „Oracle Corporation" immer vertrauen* und klicken Sie auf *Installieren.* Starten Sie abschließend den Server wie empfohlen neu.

Ereignisanzeige überprüfen

Ereignisanzeige = engl. Eventlog

Um sicherzugehen, dass der Server einwandfrei arbeitet, überprüfen Sie die **Ereignisanzeige** über Rechtsklick auf *Start | Ereignisanzeige.* Klicken Sie das Protokoll *System* in *Windows-Protokolle* an, sehen Sie rechts die Ereignisse, die in drei **Hinweistypen** unterteilt sind: Informationen, Warnungen und Fehler.

Lernen · Üben · Sichern · Wissen

ⓘ Informationen
⚠ Warnung
❗ Fehler

Hinweistypen des
Ereignisprotokolls

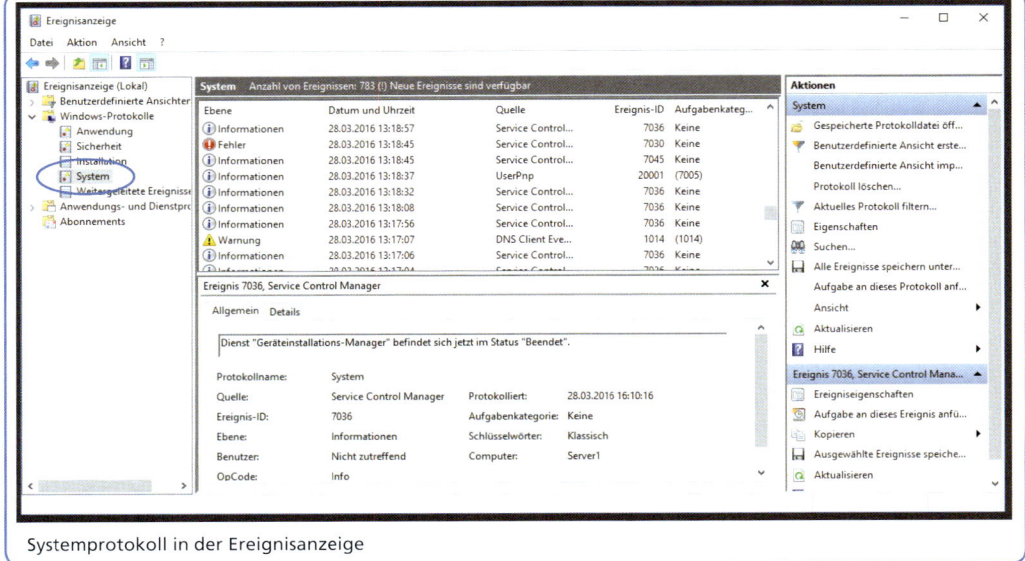

Systemprotokoll in der Ereignisanzeige

Installation von Microsoft Windows 10

Der Installationsvorgang des Betriebssystems Windows 10 verläuft ident wie bei Windows Server 2016. Bei einem Client-PC stellen Sie die Netzwerkkonfiguration auf *IP-Adresse automatisch beziehen* ein – ein Server erhält hingegen eine fixe IP-Adresse, damit er später z. B. als DHCP-Server konfiguriert werden kann, um den Clients Adressen zuweisen zu können.

Task-Manager

Mit ⇧ Strg Esc wird der **Taskmanager** geöffnet. Unter *Prozesse* sind die laufenden Apps und Programme sowie die Hintergrundprozesse zu sehen.

Rufen Sie den **Task-Manager** auf, klicken Sie auf *Mehr Details* und überprüfen Sie die Leistungsfähigkeit des Servers im Register *Leistung*. Unter *Prozesse, Details* und *Dienste* finden Sie die laufenden Programme und Hintergrundprozesse. Mit einem Rechtsklick können über das Kontextmenü Programme oder Prozesse beendet werden.

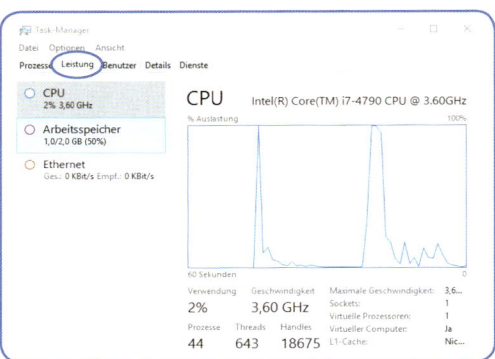

Nachdem Sie den Server fertig installiert und die Netzwerkverbindung konfiguriert haben, beginnen Sie mit der Anlage der Benutzerkonten.

4 Benutzer, Gruppen und Freigaben

Nach einem Rechtsklick auf *Start | Computerverwaltung* wählen Sie *Lokale Benutzer und Gruppen* aus und klicken auf *Benutzer*. Über das Kontextmenü können Sie einen **neuen Benutzer** hinzufügen. Neue **Benutzergruppen** können über die Option *Gruppen* angelegt werden.

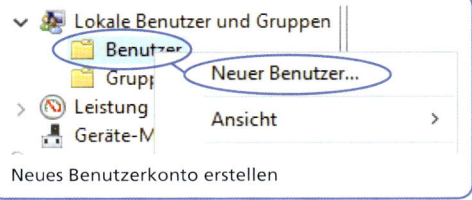

Lehrbeispiel

L 6.3: Benutzerkonto erstellen B

Der Benutzer Max Huber erhält das Benutzerkonto *max.huber* mit dem Kennwort *Passw0rd.* Der Benutzer muss nach dem ersten Login das Kennwort ändern.

Für Übungszwecke kann es nützlich sein, das vergebene Kennwort auch bei der Beschreibung einzugeben. Falls Sie das Kennwort von Benutzern vergessen, können Sie hier nachsehen.

Ein Administrator kann jederzeit ein neues Kennwort für einen Benutzer festlegen, z. B. wenn er es vergessen hat.

Neuer Benutzer	? ✕
Benutzername:	max.huber
Vollständiger Name:	Max Huber
Beschreibung:	Kennwort: Passw0rd
Kennwort:	••••••••
Kennwort bestätigen:	••••••••

☑ Benutzer muss Kennwort bei der nächsten Anmeldung ändern
☐ Benutzer kann Kennwort nicht ändern
☐ Kennwort läuft nie ab
☐ Konto ist deaktiviert

Hilfe   Erstellen   Schließen

max.huber   Max Huber
              Kennwort festlegen...

Über das Kontextmenü des Benutzerkontos kann ein **Administrator** das Kennwort eines Benutzers ändern.

Übungsbeispiel

Ü 6.7 ★★: Benutzerkonten anlegen B

a) Erstellen Sie die Benutzerkonten für **Julia Klar** sowie **Peter Hofer** und fügen Sie beide der Gruppe *G-Einkauf* hinzu.

b) Erstellen Sie die Benutzergruppe *G-Verkauf* und fügen Sie ihr die Benutzer **Robert Mann** und **Doris Emser** hinzu.

c) **Doris Emser** gehört zusätzlich der Benutzergruppe *G-Einkauf* an.

d) Erstellen Sie den Benutzer *MyAdmin* mit dem Passwort *dirdaM56* und machen Sie ihn zu einem Administrator! Loggen Sie sich mit diesem Konto ein.

Hinweis:
Ein Administrator-Konto wird der Benutzergruppe *Administratoren* zugewiesen.

Legen Sie für jede Benutzerin/jeden Benutzer eine Gruppe an! Zu einer guten Netzwerkplanung gehört, dass das **Netz auch nach einer Erweiterung leicht administrierbar bleibt.** Wenn Sie Berechtigungen auf Benutzerebene vergeben, ist das zwar bei zwei oder drei Usern noch kein großer Zusatzaufwand, eine Freigabe für 100 oder 1000 User zu erstellen, ist hingegen extrem zeitaufwändig.

Damit Benutzer die Daten in einem Ordner lesen bzw. verändern können, müssen Sie den Ordner für sie freigeben. Mit der **Freigabe eines Laufwerkes oder Ordners** wird der Server zu einem Fileserver, mit der Freigabe eines Druckers zu einem Printserver.

Rolle *Dateidienste* installieren

Wichtige Dienste bzw. **Rollen** auf einem Server sind **Dateidienste** zur Freigabe von Laufwerken oder Verzeichnissen (Fileserver) und **Druckdienste** (Printserver) für andere Netzwerkbenutzer. In Windows Server 2016 werden **Rollen** über den **Server-Manager** hinzugefügt.

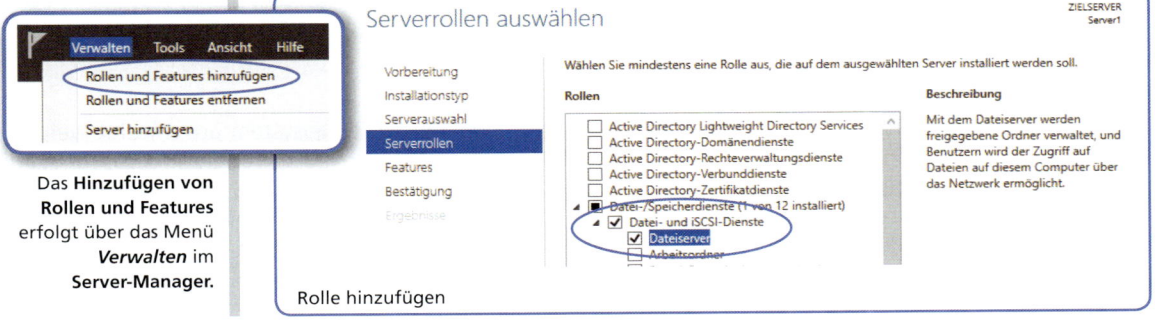

Das **Hinzufügen von Rollen und Features** erfolgt über das Menü *Verwalten* im Server-Manager.

Rolle hinzufügen

Freigabe erstellen

Die **Freigabe** von Ressourcen ist über das **Kontextmenü** eines **Laufwerkes**, eines **Ordners** oder eines **Druckers** möglich. Sie erstellen am **Laufwerk D:** einen neuen Ordner mit dem Namen *Daten*. Im Kontextmenü wählen Sie *Eigenschaften* aus. Im Register *Freigabe* klicken Sie auf die Schaltfläche *Erweiterte Freigabe* und wählen den **Freigabenamen**, der standardmäßig dem Namen des Ordners entspricht. Nun klicken Sie auf die Schaltfläche *Berechtigungen* und wählen für die Gruppe *Jeder* die Option *Vollzugriff.*

Die Option *Berechtigungen* bezieht sich auf das **Recht zur Benutzung einer Freigabe**. Zusätzlich gibt es die **Sicherheitseinstellungen** für Ordner und Dateien. Es ist empfehlenswert, den **Zugriff auf Freigaben immer zu erlauben** und nur bei den Sicherheitseinstellungen die gewünschten Rechte zu vergeben.

Die **Berechtigungen für die Freigabe** werden immer auf *Vollzugriff* für alle Netzwerkteilnehmer, das ist die Gruppe *Jeder*, eingestellt.

Hinweis:
Die **Zugriffsrechte** auf **Ordner und Dateien** regelt die Access Control List (ACL) im **Register *Sicherheit*.**

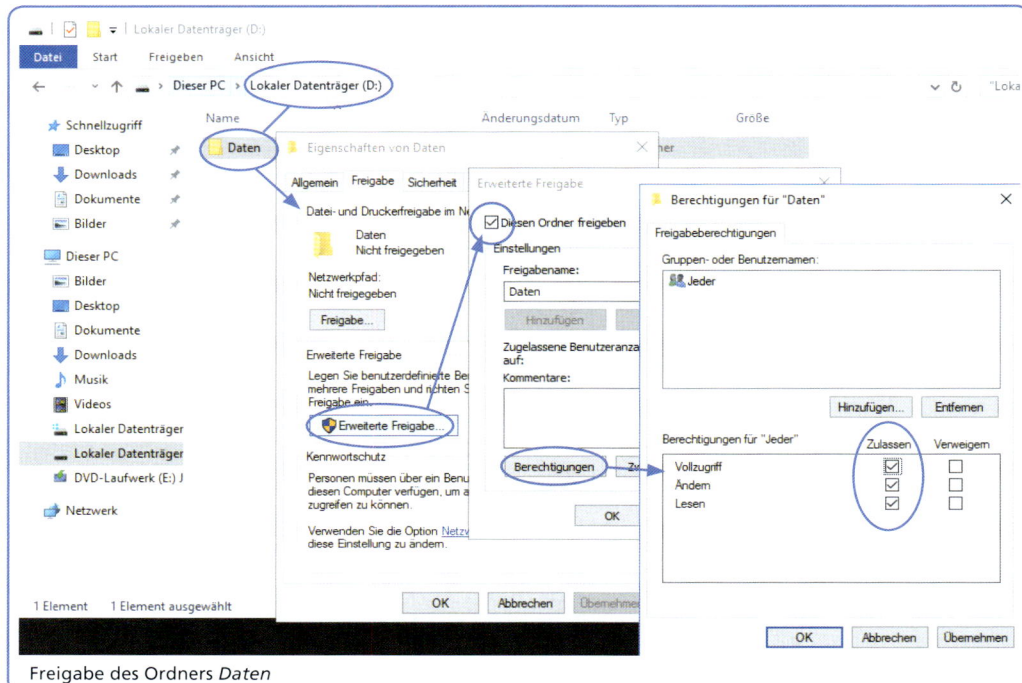

Freigabe des Ordners *Daten*

Nachdem die Freigabe *Daten* für die Gruppe *Jeder* erstellt wurde, legen Sie die Zugriffsrechte auf den Ordner *Daten* über die **Sicherheitseinstellungen** fest.

Sicherheitseinstellungen (Berechtigungen) festlegen

Sicherheitseinstellung = Access Control Entry (ACE)

Über die Schaltfläche *Hinzufügen* können Benutzergruppen bzw. Benutzerkonten zum Zugriff auf einen Ordner berechtigt werden. Wie Sie bereits erfahren haben, sollten Sie die **Sicherheitseinstellungen nur für Gruppen** vornehmen.

Das Register *Sicherheit* bezieht sich auf das **Recht zur Benutzung eines Ordners** oder einer **Datei**. Die **Access Control Entries** (ACEs) für einen Ordner bzw. eine Datei werden in der **Access Control List** (ACL) gespeichert und sind **nur für NTFS-Datenträger** verfügbar.

Die ACEs eines Ordners oder einer Datei werden in der **Access Control List (ACL)** zusammengefasst.

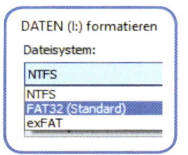

Datenträger formatieren

FAT32- und NTFS-Datenträger
Zum **Formatieren von Datenträgern** muss ein bestimmtes Dateisystem ausgewählt werden. Bei Festplatten in Windows-Betriebssystemen steht dafür ausschließlich NTFS zur Verfügung. Für externe Datenträger kann FAT32, exFAT oder NTFS ausgewählt werden. Standardmäßig werden z. B. USB-Sticks mit FAT32 ausgeliefert, um eine größtmögliche Kompatibilität zu bieten. Wenn Sie den Datenträger nur unter Windows verwenden, sollten Sie ihn vor der ersten Verwendung mit NTFS formatieren. Beachten Sie, dass beim Formatieren alle Daten verloren gehen!

Wirtschaftsinformatik HAK IV/V

Für die **Sicherheitseinstellungen** stehen folgende Optionen zur Auswahl:

- *Ordnerinhalt anzeigen:*
  Erlaubt das Auflisten von Ordner- und Dateinamen, nicht jedoch den Zugriff darauf.

- *Lesen:*
  Erlaubt das Lesen von Ordnern und Dateien sowie die Anzeige der Dateiattribute.

- *Lesen, Ausführen:*
  Erlaubt zusätzlich zum Lesen auch das Ausführen von Programmdateien.

- *Schreiben:*
  Erlaubt das Erstellen neuer Dateien sowie das Überschreiben, nicht jedoch das Löschen.

- *Ändern:*
  Erlaubt zusätzlich zum Schreiben auch das Ändern und Löschen von Dateien.

- *Vollzugriff:*
  Erlaubt zusätzlich das Ändern der Sicherheitseinstellungen.

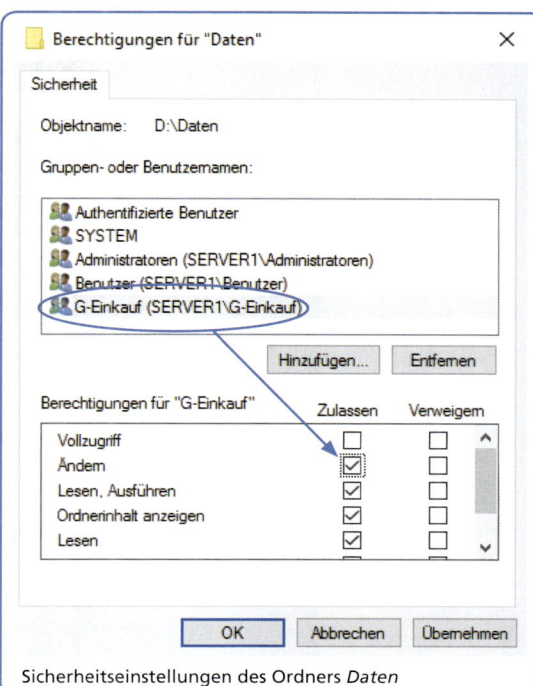

Sicherheitseinstellungen des Ordners *Daten*

Sicherheitseinstellungen können **zugelassen** oder **verweigert** werden.

 Das **Verweigern** von Sicherheitseinstellungen wird gegenüber dem Zulassen **vorrangig** behandelt.

Lehrbeispiel

L 6.4: Sicherheitseinstellungen analysieren C

Für die Freigabe *GF* werden folgende Sicherheitseinstellungen definiert:

Gruppe *GF:* Ändern zulassen
Gruppe *Einkauf:* Lesen, Ausführen zulassen, Ändern verweigern

a) Welche Rechte haben Benutzer der Gruppe *GF?*
b) Welche Rechte haben Benutzer der Gruppe *Einkauf?*
c) Welche Rechte hat ein Benutzer, der beiden Gruppen angehört?

Lösungen: a) Ändern, b) keine, c) keine

Standardberechtigungen eines Laufwerks

Wenn Sie sich die Sicherheitseinstellungen des neu erstellten Ordners *Daten* ansehen, wird Ihnen auffallen, dass bereits einige Berechtigungen vorhanden sind. Diese systemseitig vorhandenen Berechtigungen werden vom übergeordneten Ordner geerbt, in diesem Fall ist dies das Hauptverzeichnis des Laufwerks D:.

Standardberechtigungen von Laufwerk D:

Die vom Ordner *Daten* geerbten Standardberechtigungen führen zwangsläufig zu einer ungewollten Zugriffsberechtigung, z. B. Leserechte für alle Benutzer des Servers.

Legen Sie **im Hauptverzeichnis von Daten-Laufwerken nur die geringstmöglichen Rechte** fest, um ungewollte Zugriffe auf Daten zu vermeiden!

Übungsbeispiel

Ü 6.8 ★★: Sicherheitseinstellungen verbessern B

Verbessern Sie die Sicherheitseinstellungen des *Daten*-Laufwerks auf Ihrem Server und entfernen Sie dazu bei den Sicherheitseinstellungen von Laufwerk D: alle nicht benötigten Berechtigungen.

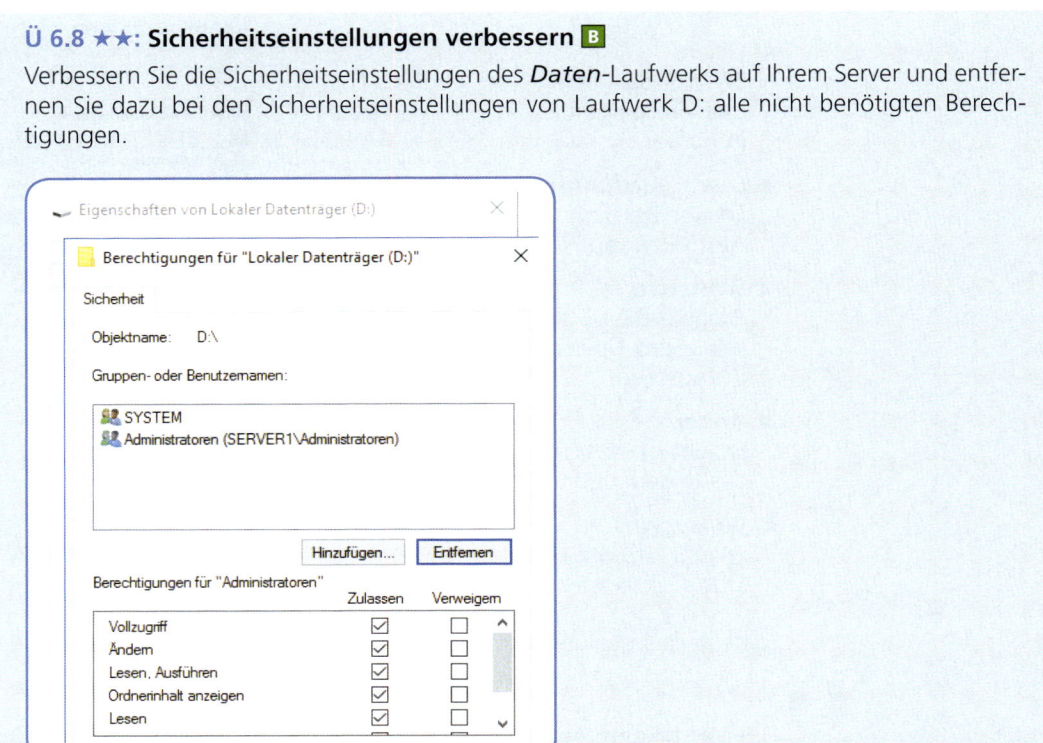

5 Freigegebene Ressourcen verwenden

Die freigegebenen Ressourcen eines Servers, z. B. Ordner oder Drucker, werden angezeigt, wenn Sie den Servernamen im Arbeitsplatz oder im Explorer als Adresse eingeben, z. B. **\\Server1.**

Netzlaufwerk verbinden
über das Kontextmenü

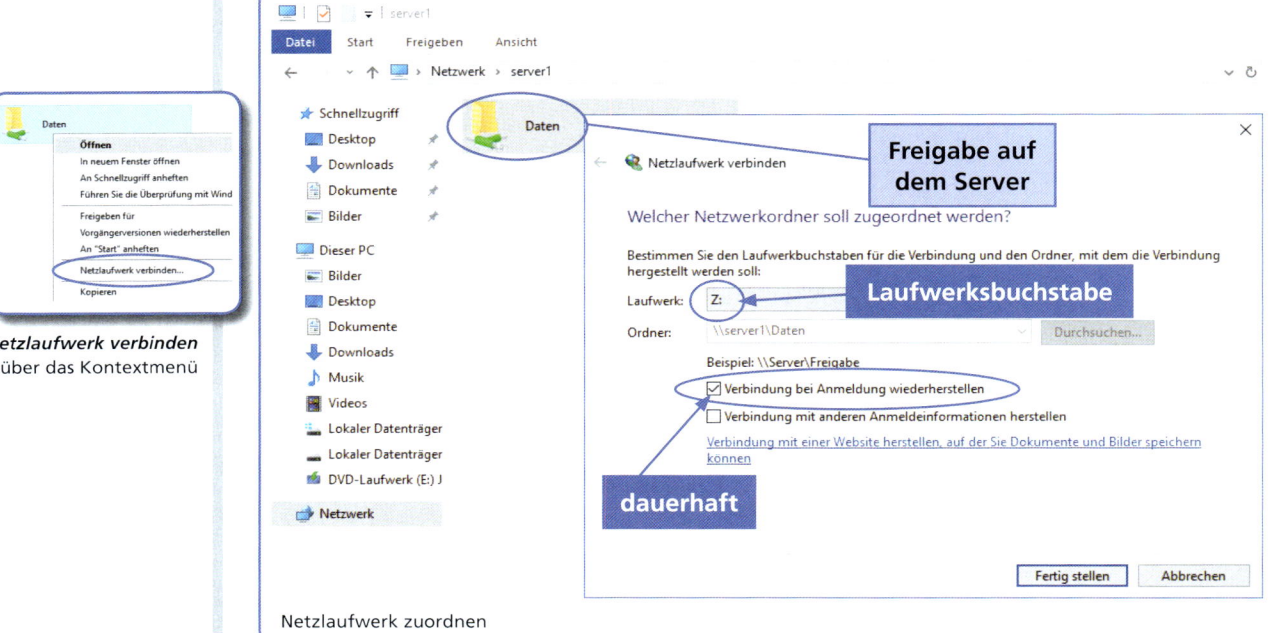

Netzlaufwerk zuordnen

Das Verbinden einer Freigabe mit einem Netzlaufwerk wird über das Kontextmenü durchgeführt. Im Dialog *Netzlaufwerk verbinden* wird ein unbenutzter **Laufwerksbuchstabe** gewählt. Das Netzlaufwerk Z: steht als direkte Verbindung zur Freigabe *\\Server1\Daten* zur Verfügung.

Administrative und versteckte Freigaben

Für jedes Laufwerk wird vom Betriebssystem automatisch eine administrative Freigabe erzeugt, z. B. C$ und D$. Das gilt auch für externe Datenträger, solange sie am PC angeschlossen sind. Ein Administrator kann innerhalb eines Netzwerks über administrative Freigaben auf alle Laufwerke des PCs zugreifen.

Wie Sie bereits wissen, werden alle Freigaben eines Servers angezeigt, wenn Sie den Server mit *\\Servername* aufrufen. Doch das stimmt nicht ganz. Es gibt nämlich auch **versteckte Freigaben,** die in dieser Auflistung nicht enthalten sind und dennoch verwendet werden können. Ein Beispiel dafür sind die **administrativen Freigaben** jedes Datenträgers, z. B. *\\Server1\c$.*

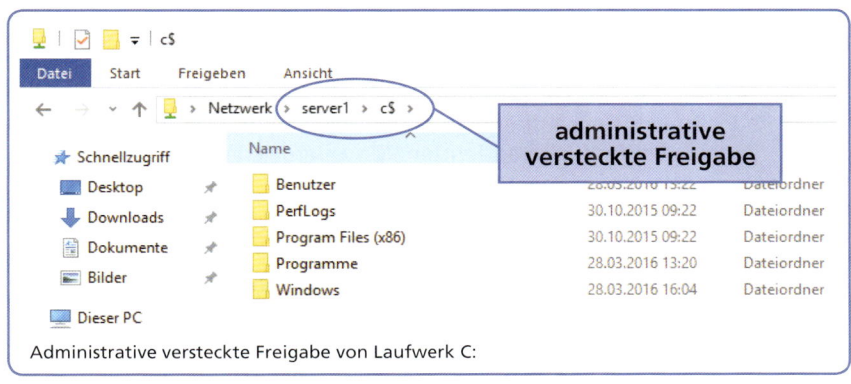

Administrative versteckte Freigabe von Laufwerk C:

❶ Die Verwendung administrativer Freigaben ist dem Administrator vorbehalten.

Mit *\\Server1\C$* kann der Inhalt des gesamten Laufwerks C: verwendet werden. Das Erstellen, Ändern oder Löschen einer administrativen Freigabe ist nicht zulässig.

❷ Eine administrative Freigabe ist immer eine Vollzugriffsberechtigung. Diese kann nicht geändert werden.

Administrative Freigaben werden vom Server automatisch als versteckte Freigaben für jedes Laufwerk des Servers angelegt.

❸ Eine Freigabe wird durch das Nachstellen eines Dollarzeichens versteckt.

Endet der Freigabename mit einem **Dollarzeichen,** wird die Freigabe beim Aufruf des Servernamens nicht angezeigt. Versteckte Freigaben können ebenso berechtigt werden wie nicht versteckte.

Die **Vollzugriffsberechtigung** der **administrativen Freigabe** bezieht sich auf die **Freigabe des Laufwerkes, nicht** auf die **NTFS-Sicherheitseinstellungen** (ACEs). Diese können einem Administrator dennoch den Zugriff auf das Laufwerk verweigern.

Neben den bereits besprochenen Fileserver-Diensten zur Freigabe von Laufwerken und Ordnern ist die Einrichtung eines Printservers zur gemeinsamen Nutzung von Druckern eine häufig benötigte Anwendung.

6 Netzwerkdrucker und Druckwarteschlangen

Ein Windows-Server kann als **Druckserver** fungieren, indem Sie einen **Drucker installieren** und freigeben.

Um einen neu angeschlossenen Drucker benutzen zu können, muss dieser mithilfe eines Treibers installiert werden. Dies erfolgt über *Geräte und Drucker* in der Systemsteuerung. Im Rahmen der Installation können drei Typen von Druckern eingerichtet werden: a) lokaler Drucker, b) Druckserver oder c) Netzwerkdrucker.

Druckertypen

Lokaler Drucker

❶ Ein lokaler Drucker ist direkt an den PC angeschlossen und dient als Arbeitsplatzdrucker für den Benutzer. Lokale Drucker besitzen eine Warteschlange (Queue).

Der Anschluss von lokalen Druckern erfolgt in der Regel über die USB-Schnittstelle. Bei einem lokalen Drucker werden Druckaufträge in einer Warteschlange zwischengespeichert und warten dort auf ihre Weiterleitung an den Drucker.

Druckserver

❷ Ein Druckserver ist ein für andere Benutzer freigegebener lokaler Drucker.

Ein lokaler Drucker kann über das Kontextmenü für andere Benutzer im Netzwerk freigegeben werden.

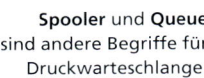

Netzwerkdrucker

❸ Ein Netzwerkdrucker ist ein verbundener Druckserver auf einem anderen PC.

Ein Netzwerkdrucker verweist auf einen Druckserver im Netzwerk, der mit dem eigenen PC verbunden ist. Druckaufträge an einen Netzwerkdrucker werden direkt an die Warteschlange des Druckservers auf dem entfernten PC weitergeleitet.

Spooler und **Queue** sind andere Begriffe für Druckwarteschlange.

Der **Standarddrucker** erhält als Kennzeichnung ein Häkchen.

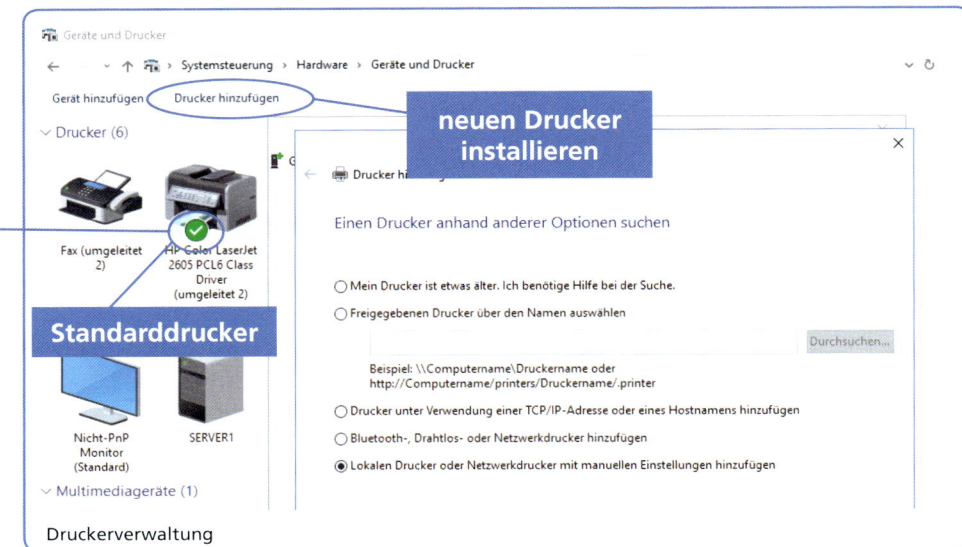

Druckerverwaltung

In der **Warteschlange** des Druckers kann ein **Druckauftrag angehalten, kontrolliert und gelöscht** werden. Auf einem Druckserver im Netzwerk kann der Benutzer nur seine eigenen Aufträge bearbeiten. Fremde Druckaufträge kann der Druckoperator bzw. Administrator löschen. Wenn ein Drucker viele Aufträge verarbeiten muss oder ein Fehler vorliegt (z.B. bei einem Papierstau oder wenn der Papiervorrat erschöpft ist), füllt sich die Warteschlange durch immer neu hinzukommende Druckaufträge. In der Warteschlange können Sie die Verarbeitung der Aufträge überwachen.

Während der Verarbeitung von Druckaufträgen befindet sich der Drucker im Grafikmodus. Dadurch werden ankommende Zeichen als Steuersequenzen und Grafiken interpretiert. Das Aus- und Einschalten des Druckers bewirkt das Zurücksetzen in den Textmodus, woraufhin alle ankommenden Zeichen als Sonderzeichen auf viele Seiten Papier gedruckt werden. Weiters kann ein Papierstau die Folge sein, wenn der Drucker während des Papiertransports ausgeschaltet wird.

Printserver für lokalen Drucker einrichten

Über *Start | Systemsteuerung | Geräte und Drucker | Drucker hinzufügen* erstellen Sie einen neuen **lokalen Drucker,** da ein lokaler Drucker automatisch eine **Warteschlange** am Server erhält.

Die Option *Drucker unter Verwendung einer TCP/IP-Adresse oder eines Hostnamens hinzufügen* eignet sich für einen Druckserver nicht. Sie verbindet einen Drucker ohne Einrichtung einer Warteschlange.

Anschlussort auswählen

In Unternehmen sind Drucker selten direkt an einen Server angeschlossen, da sich die Server in verschlossenen Serverschränken oder Räumen befinden. Viele Drucker verfügen über eine Netzwerkschnittstelle, deren IP-Adresse unter *Neuen Anschluss erstellen | Standard TCP/IP Port* eingegeben werden kann.

Ein direkt an den Server angeschlossener Drucker wird über die erste Option verbunden.

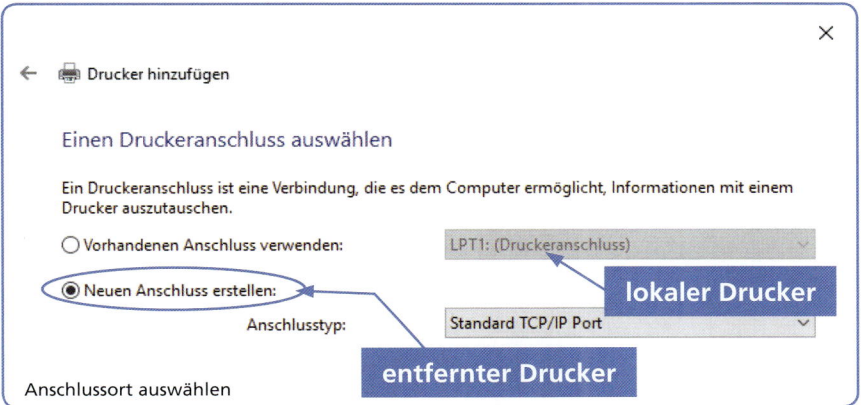

Anschlussort auswählen

Der **Druckerinstallationsassistent** führt Sie bei der Neuanlage eines Druckers Schritt für Schritt durch den Konfigurationsprozess. Danach ist der Drucker einsatzbereit.

> Wer **viele Netzwerkdrucker** verwaltet, kann in der **Kommentarzeile** die **Tonerbezeichnung** anführen. Beim Tonerwechsel greift man dann zum richtigen Produkt.

Sicherheitseinstellungen für Drucker

Auch für Drucker gibt es die Möglichkeit, die Sicherheitseinstellungen festzulegen. Standardmäßig hat die Gruppe *Jeder* Druckrechte auf einem neu angelegten Drucker. In den Eigenschaften des Druckers kann dies im Register *Sicherheitseinstellungen* geändert werden.

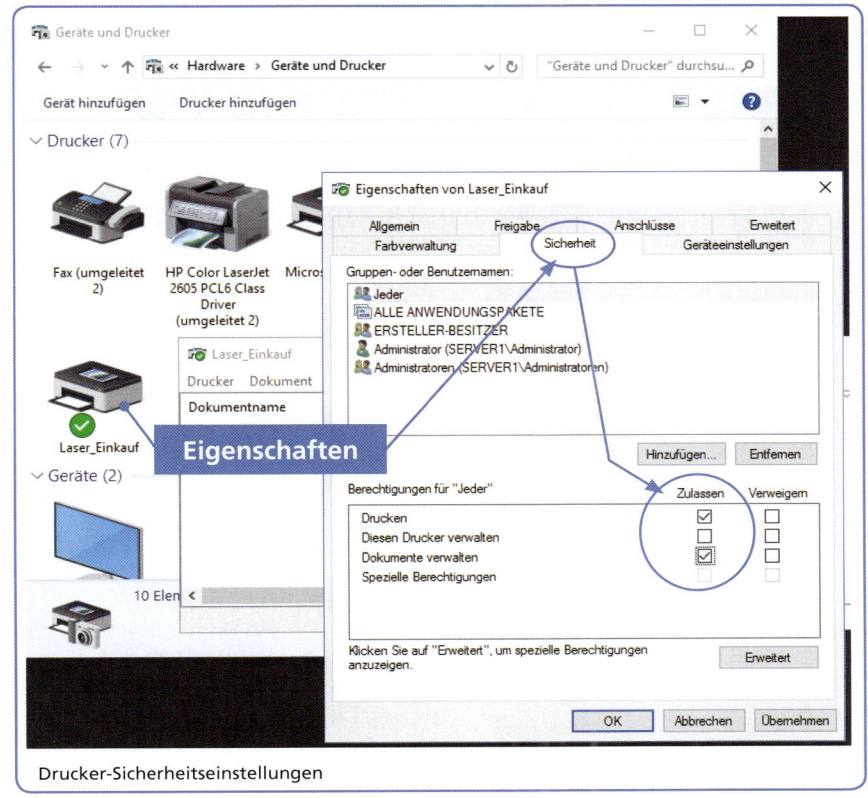

Drucker-Sicherheitseinstellungen

Netzwerkdrucker verbinden

Das Verbinden eines Druckers durch den Client erfolgt über den Servernamen, z.B. *\\Server1,* und einen **Doppelklick auf den Freigabenamen des gewünschten Druckers** oder wie abgebildet über das Kontextmenü.

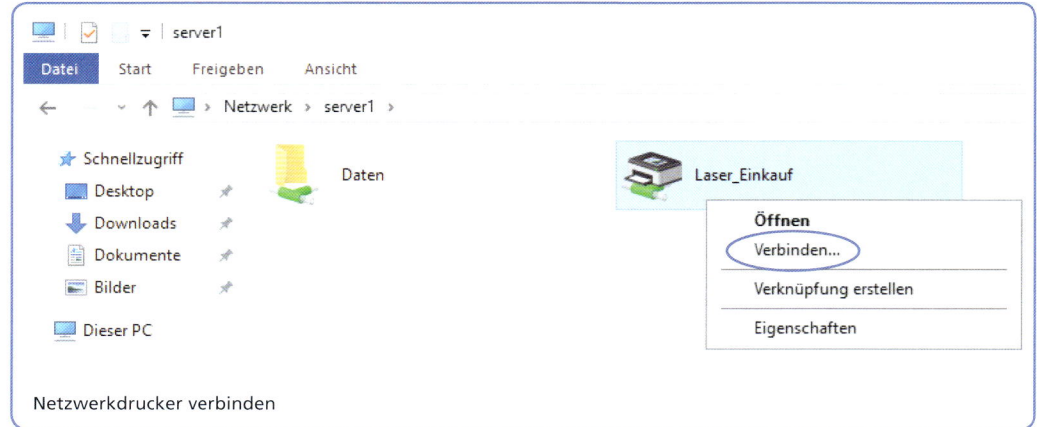

Netzwerkdrucker verbinden

Üben

Ü 6.9 ★: **Fehlermeldung formulieren** C
Formulieren Sie an die H2Ö-Systembetreuung eine 5-W-Fehlermeldung zu folgendem Problem:

```
Boot failure. Reboot and Select proper Boot device
or Insert Boot Media in selected Boot device
```

Recherchieren Sie unter Einsatz von Hilfequellen im Internet nach Lösungsmöglichkeiten für diese Fehlermeldung!

Ü 6.10 ★★: **Benutzergruppen und Berechtigungen** B
a) Erstellen Sie die Gruppe *Werkstatt* mit den Mitgliedern Sandra Walli, Otto Wurzer und Heinrich Fleiß.
b) Erstellen Sie im Ordner *Daten* den Unterordner *Werkstatt* und berechtigen Sie die Gruppe *Werkstatt* zum Ändern sowie die Gruppe *Einkauf* zum Lesen und Ausführen.

Ü 6.11 ★★: **Benuzerkonto mit Rechten erstellen** B
Erstellen Sie für den Geschäftsführer Martin Seidl ein Benutzerkonto und berechtigen Sie ihn zum Ändern im Ordner *Daten* sowie in allen Unterordnern!

Ü 6.12 ★★: **Printserver mit Warteschlange** B
Erstellen Sie für die Gruppe *Werkstatt* einen neuen **Printserver** mit einer Warteschlange für den lokalen Tintenstrahldrucker *HP Deskjet 3540,* der am Server am Port LPT1: angeschlossen ist. Außer der Gruppe *Werkstatt* und dem Geschäftsführer darf auf diesem Drucker niemand drucken.

Ü 6.13 ★★: **Berechtigungen setzen** B
Erstellen Sie im Ordner *Werkstatt* den Unterordner *Qualitätssicherung.* In diesem Ordner haben nur der Geschäftsführer Martin Seidl sowie Sandra Walli Ändern-Rechte. Für alle anderen Benutzer soll der Inhalt des Ordners verborgen bleiben.

Ü 6.14 ★★: Gruppenmitgliedschaft B
Der Geschäftsführer Martin Seidl möchte, dass seine Frau Irene Seidl die gleichen Rechte erhält wie er selbst. Erstellen Sie das Benutzerkonto mit den erforderlichen Gruppenmitgliedschaften für seine Frau.

 # Sichern

Hilfssysteme	Zur Hilfestellung können Suchmaschinen, Diskussionsforen, **Knowledgebases** und **Fernwartungssysteme** verwendet werden.
Fernwartung	Systembetreuer können **über das Internet auf entfernte PCs von Benutzern zugreifen** und Hilfestellung leisten, z. B. mit dem kostenlosen Tool **TeamViewer**.
Systembetreuung	Die Systembetreuer/innen eines Unternehmens sind eine Servicestelle für die Benutzer/innen. Sie leisten **Hilfe bei PC-Problemen, reparieren defekte Geräte** und **planen Ersatzinvestitionen**.
5-W-Fehler-meldung	Eine 5-W-Fehlermeldung ist wie ein Notruf aufgebaut: **Wer? Wo? Was? Wie? Warten.** Damit wird sichergestellt, dass **die Systembetreuung oder die Hotline** alle benötigten Informationen betreffend eines Fehlers erhält und **rasch reagieren kann**.
Serverinstallation	Die Installation eines Windows-Servers erfolgt mithilfe des **Setup-Assistenten.** Um einen frühzeitigen **Befall durch Viren und Würmer zu vermeiden**, wird das **Netzwerkkabel** erst **am Ende der Installation zum Herunterladen der Sicherheitsupdates** angeschlossen.
Benutzer	**Benutzerkonten** werden **in Benutzergruppen zusammengefasst,** um die Zuweisung von Rechten zu vereinfachen.
Freigabe	Eine **Freigabe** (Share) wird immer mit **Vollzugriffsrechten** für die Gruppe *Jeder* erstellt.
ACL	In der **Access Control List (ACL)** werden die **Sicherheitseinstellungen** für einen Ordner oder eine Datei abgespeichert.
ACE	Ein **Access Control Entry (ACE)** ist eine **Sicherheitseinstellung** für eine bestimmte **Gruppe** oder einen **Benutzer** für den Zugriff auf einen **Ordner** oder eine **Datei.**
Laufwerks-buchstabe	Eine **Netzwerkfreigabe**, z. B. *\\Server1\Daten,* kann einem **Laufwerksbuchstaben** zugewiesen werden, um **rascher darauf zugreifen** zu können. Die Zuweisung ist über den Arbeitsplatz bzw. Explorer möglich.
versteckte Freigabe	Wird einem Freigabenamen ein **Dollarzeichen nachgestellt,** wird die **Freigabe beim Aufruf** des Servers **nicht angezeigt.**
administrative Freigabe	Für **jedes Laufwerk** auf einem PC gibt es eine versteckte Freigabe mit dem Laufwerksbuchstaben und einem nachgestellten Dollarzeichen, z. B. *\\Server1\c$.* Diese administrativen Freigaben stehen nur Administratoren zur Verfügung und können weder verändert noch gelöscht werden.
Druckserver	Ein Druckserver ist ein **freigegebener Drucker** mit einer **Druckwarteschlange (Queue).** Der verwaltete Drucker kann entweder **direkt am Server (lokal) angeschlossen** oder **über das Netzwerk verbunden sein (entfernt).** In der Praxis kommen fast ausschließlich entfernte Drucker mit Netzwerkschnittstellen zum Einsatz.

 Lernen ⊙ Üben ⊙ Sichern ▷ Wissen

Wissen

W 6.1: Kontrollfragen und -aufgaben B

1. Warum werden zur Rechtevergabe für Ordner und Dateien Benutzergruppen statt Benutzerkonten verwendet?
2. Welche Auswirkung hätte die Einschränkung der Freigabeberechtigung?
3. Erklären Sie den Unterschied zwischen ACE und ACL!
4. Warum sollte das Verweigern von Rechten nur ausnahmsweise verwendet werden?
5. Was ist ein Netzlaufwerk?
6. Wie können alle nicht versteckten Freigaben eines Servers angezeigt werden?
7. Was ist eine administrative Freigabe?
8. Wie wird ein Netzwerkdrucker mit einer Queue eingerichtet?
9. Wie kann ein Drucker versteckt freigegeben werden?

W 6.2: Serverinstallation D

Installieren Sie für die H2Ö GmbH einen neuen Windows Server 2016. Der Server soll die IP-Adresse **10.1.1.1** und die Subnetzmaske **255.255.0.0** sowie den Namen *H2Oe1* erhalten.

Erstellen Sie die Benutzergruppen *G-Produktion* und *G-Lager.* Erstellen Sie Benutzerkonten für alle Mitarbeiter/innen und ordnen Sie die Mitarbeiter/innen wie folgt den Benutzergruppen zu:

G-Produktion: Franz Huber, Julia Abraham
G-Lager: Franz Huber, Rainer Gruber

Erstellen Sie je einen Ordner pro Benutzergruppe und berechtigen Sie alle User für die jeweils zugeordneten Ordner zum Ändern von Daten.

Erstellen Sie einen Druckserver mit einer lokale Druckwarteschlange und geben Sie den Drucker unter dem Namen *Drucker_Produktion* frei.

Ein kurzer Kompetenz-Check, bevor's weitergeht!

Kompetenz-Check

	😊	😐	☹
Ich kann im Netzwerk freigegebene Ressourcen verbinden und nutzen.			
Ich kann Ressourcen im Netzwerk freigeben und diese über Zugriffsrechte konfigurieren.			
Ich kann Benutzer im Netzwerk verwalten.			
Ich kann Verbindungen mit unterschiedlichen Geräten auf Basis unterschiedlicher Technologien herstellen.			

6 Netzwerke

Lerneinheit 2
Netzwerkkonfiguration

SbX

Alle SbX-Inhalte zu dieser Lerneinheit finden Sie unter der ID: 2620.

Stellen Sie sich vor, Sie bekommen zum Geburtstag einen WLAN-Router geschenkt, um mit Ihrem Tablet kabellos im Internet surfen zu können. Worauf müssen Sie bei der Installation achten? Wie schließen Sie das Gerät an Ihren Telefonanschluss an? Welches Kabel müssen Sie kaufen, wenn Sie auch den PC anschließen möchten?

Lernen

SbX ID: 2621
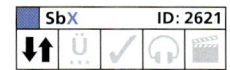

1 Netzwerkbegriffe

Netzwerke, wie z. B. das Internet, sind aus unserer Gesellschaft nicht mehr wegzudenken. Ohne die Vernetzung von Rechnern würde unsere Wirtschaft schnell zum Erliegen kommen, z. B. weil keine Banküberweisungen durchgeführt werden könnten. Doch was genau versteht man unter einem Netzwerk? Ein Netzwerk ist ein Verbund von elektronischen Geräten. Nach der räumlichen Ausdehnung eines Netzwerkes können fünf Netzwerkbegriffe unterschieden werden.

PAN = Personal Area Network

LAN = Local Area Network

MAN = Metropolitan Area Network

WAN = Wide Area Network

GAN = Global Area Network

SbX

Eine Bildschirmpräsentation mit allen Abbildungen zum Schritt LERNEN finden Sie unter der ID: 2621.

Begriffe für die räumliche Ausdehnung von Netzwerken

Begriffe für die räumliche Ausdehnung von Netzwerken

❶ Ein Personal Area Network (PAN) ist eine Verbindung von Geräten über eine kurze Distanz.

Ein Beispiel für ein PAN ist ein **Bluetooth-Netzwerk** zwischen einem Handy und einer Freisprecheinrichtung sowie einem Notebook, das über das Mobiltelefon eine Internet-Verbindung aufbaut. PANs haben eine **Reichweite von wenigen Metern**.

Sendeleistungsklassen bei Bluetooth:
Klasse 1: bis 100 m
Klasse 2: bis 40 m
Klasse 3: bis 10 m

Ein lokales Funknetzwerk wird als **Wireless-LAN (WLAN)** bezeichnet.

❷ Ein Local Area Network (LAN) ist eine Verbindung von Geräten innerhalb eines Gebäudes.

Innerhalb eines Gebäudes bzw. zwischen Gebäuden auf demselben Grundstück besteht ein lokales Netzwerk. In einem LAN werden die Geräte per **Funk, Kupferkabel oder Lichtwellenleiter** verbunden.

❸ Ein Metropolitan Area Network (MAN) versorgt eine Stadt oder Gemeinde mit einem Internetzugang.

In größeren Städten sind Funknetzwerke sehr verbreitet, die den Benutzern einen Breitband-Internetzugang anbieten.

❹ Mit einem Wide Area Network (WAN) können Betriebe ihre Filialen verbinden.

Als WAN wird eine Verbindung von Netzwerken oder Rechnern bezeichnet, die sich nicht am gleichen Ort befinden. Für WANs kann eine eigene Telefonleitung in Form einer Wähl- oder Standleitung gemietet werden. Mit speziellen Verschlüsselungsverfahren, wie z. B. **VPN,** können WANs auch über das Internet genutzt werden.

VPN = virtual private Network

❺ Ein Global Area Network (GAN) ist ein weltumspannendes Netzwerk – z. B. das Internet.

Das bedeutendste GAN ist heute das Internet. Es verbindet viele Millionen Rechner und Endgeräte, ermöglicht das Telefonieren mittels Voice-over-IP und Multimedia-Anwendungen wie Online-Radio und -Fernsehen.

Übungsbeispiel

Ü 6.14 ★: Ausdehnungsbegriffe B

Um welchen Ausdehnungsbegriff handelt es sich bei den folgenden Netzwerken?

1. Die Benützung der Google-Suchmaschine, um ein Bild von Mark Zuckerberg zu finden
2. Die Verbindung des Notebooks mit dem Smartphone, um die Kontaktdaten zu synchronisieren
3. Das Öffnen einer Datenbank vom Datenbankserver der Firma
4. Die Einwahl ins Internet über das städtische Funknetzwerk
5. Der Systemadministrator wählt sich von zu Hause aus im Firmennetzwerk ein, um ein Update durchzuführen

2 Datenübertragungsmedien

WLANs sind bequem, aber unsicher, wenn die Datenübertragung unverschlüsselt erfolgt.

In einem lokalen Netzwerk (LAN) stehen prinzipiell drei Medien für die Übertragung von Daten zur Verfügung: **Luft, Kupfer und Glasfaser.** Vor allem für kleine Netzwerke im Heimbereich sind Funknetze (WLAN) sehr beliebt, da man sich das Aufstemmen der Wände für die Verlegung von Kabeln erspart. Das Aufstellen eines WLAN-Accesspoints ist allerdings mit einem gewissen Risiko verbunden. Wer es verabsäumt, seinen Funksender ordentlich abzusichern, öffnet ein Netzwerk nach außen – womöglich, ohne es zu ahnen!

Die Kosten der Datenübertragung steigen mit der Bandbreite.

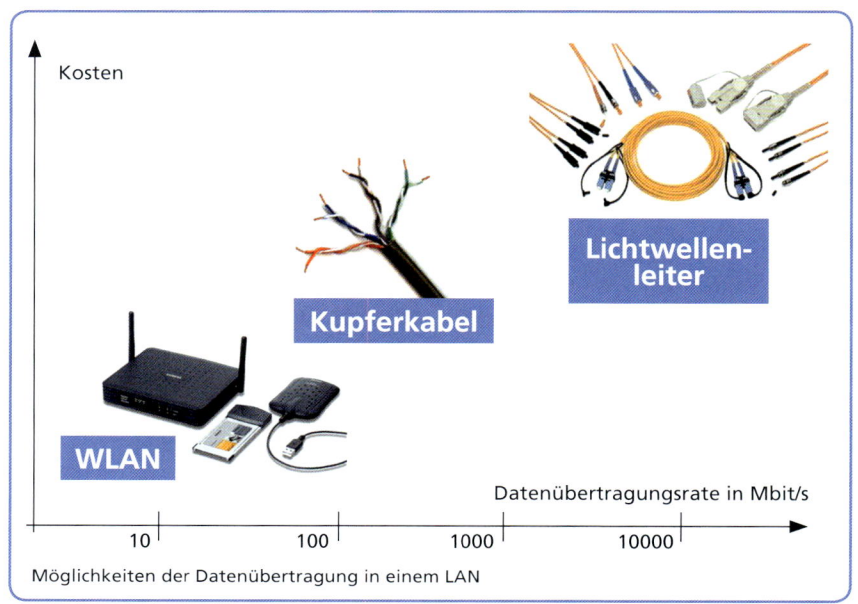

Möglichkeiten der Datenübertragung in einem LAN

Wireless-LAN

Geschirmtes Verlege-
kabel der Kategorie 5e

Lichtwellenleiter

Übungsbeispiel

Bei einer Unterbre-
chung des **Bus** fällt das
Netzwerk komplett aus.

Übertragung von Daten in einem LAN

❶ Funkwellen breiten sich in der Luft aus und können auch feste Gegenstände, wie z. B. Mauern, durchdringen.

Vorteile von Funknetzwerken sind die Mobilität der Endgeräte und der Wegfall des Verkabelungsaufwands. Funknetze werden vor allem in Heimnetzen in Form von Wireless-LAN (WLAN) oder Bluetooth eingesetzt. Die Datenübertragungsraten sind bei Funknetzen eher niedrig.

❷ Kupferkabel sind günstig und ermöglichen die Verbindung von Computern mit hohen Datenübertragungsraten.

Verbreitet sind Kabel mit verdrillten Leitungspaaren (Twisted Pairs). Die Kabel der Kategorien 5e und 6 sind aufgrund ihrer geringen Kosten im Verhältnis zur hohen Datenübertragungsrate von 1 Gbit/s am weitesten verbreitet.

❸ Lichtwellenleiter werden für Hochgeschwindigkeitsverbindungen bzw. zur Überbrückung weiter Entfernungen eingesetzt.

Lichtwellenleiter (LWL) haben den Vorteil einer sehr geringen Signaldämpfung. Daher können Daten nahezu verlustfrei über weite Strecken übertragen werden. Der geringe Durchmesser von Glasfasern ermöglicht zudem die Bündelung hunderter Lichtwellenleiter im Datenfernverkehr. Im LAN werden LWL vor allem im **Backbone** zentraler Netzwerkelemente eingesetzt.

Ü 6.15 ★★: Übertragungsmedium B

Frau Fröch möchte ihren PC an das Internet anschließen, doch der Anschluss befindet sich ein Stockwerk tiefer. Welche Form der Datenübertragung sollte sie wählen?

3 Netzwerktopologien

Die Struktur der Vernetzung wird als Netzwerktopologie bezeichnet.

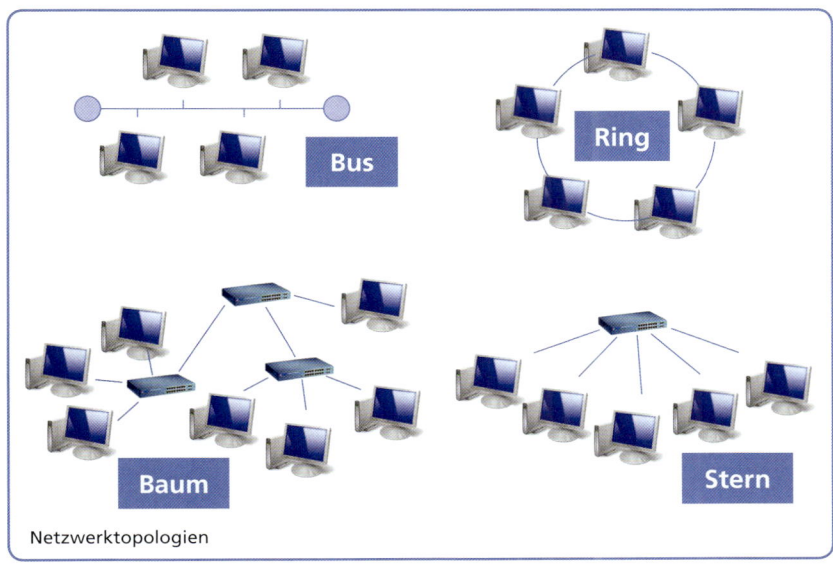
Netzwerktopologien

Bus-, Ring-, Baum- und Sterntopologie

❶ In einer Bustopologie sind Geräte über ein Kabel miteinander verbunden. Das Kabel ist an beiden Enden terminiert.

Die Bustopologie finden wir in unserem PC, z. B. bei den Datenbussen PCI und PCI-Express. Auch S-ATA, P-ATA und USB sind Bustopologien. Im Bereich der Netzwerkverkabelung ist das früher eingesetzte Thin-Ethernet (RG58) aufgrund seiner Fehleranfälligkeit mittlerweile bedeutungslos geworden.

❷ Ein Ringnetz verbindet alle Geräte zu einem Ring.

In der Praxis kam die Ringtopologie im Tokenring-Netzwerk zum Einsatz, das IBM in den 1980er-Jahren entwickelte. Über eine Zweidrahtleitung werden alle Geräte zu einem Ring verbunden. Die Informationsweitergabe erfolgt von Gerät zu Gerät über einen Token. Ist die Verbindung an einer Stelle unterbrochen, funktioniert das Ringnetz dennoch. Erst bei zwei Unterbrechungen kommt es zum Ausfall des Netzwerks.

❸ In einer Sterntopologie werden alle Geräte an eine zentrale Komponente angeschlossen. Mehrere Sterne ergeben einen Baum.

Im Netzwerkbereich finden wir heute fast ausschließlich die Stern- bzw. Baumtopologie vor. Über **aktive Kopplungselemente** werden die Geräte miteinander verbunden. Der Ast eines Baums wird auch als **Kaskade** bezeichnet.

Ü 6.16 ★★: Netzwerktopologie ▣
Welche Netzwerktopologie wird im EDV-Raum Ihrer Schule verwendet?

4 Übermittlungsverfahren

Bei der Übertragung von Informationen kommen zwei Verfahren zum Einsatz.

Kanal- und Paketvermittlung

❶ Bei der Kanalvermittlung wird eine Leitung zwischen zwei Punkten exklusiv benutzt.

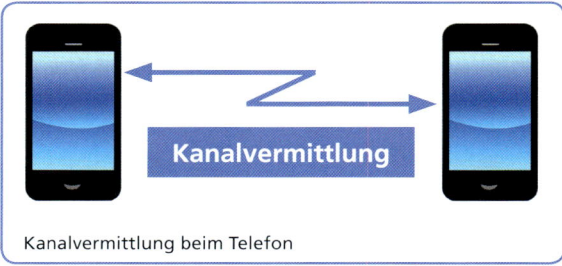

Kanalvermittlung beim Telefon

Bei einem Telefongespräch wird von der Telefongesellschaft ein Gesprächskanal für die Dauer des Gesprächs exklusiv bereitgestellt. Wir mieten also die Leitung exklusiv für die Gesprächsdauer und bezahlen dafür zeit- und entfernungsabhängig (Punkt-zu-Punkt) – unabhängig davon, ob wir Informationen übermitteln oder schweigen.

❷ Bei der Paketvermittlung zerlegt der Absender die Information in viele kleine Datenpakete. Eine Datenleitung wird von vielen Paketen gleichzeitig benutzt. Die Weiterleitung der Pakete wird von Routern veranlasst.

Paketvermittlung im Netzwerk

Computer zerlegen die Information in viele kleine Datenpakete, die nacheinander ihren Weg durch das Netzwerk antreten. Sie werden über verschiedene Stationen (Router) vermittelt und automatisch weitergeleitet. Es kann sogar passieren, dass einzelne Datenpakete verloren gehen. In einem solchen Fall werden diese Pakete einfach erneut versendet. Der Empfänger setzt anschließend die Information aus den einzelnen Datenpaketen in der richtigen Reihenfolge zusammen.

Übungsbeispiel

Ü 6.17 ★★: Kostenvergleich Telefon/VoIP C

Die aktuellen Gesprächsgebühren beim Reiseveranstalter Travelstar betragen 5,9 Cent pro Minute. Die Gesamtgesprächszeit abgehender Telefongespräche beträgt pro Monat durchschnittlich 150 Stunden. Man überlegt die Umstellung der Telefonanlage auf ein Voice-over-IP-System mit Anschaffungskosten in der Höhe von EUR 4.500. Statt der Gesprächsgebühren würde nur noch eine Pauschalgebühr von EUR 149,– pro Monat fällig werden. Nach wie vielen Monaten rechnet sich die Umstellung?

5 Aktive Kopplungselemente

Aktive Kopplungselemente erfüllen in einem Netzwerk unterschiedliche Aufgaben.

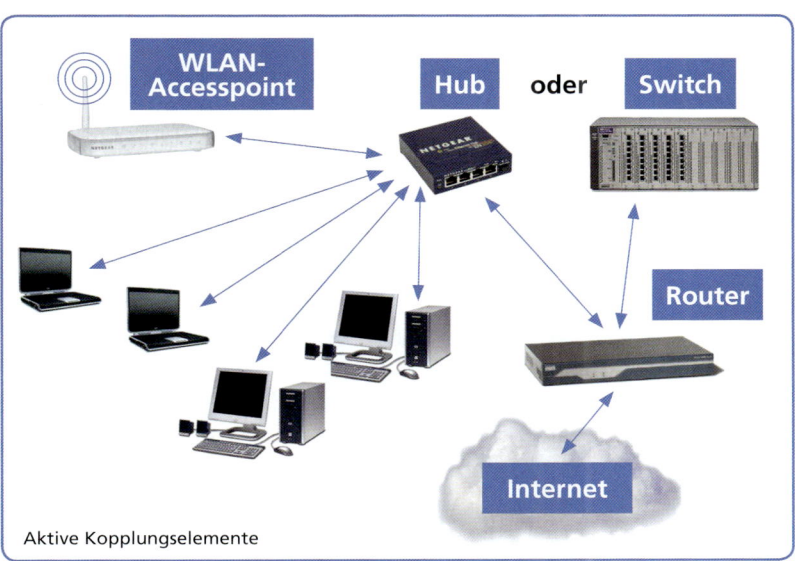

WLAN-Accesspoints haben einen Switch integriert, sodass ein PC auch über ein Kabel angeschlossen werden kann.

Aktive Kopplungselemente

Hub, Switch, Router und WLAN-Accesspoint

❶ Ein Hub verbindet Computer, indem er jedes eingehende Datenpaket an alle angeschlossenen Geräte übermittelt.

Hubs verursachen in größeren Netzwerken einen enormen Datenverkehr (Traffic), was zu fehlerhaften Datenpaketen aufgrund von **Kollisionen** (Collisions) führt. Ein Hub ist ein **Layer-1-Gerät.**

4-Port-Hub, 100 Mbit/s (Netgear)

❷ Ein Switch verbindet Computer, indem er jedes eingehende Datenpaket an den richtigen Empfänger weiterleitet.

Ein Switch arbeitet auf dem **Layer 2,** merkt sich alle angeschlossenen Geräte und leitet die Datenpakete an ihr jeweiliges Ziel weiter. Die Netzwerkbelastung wird im Vergleich zum Hub deutlich reduziert. Eine Sonderform bilden **Layer-3-Switches,** auch Router-Switches genannt. Mit ihnen lassen sich **Subnetze in Gebäuden** (virtuelle LANs, VLANs) realisieren. Der links abgebildete Cisco Catalyst-Switch ist ein **Layer-4-Switch.** Diese Geräte bieten zusätzlich **Quality-of-Service** (QOS), womit für bestimmte Anwendungen, wie z.B. Datenbankzugriffe, eine höhere Bandbreite reserviert werden kann. Allerdings kosten sie so viel wie ein durchschnittlicher Mittelklassewagen.

Modularer Layer-4-Switch, 1 Gbit/s (Cisco)

❸ Ein Router verbindet zwei Netzwerke, indem Datenpakete an das Zielnetzwerk weitergeleitet werden, wenn sie nicht für den Adressraum des eigenen Netzes bestimmt sind.

Ein **Router** arbeitet auf **Layer 3,** vergleichbar einer Sortiermaschine. Er hat die Aufgabe, Datenpakete an ein bestimmtes Ziel weiterzuleiten.

WAN-Router (Cisco)

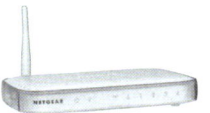

WLAN-Accesspoint
(Netgear)

❹ Ein WLAN-Accesspoint verbindet mehrere Geräte in einem Funknetzwerk. Ein WLAN-Router ermöglicht zusätzlich die Verbindung zu einem anderen Netzwerk.

Ein Accesspoint ist ein Switch für mobile Geräte und kann auch an die Netzwerkverkabelung angeschlossen werden. Geräte für das Heimnetzwerk haben oft auch einen WAN-Router für den Internetanschluss eingebaut (z. B. für ADSL).

Der Begriff „Layer" bedeutet „Schicht" und bezieht sich auf das **OSI-Referenzmodell,** das die Art der Kommunikation in einem Netzwerk festlegt.

Übungsbeispiel | **Ü 6.18 ★: Switch/Router** 🅰
Worin liegt der Unterschied zwischen einem Switch und einem Router?

Netzwerk-Schichtenmodell

Die einfachste Form der Verbindung in einem Netzwerk ist der direkte Zusammenschluss von zwei Rechnern über ein Netzwerkkabel. Sollen mehr als zwei Geräte in einem Netzwerk betrieben werden, müssen diese über **aktive Kopplungselemente,** wie z. B. einen **Switch,** verbunden werden. Diese Geräte arbeiten im Bereich der Netzwerkschicht des TCP/IP-Schichtenmodells und sind vom TCP/IP unabhängig. Ein Switch kann auch Pakete anderer Netzwerkprotokolle, wie z. B. IPX/SPX, Appletalk und NETBEUI, verteilen. Weitere aktive Kopplungselemente der Netzwerkschicht sind **Hub, Repeater** und **Bridge.**

Schichten des ISO/OSI-Referenzmodells:
7. Application Layer
6. Presentation Layer
5. Session Layer
4. Transport Layer
3. Network Layer
2. Data Link Layer
1. Physical Layer

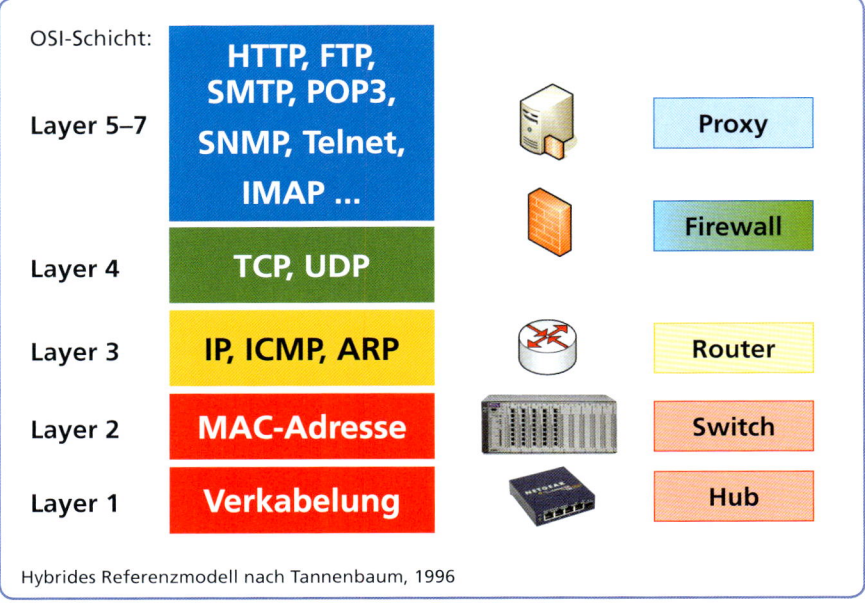

Hybrides Referenzmodell nach Tannenbaum, 1996

In der Abbildung wurde das TCP/IP-Referenzmodell im Bereich der Netzwerkschicht um die OSI-Schichten 1 und 2 erweitert. Diese Form der Darstellung wird als **hybrides Referenzmodell** bezeichnet und ermöglicht die Zuordnung der OSI-Schichten zu den verschiedenen Aktivkomponenten.

Aktive Kopplungselemente und ihre OSI-Schichten

❶ Mit einem Hub oder Switch können Rechner in einem Netzwerk verbunden werden. Diese Geräte sind protokollunabhängig, denn sie arbeiten auf der Ebene der Netzwerkschichten.

Ein Hub leitet alle Netzwerkpakete, egal welchen Protokolls, an alle angeschlossenen Geräte weiter. Ein Switch liest die MAC-Adresse des Zielrechners und leitet das Netzwerkpaket, egal welchen Protokolls, an das Ziel weiter.

Layer-2-Switch (HP)

❷ Mit einem Router können Rechner in verschiedenen Netzwerken verbunden werden. Beide Netze verwenden das gleiche Protokoll, wie z. B. TCP/IP.

Ein Router leitet Pakete zwischen unterschiedlichen Netzen mit dem gleichen Protokoll weiter.

❸ Eine Firewall ist ein Zugangsschutzsystem. Regelwidrige Pakete werden verworfen oder Daten herausgefiltert.

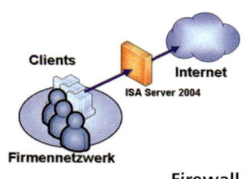

Firewall
(Bild: Microsoft)

Paketfilter-Firewalls sperren einzelne Zugänge (Ports) für Anwendungen, wie z. B. FTP. Diese Anwendungen können dann nicht verwendet werden.

Contentfilter-Firewalls sind in der Anwendungsschicht angesiedelt und prüfen auch die übertragenen Daten. Sie filtern z. B. gefährlichen Code (Script-Viren) oder unerwünschte Wörter (z. B. game, sex etc.) aus den Paketen heraus und lassen diese nicht an die Benutzer durch.

❹ Ein Proxy vermittelt zwischen Client und Server und kann als Cache und Content-Firewall dienen.

Er leitet Anfragen von LAN-Benutzern in das Internet weiter und vermittelt auch die Antworten an die Benutzer. Meist speichert ein Proxy die Ergebnisse der Anfragen, sodass bei einer neuerlichen Anfrage kein Internetzugriff mehr erforderlich ist (Caching). Er fungiert meist auch als Contentfilter-Firewall.

Layer-2-, Layer-3- und Layer-4-Switches

Ein **Layer-2-Switch** arbeitet auf Basis der OSI-Schicht 2. Er liest die MAC-Adresse des Empfängers aus dem Datenpaket und sendet dieses an jenen Port, an dem sich der Rechner mit dieser MAC-Adresse befindet.

Ein **Layer-3-Switch** (auch Router-Switch) basiert auf der OSI-Schicht 3. Er ist in der Lage, dynamische **virtuelle LANs** (VLANs) anhand der IP-Adressen zu bilden und zwischen ihnen zu routen. Mithilfe von VLANs lassen sich z. B. Abteilungen in Unternehmen sehr flexibel voneinander trennen, ohne dass eine Änderung der IP-Adressierung erforderlich ist.

Layer-4-Switch (HP)

Ein **Layer-4-Switch** verwendet zusätzlich die OSI-Schicht 4. Diese Geräte können den Datenverkehr anwendungsbezogen steuern. Anhand der Port-Information in den Paketen kann bandbreitenkritischen Anwendungen, wie z. B. Voice-over-IP oder Multimedia, eine Verarbeitungspriorität eingeräumt werden. Dieses Konzept wird auch als **Quality of Service (QoS)** bezeichnet.

Übungsbeispiel

Ü 6.19 ★★: Kopplungselemente einsetzen ☐C

a) In einem Hotel mit einer vorhandenen strukturierten Verkabelung sollen alle Zimmer zu einem virtuellen LAN zusammengefasst werden. Welches Kopplungselement würden Sie empfehlen?

b) Ein Gast in einem Hotel erwartet eine E-Mail mit einem Dateianhang. Als die E-Mail eintrifft, wurde das Attachment von der Firewall entfernt, da es angeblich ein Virus enthielt. Welcher Firewalltyp kam zum Einsatz?

c) Auf einer Online-Plattform für Zimmerreservierungen befinden sich offensichtlich veraltete Daten. Nach einem Reload der Seite werden die Daten richtig angezeigt. Welches Kopplungselement hat dieses Problem verursacht?

6 Strukturierte Verkabelung

Eine strukturierte Verkabelung ermöglicht den Anschluss unterschiedlichster Netzwerkgeräte. Alle Komponenten müssen jedoch einer Norm entsprechen. Am weitesten verbreitet sind derzeit strukturierte Verkabelungen mit Twisted-Pair-Kabeln der Kategorie 5e bzw. 6. Mit diesen Kabeln sind Datenübertragungsraten von bis zu 1 Gbit/s möglich.

Bei **Cat6a** beträgt die maximale Übertragungsrate 10 Gbit/s.

Ebenen der strukturierten Verkabelung

❶ Die Primärverkabelung verbindet Gebäude.

Zwischen Gebäuden sollten Lichtwellenleiter verlegt werden.

Lichtwellenleiter
mit ST- und SC-Stecker

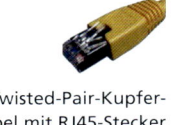

Twisted-Pair-Kupfer-
kabel mit RJ45-Stecker

19-Zoll-Verteilerschrank
der Tertiärverkabelung
beim ÖAMTC (Foto: HP)

❷ Die Sekundärverkabelung verbindet Stockwerke.

Die Stockwerke innerhalb eines Gebäudes sollten mit Lichtwellenleitern oder Kupferkabeln mit einer hohen Datentransferrate (z. B. 1 Gbit/s) versorgt werden.

❸ Die Tertiärverkabelung verbindet die Endgeräte.

Von jedem Stockwerksverteiler führen Verlegekabel sternförmig zu den Datendosen für die Endgeräte. Diese werden über Patchkabel mit der Datendose verbunden.

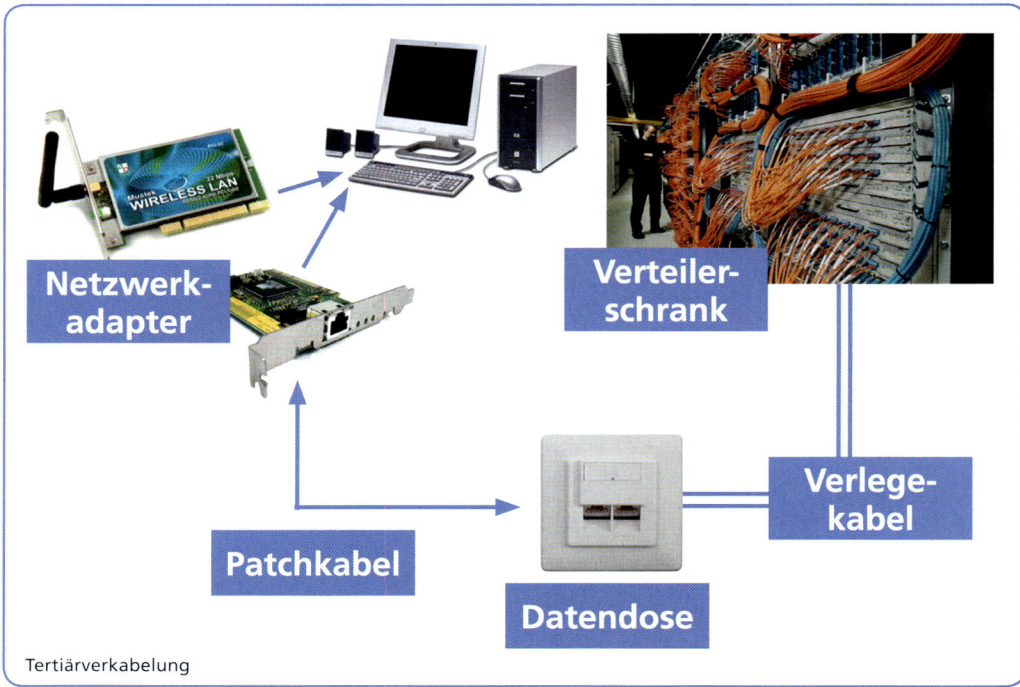

Netzwerk-
adapter

Verteiler-
schrank

Patchkabel

Datendose

Verlege-
kabel

Tertiärverkabelung

Wenn sich eine Verkabelung nur innerhalb eines Gebäudes befindet, entfällt die Primärverkabelung. Befindet sich die Verkabelung nur auf einer Ebene, so entfällt auch die Sekundärverkabelung. In der Folge sehen Sie sich die Tertiärverkabelung etwas genauer an. Welche **passiven Komponenten** benötigen Sie, wenn Sie zu Hause eine strukturierte Verkabelung aufbauen wollen?

Passive Komponenten der Tertiärverkabelung

❶ Sofern der PC noch keinen Netzwerkanschluss hat, muss ein Netzwerkadapter eingebaut werden.

Ein moderner PC hat bereits einen Netzwerkadapter integriert. Andernfalls kann ein kostengünstiger Adapter gekauft und eingebaut werden.

Netzwerkadapter =
Network Interface Card
(NIC)

❷ Der Netzwerkadapter wird mit einem Netzwerkkabel an die Datendose angeschlossen.

In Büro- und EDV-Räumen befinden sich Datendosen, die mit einem Stockwerksverteiler oder einem zentralen Verteilerschrank verbunden sind.

Netzwerkkabel =
Patchkabel

❸ Im Verteilerschrank kommen alle Verlegekabel zusammen und werden mittels Patchkabel an die aktiven Kopplungselemente angeschlossen.

Benötigen Sie einen neuen Netzwerkanschluss, müssen Sie im Verteilerschrank das richtige Kabel „patchen" (= verbinden). Eine solche strukturierte Verkabelung kann für Computer, Telefon, Fax und Multimediadienste verwendet werden.

Verteilerschrank =
19-Zoll-Rack

Übungsbeispiel

Ü 6.20 ★★: Strukturierte Verkabelung für eine Tischlerei B

Nehmen Sie ein leeres Blatt Papier zur Hand und skizzieren Sie eine strukturierte Verkabelung für eine Tischlerei! Berücksichtigen Sie dabei zwei PCs für Beratung und Verkauf, einen Drukker für das Holzlager sowie einen PC im Produktionsbereich.

Ü 6.21 ★★★: Strukturierte Verkabelung für ein Hotel C

Skizzieren Sie die strukturierte Verkabelung eines Hotels mit 20 Zimmern. In jedem Zimmer gibt es einen Netzwerkanschluss (für Internet). Weiters werden Netzwerkanschlüsse an der Rezeption, im Backoffice, in der Küche sowie im Restaurant und im Wellnessbereich benötigt.

HDMI over CAT6

Universelle Verwendbarkeit

Eine strukturierte Verkabelung kann nicht nur zur Übertragung von Netzwerksignalen verwendet werden, sondern z. B. auch zur **Verlängerung von USB- oder HDMI-Kabeln.** Über spezielle Adapter auf beiden Seiten erfolgt die Umwandlung der Signale. Über die Netzwerkkabel können beispielsweise Fernsehbilder in Full-HD-Qualität bis zu einer Distanz von 100 m übertragen werden (HDMI over CAT6).

7 Wireless-LAN
Komponenten für Funknetzwerke

In Ergänzung zu drahtgebundenen Netzen setzen sich überall dort, wo es keine Möglichkeit der Kabelverlegung gibt, sowie im Heimbereich Drahtlosnetzwerke (engl. Wireless LAN, kurz WLAN) durch. Die Übertragung zwischen Geräten erfolgt mittels elektromagnetischer Wellen. Drahtlose Technologien gibt es schon seit langer Zeit (z. B. Funk, Mikrowellen, Satellit, Infrarot).

Vorteile von WLAN:
- Mobilität: einfache Möglichkeit für den Client, sich zu verbinden
- Skalierbarkeit: kann leicht für weitere Benutzer freigeschaltet werden
- Flexibilität: überall und jederzeit verfügbar
- günstig in der Anschaffung
- reduziert die Installationszeit

Nachteile von WLAN:
- Interferenzen zwischen anderen Geräten
- Datensicherheit

WLAN-Standards

Will man ein Endgerät in einem WLAN betreiben, ist darauf zu achten, dass der WLAN-Standard des AccessPoints vom mobilen Endgerät unterstützt wird. Moderne AccessPoints erlauben höhere Datenübertragungsraten, sofern das Endgerät den WLAN-Standard verwendet. Werden verschiedene Frequenzbereiche angeboten, wie z. B. bei IEEE 802.11n, sollte man sich für den höheren entscheiden (5 GHz), da hier mehr Datenkanäle verfügbar sind.

IEEE 802.11 wurde bereits durch seine Nachfolgestandards ersetzt.

IEEE 802.11g+ ermöglicht eine max. Datentransferrate von 108 Mbit/s.

Standard	Frequenzbereich	max. Datentransferrate	Netto-Datenübertragungsrate	Reichweite (Indoor)
IEEE 802.11	2,4 GHz	2 Mbit/s	0,9 Mbit/s	~20 m
IEEE 802.11a	5 GHz	54 Mbit/s	20–23 Mbit/s	~35 m
IEEE 802.11b	2,4 GHz	11 Mbit/s	4–6 Mbit/s	~38 m
IEEE 802.11g	2,4 GHz	54 Mbit/s	19–22 Mbit/s	~38 m
IEEE 802.11n	2,4 oder 5 GHz	300 Mbit/s	74–120 Mbit/s	~70 m
IEEE 802.11ac	5 GHz	1300 Mbit/s	~400 Mbit/s	~50 m

Beim Aufbau eines WLANs ist darauf zu achten, dass die Verbindung zu einer Drahtloskomponente über das richtige WLAN erfolgt. Dies geschieht mit der sogenannten **SSID (Service Set Identifier).** Die SSID wird verwendet, um den Netzwerkgeräten mitzuteilen, wie das WLAN-Netzwerk heißt. Alle Geräte, die am gleichen WLAN teilnehmen wollen, müssen dieselbe SSID verwenden.

WLAN-Sicherheit

SSID
= Service Set Identifier,
Name eines Access-
points bzw. WLANs

Die **MAC-Adresse** ist der
48-Bit-Code einer
Netzwerkkarte.

Eine der größten Herausforderungen beim Einsatz von Wireless-Technologien bleibt die Sicherheit.

Der Zugriff auf ein WLAN kann durch folgende Maßnahmen eingeschränkt werden:

- Änderung der Default-Einstellungen (Passwort)
- Ausschalten der Versendung der **SSID** (wenn möglich)
- MAC-Adressen-Filterung: Ein **MAC-Filter** lässt nur noch in einer Tabelle eingetragene Netzwerkkarten zu.
- Traffic-Filterung
- Authentifizierung im WLAN
- Verschlüsselung

8 Netzwerkplanung

SbX

**Eine PowerPoint-
Vorlage mit Netzwerk-
symbolen finden Sie
unter der ID: 2621.**

Die Planung eines Netzwerks ist eine komplexe Angelegenheit. Wie Sie gesehen haben, gibt es eine Reihe von Geräten, die zur Weiterleitung, Filterung und Verteilung der Daten benötigt werden. Die Aufgabe der Netzwerkplanung ist es, ein möglichst übersichtliches, flexibles und sicheres Netzwerk zu entwerfen.

Ein **Serverschrank**
(Serverrack) beinhaltet
mehrere Server.
(Foto: HP)

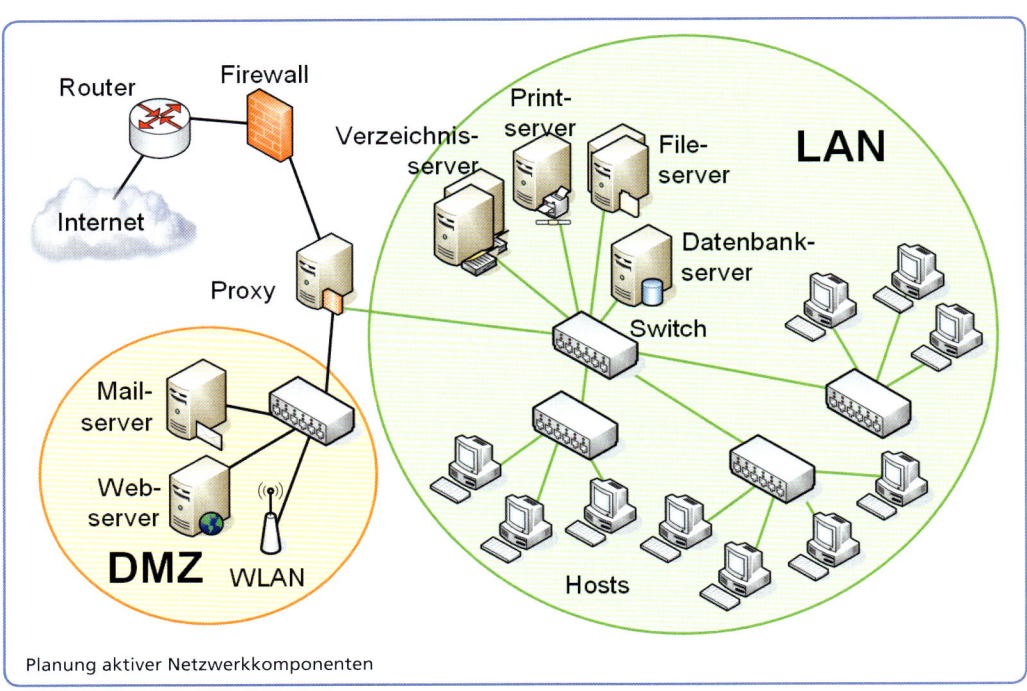

Planung aktiver Netzwerkkomponenten

Die Abbildung zeigt eine Netzwerkplanung für ein Unternehmen. Das LAN ist mittels eines **Proxys** mit **Content-Firewall** geschützt. Mail- und Webserver sowie WLAN befinden sich in einer **demilitarisierten Zone (DMZ)** mit verminderter Sicherheit. Vor dem Proxy befinden sich **Paketfilter-Firewall** und Router.

Eine **demilitarisierte Zone (DMZ)** ist ein weniger stark geschützter, vom übrigen LAN durch eine Firewall getrennter Bereich. Da Mail- und Webserver aus dem Internet erreichbar sein müssen, dürfen in einer DMZ keine so hohen Sicherheitsanforderungen gelten. Wird die DMZ über das Internet oder das WLAN geknackt, kommt der Hacker nur in die DMZ, nicht aber in das LAN.

Übungsbeispiel

Ü 6.22 ★★: Netzwerkdiagramm zeichnen C

Zeichnen Sie ein Netzwerkdiagramm für Ihre Schule! Berücksichtigen Sie dabei die örtlichen Gegebenheiten, die Anzahl der EDV-Räume und die Anzahl der PCs in sonstigen Räumen, wie z. B. in der Direktion, in den Kustodiaten und in Notebookklassen. Integrieren Sie in diese Planung ein Sicherheitskonzept mithilfe einer DMZ!

 **Üben**

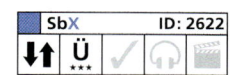

Ü 6.23 ★★: Ausdehnungsbegriffe B
Welche Form der Ausdehnung von Netzwerken wird in den Beispielen verwendet?

Anwendungsbeispiel für ein Netzwerk	Begriff für die räumliche Ausdehnung
a) Sie verbinden Ihren Laptop mit dem Desktop-PC, um Ihre Daten zu sichern.	
b) Sie laden sich für ein Wander-GPS die aktuellen Landkarten aus dem Internet herunter.	
c) Ein Vertreter gibt von zu Hause aus seine Umsätze in das Vertriebssystem des Unternehmens ein.	
d) Ein Sportgeschäft verbindet sich mit dem Zentrallager, um sich über den Lagerstand eines bestimmten Artikels zu informieren.	
e) Sie telefonieren im Auto mit einer Bluetooth-Einrichtung.	
f) Sie aktualisieren den Druckertreiber Ihres HP-Deskjet-Tintenstrahldruckers über das Internet.	

Ü 6.24 ★: Übertragungsmedien B
Kreuzen Sie für die folgenden Geräte alle Übertragungsmedien an, die diese benutzen!

Gerät	Funk	Kupfer	LWL
a) WLAN Router 802.11g, 1 × WAN, 4 × RJ45 10/100 Mbit/s			
b) Layer-3-Switch, 48 × RJ45 10/100 Mbit/s, 2 × SC 1 Gbit/s			
c) WAN-Router, 1 × WAN, 1 × RJ45 100 Mbit/s			
d) 8-Port-Hub 10/100 Mbit/s			
e) Netzwerkadapter RJ45 10/100 Mbit/s			
f) Netzwerkadapter ST 1 Gbit/s			

Ü 6.25 ★: Komponenten einer strukturierten Verkabelung C
Skizzieren Sie für die folgenden Beispiele eine strukturierte Verkabelung und zählen Sie die benötigten Komponenten auf!

a) Eine Schule will eine neue Laptop-Klasse für 25 Schülerinnen und Schüler ausstatten. Die Klasse liegt im dritten Stock des Schulgebäudes. Die EDV-Räume und der Server-Raum befinden sich im Erdgeschoß.

b) Der Beamer im Wohnzimmer im Erdgeschoß eines Einfamilienhauses soll mit dem Desktop-PC im Arbeitszimmer im ersten Stock verbunden werden. WLAN kommt nicht infrage, da die Hausbesitzer keinen zusätzlichen Elektrosmog wünschen.

c) Eine Zuckerfabrik will das Bürogebäude mit der 400 Meter entfernt liegenden Produktionsstätte verbinden. Alle Gebäude befinden sich auf dem Firmengelände.

Ü 6.26 ★★: WLAN-Router C
Auf der folgenden Seite sehen Sie ein Produktdatenblatt, auf dem die technischen Daten eines WLAN-Routers beschrieben werden. Beantworten Sie anhand des Datenblattes folgende Fragen:

a) Hat dieses Gerät eine Firewall?

b) Kann mithilfe dieses Geräts eine DMZ aufgebaut werden?

c) Wie viele Rechner können mittels Twisted-Pair-Kabel miteinander verbunden werden?

d) Welche(r) Begriff(e) trifft/treffen auf dieses Gerät zu?
   1. Hub, 2. Switch, 3. Router, 4. Router-Switch

Technische Daten

Schnittstellen:

- LAN: 4x 10/100MBit/s Autosensing, Auto Uplink, RJ45-Port
- WAN: RJ11 ADSL, Annex B

Wireless:

- Netzwerk Geschwindigkeit: bis zu 108MBit/s (auto-rate fähig)
- Modulationstyp: OFDM mit BPSK,
- PSK, 16QAM, DBPSK, DQPSK, CCK
- Frequenz-Band: 2,4 GHz
- Unterstützter Standard: 802.11g und 802.11b
- Standarterweiterung
- Antenne: 2 dB

Routing Protokoll:

- Static und Dynamic Routing mit TCP/IP, VPN
- Pass-Through (IPSec, L2TP, PPTP), NAT, UDP,
- RIP, PPPoE, PPPoA, Classical IP, DNS, DHCP (Client & Server)

Sicherheit:

- Firewall: Stateful Packet Inspection, Intrusion Logging und Reporting, Denial of Service Protection
- VPN: NAT traversal (VPN Pass-Through) für IPSec, PPTP und L2TP VPNs
- Operationsmodus: Network Address Translation (NAT), Static Routing - Static IP Address Assignment, internal DHCP Server im LAN, DHCP Client im WAN
- Verschlüsselung: Bis zu 128-Bit WEP, WPA-PSK, Disable Access Point, Hide SSID

Anwender-Unterstützung:

- LAN: Bis zu 253 Anwender

Management:

- Administrations-Interface: Web-graphisches Benutzer-Interface,
- Benutzernamen und Passwort geschützt, Smart Wizard und Auto Detect, Remote Management Support Authentication durch IP Adresse oder IP Adressbereich und Passwort, Secure Sockets Layer (SSL) Support, Konfigurations-Änderungen/Upgrades durch Web GU
- Konfigurationen und Upgrades: Konfigurationseinstellungen, Firmware upgradebar über Flash Memory
- Funktionen: Remote Management, Port Range Forwarding, Exposed Host (DMZ), DNS Proxy, URL Content Filtering, E-mail Alerts

RFC Support:

- IPSec tunnel mode (RFC 2401)
- (pass through mode), IP v.4
- DHCP server (RFC 2131)
- DHCP client (RFC 2131)
- NAT (many-to-one) (RFC 1631)
- IP Control Protocol (RFC 1332)
- Bridged Ethernet Encapsulation (RFC 1483, 2684)
- PPP over Ethernet (PPPoE) (RFC 2516)
- PPP over ATM (PPPoA) (RFC 2364)
- Classical IP over ATM (RFC 1577)

Physikalische Spezifikationen:

- Netzteil:12 VDC, 1 A
- Maße (L x B x H): 172 x 115 x 25,5 mm
- Gewicht: 0,3 kg

Betriebsumgebung:

- Betriebstemperatur: 0 bis 40° C
- Luftfeuchtigkeit: 10% bis 90%, nicht kondensierend

Datenblatt des „Netgear DG834GTB 108-Mbit/s-Super-Wireless-ADSL-Modemrouters"

SbX
ID: 2622

Weitere Übung im SbX

Ü 6.27 ★★★: Netzwerkverkabelung C
Bearbeiten Sie das Übungsbeispiel zur Netzwerkverkabelung im Alpenhotel!

Sichern

LAN Ein **Local Area Network** verbindet Geräte **innerhalb von Gebäuden** bzw. zwischen Gebäuden auf einem Grundstück. Als LAN bezeichnet man auch die **ortsgebundene Verkabelung.**

WLAN Der Begriff **Wireless-LAN** bezeichnet ein **lokales Funknetzwerk.**

WAN Ein **Wide Area Network** verbindet Geräte in **unterschiedlichen Orten bzw. Ländern.** WAN-Verbindungen werden in der Regel über Telefonleitungen oder Richtfunkstrecken realisiert.

Datenübertragungsmedien	Als Datenübertragungsmedien kommen **Funk** (z. B. Bluetooth und WLAN), **Kupferkabel** (z. B. Twisted-Pair-Kabel) und **Lichtwellenleiter** infrage.
Topologien	Eine Topologie bezeichnet den **strukturellen Aufbau eines Netzwerkes.** Man unterscheidet Bus-, Ring-, Stern- und Baumtopologie.
Vermittlungsverfahren	Für Telefongespräche wird die **Kanalvermittlung** verwendet. Dabei steht den beiden Gesprächspartnern eine Leitung exklusiv zur Verfügung. Die Vergebührung erfolgt nach der Zeit und der Entfernung. In Computernetzwerken werden aufgrund der **Paketvermittlung** gleichzeitig die Datenpakete vieler Rechner über eine Leitung transportiert.
aktive Kopplungselemente	Zur Verbindung von Netzwerkgeräten werden aktive Kopplungselemente, wie z. B. **Hub, Switch und Router,** benötigt. Die Geräte arbeiten **auf unterschiedlichen Ebenen** (Layern) des OSI-Referenzmodells: Hub = Layer 1, Switch = Layer 2 oder höher, Router = Layer 3.
strukturierte Verkabelung	Eine strukturierte Verkabelung stellt die **Verbindung aller Netzwerkgeräte in einem LAN** her. Sie besteht aus der **primären** (zwischen Gebäuden), der **sekundären** (zwischen Stockwerken) und der **tertiären Verkabelung** (zwischen Endgeräten und Stockwerksverteilern).
Hub	Ein **Hub** verteilt alle eingehenden Pakete an die angeschlossenen Geräte. Hubs arbeiten auf der Basis des **OSI-Layers 1** und verursachen in großen Netzwerken enorm viele Kollisionen.
Switch	Ein **Switch** liest aus dem empfangenen Datenpaket die MAC-Adresse des Empfängers und leitet es an ihn weiter. Switches basieren auf dem **OSI-Layer 2** und können Kollisionen verhindern.
Layer-3-Switch	Ein **Layer-3-Switch** liest zusätzlich die IP-Adresse aus dem empfangenen Datenpaket. Dadurch kann er dynamische **virtuelle LANs** bilden. In Unternehmen wird diese Funktion verwendet, um den Datenverkehr der Abteilungen voneinander zu trennen.
Layer-4-Switch	**Layer-4-Switches** sind in der Lage, über den verwendeten Port die **Art der Anwendung** zu erkennen. Dadurch kann für bestimmte Dienste, wie z. B. Voice-over-IP oder Multimedia, eine höhere Verarbeitungsgeschwindigkeit garantiert werden, was als **Quality-of-Service** bezeichnet wird.
Router	Ein **Router** verbindet zwei TCP/IP-Netzwerke.
Firewall	Eine **Firewall** analysiert alle Datenpakete bezüglich ihrer Regelkonformität, wobei in Paketfilter und Contentfilter unterschieden wird. Eine **Paketfilter-Firewall** arbeitet auf Port-Ebene und kann den Datenverkehr einer bestimmten Anwendung unterbinden. Eine **Contentfilter-Firewall** arbeitet auf der Anwendungsebene und analysiert die gesendeten Daten, wie z. B. jene einer Webseite.
Proxy	Ein **Proxy** kann als **Zwischenspeicher für Internetabfragen** und als **Contentfilter** genutzt werden. Ein Beispiel für ein beliebtes Produkt ist der Microsoft ISA-Server.
DMZ	Eine **demilitarisierte Zone** ist ein **weniger gut abgesicherter Bereich** in einem LAN. Die DMZ ist durch eine Firewall in Richtung LAN und durch eine weitere Firewall mit weniger restriktiven Einstellungen in Richtung Internet geschützt. In einer DMZ befinden sich in der Regel der Webserver, der Mailserver und die WLAN-Accesspoints.

Wissen

W 6.3: Kontrollfragen und -aufgaben B

1. Nennen Sie fünf Ausdehnungsbegriffe für Netzwerke und erklären Sie die Unterschiede!
2. Worin besteht der Unterschied zwischen einem Bluetooth-Netzwerk und einem WLAN?
3. Beschreiben Sie eine WAN-Verbindung mithilfe eines selbst gewählten Beispiels!

4. Nennen Sie je ein Beispiel für den Einsatz eines Kupferkabels und eines Lichtwellenleiters!

5. Erklären Sie den Unterschied zwischen einem Switch und einem Router!

6. Beschreiben Sie das Zusammenwirken der Komponenten bei einer strukturierten Verkabelung!

7. Beschreiben Sie Einsatzgebiete für einen Layer-3- und einen Layer-4-Switch!

8. Worin besteht der Unterschied zwischen einem Layer-3-Switch und einem Router?

9. Welche Firewalltypen kennen Sie und wodurch unterscheiden sie sich?

10. Nennen Sie die Aufgaben eines Proxys!

11. Erklären Sie den Begriff DMZ!

12. Warum befindet sich ein WLAN-Accesspoint in der DMZ und nicht im LAN?

13. Im Planungsdiagramm einer strukturierten Verkabelung finden Sie einige Hubs und Switches. Wie ist dies zu beurteilen? Nehmen Sie dazu kritisch Stellung!

14. Im Datenblatt eines WLAN-Routers ist zu lesen: „inkl. DHCP". Erklären Sie den Begriff und ordnen Sie ihn der richtigen Schicht im TCP/IP-Referenzmodell zu!

W 6.4: Netzwerkplan erstellen 🅱

Erstellen Sie einen Plan für eine strukturierte Verkabelung der Mannheim & Söhne KG in PowerPoint. In Gebäude A befinden sich fünf Büroräume sowie ein Serverraum. In jedem Büro sollen mindestens acht Endgeräte angeschlossen werden können. Planen Sie im Serverraum einen 19-Zoll-Verteilerschrank und Platz für vier Server sowie eine Arbeitsstation für den Systemadministrator ein. In Gebäude B (Vertrieb) befinden sich insgesamt sechs Endgeräte.

Welche aktiven Kopplungselemente müssen beschafft werden, wenn beide Gebäude miteinander verbunden und mit dem Internet vernetzt werden sollen? Erstellen Sie in Word ein Angebot, das alle erforderlichen Arbeiten, Komponenten und Geräte beinhaltet, und legen Sie dem Angebot den erstellten Plan bei.

Ein kurzer Kompetenz-Check, bevor´s weitergeht!

Kompetenz-Check

	☺	😐	☹
Ich kann Verbindungen mit unterschiedlichen Geräten auf Basis unterschiedlicher Technologien herstellen.			
Ich kann überprüfen, ob die Netzwerkeinstellungen richtig konfiguriert sind.			
Ich kann Änderungen an der Konfiguration von Netzwerkeinstellungen vornehmen.			
Ich kann einfache Netzwerkprobleme untersuchen und beheben.			

7

IT UND RECHT
Kompetenzmodul 9

Worum geht's in diesem Kapitel?

Nutzer/innen von Computern, Notebooks, Tablets und Smartphones sind heute mit einer unüberblickbaren Anzahl und Vielfalt von Bedrohungen für die IT-Sicherheit konfrontiert. Dieses Kapitel gibt einerseits einen Überblick über die verschiedenen Formen von Bedrohungen, wie z.B. Viren, Trojaner oder Phishing-Attacken, andererseits erhalten Sie Einblicke in die rechtlichen Grundlagen für die Nutzung des Internets.

In diesem Kapitel erwerben Sie Kompetenzen zu folgenden Bildungs- und Lehraufgaben:

- mögliche Bedrohungsszenarien für digital gespeicherte Daten aufzeigen
- Sicherheits- und Sicherungssysteme in Unternehmen bewerten und konfigurieren
- grundlegende datenschutzrechtliche Bestimmungen unterscheiden und grobe Verstöße dagegen aufzeigen
- beurteilen, ob Handlungen im Rahmen von IT-Anwendungen gegen entsprechende gesetzliche Bestimmungen verstoßen
- E-Business-Anwendungen nutzen
- die Bedeutung der Datenverschlüsselung beschreiben und Daten sicher übertragen

In diesem Kapitel finden Sie Lehrbeispiele, Übungsaufgaben, Kontrollfragen und Wissensaufgaben zur Kompetenzüberprüfung auf den Handlungsebenen A Verstehen, B Anwenden, C Analysieren und D Entwickeln.

Dieses Kapitel umfasst folgende Lerneinheiten:

1 Risiken und Datensicherung

2 Rechtliche Grundlagen

SbX

Alle SbX-Inhalte zu dieser Lerneinheit finden Sie unter der ID: 2710.

Lerneinheit 1
Risiken und Datensicherung

Stellen Sie sich vor, Sie arbeiten auf einem PC und plötzlich passieren eigenartige Dinge. Beispielsweise werden Werbefenster eingeblendet, obwohl Sie nicht online sind, die Desktopsymbole sehen anders aus und Ihre eben noch bearbeiteten Dokumente sind plötzlich verschwunden. Was ist da los? Wie können Sie sich helfen?

Lernen

SbX   ID: 2711

Hacker = Eindringling

Ein **Trojaner** öffnet eine Hintertüre (Backdoor) für einen Hacker.

Ein **Rootkit** verwischt die Spuren des Hackers.

Virus = Schadprogramm

Spam = unverlangte Werbung in Form von E-Mails

Hoax = Falschmeldung

Sniffing = Datenspionage

Phishing = Ausspähen des Passworts

SbX

Eine Bildschirmpräsentation mit allen Abbildungen zum Schritt LERNEN finden Sie unter der ID: 2711.

Spyware wird zum Ausforschen von Passwörtern und anderen den Benutzer betreffenden Informationen verwendet.

1 Bedrohungen

Für den sicheren Betrieb eines PCs ist jede Benutzerin/jeder Benutzer selbst verantwortlich. Man muss sich über die aktuellen Bedrohungen laufend informieren, um diese bekämpfen zu können.

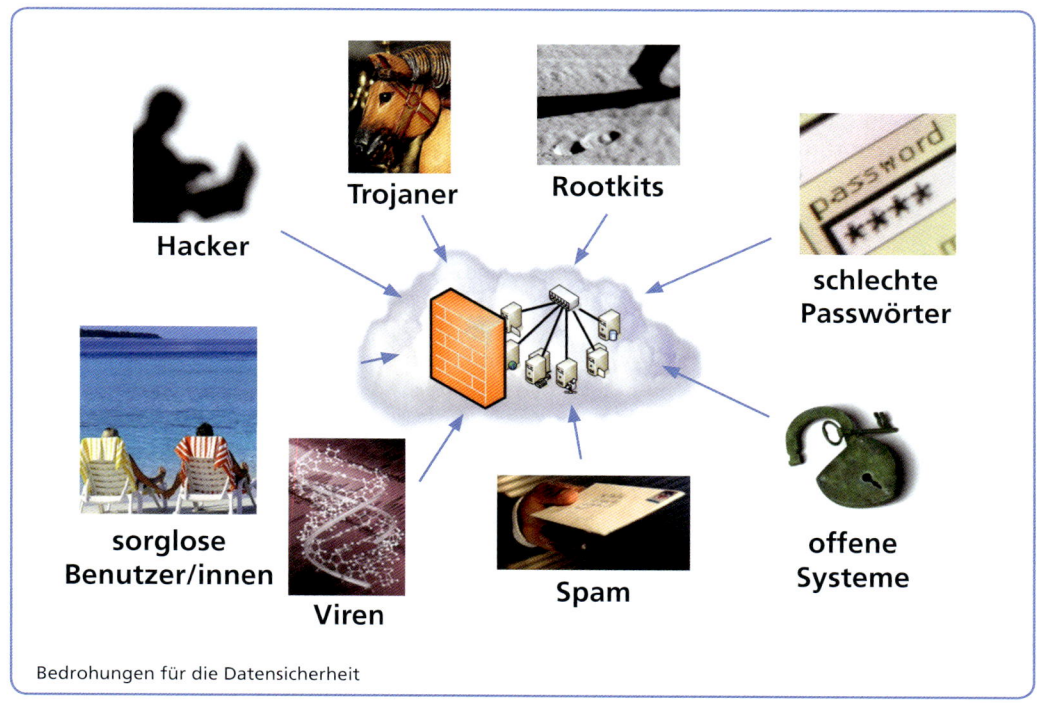

Bedrohungen für die Datensicherheit

Ohne entsprechende Sicherheitsvorkehrungen stehen die Türen zu Ihrem PC weit offen. Für Unternehmen und Behörden ist dies eine sehr ernste Gefahr, denn Spione, Betrüger und Hacker gibt es überall auf der Welt.

Bedrohungen für die Netzwerksicherheit

❶ Sorglose Benutzer/innen stellen in einem Netzwerk die größte Gefahr dar. Sie öffnen Hackern und Spyware Tür und Tor.

Ein **schlechtes Passwort** ist eine offene Tür in ein Netzwerk. Hat ein Hacker erst einmal Zugriff, kann ihn nichts mehr aufhalten. Mittels **Viren, Trojanern und Rootkits** treibt er sein Unwesen und benutzt den geknackten PC als Plattform für weitere Angriffe. Die Kombination aus verschiedenen Angriffen wird als **Blended Threat** bezeichnet.

❷ Trojaner sind die Hintertüre für einen Hacker und werden mittels Rootkits vor dem Administrator bzw. dem Benutzer versteckt.

Adware installiert unerwünschte Werbung in Form von Popup-Fenstern oder Browsertools, wie z.B. Searchbars.

Hat ein Hacker eine Schwachstelle in einem System entdeckt, so hält er sich mit einem **Trojaner** eine geheime Zugangsmöglichkeit **(Backdoor)** offen. Mit einem **Rootkit** kann der Hacker Prozesse, also Programme, wie z.B. den Trojaner, verstecken. Nun hat der Hacker jederzeit Zugang ins Netzwerk, kann es als Plattform für weitere Angriffe nutzen, wie z.B. für Spam, und seine wahre Identität hinter dem geknackten System verbergen. Das Fälschen von Identitäten wird als **Spoofing** bezeichnet.

❸ Elektronisches „Ungeziefer" kostet Nerven, Zeit und Ressourcen.

*Ein **Wurm** nützt eine bestehende Schwachstelle (Exploit) im Betriebssystem oder Browser aus und startet ein Schadprogramm.*

Die größte Gefahr stellen heute **Blended Threats** dar. Sie sind eine Kombination aus Viren, Rootkits, Trojanern, Spyware, Adware, Würmern und anderen Schadprogrammen. Selbst für moderne **Anti-Viren-Software** ist es schwierig, Blended Threats zu entdecken.

❹ Offene Systeme sind pure Fahrlässigkeit der Benutzer oder Administratoren.

*Über ein **offenes Relay** kann jede/r eine E-Mail versenden – eine „Einladung" für einen Spammer.*

Die Gefahren, die von offenen Systemen ausgehen, werden von vielen Benutzern völlig unterschätzt. Hacker bemächtigen sich der offenen Systeme und starten von dort aus ihre Raubzüge oder Betrügereien. Der geschädigte Benutzer wird dadurch selbst zum Schädiger, was zu Schadenersatzforderungen führen kann! So werden z.B. **offene Relays** bei Mailservern für **Spam-Angriffe** missbraucht, obwohl die Deaktivierung eines offenen Relays für jeden Administrator eine wichtige Pflicht darstellt. Die Folge dieser Fahrlässigkeit ist meist die Sperre des Mailservers durch den Provider. Danach kann das betroffene Unternehmen weder E-Mails versenden noch empfangen.

Übungsbeispiel

Ü 7.1 ★: Polizeivirus B

> Um ihren Rechner von einem Schadprogramm zu befreien, werden die Nutzer/innen dazu angehalten, Geld zu überweisen. Die Polizei spricht von „digitaler Erpressung". Der Nutzer wird bei dem Virus aufgefordert, 100 Euro für einen angeblichen Freigabecode zur Entsperrung des Rechners zu zahlen. In dem Fenster sind die Logos des Bundesamts für Sicherheit in der Informationstechnik (BSI) und der Gesellschaft für Verfolgung von Urheberrechtsverletzungen (GVU) eingeblendet. Behauptet wird den Angaben zufolge, dass die Funktion des Computers „aus Gründen unbefugter Netzaktivitäten ausgesetzt worden" sei. Tatsächlich ist der Computer mit einer Schadsoftware infiziert. Das BKA und das BSI mahnten Internet-Nutzer, den geforderten Betrag auf keinen Fall zu zahlen. Weder BKA noch GVU seien Urheber der Meldung.
>
> (Quelle: Die Presse, 29.01.2013, gekürzt und adaptiert)

Recherchieren Sie weitere Berichte von Bedrohungen im Internet und fassen Sie das Ergebnis Ihrer Suche übersichtlich zusammen. Verwenden Sie die Übersicht auf der vorigen Seite zur Kategorisierung!

Um überprüfen zu können, ob Ihr PC mit einem Virus infiziert ist, sollten Sie ihn nach einer umfassenden **Datensicherung** mit einer **Antivirensoftware** untersuchen. Damit die Software vor Viren warnen kann, muss sie laufend aktualisiert werden. Täglich entstehen etwa 150 neue Viren. Die Hersteller von Antivirensoftware bieten automatische **Updates** über das Internet an.

Regeln zur Vermeidung von Virenbefall:

❶ Daten regelmäßig sichern

❷ Sicherheitskopien aufbewahren

❸ Datenträger mit Schreibschutz versehen

❹ aktuelle Antivirensoftware verwenden und laufend aktualisieren

❺ Datenträger und vorinstallierte Geräte vor der Verwendung auf Virenbefall prüfen

❻ Notfall-Datenträger erstellen

❼ Boot-Reihenfolge im BIOS zuerst auf „Festplatte" einstellen

❽ eigene Festplattenpartition für Daten erstellen

❾ sichere Passwörter verwenden

❿ niemals mit Administratorrechten im Internet surfen

Täglich treten etwa 30 000 neue Malware-Programme auf. (F-Secure)

7 IT und Recht

Schadensausmaß von Schadprogrammen:

I love You	8,75 Mio. $
Nimda	3,55 Mio. $
Code Red	2,62 Mio. $
Sircam	1,75 Mio. $
Melissa	1,11 Mio. $

(Quelle: Trend Micro)

Welche **Gründe** gibt es, einen Virus zu programmieren? Die Strategie der Autoren hat sich im Lauf der Zeit verändert. Früher galt ein Virus als erfolgreich, wenn er sich innerhalb kürzester Zeit auf möglichst vielen PCs und Servern ausbreitete. Dadurch entstanden **Schäden,** wie überlastete Mailserver, Systemausfälle und vernichtete Daten.

Die heutigen Virenprogrammierer haben eine enorme kriminelle Energie. Sie verbergen ihre Aktivitäten und verwenden infizierte Rechner als **Drohnen für weitere Angriffe** oder zum Versand von **Spam-Mails** (Zombies). Infizierte **Webserver** stellen Speicherplatz für **Websites mit kriminellem Inhalt,** z. B. Raubkopien, Filme etc., bereit.

Um Schäden durch Virenbefall zu verhindern, sollte ein **Antivirenprogramm** installiert und regelmäßig aktualisiert werden, z. B. der mitgelieferte **Defender** in Windows 10.

1000 Angreifer starten bis zu 450 000 Cyberangriffe – pro Tag. Wer sich selbst ein Bild über die Gefahr aus dem Internet machen will, kann dies auf der Website **Sicherheitstacho.eu** quasi live mit verfolgen.

(Quelle: http://www.dw.de/gemeinsamer-kampf-gegen-cyberangriffe/a-16857277)

Auch die **Bedrohung durch Websites** nimmt zu, z. B. weil in Foren und Social-Networks Schadcodes eingeschleust werden.

Übungsbeispiel

Ü 7.2 ★★: Bedrohungen erkennen C

Welche Bedrohungen sind in den Abbildungen zu sehen?

a)

> **Wertes Amazon Mitglied,**
> **auf Ihre Sicherheit beim Einkaufsvorgang legen wir den größten Wert.**
> **Um dies auch wirklich gewährleisten zu können, müssen alle Kunden ab dem 20.01.2016 Ihre persönlichen Daten bestätigen. Ihr Kundenaccount wurde vorerst temporär eingeschränkt.**
> **Um die Einschränkung aufzuheben, ist die Bestätigung Ihrer Daten erforderlich. Kommen Sie dieser Bestätigung innerhalb 14 Tagen nicht nach, ist die Aufhebung der Einschränkung nicht mehr möglich. Die Bestätigung starten Sie über den unten ausgeführten Link. Bitte füllen Sie alle Felder vollständig aus.**

b)

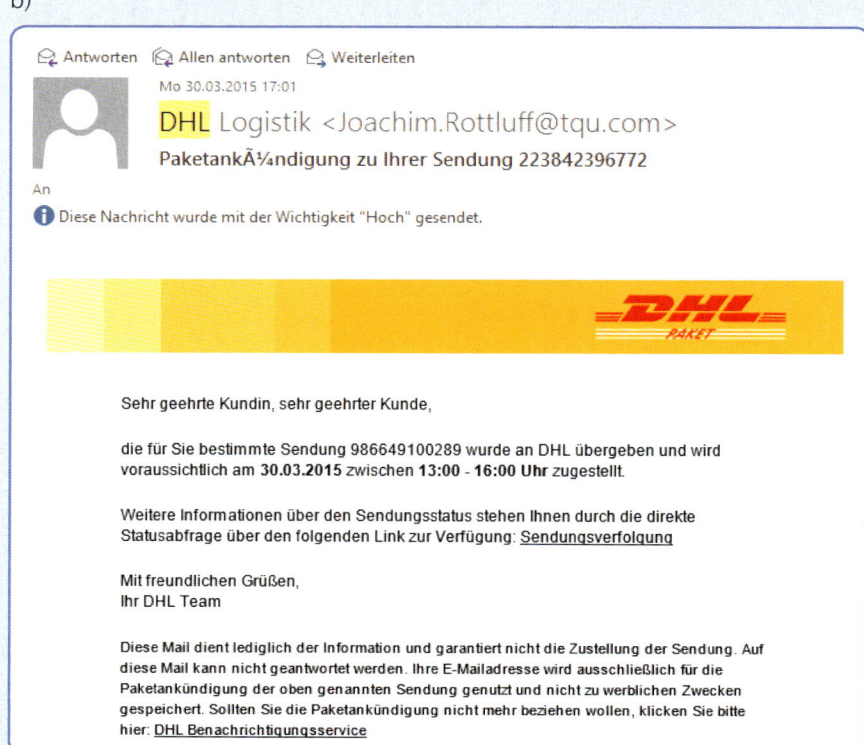

c)

Hallo Leute!

Seit einigen Wochen laufen in München Verrückte herum, die andere Leute absichtlich mit HIV infizieren. Sie gehen vor allem in Münchner Diskotheken und Clubs (bisher Nachtgalerie, Nacht-werk, Opera, Kunstpark Ost, Alabama/Götter der Nacht-Gelände etc.) und injizieren die Viren mit kleinen dünnen Spritzen, die die Betroffenen kaum oder gar nicht spüren. Die Betroffenen hatten dann einen Zettel auf dem Rücken/auf der Schulter, auf dem „Willkommen im Club!" draufstand. Es sind schon neun Fälle bekannt, wo eine Infektion mit HIV nach einer solchen Attacke nachgewiesen werden konnte.

Auf Anfragen bei der Polizei wurde bestätigt, dass es sich in diesen Fällen um kein Gerücht han-delt. Die Polizei hängt diese Fälle jedoch nicht an die große Glocke, da sie eine Massenhysterie fürchtet. Allerdings hat schon TV-München über Videotext informiert sowie die Süddeutsche Zeitung darüber geschrieben.

Also am besten, Ihr meidet solche Massen beim Weggehen und verfolgt die Medien, ob sich bei den Ermittlungen nicht doch etwas ergibt.

Man weiß auch nicht, ob das nur in München passiert ist, oder ob die Irren ihre Aktionen auch in anderen Städten abziehen. Seid auf der Hut und informiert Eure Freunde.

In Österreich regeln das **Telekommunikationsgesetz** und das **E-Commerce-Gesetz** den Versand von unverlangten E-Mails und SMS. Das Versenden von E-Mails zum Zweck der **Direktwerbung** sowie an **mehr als 50 Personen** sind **unzulässig**.

2 Passwortqualität

Wie Sie bereits wissen, kann jeder PC ein Angriffsziel für einen Hacker sein – selbst dann, wenn der PC-Benutzer der Meinung ist, keine wichtigen Daten gespeichert zu haben. Der PC kann als Plattform für weitere Angriffe missbraucht werden, was unter Umständen eine Mithaftung des PC-Eigentümers zur Folge haben kann. Ein PC sollte möglichst gut geschützt sein. Der Schutz beginnt beim Einstieg, wo nach dem Passwort gefragt wird. Das Passwort ist der geheime Schlüssel zu einem System oder Programm.

Das **Passwort für das Benutzerkonto** kann über die Tastenkom-bination [Strg][Alt][Entf] geändert werden.

Übungsbeispiel

Hinweis:
Wenn ein PC ohne Loginaufforderung hochfährt, wurde kein Passwort hinterlegt.

Ü 7.3 ★★: Hijacking B
Herr Peter hat zum Geburtstag ein Notebook bekommen. Das Betriebssystem war bereits vor-installiert. Nach dem Einschalten fährt das Betriebssystem hoch und der Desktop wird ange-zeigt. Ein Virenscanner ist vorinstalliert und die Windows Firewall ist aktiv. Herr Peter behält alle Standardeinstellungen, auch jene des Internet Explorers, bei. Einige Tage später erhält Herr Peter vom Administrator die Anweisung, sein Gerät neu zu installieren, da es offenbar gehi-jacked wurde. Wie konnte das passieren?

Passwortregeln

❶ Ein gutes Passwort besteht aus mindestens acht kleinen und großen Buchstaben, Ziffern sowie Sonderzeichen.

Ein gutes Passwort ist z.B. *MTMhSg39.* Hinter dieser Kombination steht folgender Merksatz: „Meine Tante Martha hat Schuhgröße 39."

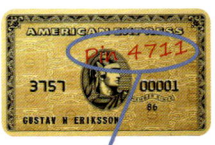

So nicht! Passwörter sollten geheim sein.

❷ Passwörter sollten regelmäßig geändert werden.

Ein Lehrer/eine Lehrerin, der/die das Passwort immer vor den Augen der Schüler/innen eintippt, muss damit rechnen, dass diese früher oder später die Kombination herausbekommen. Wenn er/sie das Passwort laufend ändert, haben es die Schüler/innen deutlich schwerer.

In Windows können die Passwortregeln vorein-gestellt werden.

❸ Passwörter dürfen nicht aufgeschrieben oder weitergegeben werden.

Ein Benutzer ist für sein Passwort und dessen Geheimhaltung selbst verantwortlich. Er haftet grundsätzlich für alle Schäden, die mit seinem Account verursacht werden.

❹ Ein Benutzerkonto ohne Passwort ist eine Einladung für einen Hacker.

Einfache Ziffern-folgen, wie **„1234"** und Tastaturmuster wie **„asdf"** sind schlechte Passwörter.

Das Administratorkonto hat nach der Standardkonfiguration eines neuen Rechners üblicher-weise kein Kennwort. Die Folgen davon wurden im **Übungsbeispiel Ü 7.3** bereits veranschau-licht. Wer seinen Rechner mit einem ungeschützten Administratorkonto in einem Netzwerk oder gar im Internet betreibt, handelt grob fahrlässig.

Übungsbeispiel

Ü 7.4 ★★: Passwortstärke überprüfen B
Recherchieren Sie Internetseiten, die Passwörter hinsichtlich ihrer Sicherheitsstärke prüfen! Wie wird die Stärke folgender Passwörter eingestuft?

a) Mausi   b) Mausi66   c) Mausbär89

d) mb&ök2Zi   e) a93käas§as99

Wenn Sie Ihren PC mit anderen teilen, können Sie besonders wichtige Dokumente mit einem Kennwortschutz versehen. Das nächste Lehrbeispiel zeigt Ihnen, wie das geht.

Schlechte Passwörter sind das größte **Sicherheitsrisiko** in einem Netzwerk!

Lehrbeispiele

L 7.1: Word-Dokument mit Kennwortschutz B
Im *Speichern-Unter*-Dialog von Microsoft Word können Sie über *Tools | Allgemeine Optionen* einen **Kennwortschutz für das Öffnen** vergeben. Ein **Kennwort für das Ändern** versieht das Dokument mit einem Schreibschutz. Ein geschütztes Dokument kann zwar gelesen und verändert, nicht aber unter dem gleichen Namen gespeichert werden.

Brute-Force heißt „rohe Gewalt". Bei dieser Technik werden alle möglichen Zeichenkombinationen ausprobiert.

Knacken eines 6-stelligen Kennworts: nur Kleinbuchstaben: 16 s, Klein- und Großbuchstaben: 16 min, Klein-/Großbuchstaben, Ziffern und Sonderzeichen: 7 h

L 7.2: Passwort knacken A
Wie lange braucht ein PC, um mittels Brute-Force-Technik das Passwort **„mibalu"** zu knacken? Wie lange dauert **„mibaluxyz"**?

„mibalu" besteht aus sechs Kleinbuchstaben, eine von rund 309 Mio. möglichen Kombinationen (26^6). Schnelle PCs können ungefähr 20 Mio. Möglichkeiten in der Sekunde bewältigen. Das Passwort würde somit innerhalb von 16 s geknackt werden. Das zweite Passwort hat neun Buchstaben, das sind 26^9 Möglichkeiten. Es zu knacken, würde 75 Stunden dauern. Wenn Sie Groß- und Kleinbuchstaben, Ziffern und Sonderzeichen verwenden, gibt es bereits über 90 mögliche Zeichen (statt 26). Um ein Passwort mit acht beliebigen Zeichen inklusive Ziffern und Sonderzeichen zu knacken, benötigen Sie sieben Jahre.

Weitere Methoden, um Passwörter zu stehlen, sind:
❶ Programme, die anhand von **Wortlisten** aus Wörterbüchern gängige Passwortkombinationen durchprobieren

❷ Programme, die alle möglichen Kombinationen aus Buchstaben, Ziffern und Sonderzeichen ausprobieren (= Brute-Force-Technik)

❸ **Keylogger,** die alle Tastenanschläge des Benutzers protokollieren

❹ **Man-in-the-Middle-Attacken,** wobei mithilfe von Netzwerktools der Datenverkehr zwischen einem Benutzer und dem Server angezapft und mitprotokolliert wird

Brute-Force heißt „rohe Gewalt".

Hardware-Keylogger werden als Zwischenstecker für die Tastatur angeboten. Dem Benutzer fällt meist nicht auf, dass zwischen der Tastatur und dem PC ein kleiner Speicher eingebaut wurde.

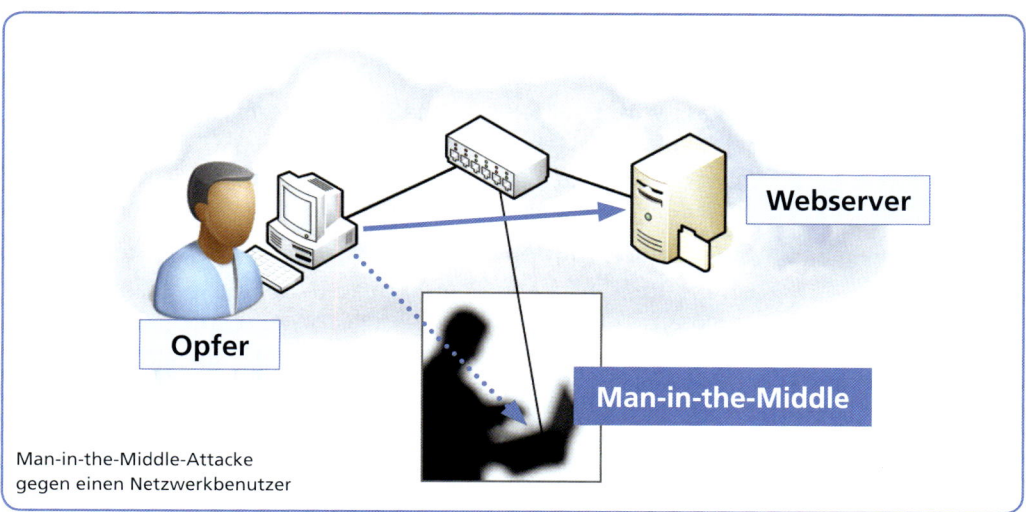

Man-in-the-Middle-Attacke gegen einen Netzwerkbenutzer

3 Antivirenprogramme und Firewalls

❶ Das Wartungscenter gibt einen Überblick über die aktuellen Sicherheitseinstellungen in Windows 10.

Die Benachrichtigungseinstellungen des Wartungscenters können über *Wartungscentereinstellungen ändern* festgelegt werden.

❷ Der Windows Defender beinhaltet einen Echtzeitschutz vor Schadsoftware.

Die Viren- und Spywaredefinitionen des Defenders werden laufend über das Internet aktualisiert. Wird ein anderes Antiviren-Programm eingesetzt, sollte der Defender deaktiviert werden.

❸ Die Windows Firewall schützt den PC vor ungewolltem Fremdzugriff.

Die eingebaute **Firewall** von Windows 10 schützt den PC durch ein Regelwerk, das in den erweiterten Einstellungen angepasst werden kann. Dabei wird zwischen eingehenden und ausgehenden Regeln unterschieden.

Ein **Patch** ist die Korrektur eines Programmfehlers.

Spyware = Sammelbegriff für Spionage-Schadsoftware, z.B. Trojaner

Unter *Systemsteuerung | Windows-Firewall | Erweiterte Einstellungen | Windows-Firewalleigenschaften* kann die Firewall für die Profile **Domäne, Privat** und **Öffentlich** ein- und ausgeschaltet werden.

Individuelle Einstellungen werden in den **ein- und ausgehenden Regeln** vorgenommen.

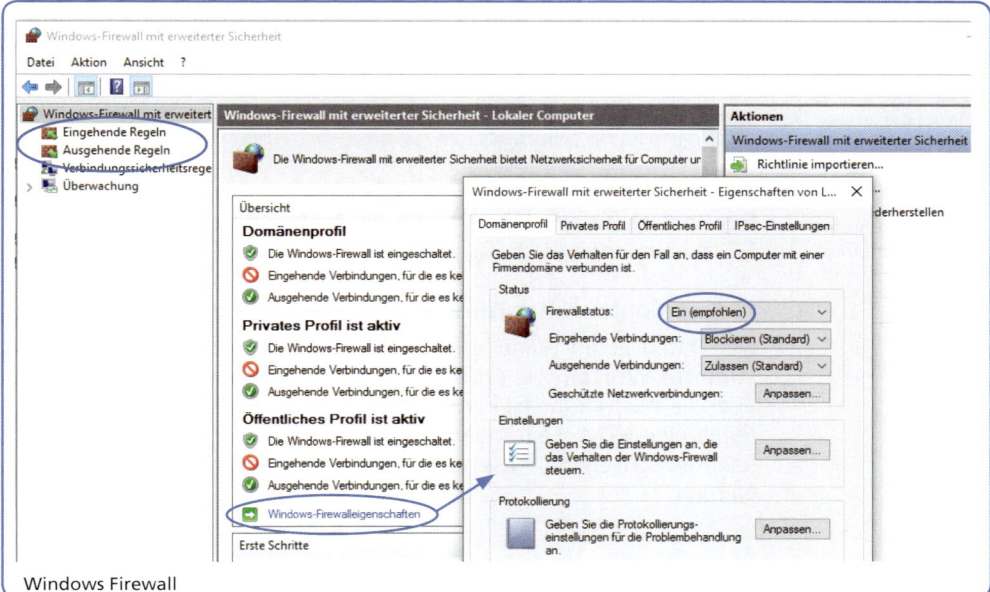

Windows Firewall

Firewalls sitzen an der Schnittstelle **zwischen zwei Netzwerken** mit unterschiedlichem **Sicherheitslevel** und unterbinden unerwünschten Datenverkehr.

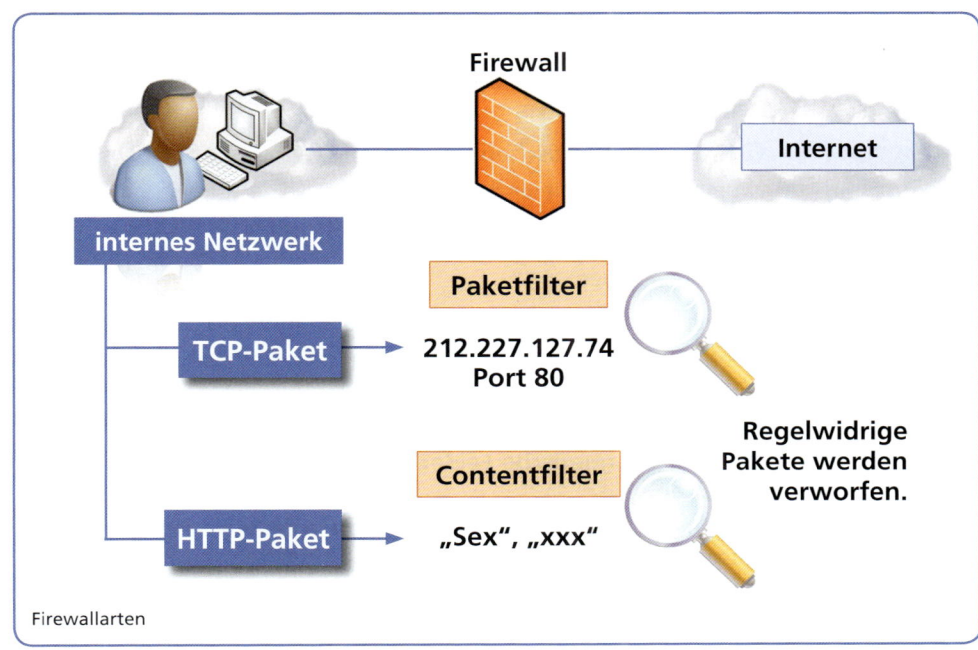

Firewallarten

Personal-Firewalls analysieren den ein- und ausgehenden Datenverkehr und fragen den PC-Benutzer um Erlaubnis, falls ein Programm eine Internetverbindung aufbauen möchte. So kann unerwünschter Datenverkehr vermieden werden, wie ihn z.B. Schadprogramme verursachen können. Windows 10 hat eine Personal-Firewall bereits integriert.

Arten von Firewalls

Jedem Port ist ein Raum des Hauses, wie z.B. das World Wide Web (Port 80), zugeordnet.

❶ Eine Paketfilter-Firewall ist in der Lage, den Datenverkehr einer bestimmten Internetanwendung auf Portebene zu blockieren.

Internetanwendungen sind einem Port zugeordnet, z.B. benutzt das WWW den Port 80. Jedes IP-Paket, das für einen geblockten Port bestimmt ist, wird von der Paketfilter-Firewall verworfen. Zusätzlich können bestimmte IP-Adressräume gesperrt werden.

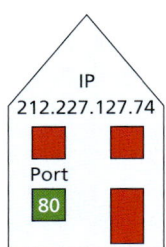

Beispielsweise können alle Pakete für den Port 80, die von der IP-Adresse **212.227.127.74 (galaxywars.de)** kommen, verworfen werden.

Die IP-Adresse ist die „Hausnummer" eines Netzwerkteilnehmers.

❷ „Stateful Inspection" (zustandsgesteuerte Filterung) nennt man das Erkennen des Datenverkehrs zwischen Absender und Empfänger bei einem Portfilter.

Datenpakete werden anhand der IP-Adresse und der Portnummer einem logischen Datenstrom (Active Session) zugeordnet. Dadurch ist die Firewall in der Lage, Antwortpakete auf anderen Ports durchzulassen.

FTP = File Transfer Protocol

Dies ist z.B. bei der Verwendung von FTP erforderlich, da dieses Protokoll zwei Ports benötigt. Der Port 21 (Control Port) ist für die Authentifizierung des Benutzers und die Übertragung der FTP-Kommandos zuständig, der Port 20 (Data Port) für die Datenübertragung.

❸ Eine Contentfilter-Firewall prüft die Inhalte der übertragenen Datenpakete.

Der Datenverkehr kann unterbunden werden, wenn eine HTML-Seite oder eine E-Mail bestimmte Wörter, wie z.B. „Sex" oder „xxx", enthält. Die Regeln sind einfach zu definieren, aber die Ausführung ist komplex. Dafür müssen die richtigen Pakete zusammengesetzt werden, damit eine HTML-Seite oder eine E-Mail als Ganzes erkannt, durchsucht und verändert werden kann. Anschließend muss die Seite wieder in Pakete zerlegt und an den Benutzer weitergeleitet werden.

4 Datensicherheit

Den Verlust von Daten, z.B. nach einem Stromausfall oder Programmabsturz, hat jede/r schon erlebt. Aber wie und warum können Daten verloren gehen?

Naturkatastrophen und kriminelle Handlungen, wie z.B. Sabotage oder Diebstahl, können zu Datenverlust führen.

❶ Anwendungsfehler sind die häufigste Ursache für Datenverlust.

Wenn Sie z.B. eine neue Version einer Datei mit *Speichern unter* erstellen wollen, jedoch irrtümlich *Speichern* wählen, wird die alte Version überschrieben. Der Inhalt der ursprünglichen Datei ist somit verloren.

❷ Kratzer auf optischen Speichermedien können zur Unlesbarkeit der Daten führen.

Ein mehrere Zentimeter langer Kratzer auf einer CD, DVD oder BD führt zur Unlesbarkeit der betroffenen Daten. Bei Filmen äußert sich dies in Szenensprüngen oder Tonaussetzern. Auch Verschmutzungen und Fingerabdrücke können die Lesbarkeit von optischen Datenträgern negativ beeinflussen.

Headcrash bezeichnet das Aufsetzen des Schreib-/ Lesekopfes auf der Plattenoberfläche.

❸ Eine Schockbelastung der Festplatte kann zu einem Headcrash führen.

Wenn ein PC Erschütterungen ausgesetzt ist, kann es passieren, dass der Schreib-/Lesekopf der Festplatte auf der Plattenoberfläche aufsetzt. Daten, die an dieser Stelle gespeichert sind, gehen dabei verloren. Es kann sogar zu einem Totalausfall der Festplatte kommen.

❹ Elektromagnetische Felder, extreme Temperaturen und Spritzwasser können Daten zerstören.

Ein Notebook gehört nicht auf die Boxen der Stereoanlage. Ein USB-Stick oder ein optischer Datenträger dürfen nicht in die pralle Sonne oder auf die Hutablage im Auto gelegt werden. Elektronische Geräte müssen vor Regen und Spritzwasser geschützt werden.

Die Gefahren für Datenverlust sind vielfältig! Unberechtigte Personen können sich z.B. Zutritt zu Geschäftsräumen verschaffen und wichtige Daten oder Forschungsergebnisse stehlen. Naturkatastrophen, wie z.B. Hochwasser, Sturm und Feuer, können Anlagen zerstören und damit alle gespeicherten Daten vernichten.

Übungsbeispiel

MUSTERUNTERNEHMEN

Ü 7.5 ★★: Risiken abschätzen B

Die Mitarbeiter/innen der H2Ö GmbH werden für ihre Kundenbesuche mit Notebooks ausgestattet. Diese werden zur Nachbearbeitung der Kundenbesuche im Firmennetz betrieben. Den Vertretern ist es gestattet, die Geräte für private Zwecke zu Hause zu benutzen. Mit welchen Risiken muss die H2Ö GmbH rechnen? Wie können diese Risiken minimiert werden?

Automatisierte Sicherungen mit dem Dateiversionsverlauf

Als **Backup** wird eine Sicherheitskopie bezeichnet.

Restore bedeutet Wiederherstellen der Daten von einem zuvor erstellten Backup.

Eine wichtige Maßnahme zur Vorbeugung gegen Datenverlust ist die regelmäßige Durchführung einer Datensicherung (Backup). Hinsichtlich des Speicherplatz- und Zeitbedarfs werden folgende Varianten unterschieden:

Datensicherungsvarianten

Bei 50,7 % aller Unternehmen gibt es **zwei Serverausfälle pro Jahr,** bei 11 % noch mehr.

❶ Vollsicherung

Alle Daten einer Festplatte, z.B. das Betriebssystem, die Konfiguration, die Programme und die Daten, werden auf ein Sicherungsmedium kopiert. Vollsicherungen benötigen **viel Speicherplatz,** bieten aber den Vorteil einer sehr **raschen Wiederherstellung der Daten.**

❷ Differenzielle Datensicherung

Anfangs wird eine **Vollsicherung** durchgeführt. Danach werden bei jeder Sicherung alle Daten gespeichert, die sich **seit der letzten Vollsicherung geändert** haben.

Ein **Hot-Backup** ist die laufende Sicherung eines Systems. Im Idealfall ist sie auf dem gleichen Stand wie das **Live-System.**

Diese Methode benötigt **etwas weniger Speicherplatz** als eine Vollsicherung, bei einem Restore müssen aber die **Vollsicherung und die letzte Differenzsicherung wiederhergestellt** werden, was etwas länger dauert.

❸ Inkrementelle Datensicherung

Am Beginn ist eine **Vollsicherung** durchzuführen. Anschließend werden nur noch jene Dateien gesichert, die sich **seit der letzten Sicherung geändert** haben. Für diese Methode wird **wenig Speicherplatz** auf den Sicherungsmedien benötigt. Allerdings **dauert die Rücksicherung sehr lange,** da sowohl die Vollsicherung als auch alle inkrementellen Sicherungen seit der Vollsicherung wiederhergestellt werden müssen.

Die **Kopien wichtiger Daten** sollten **an verschiedenen Orten** aufbewahrt werden. Wichtig ist auch die **Beschriftung** der Sicherungsmedien. Was nützt die beste Sicherung, wenn man sie nicht mehr findet?

Ü 7.6 ★★: Sicherungsmedien B
Auf welche Datenträger könnten Sie die Daten Ihres PC sichern? Recherchieren Sie die Preise der Datenträger im Internet, z. B. mithilfe von Geizhals, und vergleichen Sie die Preise pro Gigabyte!

Systemabbildsicherung

Das Sicherungsprogramm erreichen Sie über *Systemsteuerung | Dateiversionsverlauf | Systemabbildsicherung.* Dort können Sie die Daten von Ihrer Festplatte auf einem beliebigen Datenträger sichern, z. B. auf einer externen USB-Festplatte oder auf einen Netzwerkserver.

Die **Systemabbildsicherung** in Windows 10 wird über *Systemsteuerung | Dateiversionsverlauf* aufgerufen.

Alternativ zum Assistenten bietet Windows das leistungsfähige Kommando *robocopy* zur Erstellung **inkrementeller Sicherungen** an. Damit können einzelne Dateien und Ordner kopiert werden, bei Bedarf auch zeitgesteuert.

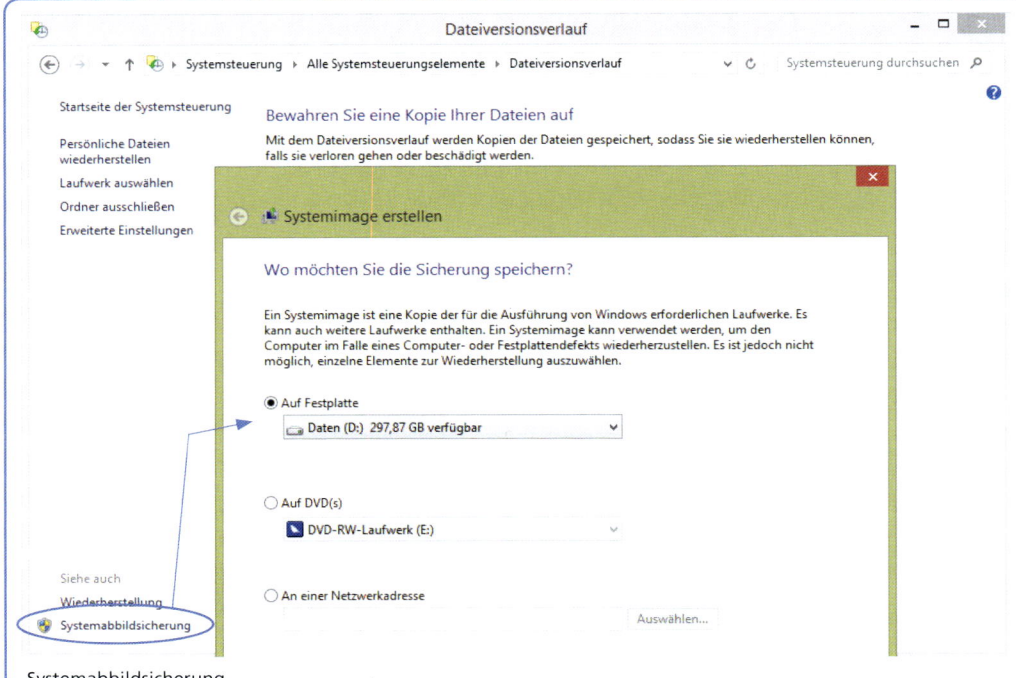

Systemabbildsicherung

Automatisierte Sicherungen mit dem Dateiversionsverlauf

Über *Systemsteuerung | Dateiversionsverlauf* können Sie Sicherungen Ihrer Dateien automatisch erstellen lassen. Unter *Laufwerk auswählen* legen Sie fest, an welchem Ort die Sicherungskopien Ihrer Dateien automatisiert erstellt werden sollen. In den **erweiterten Einstellungen** konfigurieren Sie die Häufigkeit der automatischen Sicherungskopien.

Dateien werden in regelmäßigen Zeitabständen auf das Ziellaufwerk kopiert.

Die Häufigkeit der Dateiversionsverlaufssicherungen kann zwischen 10 min und täglich ausgewählt werden.

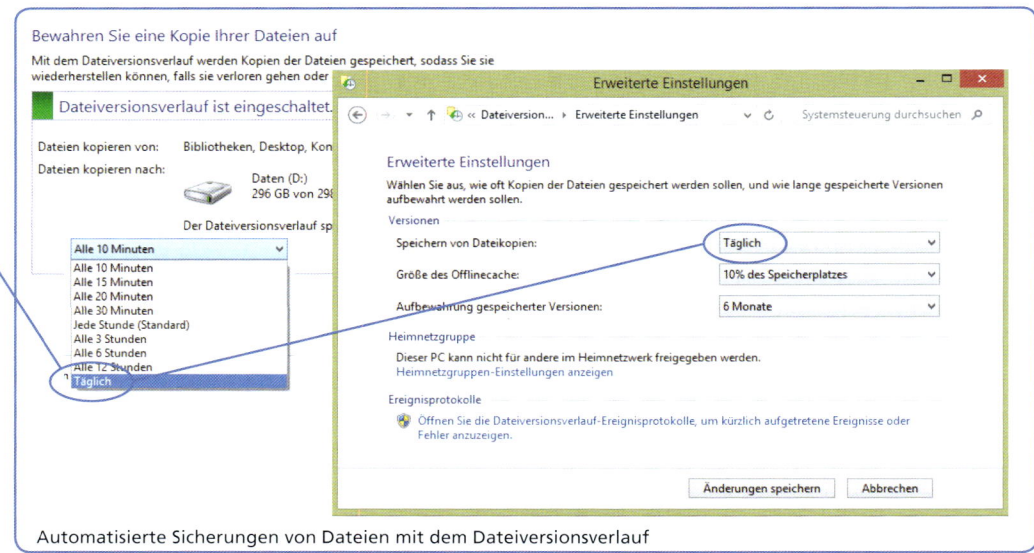

Automatisierte Sicherungen von Dateien mit dem Dateiversionsverlauf

Selektive Wiederherstellung

Um irrtümlich gelöschte Ordner und Dateien wiederherzustellen, klicken Sie im Dateiversionsverlauf auf *Persönliche Dateien wiederherstellen.* Anschließend können Sie die gewünschten Dateien auswählen und wiederherstellen.

Zum **selektiven Wiederherstellen** von Dateien wählen Sie die gewünschten Ordner und Dateien aus und klicken auf die grüne Schaltfläche.

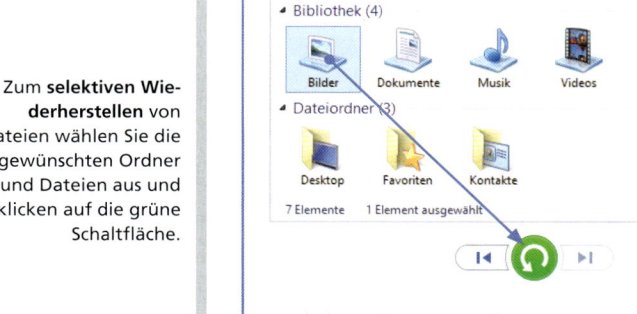

Wiederherstellung von Ordnern

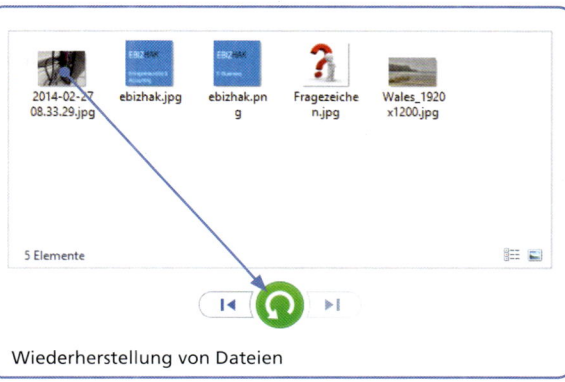

Wiederherstellung von Dateien

Übungsbeispiel

Ü 7.7 ★: Dateiversionsverlauf 🅱

a) Konfigurieren Sie den automatisierten Dateiversionsverlauf auf 15 Minuten, benennen Sie eine Datei um und lassen Sie die Originaldatei über den Dateiversionsverlauf wiederherstellen.

b) Führen Sie eine Systemabbildsicherung durch.

Wiederherstellungspunkt setzen

Über *Systemsteuerung* | *Wiederherstellung* | *Systemwiederherstellung konfigurieren* können Sie zu einem beliebigen Zeitpunkt den Zustand Ihres Systems manuell abspeichern. Das kann z. B. sinnvoll sein, bevor Sie ein umfangreiches Update durchführen oder einen Treiber eines Drittbieters installieren. Geht etwas schief, können Sie später den Wiederherstellungspunkt wiederherstellen und damit Änderungen am System rückgängig machen.

Über die Schaltfläche *Konfigurieren* können Sie den **Computerschutz aktivieren oder deaktivieren** und die maximale Speicherkapazität für die Wiederherstellungspunkte festlegen.

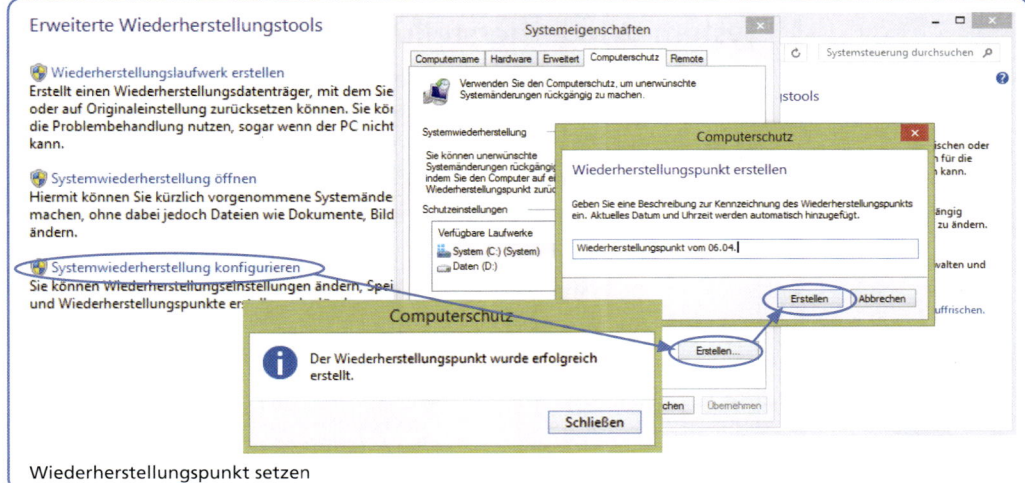

Wiederherstellungspunkt setzen

Wiederherstellungspunkt aufrufen

Über *Systemsteuerung* | *Wiederherstellung* | *Systemwiederherstellung öffnen* können Sie einen vorhandenen Wiederherstellungspunkt aufrufen und aktivieren.

7 IT und Recht

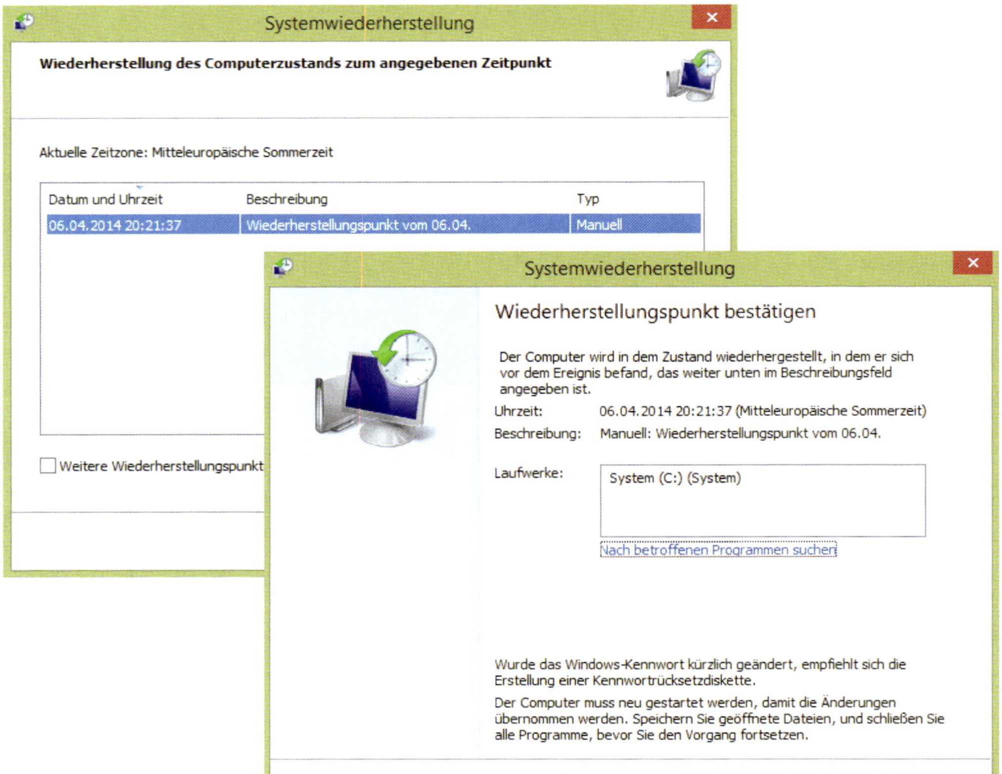

Wiederherstellungspunkt aufrufen

Übungsbeispiel

Ü 7.8 ★: Wiederherstellungspunkt B
Setzen Sie einen manuellen Wiederherstellungspunkt und kontrollieren Sie anschließend, ob der Wiederherstellungspunkt in der Liste aufscheint.

System-Wiederherstellung (System Recovery)

In *Systemsteuerung | Wiederherstellung | Wiederherstellungslaufwerk erstellen* können Sie für den Fall eines Systemabsturzes vorsorgen, indem Sie einen USB-Stick als Wiederherstellungslaufwerk vorbereiten. Mit dem Stick können Sie später Ihr nicht mehr startfähiges Betriebssystem reparieren und ein gesichertes Systemabbild wiederherstellen (System Recovery).

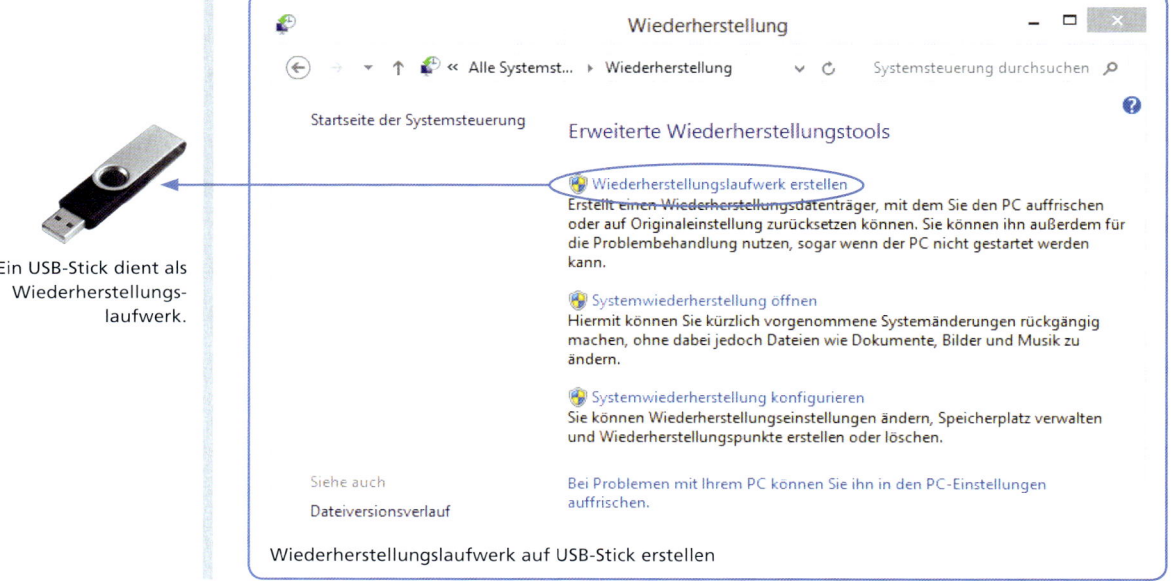

Ein USB-Stick dient als Wiederherstellungslaufwerk.

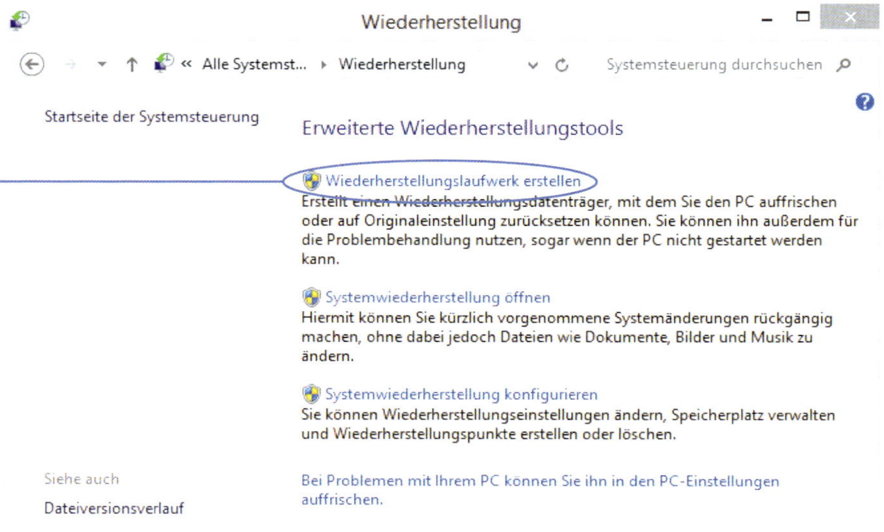

Wiederherstellungslaufwerk auf USB-Stick erstellen

Üben

Ü 7.9 ★★: Gefahren durch Hacker A
Welche Gefahren birgt das Eindringen eines Hackers in ein Computersystem? Nennen Sie einige Beispiele!

Ü 7.10 ★★: Brute-Force B
Wie lange braucht man, um mit der Brute-Force-Technik ein achtstelliges Passwort zu knacken, das nur aus Kleinbuchstaben besteht? Wie könnte die Qualität des Passworts verbessert werden?

Ü 7.11 ★★: Daten sichern B
Welche Sicherungsstrategien könnten Sie für a) Ihr Smartphone und b) Ihren PC/Ihr Notebook anwenden? Begründen Sie Ihre Entscheidung!

Ü 7.12 ★: Richtig oder falsch? B
Welche der folgenden Aussagen sind richtig bzw. falsch? Korrigieren Sie falsche Aussagen!

Aussage	Richtig	Falsch	Richtigstellung
Ein gutes Passwort besteht aus maximal fünf Zeichen.			
Ein Hacker verschafft sich Zugriff auf ein Netzwerk, indem er Sicherheitsmaßnahmen umgeht.			
Ein Hacker versteckt seinen Angriff gemeinsam mit einem Spammer.			
Eine Kombination von Virus, Trojaner und Rootkit wird „Blended Threat" genannt.			
Ein Trojaner ist ein Backdoor für einen Hacker.			
Spammer nutzen Open-Relays, um von dort ihre Mails zu versenden.			
Die Entfernung eines Virus kostet zwar viel Zeit, dieser kann aber keine Daten zerstören.			
Ein Rootkit wird mithilfe einer Firewall entdeckt.			

Ü 7.13 ★: Datensicherung in Windows A
Welche Möglichkeiten der Datensicherung gibt es in Windows 10? Wie können Sie einzelne Dateien wiederherstellen, wenn Sie diese irrtümlich gelöscht haben und der Papierkorb bereits geleert wurde?

Sichern

Ursachen für Datenverlust

Neben **Anwendungsfehlern** können eine hohe Beanspruchung der Datenträger, eine Schockbelastung der Festplatte, elektromagnetische Felder oder Schadprogramme die Daten zerstören.

Spam und Spyware

Als Spam- oder Junk-Mails werden **unverlangte Werbemails** bezeichnet. Mit **Spyware** können die **Surfgewohnheiten eines Nutzers ausspioniert** und an Dritte weitergeleitet werden.

7 IT und Recht

Arten der Datensicherung	Unterschieden werden die **Vollsicherung**, die **differenzielle** sowie die **inkrementelle** Datensicherung. Vollsicherungen haben den größten Speicherplatzbedarf, inkrementelle Sicherungen den geringsten. Die Wiederherstellungsdauer ist bei der Vollsicherung am kürzesten, bei der inkrementellen Sicherung am längsten.
Passwörter	Sichere Passwörter bestehen aus mindestens **acht Zeichen** und enthalten **Groß- und Kleinbuchstaben, Ziffern sowie Sonderzeichen.**
Backup/Restore	Während bei Einzelplatz-PCs meist eine **individuelle Sicherung (Backup)** durch den Benutzer erfolgt, werden in einem **Netzwerk** die Daten **zentral und vollautomatisch** gesichert. Im Fall eines Datenverlustes, z. B. durch irrtümliches Löschen, können die **Daten vom Sicherungsmedium wiederhergestellt werden (Restore).** Zum Sichern großer Datenmengen eignen sich Bandlaufwerke (Streamer).
Systemabbild	Ein Systemabbild ist die **vollständige Sicherung eines Datenträgers** mit Windows 10.
Wiederherstellungslaufwerk	Ein **USB-Stick** wird von Windows 10 als Wiederherstellungslaufwerk vorbereitet und kann im Fall eines Systemabsturzes **zur Systemwiederherstellung** verwendet werden, z. B. um ein Systemabbild wiederherzustellen (System Recovery).
Dateiversionsverlauf	Der Dateiversionsverlauf ermöglicht **automatisierte Sicherungen** sowie die **selektive Wiederherstellung von Ordnern und Dateien.**
Wiederherstellungspunkt	Wiederherstellungspunkte erlauben das **Zurückversetzen des Betriebssystems in einen funktionierenden Zustand.**

Wissen

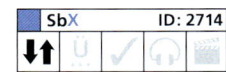

W 7.1: Kontrollfragen und -aufgaben B

1. Worin unterscheiden sich die differenzielle und die inkrementelle Datensicherung?
2. Wie häufig sollten Sie eine Datensicherung durchführen?
3. Welche Fehler werden bei der Wahl eines Passwortes häufig gemacht?
4. Wie funktioniert die Brute-Force-Technik zum Knacken von Passwörtern?
5. Nennen Sie zwei Beispiele für die Anwendung der Verschlüsselung von Daten!
6. Welche Bedrohung geht von Phishing-Mails aus und wie reagieren Sie auf diese Attacke?
7. Warum sollten Sie das Standardpasswort eines neu gekauften Gerätes rasch ändern?

W 7.2: Datensicherungskonzept C
Die Außendienstmitarbeiter/innen der H2Ö GmbH verwenden Notebooks mit Windows 10. Erstellen Sie in Word ein Datensicherungskonzept mit einer konkreten Anleitung für die Mitarbeiter/innen, wie diese ihre Daten sichern können, sodass ein Datenausfall unwahrscheinlich ist. Beachten Sie, dass Sicherungen möglichst automatisiert erfolgen sollten, damit die Mitarbeiter/innen nicht auf die Sicherungen vergessen.

W 7.3: Bedrohungsszenarien D
Die Direktorin/Der Direktor Ihrer Schule plant die Durchführung der teilzentralen Reife- und Diplomprüfung mit Computerunterstützung. Überlegen Sie je ein konkretes Bedrohungsszenario für

a) die Übermittlung und Vervielfältigung der Angaben,
b) die Durchführung der Prüfungen im EDV-Saal bzw. auf Schülergeräten und
c) die Abgabe und Beurteilung der Arbeiten.

Welche Vorkehrungen könnte die Direktion treffen, um den Bedrohungen entgegenzutreten? Erstellen Sie einen schriftlichen Bericht an die Direktion aus der Sicht eines externen IT-Beraters.

SbX

ID: 2714

MUSTERUNTERNEHMEN

Weitere Aufgaben im SbX

W 7.4: Sicherheitskonzept C

Erstellen Sie für die H2Ö GmbH ein Sicherheitskonzept und gehen Sie darin stichwortartig auf alle potenziellen Bedrohungen aus dem Internet ein!

Ein kurzer Kompetenz-Check, bevor's weitergeht!

Kompetenz-Check

	☺	😐	☹
Ich kann mögliche Bedrohungsszenarien für digital gespeicherte Daten aufzeigen.			
Ich kann Sicherheits- und Sicherungssysteme in Unternehmen bewerten und konfigurieren.			

7 IT und Recht

Lerneinheit 2
Rechtliche Grundlagen

SbX

Alle SbX-Inhalte
zu dieser Lerneinheit
finden Sie unter der
ID: 2720.

Wie reagieren Sie, wenn Sie von einer Ihnen unbekannten Firma eine Werbemail oder eine SMS erhalten? Stellen Sie sich vor, Sie wollen ein Musikstück als Hintergrundmusik für ein Video verwenden, das Sie anschließend in YouTube veröffentlichen möchten. Wie beurteilen Sie die rechtliche Situation? Darf ein Unternehmen ungefragt eine Kundenliste auf der eigenen Website publizieren?

 # Lernen

 A B C D

Die **europäische Daten-schutzrichtlinie** schreibt den Mindeststandard für den Datenschutz in den Mitgliedsländern der EU vor.

1 Datenschutz

Das **Datenschutzgesetz** aus dem Jahr 2000 (DSG 2000) ist ein Bundesgesetz und basiert auf der europäischen Datenschutzrichtlinie. Es gliedert sich in zwei Artikel, wobei der erste Artikel eine **Verfassungsbestimmung** darstellt. Danach hat jede Person ein **Grundrecht auf den Schutz persönlicher Daten.** Das Gesetz gilt in Österreich für alle natürlichen und juristischen Personen, auch für alle Unternehmen der Europäischen Union, sofern diese eine Zweigniederlassung in Österreich betreiben.

Übungsbeispiel

H₂Ö

MUSTERUNTERNEHMEN

Ü 7.14 ★: Personenbezogene Daten B
1. Sie erhalten einen Telefonanruf eines Lieferanten der H2Ö GmbH. Dieser möchte Auskunft darüber erhalten, welche personenbezogenen Daten über ihn gespeichert sind. Müssen Sie dem Lieferanten darüber Auskunft erteilen?
2. Bei der Kontrolle einer Eingangsrechnung stellen Sie fest, dass der Firmenname der H2Ö GmbH falsch geschrieben wurde. Muss der Lieferant die Rechnung korrigieren, nachdem Sie ihn darauf aufmerksam gemacht haben?

Begründen Sie Ihre Antworten!

SbX

Eine Bildschirmpräsentation mit allen Abbildungen zum Schritt LERNEN finden Sie unter der ID: 2721.

Prinzipien des Datenschutzes

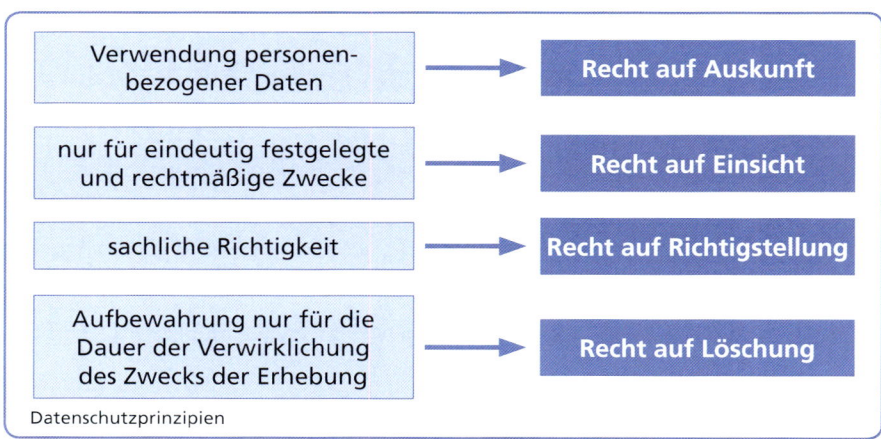

Datenschutzprinzipien

Auch Behörden wie das Finanzamt und die Sozialversicherungsanstalten unterliegen dem Datenschutzgesetz.

❶ **Geregelt ist die Verwendung personenbezogener Daten.**

Personenbezogene Daten sind z. B. Vorname, Zuname, Geburtsdatum, Adresse oder von einer Person gekaufte Produkte eines Unternehmens. Unter Verwendung versteht man jede Art von Nutzung, also auch die Speicherung, Weitergabe, Änderung usw.

❷ Daten von Personen dürfen nur für die zuvor festgelegten Zwecke verwendet werden.

Die H2Ö GmbH darf beispielsweise nur die für ihre Tätigkeit unbedingt erforderlichen Daten ihrer Kunden speichern (z. B. Name, Adresse, gekaufte Produkte, Umsatz). Sie darf z. B. die Krankheiten ihrer Angestellten nicht speichern, sehr wohl jedoch die Anzahl der Krankenstandstage, da diese für die Lohnverrechnung benötigt werden.

❸ Die verwendeten Daten müssen sachlich richtig sein.

Jede Person hat ein Recht auf Richtigstellung von falsch gespeicherten Daten. Bei Namens- oder Adressänderung muss z. B. die H2Ö GmbH diese Daten korrigieren.

❹ Daten von Personen dürfen nur so lange gespeichert werden, wie sie dem ursprünglichen Verwendungszweck dienen.

Ein ehemaliger Großabnehmer der H2Ö GmbH erhält z. B. eine Preisliste, obwohl er seit Jahren nicht mehr bei H2Ö eingekauft hat. Er hat ein Recht auf die Löschung seiner Daten.

Welche Maßnahmen zum Schutz von Daten schreibt das Datenschutzgesetz jenen vor, die persönliche Daten verwalten?

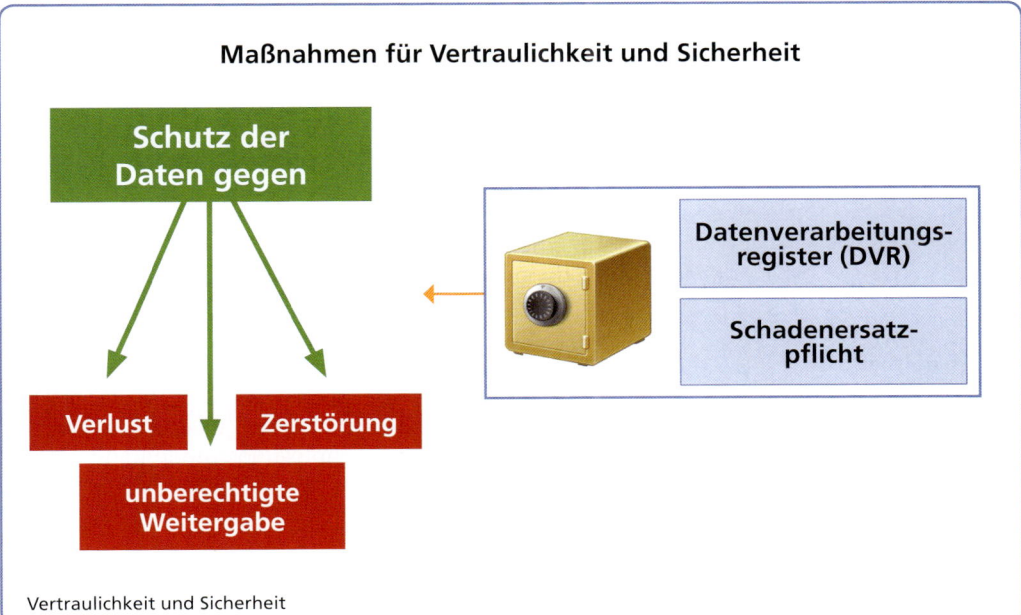

Vertraulichkeit und Sicherheit

Das DVR wird von der **Datenschutzbehörde** geführt. Formulare können unter **www.dsb.gv.at** heruntergeladen werden. Die Anmeldung ist kostenlos.

Schutz von Daten

❶ Schutzmaßnahmen gewährleisten die Vertraulichkeit und Sicherheit der Daten.

Alle, die Daten verwalten, müssen Vorkehrungen zur Sicherung des Datenbestandes treffen und darüber Auskunft erteilen, welche Daten verwaltet werden. Es sind geeignete Maßnahmen zu ergreifen, um Daten vor Verlust, Zerstörung und unberechtigter Weitergabe zu schützen. Die H2Ö GmbH muss z. B. die Kundendaten sichern, das Netzwerk vor fremdem Zugriff schützen und die Angestellten über ihre Verschwiegenheitspflichten aufklären.

Wer personenbezogene Daten nicht sichert, verstößt gegen das Datenschutzgesetz.

❷ Jede Person hat ein Auskunftsrecht über die von ihr gespeicherten Daten.

Jede/r, die/der persönliche Daten verwaltet, muss die Art der Daten vor deren Verarbeitung beim **Datenverarbeitungsregister** melden. Die **Datenschutzbehörde** führt das **Datenverarbeitungsregister (DVR)**. Sie hat aber noch weitere Aufgaben, wie z. B. die Entgegennahme von Beschwerden und die Prüfung von behaupteten Datenschutzverletzungen. Antragsformulare für die Zuteilung einer DVR-Nummer können unter der Webadresse **www.dsb.gv.at** heruntergeladen werden. Die Meldung ist kostenlos. Der Melder erhält eine DVR-Nummer zugewiesen, die er in seiner Geschäftskorrespondenz anzuführen hat.

DVR = Datenverarbeitungsregister

Lehrbeispiele

L 7.3: IT-Gesetze A

a) Darf die H2Ö GmbH auf ihrer Website eine Liste ihrer Großkunden veröffentlichen?

b) Darf die H2Ö GmbH auf ihrer Website die Länder anführen, in die ihre Produkte exportiert werden?

c) Welche rechtlichen Regelungen gibt es für die Nutzung des Internets?

Lösung:

a) Nein, sie würde damit gegen das Datenschutzgesetz verstoßen.

b) Ja, sofern keine Kundennamen angeführt werden. Ein Land ist keine Person.

c) Ein spezielles Recht zur Regelung des Internets gibt es nicht. Vielmehr regeln die einzelnen Bestimmungen vieler Gesetze und Verordnungen auch und vor allem die Verwendung des Internets, wie z. B. den Handel in Online-Tauschbörsen oder die Nutzung von E-Mail.

L 7.4: Datenschutz A

a) Die Buchhalterin der H2Ö GmbH möchte ihre Freunde und Bekannten in einer Datenbank verwalten. Muss sie dafür eine Meldung beim DVR vornehmen?

b) Die H2Ö GmbH verwaltet ihre Buchhaltung elektronisch. Muss sie für die Speicherung der Konten eine Meldung beim DVR vornehmen?

Lösung:

a) Nein, Anwendungen für persönliche oder familiäre Zwecke sind von einer Meldung ausgenommen.

b) Grundsätzlich ja, es gibt aber für Standardfälle eine Musterverordnung (z. B. für das Rechnungswesen). Sofern die zu verwaltenden Daten in der Musterverordnung enthalten sind, kann eine Meldung entfallen.

Übungsbeispiel

Ü 7.15 ★★: Datenschutzmaßnahmen D

Formulieren Sie für die nächste Geschäftsleitungssitzung der H2Ö GmbH konkrete Maßnahmen zum Schutz der personenbezogenen Daten, um dem Datenschutzgesetz zu entsprechen. Erstellen Sie eine Präsentation für die Abteilungsleiterin und beschreiben Sie die Maßnahmen auf jeder Folie im Notizfeld!

Datenschutzbehörde

Die **Datenschutzbehörde** ist für die Einhaltung und die Überwachung des Datenschutzes zuständig. Sie führt auch das **Datenverarbeitungsregister** und ist Anlaufstelle für die **Beschwerdeführung** in Sachen Datenschutzverletzung seitens der Behörden.

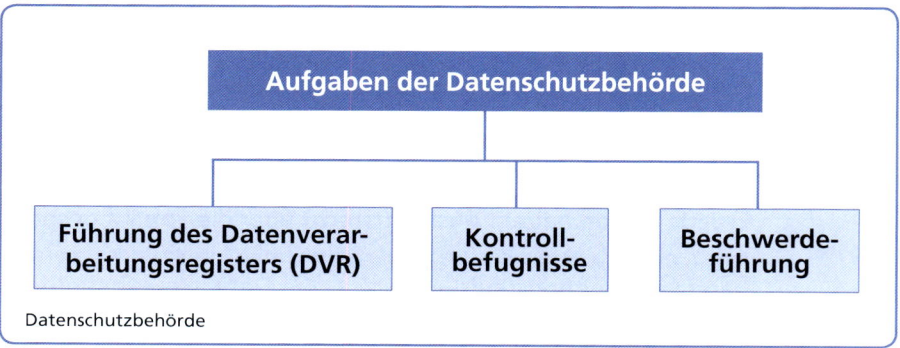

Datenschutzbehörde

Aufgaben der Datenschutzbehörde

❶ Die Datenschutzbehörde führt das Datenverarbeitungsregister (DVR).

Außerdem nimmt sie Meldungen entgegen und erteilt jeder anfragenden Person Auskunft über die von ihr gespeicherten Daten bei Unternehmen, Vereinen und Behörden.

❷ Die Datenschutzbehörde prüft Behauptungen von Personen, die eine Datenschutz-verletzung vermuten.

Jede Person kann sich an die Datenschutzbehörde wenden, wenn sie eine Verletzung des Datenschutzes befürchtet. Die Behörde überprüft diese Behauptung und kann alle dafür erforderlichen Unterlagen sowie Einsicht in die Datenspeicherung verlangen.

❸ Bei der Datenschutzbehörde können Beschwerden über vermutete Datenschutzverletzungen eingebracht werden.

Datenschutzrechtliche Verletzungen durch Behörden können bei der Datenschutzbehörde beeinsprucht werden. Datenschutzverletzungen von Unternehmen oder Privaten sind bei Gericht einzuklagen.

Unter **www.ris.bka.gv.at/dsk** sind die Bescheide der Datenschutzbehörde abrufbar.

Lehrbeispiel

L 7.5: Datenschutzbehörde A
Die Steuerberaterin der H2Ö GmbH veröffentlicht eine Liste mit den Namen und Adressen ihrer Klienten auf ihrer Website. Welche Möglichkeiten bietet das DSG 2000, wenn die H2Ö nicht auf der Liste aufscheinen will?

Lösung:

Sie kann die Datenschutzbehörde anrufen und nachfragen, welche Daten die Steuerberaterin über ihre Klienten speichert. Weiters kann sie bei Gericht Unterlassungsklage einreichen.

Meldepflichtige Datenanwendungen

„Nach den Bestimmungen des Datenschutzgesetzes hat jeder Auftraggeber vor Aufnahme einer Datenanwendung eine Meldung an das **Datenverarbeitungsregister** bei der Datenschutzbehörde zu erstatten. Die Meldepflicht betrifft nur personenbezogene Daten, das sind Angaben über Betroffene, deren Identität bestimmt oder bestimmbar ist." (vgl. § 4 Z 1 DSG 2000)
(Quelle: Datenschutzbehörde)

Ausnahmen von der Meldepflicht

Private Datenanwendungen, wie z.B. die Adressenverwaltung für die Weihnachtspost, unterliegen nicht der Meldepflicht.

Laut **§ 17 Abs. 2 DSG 2000** sind von der Meldepflicht Datenanwendungen ausgenommen, die

- ausschließlich **veröffentlichte Daten** enthalten.
- die Führung von Registern oder Verzeichnissen zum Inhalt haben, die **von Gesetzes wegen öffentlich einsehbar** sind, sei es auch nur bei Nachweis eines berechtigten Interesses.
- nur **indirekt personenbezogene Daten** enthalten.
- von natürlichen Personen ausschließlich **für persönliche oder familiäre Tätigkeiten** vorgenommen werden (§ 45).
- für **publizistische Tätigkeit** gemäß § 48 vorgenommen werden.
- einer **Standardanwendung** entsprechen: Der Bundeskanzler kann durch Verordnung Typen von Datenanwendungen zu Standardanwendungen erklären, wenn sie von **einer großen Anzahl von Auftraggebern** in gleichartiger Weise vorgenommen werden und angesichts des Verwendungszwecks und der verarbeiteten Datenarten die Gefährdung schutzwürdiger Geheimhaltungsinteressen der Betroffenen unwahrscheinlich ist. In der Verordnung sind für jede Standardanwendung die zulässigen Datenarten, die Betroffenen- und Empfängerkreise sowie die Höchstdauer der zulässigen Datenaufbewahrung festzulegen.

Standardanwendungen, wie z.B. Buchhaltung und Kundenverwaltung, unterliegen nicht der Meldepflicht.

Der überwiegende Teil der Datenanwendungen ist nicht meldepflichtig! In diese Regelung fallen private Datenanwendungen, wie z.B. der Rufnummernspeicher in einem Handy, und Standardanwendungen. Die wichtigsten Standardanwendungen sind:

SA001 Rechnungswesen und Logistik,
SA002 Personalverwaltung für privatrechtliche Dienstverhältnisse,
SA007 Verwaltung von Benutzerkennzeichen sowie
SA022 Kundenbetreuung und Marketing für eigene Zwecke.

Die folgende Abbildung zeigt das **Bundesgesetzblatt zur Standard- und Muster-Verordnung 2004**. In der **Anlage 1** sind alle Standardanwendungen aufgezählt.

BUNDESGESETZBLATT
FÜR DIE REPUBLIK ÖSTERREICH

Jahrgang 2004	Ausgegeben am 27. Juli 2004	Teil II

312. Verordnung: Standard- und Muster-Verordnung 2004 – StMV 2004

312. Verordnung des Bundeskanzlers über Standard- und Musteranwendungen nach dem Datenschutzgesetz 2000 (Standard- und Muster-Verordnung 2004 – StMV 2004)

Auf Grund des § 17 Abs. 2 Z 6 und des § 19 Abs. 2 des Datenschutzgesetzes 2000 (DSG 2000), BGBl. I Nr. 165/1999, zuletzt geändert durch das Bundesgesetz BGBl. I Nr. 136/2001, und § 9 Abs. 2 des E-Government-Gesetzes (E-GovG) BGBl. I Nr. 10/2004, wird verordnet:

➡ § 1. (1) Die in **Anlage 1** enthaltenen Datenanwendungen gelten als nicht meldepflichtige Standardanwendungen im Sinne des § 17 Abs. 2 Z 6 DSG 2000.

(2) Die in **Anlage 2** enthaltenen Datenanwendungen gelten als gemäß § 19 Abs. 2 DSG 2000 vereinfacht zu meldende Musteranwendungen.

Standard- und Muster-Verordnung 2004 zum DSG 2000

SbX

Die Anlage 1 zur Standard- und Muster-Verordnung finden Sie unter der ID: 2721.

Nähere Informationen über die Meldepflicht von Datenanwendungen, Formulare für die Meldung sowie den Gesetzestext des DSG 2000 können Sie über die Website der Datenschutzbehörde unter **www.dsb.gv.at** abrufen.

Übungsbeispiele

Ü 7.16 ★★: DVR-Nummer `C`

Der ortsansässige Installateur Robert Braun hat bei der H2Ö GmbH eine geplatzte Hochdruckleitung repariert. Auf der Rechnung fehlt die DVR-Nummer. Welche Konsequenzen hat dies für die Rechtmäßigkeit der Rechnung? Muss der Installateur eine DVR-Nummer beantragen? Diskutieren Sie Ihre Argumente mit Ihren Mitschülerinnen und Mitschülern in der Klasse!

Ü 7.17 ★: Fehlende DVR-Nummer `B`

Darf die H2Ö GmbH die Rechnung des Installateurs Robert Braun mit dem Hinweis auf die fehlende DVR-Nummer zurückweisen? Recherchieren Sie im Internet und begründen Sie Ihre Antwort!

Lehrbeispiel

L 7.6: Standardanwendungen `A`

Ein Lieferant der H2Ö GmbH speichert seine Kunden in einer Access-Datenbank. Außerdem verwendet er zur Erstellung der Bilanz eine Buchhaltungssoftware. Muss er diese Datenanwendungen melden und eine DVR-Nummer beantragen?

Lösung:

Nein, beide Datenanwendungen sind Standardanwendungen (SA001 und SA022) und daher nicht meldepflichtig.

Spam

Die letzte Novelle zum TKG 2003 ist am 26. Februar 2016 in Kraft getreten.

In Österreich regeln § 107 Telekommunikationsgesetz 2003 und § 7 ECG 2001 den Versand unverlangter E-Mails und SMS. Auch wenn Spam in bestimmten Fällen rechtlich zulässig ist, so ist doch prinzipiell jede Form von Spam abzulehnen. Unerwünschte E-Mails kosten Zeit und Geld und haben meist keinen Werbeeffekt. Im Gegenteil – Spam kann für seriöse Firmen sehr negative Folgen haben, denn die Empfänger fühlen sich dadurch in der Regel belästigt und stellen ihren Spam-Filter so ein, dass alle E-Mails dieser Firma künftig blockiert werden.

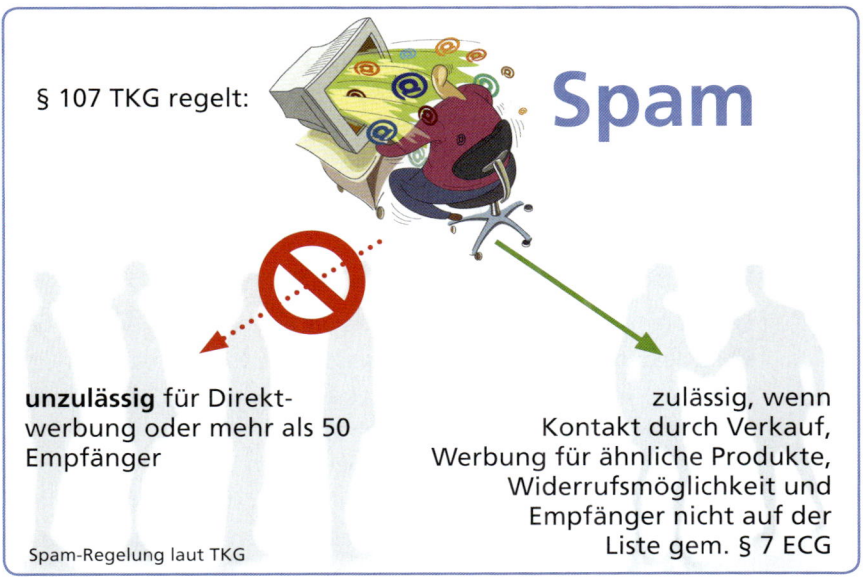

§ 107 TKG regelt:

Spam

unzulässig für Direktwerbung oder mehr als 50
Empfänger

zulässig, wenn
Kontakt durch Verkauf,
Werbung für ähnliche Produkte,
Widerrufsmöglichkeit und
Empfänger nicht auf der
Liste gem. § 7 ECG

Spam-Regelung laut TKG

§ 107 TKG gilt für elektronische Nachrichten, wie z.B. E-Mails und SMS.

Versand von Werbe-Mails

❶ Der Versand von E-Mails zum Zweck der Direktwerbung oder an mehr als 50 Personen ist unzulässig.

Es ist unerheblich, ob der Empfänger ein Verbraucher ist oder nicht. Versendet zum Beispiel ein Mitarbeiter/eine Mitarbeiterin eine Werbemail an alle Adressen in seinem/ihrem Outlook-Adressbuch und haben die Empfänger nicht zugestimmt, so ist dies bereits unzulässiger Spam und mit einer Geldstrafe bis zu einem Betrag von 37.000 Euro bedroht.

Direktwerbung an Verbraucher und Unternehmer ist ohne vorherige Zustimmung oder Geschäftsbeziehung verboten!

❷ Wenn der Absender die E-Mail-Adresse im Rahmen eines Verkaufes erhalten hat, die Direktwerbung für ähnliche Produkte erfolgt, der Empfänger eine Widerrufsmöglichkeit hat und nicht auf der Liste gemäß § 7 ECG aufgeführt ist, ist die Zusendung von Werbenachrichten auch ohne Zustimmung des Empfängers zulässig.

Ein Großhändler darf seinen Kunden Werbe-E-Mails zusenden. In der Nachricht muss angegeben sein, wie man die Zusendung unverlangter Werbe-E-Mails stoppen kann.

*Die **Rundfunk und Telekom Regulierungs-GmbH** (RTR) führt eine Liste mit den Namen und E-Mail-Adressen jener Personen, die keine Zusendung von Werbe-Mails und -SMS wünschen. (www.rtr.at)*

❸ § 7 ECG verpflichtet die RTR (Rundfunk und Telekom Regulierungs-GmbH) zur Führung einer Liste von E-Mail-Adressen, an die keine unverlangten Nachrichten gesendet werden dürfen. Diese Liste ist beim Versand von Werbe-E-Mails zu berücksichtigen.

Das Problem von Spam liegt in der Praxis allerdings darin, dass fast alle Spam-Mails aus dem Ausland kommen oder der Absender gefälscht ist. Gegen professionelle Spammer kann man rechtlich de facto nicht viel ausrichten.

Spammen ist strafbar!

Wer entgegen den Bestimmungen des § 107 Abs. 2 oder 5 TKG elektronische Post versendet, ist gemäß § 109 Abs. 3 Z 20 TKG mit einer **Geldstrafe von bis zu 37.000 Euro** zu bestrafen!

Spammer, Zombies und schwarze Listen

*Ein **Spammer** nutzt **Zombie-PCs** zum Versand von Massen-Mails.*

*Eine **Black-List** enthält IP-Adressen von Mailservern, die Spam versenden.*

Eine große Gefahr droht von professionellen „Spammern". Ein Hacker knackt den PC eines Benutzers oder den Mailserver einer Firma. Dieser wird zum „Zombie", der zum Versand von E-Mails in alle Welt ferngesteuert werden kann. Handelt es sich bei dem Zombie um einen Firmen-Mailserver, landet dieser früher oder später auf einer „Black-List". Anti-Spam-Programme verhindern die Zustellung von E-Mails, deren Absender auf einer Black-List eingetragen sind. Die Mitarbeiter der betroffenen Firma können daher keine E-Mails mehr versenden.

Auswirkungen von Spam

Spam ist eine Plage und erschwert die E-Mail-Kommunikation enorm. In aktuellen Untersuchungen wird immer wieder festgestellt, dass ein Großteil aller E-Mails aus Spam besteht (bis zu 90 %). Ein **Spamfilter** sollte daher zu jedem E-Mail-Programm installiert werden. Auch Internetprovider (wie z. B. Aon) bieten Spamfilter an. Diese verhindern, dass Spam-Mails den Empfänger erreichen. Einen Link zu einem kostenlosen Spam-Filter finden Sie im SbX.

SbX

Ein kostenloses Anti-Spam-Tool finden Sie unter der ID: 2721.

Verhaltensregeln gegen Spam

1. In Foren und Gästebüchern niemals die eigene E-Mail-Adresse bekanntgeben!
2. Für Registrierungen eine Gratisadresse, z. B. von Hotmail oder GMX, benutzen!
3. Auf einer Website keine „Mailto-Links" verwenden. Statt „max@muster.at" sollten Sie z. B. „max AT muster DOT at" schreiben!
4. Niemals auf einen Link in einer unverlangten E-Mail klicken!
5. Dateianlagen in unverlangten E-Mails nicht öffnen – Virengefahr!
6. Die Autovorschau deaktivieren! Mails können bösartigen Code enthalten, der dem Spammer mitteilt, dass diese E-Mail-Adresse wirklich existiert.

Lehrbeispiel

L 7.7: Massenmails B

a) Beate hat eine Karte für einen Ball zu viel. Darf sie eine E-Mail an alle ihre Bekannten senden und die Karte günstig anbieten?

b) Darf Herr Fuchs seine H2Ö-Kollegen via E-Mail zu seiner Geburtstagsparty einladen?

c) Die H2Ö GmbH will alle Lieferanten via E-Mail über ihre neuen Qualitätsrichtlinien bei Lieferungen informieren. Ist das rechtlich zulässig?

d) Herr Frasl ist Importeur und kann Parfum und Rasierwasser um 40 % günstiger besorgen. Darf er eine „Informationsmail" an alle registrierten Mailadressen eines Forums zum Thema „Lebensfreude" senden?

Lösungen:

a) Nein, es handelt sich um Spam, wenn der Empfängerkreis 50 Personen übersteigt.

b) Ja, es sind vermutlich weniger als 50 Personen, und außerdem ist anzunehmen, dass seine Kollegen diese Einladung nicht als Spam ansehen werden.

c) Ja. Die H2Ö GmbH steht mit ihren Lieferanten in ständiger Geschäftsbeziehung und es handelt sich um Unternehmer. Jedoch muss die H2Ö GmbH den eigenen Firmennamen und eine Widerrufsmöglichkeit angeben (auch wenn es sehr unwahrscheinlich ist, dass ein Lieferant der H2Ö GmbH davon Gebrauch machen wird).

d) Nein, das ist klassischer Spam. Die Empfänger sind Verbraucher und haben nicht eingewilligt.

2 Urheberrecht

Der Urheber eines Werkes hat das Recht, auch als solcher genannt zu werden (Persönlichkeitsrecht). Die Nennung kann mit dem richtigen Namen, anonym oder mit einem Pseudonym erfolgen, wobei der Urheber entscheiden kann, wie diese Nennung zu erfolgen hat.

Der Urheber darf über **Nutzung**, **Verbreitung**, **Vervielfältigung** und **Verwertung** seines Werkes entscheiden.

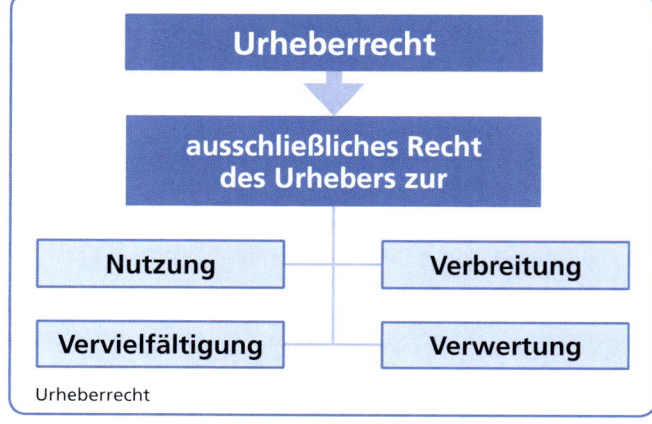

Urheberrecht

Creative Commons (CC) zeichnen die Nutzbarkeit von urheberrechtlich geschütztem Material aus.

Ein **Copyright-Vermerk** ist in Europa nicht erforderlich, um das Werk urheberrechtlich zu schützen.

Zur einfacheren Auszeichnung der Nutzbarkeit urheberrechtlich geschützten Materials dienen die **Creative-Commons-Lizenzsymbole.**

Entstehen und Erlöschen des Urheberrechtes

❶ Das Urheberrecht entsteht mit der Vollendung des Werkes.

Eine Kundendatenbank ist auch dann urheberrechtlich geschützt, wenn sie keinen Copyright-Vermerk aufweist. Gleiches gilt für Websites, Fotos, Texte und Computerprogramme. Copyright-Vermerke verweisen auf das amerikanische Copyright. In der Europäischen Union ist jede geistige Schöpfung urheberrechtlich geschützt.

❷ Die Rechte an einem Werk erlöschen 70 Jahre nach dem Tod des Urhebers.

Die „Kleine Nachtmusik" von Wolfgang Amadeus Mozart darf von jedem gespielt, aufgezeichnet und vervielfältigt werden. Dies gilt aber nicht für die Aufzeichnung des Stückes durch die Wiener Philharmoniker oder für gedruckte Notenblätter, denn dafür liegt das Urheberrecht bei anderen.

Das **Urheberrechtsgesetz** (UrhG 2003) gewann in den letzten Jahren zunehmend an Bedeutung. In Österreich verfügt nahezu jeder Haushalt über einen Internetanschluss und damit über die Möglichkeit, digitale Kopien von Fotos, Musik und Videos herzustellen. Um die Rechtmäßigkeit ihres Vorgehens kümmern sich viele Benutzer leidlich wenig:

> **Urheberrechtsverletzung oder harmlose Naturaufnahme? Ein Youtube-Nutzer veröffentlichte ein Video, in dem singende Vögel zu hören sind. Kurz darauf wurde sein Video wegen Lizenzverstößen gesperrt.**
>
> *Eigentlich wollte der bekennende Naturliebhaber in seinem Video lediglich erklären, wie aus Wiesenpflanzen ein Gartensalat hergestellt wird. Normalerweise interessieren diese Videos niemanden, die meisten werden in einem halben Jahr gerade einmal 300-mal angeklickt. Doch sein neuestes Video „Einfaches Leben - Einen wilden Salat pflücken" sammelte 18.000 Klicks in nur drei Tagen. Doch das liegt nicht am gesteigerten Interesse für Rohkost, sondern an der bizarren Geschichte rund um das Video. „Beim Hochladen meiner neuesten Videos teilte mir Youtube mit, dass ich copyrightgeschütztes Material von Rumblefish verwende", schreibt der Nutzer. Das Pikante: Eeplox verzichtete absichtlich auf den Einsatz von Musik, um eine Abmahnung zu verhindern. Genützt hat es nichts: Obwohl nur seine Stimme und das Zwitschern der Vögel im Hintergrund zu hören ist, behauptete Rumblefish, ein US-Dienstleister für Musikstücke, dass „das Singen der Vögel offenbar Rumblefishs exklusives geistiges Eigentum sei", so der Nutzer.*
>
> (Quelle: Christoph Fröhlich, www.stern.de, 28.02.2012)

Lehrbeispiel

L 7.8: Urheberrecht 🅐

a) Peter möchte seiner Freundin in einer E-Mail ein Bild mit einer roten Rose schicken. Darf er aus der Google-Bildersuche ein Rosenbild kopieren und dieses in seiner E-Mail einfügen?

b) Ein Lehrer sendet an eine Kollegin eine E-Mail mit einigen Schularbeitsaufgaben und dem Vermerk „Zur privaten Verwendung". Darf die Kollegin die Schularbeitsaufgaben an andere Lehrerkolleginnen und -kollegen weitergeben?

c) Darf eine Studentin/ein Student Textinhalte von Websites kopieren und im Rahmen der Diplomarbeit verwenden?

Lösungen:

a) Nein. Er müsste den Betreiber der verlinkten Website fragen, ob dieser damit einverstanden ist, dass er das Bild verwendet. Wirklich problematisch wird es allerdings erst, wenn Peter das Bild z. B. auf seiner eigenen Website veröffentlicht. Die Nutzung von Bildern aus Clipart-Bibliotheken ist dagegen problemlos möglich, da die Urheber einer uneingeschränkten Nutzung zugestimmt haben. Im Zweifelsfall sollten die rechtlichen Hinweise der Betreiber dieser Seiten beachtet werden.

7 IT und Recht

b) Nein. Sie darf die Aufgaben nur für sich selbst verwenden. Selbst bei einer Nutzung in einer ihrer Schularbeiten müsste sie nachfragen, ob es in Ordnung wäre, wenn sie die Beispiele an ihre Schülerinnen und Schüler weitergibt.

c) Ja, sofern der Autor/die Autorin (Urheber), der Name der Publikation bzw. Website und das Datum der Veröffentlichung angeführt werden (Zitierrecht). Allerdings ist das wörtliche Zitieren nur für kurze Textpassagen gestattet. Das seitenweise Kopieren von Texten aus anderen Arbeiten ist nicht zulässig!

> Das Übernehmen von Textpassagen ohne einen Hinweis auf den Urheber wird als **Plagiat** bezeichnet.

Wie Sie im Lehrbeispiel gesehen haben, bedürfen **die Vervielfältigung** und **die Verbreitung** der Zustimmung des Urhebers. Die Bearbeitung und die freie Werknutzung sind aber grundsätzlich zulässig.

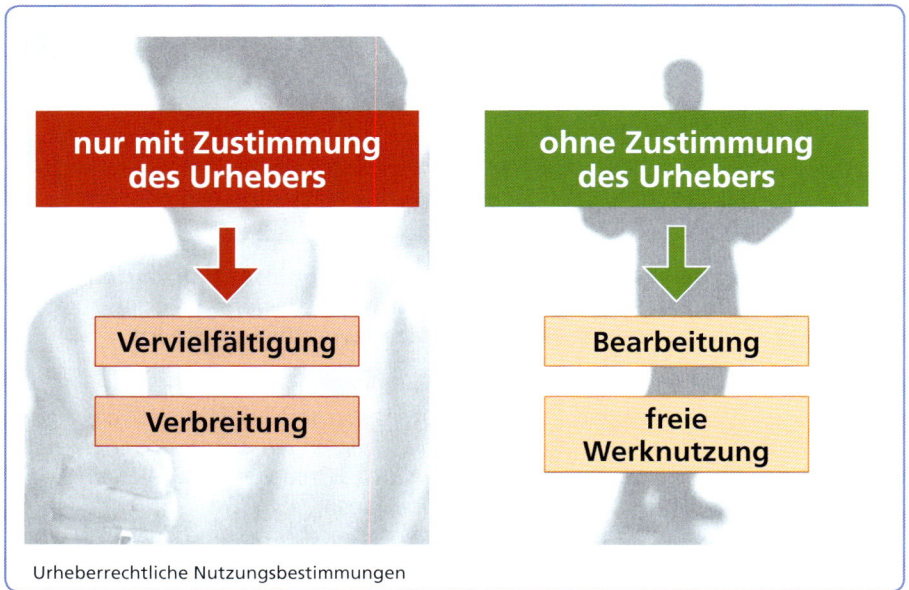

Urheberrechtliche Nutzungsbestimmungen

Vervielfältigung, Verbreitung und Bearbeitung

❶ Unter Vervielfältigung versteht man jede Herstellung einer körperlichen Kopie.

Darunter fallen z. B. das Kopieren eines Bildes, der Tonmitschnitt eines Popkonzerts, das Kopieren eines Videofilms, das Bauen eines Hauses nach einem Plan, das Kopieren einer CD.

❷ Unter Verbreitung versteht man die Weitergabe an andere, wie z. B. durch Veröffentlichung oder Upload.

Mit der Darstellung eines Bildes auf der eigenen Website wird dieses veröffentlicht, also verbreitet. Auch der Upload einer MP3-Datei bei einer Musiktauschbörse ist eine Verbreitung.

> Der **Upload** im Rahmen eines Peer-Netzes, wie z. B. **KaZaA**, stellt eine **Verbreitung** dar.

❸ Durch die Bearbeitung eines urheberrechtlich geschützten Werkes kann ein neues Werk entstehen, das selbst schutzwürdig ist.

Im Rahmen eines Projektes verwendet ein Kursteilnehmer z. B. eine Darstellung aus dem Internet, die er verändert und ergänzt. Für die neue Abbildung liegen die Urheberrechte beim Kursteilnehmer und dem ursprünglichen Ersteller.

Eine **freie Bearbeitung** liegt vor, wenn das **Original zur Anregung** dient: Ein Maler wird z. B. von einem Bild dazu inspiriert, ein bestimmtes Motiv selbst zu malen. Abpausen fällt nicht unter die freie Bearbeitung, sondern stellt eine Vervielfältigung dar.

> **Übungsbeispiele**
>
>
> H₂Ö
> MUSTERUNTERNEHMEN

Ü 7.18 ★★: Google-Bildersuche B
Darf mithilfe der Google-Bildersuche eine österreichische Landkarte gesucht, bearbeitet und auf der H2Ö-Homepage abgebildet werden? Liegt eine freie Bearbeitung vor? Begründen Sie Ihre Entscheidung!

Ü 7.19 ★★: **Händlertagung** B

Eine Kollegin aus der Marketingabteilung der H2Ö fragt, ob sie in einem Vortrag bei einer Händlertagung ein Video abspielen darf, das sie aus dem Internet heruntergeladen hat. Weiters möchte sie das Video anschließend den Händlern auf einer CD überreichen. Wie beurteilen Sie die rechtliche Situation?

Freie Werknutzung

Die freie Werknutzung ist auch ohne Zustimmung des Urhebers zulässig und kann in drei Formen eingeteilt werden:

Zwischenspeicherung und Zitierfreiheit fallen unter die freie Werknutzung.

❶ Freie Werknutzung als Teil eines technischen Verfahrens

Darunter fällt z. B. das Zwischenspeichern von Informationen (= Caching). So werden Internetseiten häufig auf einem Proxyserver gespeichert, um die Zugriffszeiten zu verkürzen.

Computerprogramme und Schulbücher fallen nicht unter die freie Werknutzung.

❷ Freie Werknutzung im allgemeinen Interesse

Darunter fallen die Beweissicherung bei Gericht, die Vervielfältigung und Verbreitung zum Schul- und Unterrichtsgebrauch (gilt nicht für Schulbücher), die Aufführung von Werken in einem Geschäft zum Zwecke des Verkaufes und die Zitierfreiheit (genaue Quellenangabe erforderlich).

Wer einen Kopierschutz umgeht, macht sich strafbar!

❸ Freie Werknutzung im persönlichen Interesse (Privatkopie)

Nach § 42 UrhG darf „jedermann … von einem Werk einzelne Vervielfältigungsstücke zum eigenen Gebrauch herstellen". Alle Personen dürfen „einzelne" Kopien (laut Rechtsprechung maximal sieben Stück) von einem Werk herstellen. Jedoch darf für die Herstellung der Kopien kein Kopierschutz umgangen werden.

Computersoftware ist von der freien Werknutzung ausgenommen und darf nur zu Sicherungszwecken für den eigenen Bedarf kopiert werden. Die Weitergabe und Vervielfältigung in Form der Privatkopie ist, anders als bei der CD, nicht erlaubt. Allerdings gibt es auch hier Ausnahmen, die unter dem Begriff „freie Software" zusammengefasst werden.

EuGH Urteil C-435/12

Am 10. April 2014 hat der **Europäische Gerichtshof** entschieden, dass **Privatkopien nur aus rechtmäßiger Quelle** entstehen können. Der Download sowie die Nutzung von Musik und Videos sind illegal, wenn das Internetangebot gegen das Urheberrecht verstößt.

Lehrbeispiel

L 7.9: Musik und Urheberrecht B

Frau Janos bereitet den Messeauftritt der H2Ö GmbH bei einer Spezialmesse für Trink- und Mineralwasser in Dubai vor. Sie sucht eine passende Hintergrundmusik zur Untermalung einer Produktpräsentation.

a) Darf Frau Janos aus YouTube eine MP3-Datei eines Musikstückes der Wiener Philharmoniker herunterladen?

b) Darf Frau Janos das heruntergeladene MP3-Musikstück an einen Kollegen weitergeben?

c) Wenn Frau Janos das gleiche Stück auf einer CD hat – darf sie die CD an einen Kollegen weitergeben?

d) Darf Frau Janos das Musikstück, das sie auf einer CD hat, in eine MP3-Datei umwandeln (rippen) und diese auf der Messe in Dubai abspielen?

e) Darf Frau Janos von einer gekauften Film-DVD eine Kopie anfertigen?

f) Frau Janos soll einen Vortrag an einer Schule halten. Sie findet in einem Schulbuch eine interessante Abbildung, die sie für die Schülerinnen und Schüler kopieren und beim Vortrag einsetzen möchte. Darf sie das?

g) Darf Frau Janos eine Privatkopie von der Microsoft-Office-Original-CD der Firma H2Ö anfertigen und auf dem Heim-PC installieren?

Lösung:

a) Nein, denn der Download ist keine Herstellung einer Privatkopie zur persönlichen Nutzung (EuGH-Urteil C-435/12 vom 10.04.2014).

b) Nein, denn die Verbreitung ist durch die freie Werknutzung nicht gedeckt.

Die Internetprovider sind in einem Strafverfahren zur Herausgabe von IP-Adressen verpflichtet. Wer das World Wide Web verwendet, ist nicht anonym!

c) Ja. Der Kollege darf einzelne Kopien der CD anfertigen, sofern die CD keinen Kopierschutz hat, und diese anhören. Aber er darf die Kopien nicht weitergeben.

d) Sie darf das Lied in eine MP3-Datei umwandeln und zur eigenen Verwendung benutzen (z. B. im MP3-Player). Die öffentliche Aufführung der Kopie ist eine Verbreitung und daher nicht zulässig.

Die Verwendung von Tools zur Umgehung eines Kopierschutzes ist strafbar, der Besitz nicht.

e) Nein, da jede Film-DVD mit einem Kopierschutz versehen ist. Die Benutzung von Tools, die den Kopierschutz umgehen, ist strafbar.

f) Nein, Schulbücher sind von der freien Werknutzung ausgenommen, da sie ihrem Wesen nach für den Unterrichtseinsatz gedacht sind.

g) Nein, für Software gibt es keine Privatkopien. Hierfür sind nur Sicherungskopien zulässig.

3 Bildnisschutz

Laut § 78 (1) UrhG ist es verboten, Bilder von Personen öffentlich darzustellen oder zu verbreiten, z. B. auf Websites oder per E-Mail, wenn dafür die Genehmigung der/des Abgebildeten nicht erteilt wurde und berechtigte Interessen der/des Abgebildeten verletzt werden. Geschützt wird die abgebildete Person unabhängig davon, ob es sich bei dem Bild um ein Foto, ein Gemälde oder eine Zeichnung handelt.

Der Bildnisschutz ist im Sinn des § 16 ABGB ein **Persönlichkeitsrecht.** Bei vermuteter Verletzung dieses Rechts kann auf Unterlassung geklagt werden.

Lehrbeispiel

L 7.10: Recht am eigenen Bild D
Die Veröffentlichung von einem Nacktfoto gegen den Willen des Abgebildeten ist ein klassischer Fall der Benützung des Bildes in einer Art, die zu Missdeutungen Anlass geben kann und entwürdigend wirkt. Auch Politiker oder bekannte Personen haben Anspruch auf Bildnisschutz. Die Verbreitung von Bildern, die entstellend wirken oder den Rechteinhaber im Zusammenhang mit Bildunterschrift oder Begleittext der Neugierde und Sensationslust der Öffentlichkeit preisgeben, oder ihn mit Vorgängen in Verbindung bringen, mit denen er nichts zu tun hat, sind unzulässig. Auch die unautorisierte Verwendung ihrer Bilder für Werbung verstößt gegen berechtigte Interessen. (Quelle: Dr. Johannes Öhlböck LL.M., Wien, **www.raoe.at)**

Recherchieren Sie im Internet nach Beispielen, wo das Recht am eigenen Bild verletzt wurde!

Private Fotos in sozialen Netzwerken

Wer Fotos von sich selbst in soziale Netzwerke (Facebook, Twitter, WhatsApp etc.) einstellt, erklärt sich mit der Veröffentlichung einverstanden.

Anders verhält es sich, wenn man z. B. Bilder von Gästen eines Clubbings online stellt, ohne diese zu fragen. Ohne das Einverständnis abgebildeter Personen dürfen solche Bilder nicht veröffentlicht werden, sofern die Personen auf den Fotos erkennbar sind und ihre berechtigten Interessen verletzt oder die Bilder zum Zwecke der Werbung veröffentlicht werden. Geschützt müssen persönliche Bilder z. B. dann werden, wenn diese dazu geeignet wären, das Ansehen einer Person herabzusetzen oder diese zu entwürdigen.

Fotos öffentlicher Gebäude oder von Menschenansammlungen stellen kein Problem hinsichtlich ihrer Veröffentlichung dar.

Ein Bild darf nur mit Zustimmung aller darauf abgebildeten Personen veröffentlicht werden, wenn diese erkennbar sind. (Bild: tz-online.de) Andernfalls müssen Personen unkenntlich gemacht werden, z. B. durch Schwärzung.

Übungsbeispiel

Ü 7.20 ★★: Soziale Netze C
Welche Informationen lassen sich aus Suchmaschinen und sozialen Netzen, wie z. B. Facebook, über Sie und Ihre Freunde herausfinden?

a) Googeln Sie sich selbst und dokumentieren Sie die Ergebnisse in einer Word-Datei!

b) Diskutieren Sie in der Klasse, welche persönlichen Daten Sie selbst über sich veröffentlicht haben und welche Gefahren damit verbunden sein könnten!

c) Welche Bilder von Ihnen findet man im Internet?

Das Web vergisst nie!

In sozialen Netzen veröffentlichte Fotos können von den Nutzern verlinkt und kommentiert werden. Diese Informationen werden häufig auch in Suchmaschinen dargestellt. Problematisch kann dies werden, wenn unvorteilhafte oder gar beschämende Fotos darunter sind, denn über die Cache-Funktionen der Suchmaschinen bleiben auch bereits gelöschte Fotos dort noch erhalten und sind jederzeit abrufbar.

Öffentliche Facebook-Seite

SbX
Weiterführende Informationen zum Bildnisschutz finden Sie unter der ID: 2721.

4 E-Business-Anwendungen

Die **europäische Verbraucherrechte-Richtlinie** (RL 2011/83/EU, ABl L 304, S. 64) trat in Österreich am 13.06.2014 durch das **Verbraucherrechte-Richtlinie-Umsetzungsgesetz** (VRUG) in Kraft. Neu eingeführt wurde das **Fern- und Auswärtsgeschäfte-Gesetz** (FAGG), dessen Fernabsatzteil die einschlägigen Bestimmungen im **Konsumentenschutzgesetz** (KSchG) und im **Allgemeinbürgerlichen Gesetzbuch** (ABGB) ersetzt.

Informationspflichten vor Vertragsabschluss

Ein Online-Angebot eines Verkäufers muss folgende Informationen enthalten:

- Der Verkäufer muss seinen **Namen** und seine Anschrift bekanntgeben.
- Der Verkäufer muss die wesentlichen **Eigenschaften der Ware oder Dienstleistung** nennen.
- Der Konsument muss den **Gesamtpreis** inklusive aller Steuern, Versandkosten und sonstigen Kosten kennen.
- Die **Zahlungsmodalitäten** müssen bekannt sein.
- Der Verbraucher muss über **Widerrufsrecht (Rücktritt vom Vertrag)** und **Vertragslaufzeit** aufgeklärt werden. Ein **Wiederrufsformular** muss zum Download bereitgestellt werden.
- Die **Bezeichnung des Bestellbuttons** muss klar auf die **Zahlungspflicht** hinweisen.

Widerrufsrecht

Werden **Werktage** vereinbart, ist vom Verkäufer festzulegen, welche Feiertage gelten.

Der Verbraucher kann **innerhalb von 14 Kalendertagen ab der Lieferung ohne Angabe von Gründen und ohne Strafzahlung** vom Vertrag zurücktreten. Lediglich die Kosten für die Rücksendung der Waren dürfen dem Verbraucher angelastet werden. Diese Frist gilt, wenn alle Informationspflichten erfüllt sind. Wurden die **Informationspflichten nicht erfüllt**, so gilt eine **Rücktrittsfrist von 12 Monaten.** Das Transportrisiko trägt in jedem Fall der Verkäufer, auch für die Rücksendung durch den Kunden.

Das folgende Lehrbeispiel zeigt die Anwendung des Widerrufsrechts beim Online-Kauf.

Lehrbeispiel

MUSTERUNTERNEHMEN

Kundenfreundliche Internethändler verlängern freiwillig die Widerrufsfrist, z. B. Amazon auf 30 Tage.

L 7.11: Widerrufsrecht 🅰

a) Ein Kunde bestellt im Webshop der H2Ö GmbH zwei T-Shirts sowie eine Schirmkappe des Schwimmvereins. Der Bestellwert beträgt 45 Euro. Vier Tage nach der Lieferung sendet der Kunde die Ware zurück. Darf er vom Kauf ohne Angabe von Gründen zurücktreten?

b) Der Fuhrparkmanager der H2Ö GmbH bestellt bei einem deutschen Onlineshop vier Alufelgen für das Auto des Geschäftsführers. Weder bei Vertragsabschluss noch bei der Lieferung findet er die Adresse des Lieferanten. Acht Wochen nach der Lieferung werden die Winterreifen mit den neuen Felgen am Auto montiert, aber dem Geschäftsführer gefallen die Felgen nicht. Darf der Fuhrparkmanager vom Vertrag zurücktreten?

Lösung:

a) Ja, innerhalb von 14 Kalendertagen nach der Lieferung darf er den Kaufvertrag ohne Angabe von Gründen widerrufen.

b) Ja, wenn der Lieferant seine Informationspflichten verletzt hat, besteht eine Widerrufsfrist von 12 Monaten. Er erhält den vollen Kaufpreis inkl. Versandkosten erstattet, sofern sich die Alufelgen noch in einem neuwertigen Zustand befinden. Es gibt keinen Nutzungswertersatz (Miete für die Nutzungszeit), wenn sich der Zustand der Ware nicht verschlechtert hat. Lediglich die Rücksendekosten muss der Käufer tragen. Sofern die Felgen am Auto längere Zeit benutzt wurden, kann der Verkäufer die Wertminderung in Abzug bringen.

Die Umsetzung der Verbraucherrechte-Richtlinie verpflichtet Webshop-Betreiber in der gesamten Europäischen Union, Verbraucher auf ihre Widerrufsmöglichkeit hinzuweisen. Die Wiederrufsfrist ist europaweit einheitlich geregelt.

Button-Lösung

Die Bezeichnung des **Bestellbuttons** muss **„zahlungspflichtig bestellen"** lauten oder mit einer entsprechend eindeutigen Formulierung versehen sein. Auf der gleichen Warenkorb-Seite sind alle bestellten Waren und Dienstleistungen mit deren Eigenschaften sowie der Gesamtpreis inklusive der Versandkosten anzuführen. Ebenfalls ist auf das Widerrufsrecht hinzuweisen und ein Formular zum Download anzubieten oder per E-Mail zu übersenden.

Versandkosten und Transportrisiko

Die Versandkosten sind vor der Bestellung durch den Käufer exakt zu benennen. Das Transportrisiko geht bei der Lieferung der Ware auf den Käufer über. Die Kosten für die Rücksendung im Fall eines Widerrufs hat der Verbraucher zu tragen, außer der Verkäufer übernimmt diese Kosten. Jedenfalls aber trägt der Verkäufer das Transportrisiko für die Rücksendung, unabhängig davon, ob er die Rücksendekosten übernimmt.

Übungsbeispiel

H₂Ö
MUSTERUNTERNEHMEN

Ü 7.21 ★★: Rücktrittsrecht B

Für die Aufbewahrung der Belege bestellt die Buchhaltungsabteilung der H2Ö GmbH 50 Ordner in einem Onlineshop eines Schreibwarenhändlers. Die Auftragsbestätigung des Webshops enthält den Bestellwert inklusive Umsatzsteuer sowie den folgenden Hinweis: „Die Versandkosten werden separat in Rechnung gestellt." Als die Ordner eintreffen, stellt eine Kollegin fest, dass im Keller noch 120 Ordner gelagert sind. Welche Rücktrittsfrist gilt für den Widerruf des Kaufvertrages? Begründen Sie Ihre Entscheidung!

Anwendung des E-Commerce-Gesetzes

❶ Das ECG 2001 gilt für gegen Entgelt auf elektronischem Weg im Fernabsatz abgeschlossene Verträge.

Frau Kainz bestellt z. B. im Webshop von Amazon ein Sachbuch. Der abgeschlossene **Kaufvertrag** kam auf elektronischem Weg **im Fernabsatz** (Internet) zustande.

❷ Der Abruf der Leistung oder des bereitgestellten Dienstes erfolgt individuell durch den Leistungsempfänger.

Die Bestellung von Frau Kainz stellt einen individuellen Abruf der Leistung (des Buches) dar. Frau Kainz könnte das Buch auch als Online-Version gekauft und sofort heruntergeladen haben.

ABGB = Allgemeines Bürgerliches Gesetzbuch

Grundsätzlich gelten für Online-Verträge die gesetzlichen Regelungen des **ABGB**. Online-Kaufverträge stellen lediglich hinsichtlich ihres Zustandekommens, nämlich **digital im Fernabsatz**, eine Besonderheit dar. Die gesetzlichen Voraussetzungen für das Zustandekommen eines Online-Vertrages zeigt die folgende Abbildung:

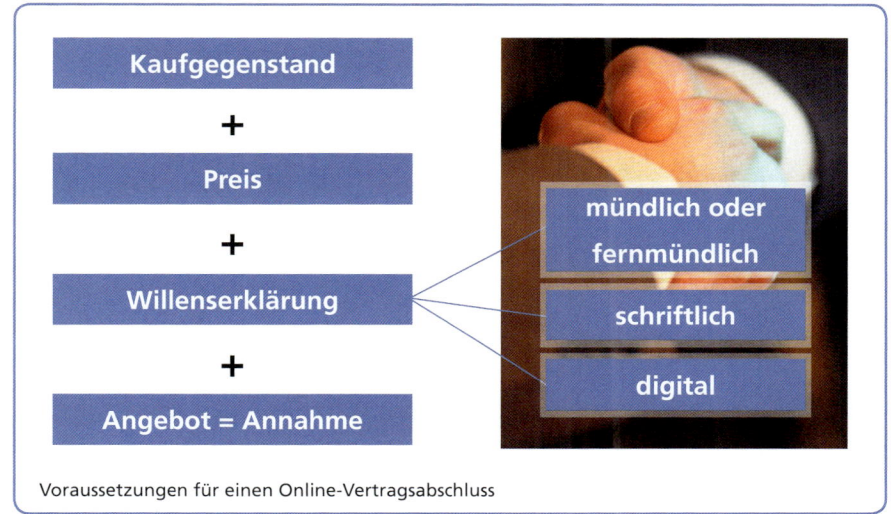

Voraussetzungen für einen Online-Vertragsabschluss

Gesetzliche Voraussetzungen für Online-Verträge

❶ Der Kaufgegenstand muss in seiner Beschaffenheit beiden Vertragspartnern bekannt sein.

Ein Verkäufer beschreibt in einer Online-Auktion bei eBay den Kaufgegenstand einschließlich seiner Mängel: „Ich verkaufe eine Canon Ixus 75 Digitalkamera inkl. Tasche, 4-GB-SD-Karte und Handbuch. Das Gehäuse hat auf der Unterseite einen 5 mm langen Kratzer. Das Gerät funktioniert einwandfrei."

❷ Der Preis des Kaufgegenstandes muss beiden Vertragspartnern bekannt sein.

In einem Onlineshop wird der Preis in der Regel direkt neben der Warenbeschreibung angegeben. Bei Online-Auktionen bedient sich der Käufer eines elektronischen Bieteragenten. Dieser erhöht den Preis automatisch bis zu einem vom Bieter vorgegebenen Maximum.

❸ Bei Online-Verträgen erfolgt die Willenserklärung in digitaler Form.

Ein Kunde bietet dem Verkäufer an, die Ware aus dem Onlineshop kaufen zu wollen. Der Verkäufer bestätigt diesen Antrag via E-Mail.

7 IT und Recht

Lehrbeispiel

Der **Kaufantrag** des Käufers ist eine **einseitige Willenserklärung.** Der Kaufvertrag kommt erst mit der **Bestätigung des Verkäufers** zustande.

Das Bieten auf einer **Online-Auktion** ist immer verbindlich, auch wenn es sich um einen **Sofortkauf** handelt.

L 7.12: Kaufvertrag B

a) Frau Winter möchte in einem Onlineshop ein neues Kleid bestellen. Sie markiert das gewünschte Produkt, das im Shop inklusive Preisangabe beschrieben ist, und klickt auf „Bestellen". Ist zu diesem Zeitpunkt schon ein Kaufvertrag zustande gekommen?

b) Herr Berger sieht auf eBay einen gebrauchten Blu-ray-Player. Er stellt im Bieteragenten einen Maximalbetrag von 30 Euro ein. Am nächsten Tag erhält er eine E-Mail von eBay, dass er der Höchstbietende bei der Auktion war. Muss Herr Berger den Blu-ray-Player kaufen oder stellt diese E-Mail nur ein Angebot zum Kauf dar?

Lösung:

a) Nein. Die Angebote im Onlineshop sind keine verbindlichen Angebote, denn dazu müssten sie mit Mengenangabe an eine Person gerichtet sein. Daher ist die Bestellung von Frau Winter lediglich ein Kaufantrag, also ein Angebot an den Verkäufer. Der Verkäufer kann nun mittels Bestellbestätigung den Antrag annehmen. Erst dann ist der Kaufvertrag abgeschlossen. Laut ECG muss diese Bestätigung unmittelbar (z. B. via E-Mail oder Bestätigungsfenster) erfolgen.

b) Der Kaufvertrag ist mit Ablauf der Auktion rechtswirksam zustande gekommen. Herr Berger muss den Blu-ray-Player bezahlen. Der Verkäufer muss verkaufen, auch wenn ihm der Auktionspreis zu niedrig erscheint.

Übungsbeispiele

Ü 7.22 ★★: Tippfehler D

Ein Privatkunde bestellt in einem Onlineshop 3500 T-Shirts. Offensichtlich handelt es sich bei dieser Bestellung um einen Tippfehler bei der Menge. Ist zwischen dem Kunden und dem Shopbetreiber ein gültiger Kaufvertrag zustande gekommen? Informieren Sie sich über das E-Commerce-Gesetz und klären Sie die rechtliche Situation auf!

Ü 7.23 ★★: Chatforum C

In einem Chatforum schreibt „Actionkid", dass er seinen PC um 250 Euro verkaufen möchte. „Primadonna" schreibt an „Actionkid", dass sie den PC kaufen und morgen abholen will. Sie fragt nach dem Realnamen und der Adresse. Ist ein Kaufvertrag zustande gekommen? Begründen Sie Ihre Entscheidung!

5 Kryptografie

Kryptografie ist das Ver- und Entschlüsseln von Nachrichten.

Der Großteil der Datenübertragung im Internet erfolgt unverschlüsselt. Doch ob Liebesbrief oder Bewerbungsschreiben – in vielen Schriftstücken befinden sich sensible Daten, die ausgeforscht werden können. Mithilfe von **Sniffern** können Hacker den Datenverkehr mitverfolgen und z. B. E-Mails lesen und verändern. Die **Kryptografie** ermöglicht das Verschlüsseln von Daten zum Schutz vor Fremdzugriff.

Ziele der Kryptografie

Kryptografie setzt sich aus den griechischen Wörtern **kryptós** (= verborgen) und **gráphein** (= schreiben) zusammen.

❶ Schutz der Vertraulichkeit: Nur der Empfänger darf die Nachricht lesen.

Eine Bank und ihre Kunden müssen darauf vertrauen können, dass nur der Kontoinhaber/die Kontoinhaberin Auskunft über den Kontostand erhält, Überweisungen tätigen oder persönliche Daten ändern kann und sich keine andere Person unter falschem Namen anmelden kann.

❷ Schutz der Authentizität: Die Nachricht stammt tatsächlich vom Absender.

Nur wenn der Käufer bei Internet-Transaktionen darauf vertrauen kann, dass er mit dem tatsächlichen Verkäufer kommuniziert, wird ein Geschäft zustande kommen.

❸ Schutz der Integrität: Die Nachricht wurde nicht gelesen und verändert.

Wenn wir über Internetbanking eine Geldüberweisung von unserem Bankkonto an ein Empfängerkonto aufgeben, dürfen die angegebenen Daten (z. B. die Kontonummer oder der Betrag) nicht verändert werden.

❹ Zuverlässigkeit: Der Absender einer Nachricht kann nicht bestreiten, dass er diese gesendet hat.

Die Bestellung eines Geschäftspartners muss verbindlich sein. Daher ist es wesentlich, dass eine Fälschung von persönlichen Daten nicht möglich ist.

Übungsbeispiele

Ü 7.24 ★★: Datenübertragung absichern ▐A▌

Welche Daten sollten bei der Kommunikation zwischen Unternehmen geschützt werden?

Ü 7.25 ★: WinZIP verschlüsseln ▐B▌

Erstellen Sie eine Nachricht mit Word und senden Sie sie Ihrem Sitznachbarn via E-Mail in einem verschlüsselten **WinZIP**-Archiv. Fordern Sie den Empfänger auf, die Nachricht als Klartext zurückzusenden.

Der Vorgang der Verschlüsselung wird **Chiffrierung** *genannt.*

Bei der Datenübertragung kommt den **Verschlüsselungsverfahren** eine große Bedeutung zu. Jede Person hat ein Recht auf den Schutz ihrer persönlichen Daten, z. B. bei der Übertragung der Laborwerte einer Blutuntersuchung. Bei Unternehmen sind besonders Forschungsergebnisse vor den Augen der Konkurrenz zu schützen.

Die **Kryptografie** ermöglicht die **Geheimhaltung** der Daten, ohne Daten zu verstecken. Die verwendeten Algorithmen sind bekannt, dennoch ist eine Entschlüsselung ohne Kenntnis des Schlüssels nicht möglich. Wie lang ein Schlüssel sein muss, hängt davon ab, wie lange die Informationen geheim gehalten werden sollen und wie wichtig die Daten sind.

Cäsar-Chiffre

Die ersten Verschlüsselungsverfahren gehen auf **Julius Cäsar** zurück, der vertrauliche Botschaften mit der von ihm erfundenen **Cäsar-Chiffre** verfasste.

Gaius Julius Cäsar
(100–44 v. Chr.), römischer Staatsmann und Feldherr, erfand das nach ihm benannte Chiffrierverfahren.
(Bild: ultimateitaly.com)

Chiffrierscheibe für die Cäsar-Verschlüsselung
(Bild: Hubert Berberich)

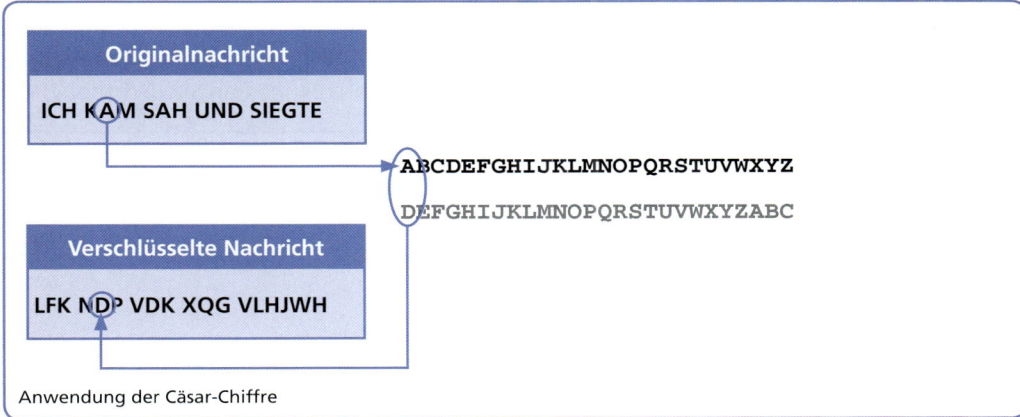

Anwendung der Cäsar-Chiffre

Dieses Chiffrierverfahren ist ein **Buchstaben-Rotationsverfahren.** Dabei werden die Buchstaben um eine bestimmte Stellenanzahl verschoben. Bei einer Dreier-Rotation wird z. B. aus A ein D, aus B wird E usw.

> Die Verwendung des **Cäsar-Chiffre** gilt als **sehr unsicher,** da man durch Ausprobieren der Rotationszahl nach wenigen Versuchen die Geheimbotschaft entschlüsseln kann.

Übungsbeispiel

Ü 7.26 ★: Cäsar-Chiffre ▐B▌

a) Decodieren Sie die Geheimbotschaft „YHQL YLGL YLFL" mit der Stellenanzahl 3.
b) Chiffrieren Sie die Botschaft „MORGEN UM DREI BEI MIR" mit der Stellenanzahl 6.

7 IT und Recht

Hash-Algorithmen

to hash (engl.): zerhacken

Mittels Hash-Algorithmus werden die Informationen zerteilt und verstreut, um die Integrität von Daten sicherzustellen.

In Datenbanken sollten aus Sicherheitsgründen niemals Kennwörter im Klartext gespeichert werden. Stattdessen speichert man den aus dem Kennwort berechneten **Hashwert**. Der Algorithmus zur Berechnung des Hashwerts ist bekannt. Kennt man das Kennwort, erhält man dafür immer den gleichen Hashwert. Es ist jedoch schwierig und aufwendig, aus einem Hashwert das ursprüngliche Kennwort zu ermitteln. Bekannte Hash-Algorithmen sind **MD5** und **SHA**.

Lehrbeispiel

L 7.13: MD5-Hash berechnen B

Ermitteln Sie mithilfe von **www.hashgenerator.de** den **MD5-Hashwert** des Kennworts „Geheim!".

Auf **www.hashgenerator.de** können Sie verschiedene Hash-Algorithmen verwenden. Häufig benutzte Funktionen sind MD5 und SHA-512.

Advanced Encryption Standard (AES)

Der **Advanced Encryption Standard (AES)** ist ein symmetrisches Kryptosystem, das im Oktober 2000 vom National Institute of Standards and Technology (NIST) als Standard bekannt gegeben wurde. Nach seinen Entwicklern **Joan Daemen** und **Vincent Rijmen** wird er auch **Rijndael-Algorithmus** genannt.

Der Rijndael-Algorithmus besitzt eine **variable Blockgröße von 128, 192 oder 256 Bit** und eine **variable Schlüssellänge von 128, 192 oder 256 Bit**. Er bietet ein sehr hohes Maß an Sicherheit und wird beispielsweise für WLAN, WPA2, in der IP-Telefonie und für Skype verwendet.

Übungsbeispiele

Ein Online-Tool zum Ver- und Entschlüsseln von AES finden Sie unter www.cryptool-online.org/index.php?option=com_cto&view=tool&Itemid=135&lang=de.

Ü 7.27 ★★: Verschlüsselung mit AES B

Verschlüsseln Sie eine beliebige Botschaft an Ihre Sitznachbarin/Ihren Sitznachbarn mittels AES und entschlüsseln Sie anschließend ihren/seinen an Sie gerichteten Geheimtext!

Kodierungstyp	Verwendete Zeichen	Startsequenz	Endsequenz
Codegruppe	A-Z	ZZZZZ	YYYYY
Hexadezimal	0-9, a, b, c, d, e, f	?HX?	?H
Base64	A-Z, a-z, 0-9, +, /	?b64	?64b

Klartext:

Klara und Franz verliebten sich am Montag bei Mondschein unsterblich

Klartext

Geheimtext:

AES-Verschlüsselung (CBC). Zu entschlüsseln auf http://www.cryptool-online.org
ZZZZZ SNMON DPNIG VCHQT TFOSS KAHWB CGIKH TWNIN ULJDC MUAMD WRHFO
PTRUF BILST VPWXC FXHIM GMJJD ISUTS PULTC IPMEK WAHFM TKRUL DSCWD
AQWXD UQUTE ASUHW FGVLJ BPIQX CSEPX PDUWA ULIUC BMEXX IQRFX IHFQI
WWMUG XDHNQ QFPJR MMTCO EQGEL RAUWO XEPLX GNOKM UHGSF BSCAA UMJHW
AIXRV XSWWZ YYYYY
Ende der verschlüsselten Nachricht

Geheimtext

Die **Kodierung** des Geheimtextes kann als **Codegruppe, Hexadezimal** oder **Base64** erfolgen.

Modus: CBC
Kodierung: Codegruppe
Key: Geheim!

Verschlüsseln   Entschlüsseln

Ü 7.28 ★★: AES-Chiffre `B`

Chiffrieren Sie den Text einer E-Mail mit AES und der Kodierung *Base64* und senden Sie den Geheimtext per E-Mail an einen Schulkollegen/eine Schulkollegin, der/die die geheime Botschaft entschlüsseln soll. Verwenden Sie einen AES-Codegenerator, z. B. von **www.cryptool-online.org**.

Üben

| SbX | ID: 2722 |

Ü 7.29 ★: Facebook `B`

Durchsuchen Sie in Facebook die Profile Ihrer Freunde/Freundinnen und finden Sie heraus, ob jemand ein öffentliches Profil verwendet. Informieren Sie diese Personen per E-Mail, wie sie ihre Privatsphäre besser schützen könnten.

Ü 7.30 ★★: Daten verschlüsseln `B`

Erstellen Sie eine geheime Botschaft in einem Word-Dokument, schützen Sie das Dokument vor Zugriff durch Dritte und versenden Sie es als Attachment an Ihren Sitznachbarn/Ihre Sitznachbarin! Wie könnten Sie das Kennwort zum Öffnen der Datei sicher übertragen?

Ü 7.31 ★: Standard- und Musterverordnung `B`

Rauchfangkehrermeister Schwarz möchte eine Buchhaltung und Lohnverrechnung sowie eine Kundendatenbank betreiben. Überprüfen Sie anhand der Standard- und Muster-Verordnung im SbX, welche Daten die Firma Schwarz ohne Meldung verarbeiten darf!

SbX
Die Standard- und Muster-Verordnung finden Sie unter der ID: 2722.

Ü 7.32 ★★: Datenschutz `C`

Die Sozialversicherungsanstalt der gewerblichen Wirtschaft (SVA) kündigt einem Arzt den Kassenvertrag, worauf der Arzt soziale Härte einwendet. Die SVA erhält zur Berechnung und Vorschreibung der Pensionsbeiträge vom Finanzamt die Einkommensdaten des Arztes. Sie entgegnet, dass der Arzt im letzten Jahr ein Jahreseinkommen von 500.000 Euro versteuert habe. Von sozialer Härte könne da wohl keine Rede sein. Wie ist das Vorgehen der SVA aus datenschutzrechtlicher Sicht zu beurteilen?

SbX
Den Bescheid der Datenschutzbehörde finden Sie unter der ID: 2722.

Ü 7.33 ★★: DVR-Meldung `B`

Frau Dr. Notnagl ist Präsidentin in einem Golfclub und möchte eine Mitgliederverwaltung in MS Access erstellen. Muss sie diese Datenanwendung beim DVR melden? Begründen Sie Ihre Antwort!

Ü 7.34 ★★: Bewerbung `B`

Alfred möchte sich bei 90 Firmen für eine Ferialpraxis bewerben. Darf er die Bewerbungen via E-Mail versenden, wenn er zu den Firmen bisher keinerlei Kontakt hatte? Begründen Sie Ihre Antwort!

Ü 7.35 ★★: Hundenahrung `B`

Frau Sammer ist Informatikstudentin und möchte sich ein bisschen Geld dazuverdienen. Sie verkauft für eine Firma biologische Hundenahrung. Um den Bekanntheitsgrad der Produkte zu erhöhen, will sie an 150 Personen (teilweise Bekannte und Freunde) eine SMS versenden. Ist das zulässig? Begründen Sie Ihre Entscheidung!

Ü 7.36 ★★: Schulbuch `B`

Frau Riedl ist Lehrerin in einer Volksschule. In einem deutschen Schulbuch findet sie eine geeignete Aufgabe für ihre Klasse. Darf sie eine Seite aus dem Schulbuch für ihre Schüler/innen kopieren, wenn sie die Zitierregeln genau einhält? Begründen Sie Ihre Antwort!

7 IT und Recht

Ü 7.37 ★★: Skriptum B

Herr Bruckner findet im Internet ein Skriptum zum Thema Websitegestaltung. In der Fußzeile des Skriptums befindet sich folgender Hinweis: „© 2016 Ludwig Heine, Paderborn – Alle Rechte vorbehalten".

a) Darf Herr Bruckner das Skriptum im Rahmen eines Referats in der Schule zitieren? Begründen Sie Ihre Antwort!

b) Darf Herr Bruckner in der Fußzeile seinen eigenen Namen eintragen und das Skriptum danach für einige Seminarteilnehmer am WIFI kopieren? Begründen Sie Ihre Antwort!

c) Darf Herr Bruckner eine Grafik aus dem Skriptum mit PowerPoint nachzeichnen und durch eigene Anmerkungen erweitern? Muss er unter diese Grafik den Namen Ludwig Heine schreiben? Begründen Sie Ihre Antwort!

Ü 7.38 ★★: Veröffentlichungen B

Beurteilen Sie die Rechtssituation folgender Veröffentlichungen:

a) Auf einem Faschingsfoto in Flickr sind drei verkleidete Lehrer/innen einer Schule abgebildet.

b) In einem YouTube-Video ist eine Lehrkraft während des Unterrichts zu sehen.

c) Auf einem Foto in Facebook ist eine Mitarbeiterin beim Nacktbaden verlinkt worden.

Ü 7.39 ★★: Buchbestellung B

Frau Hofer bestellt via Internet bei einem Online-Bookshop in London drei „Harry-Potter"-Bände. Der Preis je Buch ist mit 9 Pfund angegeben. Einige Tage später erhält Frau Hofer die Lieferung und eine Rechnung über 35 Pfund inklusive Versandkosten. Sie sieht nochmals im Webshop nach und stellt fest, dass der Preis „incl. shipment" angegeben ist. Ihre Mailanfrage beantwortet der Bookshop so:

> I am sorry, but shipment is only included within Great Britain and Northern Ireland.
> John Lexington

Darf Frau Hofer vom Kaufvertrag zurücktreten? Falls ja, innerhalb welcher Frist?

Ü 7.40 ★★: eBay-Sofortkauf B

Herr Wolf klickt auf eBay bei einem DVD-Spielfilm auf „Sofort-Kaufen". Wenige Minuten später bereut er seine Entscheidung, denn er sieht die gleiche DVD deutlich billiger in einer Auktion. Ist ein Kaufvertrag abgeschlossen worden oder kann er vom Kauf zurücktreten?

Ü 7.41 ★★: Vertragsabschluss? C

Frau Dr. Krüger bestellt im Internet eine Digitalkamera. Als sie auf „Bestellen" klickt, erhält sie unmittelbar darauf folgende Meldung: „Es tut uns leid. Das bestellte Produkt ist nicht mehr lieferbar." Frau Dr. Krüger ärgert sich, denn eigentlich ist ja ein Kaufvertrag zustande gekommen … oder etwa nicht? Erläutern Sie die rechtliche Situation!

SbX
ID: 2722

Weitere Übungen im SbX

Ü 7.42 ★★: Datenschutz C
Bearbeiten Sie das Übungsbeispiel „Datenschutz"!

Ü 7.43 ★★★: Datenschutz in der H2Ö GmbH D
Bearbeiten Sie das Übungsbeispiel „Datenschutz in der H2Ö GmbH"!

Sichern

soziale Netzwerke

Soziale Netzwerke, wie z. B. Facebook oder Twitter, erleichtern den **Informationsaustausch** innerhalb von **Netzgemeinschaften.** Die User ordnen sich den Gemeinschaften selbst zu, indem sie Freundschaftsanfragen bestätigen oder Gruppen beitreten. Bei der Nutzung sozialer Netzwerke sollte man auf den Schutz der eigenen persönlichen Daten achten und die eigenen Profileinstellungen laufend kritisch hinterfragen.

Datenschutz-gesetz	Das **DSG 2000** ist die österreichische Umsetzung der europäischen Datenschutzrichtlinie. Es regelt die **Verwendung personenbezogener Daten.** Das Grundrecht jeder Person auf Schutz ihrer persönlichen Daten ist eine Verfassungsbestimmung.
Datenschutz-prinzipien	Die **Datenschutzprinzipien** umfassen das Recht auf Auskunft und Einsicht sowie auf Richtigstellung falscher und Löschung nicht mehr benötigter Daten.
Datenschutz-behörde	Zu den Aufgaben der Datenschutzbehörde gehören die Führung des **Datenverarbeitungsregisters,** die Überwachung der **Einhaltung des Datenschutzgesetzes** sowie die Prüfung von vermuteten **Datenschutzverstößen.**
Datenverarbei-tungsregister	Dem DVR sind grundsätzlich alle Datenanwendungen zu melden, in denen **personenbezogene Daten** verwaltet werden. Von der Meldepflicht **ausgenommen** sind z. B. **private Datenanwendungen** und **Standardanwendungen,** die im Rahmen der Standard- und Muster-Verordnung festgelegt werden. Standardanwendungen sind z. B. Rechnungswesen, Personalverrechnung und Kundenverwaltung.
Spam	Spam sind **unverlangte elektronische Nachrichten,** die ohne Zustimmung des Empfängers versendet werden. Spam ist gemäß Telekommunikationsgesetz (TKG 2003) strafbar, wenn elektronische Nachrichten ohne bestehende Geschäftsbeziehung zum Zweck der Direktwerbung oder an einen Empfängerkreis von mehr als 50 Personen versendet werden. Ein rechtliches Vorgehen gegen professionelle Spammer, die ihre Identität in der Regel verschleiern, ist in der Praxis kaum möglich.
Rechte des Urhebers	Der Urheber hat das **ausschließliche Recht** zur Nutzung, Vervielfältigung, Verbreitung und Verwertung seines geistigen Eigentums. Für die **Vervielfältigung und Verbreitung** eines Werkes ist die Zustimmung des Urhebers erforderlich. Zur Bearbeitung und freien Werknutzung bedarf es keiner Zustimmung durch den Urheber. Durch die Bearbeitung eines Werkes kann ein **neues schutzwürdiges Werk** entstehen.
freie Werk-nutzung	Unter die freie Werknutzung fallen das **Zwischenspeichern,** das **freie Zitieren** und die **Privatkopie.** Von der freien Werknutzung ausgenommen sind Computersoftware und Schulbücher.
Bildnisschutz	Der Bildnisschutz regelt den **Schutz des eigenen Bildes** vor Veröffentlichung und Verbreitung. Bilder von Personen dürfen ohne deren Einwilligung weder veröffentlicht noch verbreitet werden, wenn diese identifizierbar sind.
Informations-pflichten vor Vertragsabschluss	Der **Verkäufer** muss vor einem Online-Vertragsabschluss seinen **Namen** und seine **Anschrift,** die wesentlichen **Eigenschaften der Ware** oder Dienstleistung, die **Einzelheiten der Zahlung** und den **Gesamtpreis** inklusive Steuern und Versandkosten bekanntgeben. Weiters muss er über das **Widerrufsrecht** des Konsumenten und die **Vertragslaufzeit** Auskunft geben.
Widerrufsrecht	Ein Verbraucher kann **innerhalb von 14 Kalendertagen nach der Lieferung** ohne Angabe von Gründen vom Kaufvertrag zurücktreten. Sofern der Verkäufer seine **Informationspflichten verletzt** hat, gilt eine **Rücktrittsfrist von 12 Monaten.**
Online-Verträge	Das ABGB, das UGB, das ECG, das VRUG und das FAGG regeln im Fernabsatz abgeschlossene Verträge. Voraussetzungen für das Zustandekommen eines Online-Vertrages sind der **Kaufgegenstand und -preis** sowie die **übereinstimmende Willenserklärung.**
Kryptografie	Die Kryptografie gewährleistet **Vertraulichkeit, Authentizität** und **Integrität** bei der Nachrichtenübermittlung. Man unterscheidet **Verfahren zur Ver- und Entschlüsselung von Geheimbotschaften,** z. B. Cäsar- und AES-Chiffre, sowie Verfahren zur **Berechnung von Hashwerten,** wie z. B. MD5 und SHA, um Kennwörter und Logindaten von Usern zu schützen.

Wissen

W 7.5: Kontrollfragen und -aufgaben B

1. Welche Überlegungen sollten Sie anstellen, wenn Sie in einem sozialen Netzwerk eine Freundschaftsanfrage erhalten?

2. Wie können Sie Ihr Facebook-Konto gegen Fremdzugriffe absichern?

3. Was sollten Sie beachten, wenn Sie private Inhalte in ein soziales Netzwerk einstellen?

4. Welche Prinzipien sind im Datenschutzgesetz 2000 festgelegt?

5. Welche Rechte hat eine Person die eigenen personenbezogenen Daten betreffend?

6. Welche Möglichkeiten hat eine Person, wenn sie gegen eine Datenschutzverletzung durch eine Privatperson, einen Verein oder ein Unternehmen vorgehen will?

7. Nennen Sie alle ausschließlichen Rechte eines Urhebers!

8. Was versteht man unter der Bearbeitung eines geistigen Werkes?

9. Was bedeutet freie Werknutzung?

10. Wann verjährt das Urheberrecht?

11. Dürfen Sie die mit Ihrer Handykamera beim letzten Discobesuch aufgenommenen Fotos von Freunden auf Facebook hochladen? Begründen Sie Ihre Antwort!

12. Dürfen Sie die von Ihnen aufgenommenen Strandfotos vom letzten Urlaub in ein Fotobuch übernehmen und das Fotobuch im Freundeskreis herzeigen? Begründen Sie Ihre Antwort!

13. Welche Informationspflichten hat der Betreiber eines Webshops?

14. Welche gesetzlichen Fristen gelten für das Widerrufsrecht eines Online-Kaufvertrages?

15. Welche Voraussetzungen müssen für das Zustandekommen eines Kaufvertrages im Fernabsatz erfüllt sein?

W 7.6: Tanzparty C

Auf YouTube finden Sie ein Video, in dem Sie für einige Sekunden als Besucher/in einer Tanzparty zu sehen sind. Um Ihre Zustimmung zur Veröffentlichung hat Sie bislang niemand gefragt. Wie beurteilen Sie die rechtliche Situation hinsichtlich des Schutzes Ihrer persönlichen Daten? Welche Möglichkeiten sehen Sie, um gegen diese Veröffentlichung vorzugehen? Recherchieren Sie, welche Möglichkeiten Sie haben, um das Video bei YouTube entfernen zu lassen!

W 7.7: E-Commerce D

Konstruieren Sie ein Fallbeispiel zum Onlineshop der H2Ö GmbH, bei dem entweder der Verkäufer seine Informationspflichten verletzt oder sich der Käufer falsch verhalten hat.

a) Formulieren Sie den Fall sowie eine Frage dazu und geben Sie die Problemstellung an eine andere Gruppe weiter!

b) Beantworten Sie die Frage zu jener Problemstellung, die Sie nun von der anderen Gruppe erhalten!

W 7.8: Cybermobbing vermeiden D

Unter Cybermobbing versteht man das gezielte Herabwürdigen von Personen im Internet, meist innerhalb sozialer Netzwerke oder in Diskussionsforen. Erstellen Sie für Ihre Mitschüler/innen einen kurzen Leitfaden mit Verhaltensregeln zur Vermeidung von Cybermobbing und gehen Sie darin auf folgende Fragen ein:

1. Wie entsteht Mobbing in sozialen Netzwerken und was versteht man darunter?

2. Welches Verhalten begünstigt Cybermobbing?

3. Wie sollte ich reagieren, wenn ich Cybermobbing mich selbst oder andere betreffend wahrnehme?

W 7.9: Unterlassungserklärung D

Herr Mag. Martin B. fühlt sich durch Spam-Mails vom Restaurant M. belästigt und beauftragt die Rechtsanwältin Dr. Eva-Maria S. mit seiner Rechtsvertretung. Am 09.05.2016 sendet sie an das Restaurant M. eine Unterlassungserklärung mit folgendem Beibrief:

> Sehr geehrte Damen und Herren!
>
> In obiger Angelegenheit teile ich mit, dass mich Herr Mag. Martin B. mit seiner rechtsfreundlichen Vertretung beauftragt hat, und ersuche um diesbezügliche Kenntnisnahme.
>
> Mein Mandant erteilte mir die Information, dass er bereits am 11.08.2015 erstmalig eine Spam-Mail von Ihnen erhalten hat. Diesbezüglich hat mein Mandant bereits mit E-Mail-Nachricht vom 16.08.2015 ersucht, ihn endlich aus Ihrer Spam-Liste zu entfernen. Für den Fall, dass Sie meinen Mandanten nicht aus der entsprechenden Liste entfernen, hat Ihnen dieser bereits in Aussicht gestellt, dass er einen Anwalt konsultieren wird.
>
> Nunmehr hat mein Mandant am 02.05.2016 erneut ein Spam-Mail von Ihnen erhalten und ich erlaube mir, darauf hinzuweisen, dass die Versendung von Spam-Mails sowohl nach dem Telekommunikationsgesetz als auch nach dem UWG rechtswidrig ist.
>
> Die Versendung von Spam-Mails ist bereits seit der UWG-Novelle 2007 aufgrund der Richtlinie 2005/29 EG des Europäischen Parlaments und des Rates über unlautere Geschäftspraktiken im binnenmarktinternen Geschäftsverkehr rechtswidrig. Spamming ist ausdrücklich auf der schwarzen Liste in Punkt 26 angeführt.
>
> Im Hinblick auf Ihr rechtswidriges und jedenfalls schuldhaftes Verhalten muss ich Sie daher ersuchen, die in der Anlage beigeschlossene Unterlassungserklärung zu unterfertigen und mir bis spätestens 13.05.2016 zu retournieren, widrigenfalls mein Mandant mit Unterlassungsklage vorgehen wird. Mein Mandant behält sich diesbezüglich vor, weitere Schadenersatzansprüche geltend zu machen.
>
> Aufgrund Ihres rechtswidrigen und schuldhaften Verhaltens sind Sie darüber hinausgehend veranlasst, die Kosten meines Einschreitens, welche ich entgegenkommenderweise lediglich mit dem pauschal ermäßigten Betrag in Höhe von
>
> EUR 150,– zuzüglich 20 % Ust. EUR 30,–, sohin mit dem Gesamtbetrag in Höhe von **EUR 180,–**
>
> bekannt gebe, zu ersetzen. Ich ersuche daher, diesen Betrag ebenfalls bis spätestens 13.05.2016 auf mein unten angeführtes Kanzleikonto zur Überweisung zu bringen.
>
> Vorerst verbleibe ich
>
> mit vorzüglicher Hochachtung

a) Beurteilen Sie die rechtliche Situation des Restaurants!

b) Wie würden Sie als Geschäftsführer/in des Restaurants auf den Brief der Anwältin reagieren? Müssen Sie die geforderten 180 Euro bezahlen?

W 7.10: Rechtsfragen klären C

Klären Sie die folgenden Rechtsfragen und recherchieren Sie falls nötig im Internet!

a) Ein Verbraucher bestellt in einem Webshop eine Software, die er sofort herunterlädt. Eine Bestätigung der Bestellung via E-Mail ist nicht erfolgt. Wurde der Kaufvertrag gültig geschlossen? Begründen Sie Ihre Entscheidung!

b) Ein Verbraucher bestellt via E-Mail ein Buch. Der Buchhändler liefert das bestellte Buch sechs Tage später ohne jede Rückmeldung an den Verbraucher. Da der Verbraucher keine Bestätigung seiner Bestellung erhalten hat, hat er zwischenzeitlich das Buch anderswo bestellt. Wie ist dieser Fall aus der Sicht des ECG 2001 zu beurteilen?

c) Ein Unternehmer erhält von einem Gasthaus folgende E-Mail: „Verbringen Sie mit Ihren wichtigen Kunden schöne Stunden in gemütlicher Atmosphäre!". Die E-Mail enthält einen Unsubscribe-Link. Handelt es sich hierbei um strafbaren Spam?

d) Ein Schuldirektor versendet via E-Mail an alle 62 Lehrer/innen der Schule eine Einladung zu seiner Geburtstagsfeier. Handelt es sich hierbei um strafbaren Spam?

e) Für die Programmierung eines Webshops ist vorgesehen, dass ein Kunde nach seinem Einkauf automatisch eine Bestellbestätigung erhält. Wie sollte der Text dieser Bestätigung konkret lauten, wenn man bei Nichtverfügbarkeit von Produkten keinen Kaufvertrag abschließen möchte? Formulieren Sie den Text für diese Mail.

Unsubscribe bedeutet Widerruf und wird verwendet, um dem Absender mitzuteilen, dass man kein Interesse an seinen Nachrichten hat.

W 7.11: Rechtsschutz D

Sie arbeiten in der Rechtsabteilung einer Rechtsschutzversicherung und werden um Ihre Einschätzung zu folgenden Fällen gefragt:

a) Für eine Produktpräsentation eines Autohauses sollen verschiedene Firmenlogos und Produktfotos der Audi AG verwendet werden. Dafür sollen auch Texte und Bilder von der Audi-Homepage kopiert werden. Die PowerPoint-Präsentation soll außerdem mit einem Lied von ABBA untermalt werden. Verfassen Sie einen Text mit Ihrer rechtlichen Einschätzung in Form einer E-Mail an die Geschäftsleitung des Autohauses.

b) Beurteilen Sie, welche der folgenden Fälle rechtswidrig sind, und begründen Sie!

    1. Zwei Schulfreunde tauschen MP3-Dateien aus, um sie am Smartphone zu hören.

    2. Ein Hotel veröffentlicht eine Gästeliste von VIPs auf der Website.

    3. Der Besitzer eines Kraftfahrzeuges wird von seinem Händler per E-Mail daran erinnert, dass die § 57a-Überprüfung fällig ist.

Ein kurzer Kompetenz-Check, bevor's weitergeht!

Kompetenz-Check

	☺	😐	☹
Ich kann grundlegende datenschutzrechtliche Bestimmungen unterscheiden und grobe Verstöße dagegen aufzeigen.			
Ich kann beurteilen, ob Handlungen im Rahmen von IT-Anwendungen gegen entsprechende gesetzliche Bestimmungen verstoßen.			
Ich kann E-Business-Anwendungen nutzen.			
Ich kann die Bedeutung der Datenverschlüsselung beschreiben und Daten sicher übertragen.			

8 TABELLENKALKULATION PROFESSIONAL
Kompetenzmodul 9

Worum geht's
in diesem Kapitel?

Die H2Ö GmbH möchte verschiedene Gewinnszenarien mithilfe von Excel so effizient wie möglich simulieren und darstellen. Außerdem soll für das Sekretariat das automatisierte Einfügen von Texten und das automatische Anlegen von Kopf- und Fußzeilen in einer Excel-Vorlage erarbeitet werden. Weiters soll errechnet werden, welcher Zinssatz mit der Hausbank verhandelt werden muss, um ein bestimmtes Veranlagungsziel zu erreichen. Wie Sie diese Aufgaben lösen können, erfahren Sie in diesem Kapitel.

In diesem Kapitel erwerben Sie Kompetenzen zu folgenden Bildungs- und Lehraufgaben:

- **Bereich Tabellenkalkulation – Steuerelemente (Lerneinheit 1)**
  ○ Steuerelemente zur Rationalisierung von Arbeitsschritten einsetzen

- **Bereich Tabellenkalkulation – Makros (Lerneinheit 2)**
  ○ Makros zur Rationalisierung von Arbeitsschritten einsetzen

- **Bereich Tabellenkalkulation – Finanzmathematik (Lerneinheit 3)**
  ○ betriebswirtschaftliche Aufgabenstellungen lösen

In diesem Kapitel finden Sie Lehrbeispiele, Übungsaufgaben, Kontrollfragen und Wissensaufgaben zur Kompetenzüberprüfung auf den Handlungsebenen **A** Verstehen, **B** Anwenden, **C** Analysieren und **D** Entwickeln.

Dieses Kapitel umfasst folgende Lerneinheiten:

1 Automatisieren mittels Steuerelementen

2 Automatisieren mittels Makros

3 Finanzmathematik

Lerneinheit 1
Automatisieren mittels Steuerelementen

Die H2Ö GmbH möchte mittels Microsoft Excel verschiedene Gewinnszenarien simulieren. Es soll eine benutzerfreundliche Oberfläche geschaffen werden, um einfach und schnell verschiedenste Überlegungen zu Umsatz, Nettopreisen, verkauften Stück anstellen und grafische Auswertungen sofort sehen zu können.

 **Lernen**

1 Bildlaufleiste und Drehfeld

Mithilfe der **Steuerelemente Bildlaufleiste** und **Drehfeld** können Sie Werte entlang einer vorgegebenen Skala verändern.

Lehrbeispiel

Gewinnermittlung.xlsx

L 8.1: Gewinnermittlung – Bildlaufleiste/Drehfeld B
Die H2Ö GmbH will verschiedene Gewinnszenarien einfach und schnell berechnen können. Dafür soll ein Excel-Sheet erstellt werden, in dem die Einstands- und Verkaufspreise sowie die Stückzahlen mittels Reglern (Steuerelementen) angepasst werden können.

❶ Berechnen Sie zuerst den Umsatz, den Einsatz, die sonstigen Kosten sowie den Gewinn.

❷ Erstellen Sie Bildlaufleisten für die Veränderung des Einstandspreises pro Palette sowie des Verkaufspreises pro Palette.

❸ Erstellen Sie Drehfelder, um die Paletten-Anzahl zu ändern.

❹ Erstellen Sie ein Diagramm, um die Veränderungen dynamisch simulieren zu können.

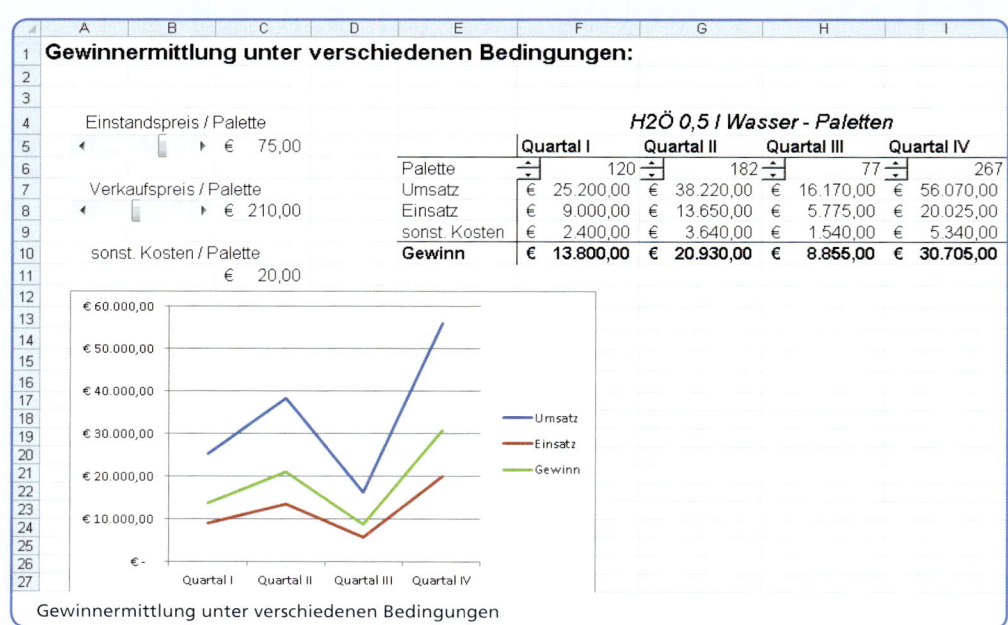

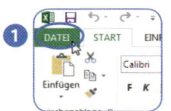

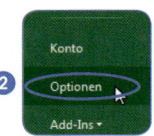

Die Registerkarte *Entwicklertools* muss nur einmal aktiviert werden, danach verbleibt diese im Menüband.

Registerkarte *Entwicklertools*

Um mit Steuerelementen arbeiten zu können, wird die Registerkarte *Entwicklertools* benötigt. Diese wird über *Datei | Excel-Optionen* im Menüband hinzugefügt.

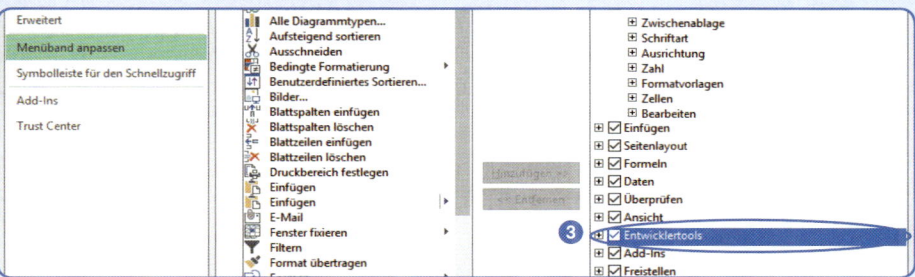

Bildlaufleiste

In der Registerkarte *Entwicklertools* finden Sie die Befehlsgruppe *Einfügen.* Hier kann das Formularsteuerelement *Bildlaufleiste* ausgewählt und unter dem Einstandspreis pro Palette aufgezogen werden.

In der Befehlsgruppe *Einfügen* gibt es Formularsteuerelemente und ActiveX-Steuerelemente. Verwenden Sie für einfache Anwendungen immer Formularsteuerelemente, da bei ActiveX-Steuerelementen programmiert werden muss.

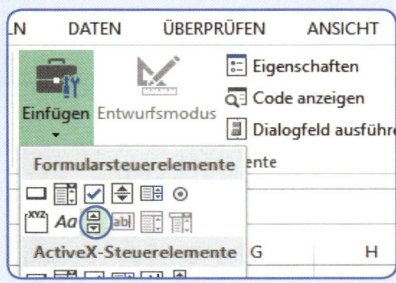

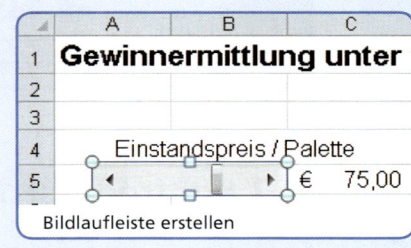

Bildlaufleiste erstellen

Damit sich der Preis in der Zelle C5 verändert, wenn die Bildlaufleiste betätigt wird, muss diese erst mit der Zelle C5 verknüpft werden. Dies geschieht mittels Rechtsklick – *Steuerelement formatieren.*

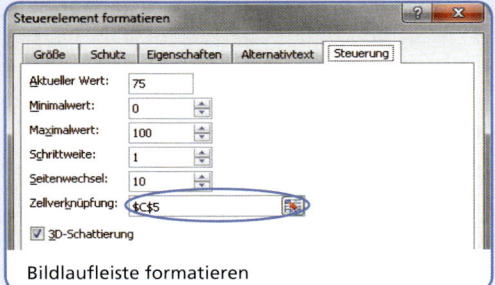

Bildlaufleiste formatieren

Achtung!
Vergessen Sie nie, jedem Steuerelement auch eine Zellverknüpfung zuzuordnen.

Hier kann nun die Zellverknüpfung erstellt werden. Außerdem gibt es die Möglichkeit, Minimal- und Maximalwerte einzugeben sowie die Schrittweite zu ändern.

Für den Einstandspreis legen wir einen Maximalwert von 100 und eine Schrittweite von 1 fest. Der Verkaufspreis sollte in 5er-Schritten, bis zu einem Maximalwert von 500, angepasst werden können.

Drehfelder

Drehfelder können wie Bildlaufleisten erstellt und angepasst werden. Auch hier ist die Zellverknüpfung besonders wichtig.

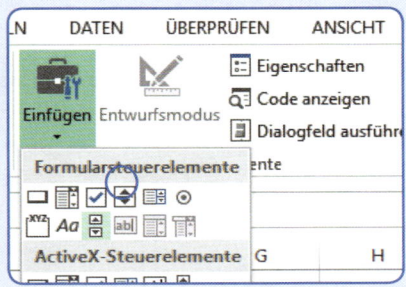

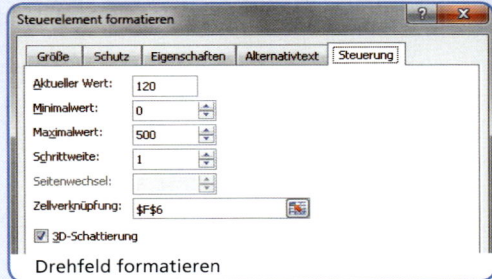

Drehfeld formatieren

8 Tabellenkalkulation professional

Ü 8.1 ★: Blumengeschäft B

Das Blumengeschäft „Monikas Blumenkisterl" hat vier Standardsträuße kreiert – für jeden Anlass einen passenden. Nun möchte Frau Bauer berechnen, wie viele Sträuße sie verkaufen muss, um einen Gewinn zu erzielen.

Dafür möchte Sie einerseits die benötigten Meter Buntpapier und andererseits die Verkaufsstückzahlen schnell und einfach mittels Steuerelementen verändern können.

	A	B	C	D	E
1	Blumengeschäft				
3	benötigte Meter Buntpapier		Preis Buntpapier:	€ 0,40 pro Meter	
4	◄ ►	106 Meter			
7	Blumensträuße:				
9	Modelle	Mitbringsel (klein)	Geburtstag (mittel)	Liebe (groß)	Hochzeit (deluxe)
10	Erlös / Stk.	€ 9,90	€ 14,50	€ 19,90	€ 25,60
11	Stück	105	67	75	29
12	Umsatzerlöse	1039,5	971,5	1492,5	742,4
14	Gesamtumsatz	€ 4.245,90			
15	- variable Kosten	€ 42,40			
17	DB	€ 4.203,50			
18	- Fixkosten	€ 2.900,00			
20	Gewinn	€ 1.303,50			

2 Kontrollkästchen, Optionsfeld und Gruppenfeld

Mithilfe eines Kontrollkästchens können Sie eine einfache Bedingung stellen, die entweder *wahr* oder *falsch* ist. Benötigen Sie mehrere Auswahlmöglichkeiten, so wird das Steuerelement *Optionsfeld* verwendet.

L 8.2: Gewinnermittlung – Kontrollkästchen/Optionsfeld B

Die H2Ö GmbH möchte verschiedene Gewinnszenarien mithilfe eines Excel-Sheets simulieren. Zusätzlich zu den bisherigen Berechnungen möchte H2Ö die Möglichkeit haben, mit nur einem Klick den durchschnittlichen Rabatt von 2 % zu berechnen. Dieser soll vom Umsatz abgezogen werden. Außerdem sollen auch die Frachtkosten abhängig vom Bestimmungsort ausgewählt werden können.

❶ Erstellen Sie ein Kontrollkästchen mit folgendem Text: Durchschnittlicher Rabatt 2 %.

❷ Berechnen Sie den Umsatz unter Berücksichtigung des Rabatts.

❸ Erstellen Sie Optionsfelder für die Auswahl der Art der Frachtkosten, die in einem Gruppenfeld liegen. Fügen Sie dem Gruppenfeld den Titel „Frachtkosten/Palette" hinzu.

❹ Erweitern Sie die Abrechnung um die Zeile „Frachtkosten" und berechnen Sie diese unter Berücksichtigung der wählbaren Optionen.

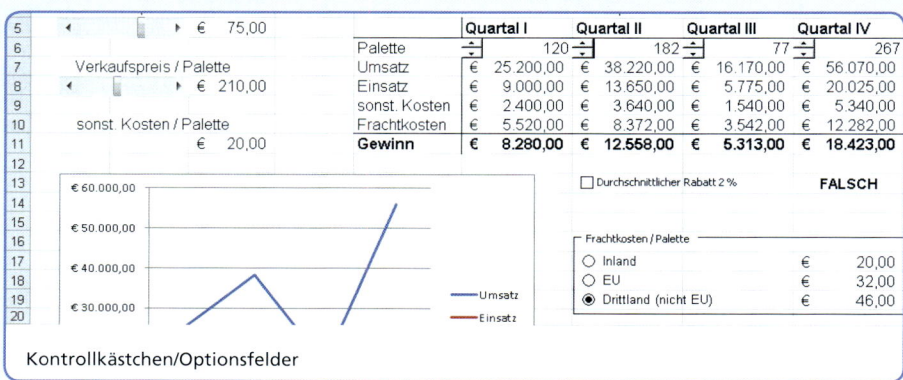

Kontrollkästchen/Optionsfelder

Kontrollkästchen

Unter der Datentabelle der Quartale wird über die Registerkarte *Entwicklertools* | Befehlsgruppe *Einfügen* ein Kontrollkästchen eingefügt.

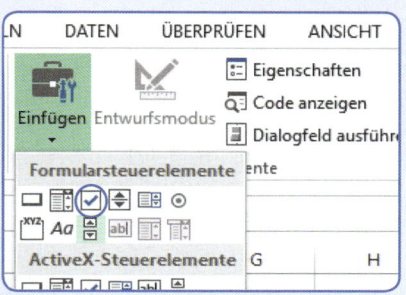 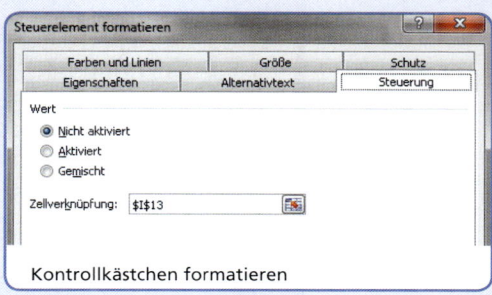

Kontrollkästchen formatieren

Auch bei Kontrollkästchen ist es notwendig, eine Zellverknüpfung zu einer Zelle zu erstellen (hier z. B. *I13*). Wenn das Kontrollkästchen aktiviert ist, erscheint nun in der gewählten Zelle das Wort *WAHR,* wenn es nicht aktiviert ist, das Wort *FALSCH.*

Tipp:
Bei der *Wenn*-Funktion darf das Wort *WAHR/ FALSCH* nicht unter Anführungszeichen gesetzt werden, da es sich nicht um einen normalen Text, sondern um ein Funktionswort handelt.

Um den Umsatz richtig zu berechnen, wird in der Zelle *F7* folgende *Wenn*-Funktion benötigt: *=WENN($I$13=WAHR;F6*$C$8*0,98;F6*$C$8).*

Optionsfeld: *Frachtkosten*

Optionsfelder werden immer dann verwendet, wenn der Benutzer zwischen mehr als zwei Möglichkeiten auswählen soll. Erstellen Sie zuerst die Optionsfelder wie abgebildet neben den vorgegebenen Euro-Werten. Danach rahmen Sie die Optionsfelder mit einem Gruppenfeld ein. Vergessen Sie nicht, die Zellverknüpfung mit der Zelle *H17* zu erstellen.

Hier wird dem zuerst erstellten Optionsfeld automatisch der Wert 1 zugeordnet, dem zweiten der Wert 2 usw. Aktiviert man ein Optionsfeld, so werden alle anderen automatisch deaktiviert. Sobald für ein Optionsfeld eine Zellverknüpfung erstellt wurde, vergibt Excel automatisch für alle anderen Optionsfelder die gleiche Zellverknüpfung.

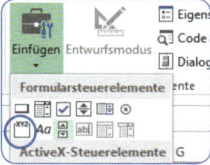
Optionsfeld

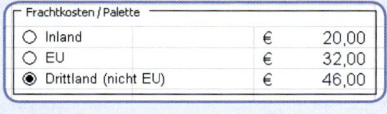

Gruppenfeld

Kontrollkästchen formatieren

Um die Frachtkosten richtig zu berechnen, wird eine verschachtelte *Wenn*-Funktion in der Zelle *F10* benötigt: *=WENN($H$17=1;$I$17*F6;WENN($H$17=2;$I$18*F6;$I$19*F6)).*

Übungsbeispiel

Schulball.xlsx

Ü 8.2 ★: Schulball C

Sie sind für den Verkauf der Karten für den Schulball zuständig. Jeder Schüler, der eine Karte kauft, soll einen Zahlungsbeleg erhalten. Erstellen Sie den Beleg wie abgebildet.

Probieren Sie danach folgende Szenarien aus:

- Lehrer/in mit Tischreservierung
- Schüler/in ohne Tischreservierung

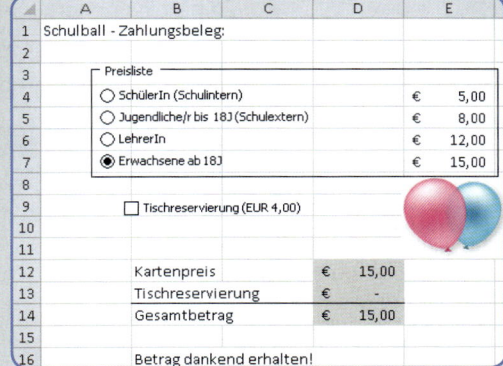

8 Tabellenkalkulation professionell

3 Kombinationsfeld und Listenfeld

Um ein Dropdown-Feld zur einfacheren Auswahl zu erstellen, wird das Formularsteuerelement *Kombinationsfeld* benötigt. Alternativ kann auch das Listenfeld benutzt werden.

L 8.3: Gewinnermittlung – Kombinationsfeld/Listenfeld B

Ausgehend von den bisherigen Berechnungen der Gewinnszenarien möchte die H2Ö die möglichen Gewinnausschüttungen (2 %, 3 %, 5 %, 10 %) pro Quartal durch Auswahl des gewünschten Prozentsatzes angezeigt bekommen. Zusätzlich sollen vier verschiedene Szenarien über die Höhe der sonstigen Kosten pro Palette ausgewählt werden können.

❶ Erstellen Sie ein Kombinationsfeld, mit dem der Prozentsatz der Gewinnausschüttung ausgewählt werden kann.

❷ Berechnen Sie die (sich automatisch anpassende) Gewinnausschüttung.

❸ Mithilfe eines Listenfeldes sollen die verschiedenen Szenarien über die Höhe der sonstigen Kosten pro Palette ausgewählt werden. Erstellen Sie daher ein Listenfeld und geben Sie den Wert der sonstigen Kosten wie bisher in der Zelle *C11* an.

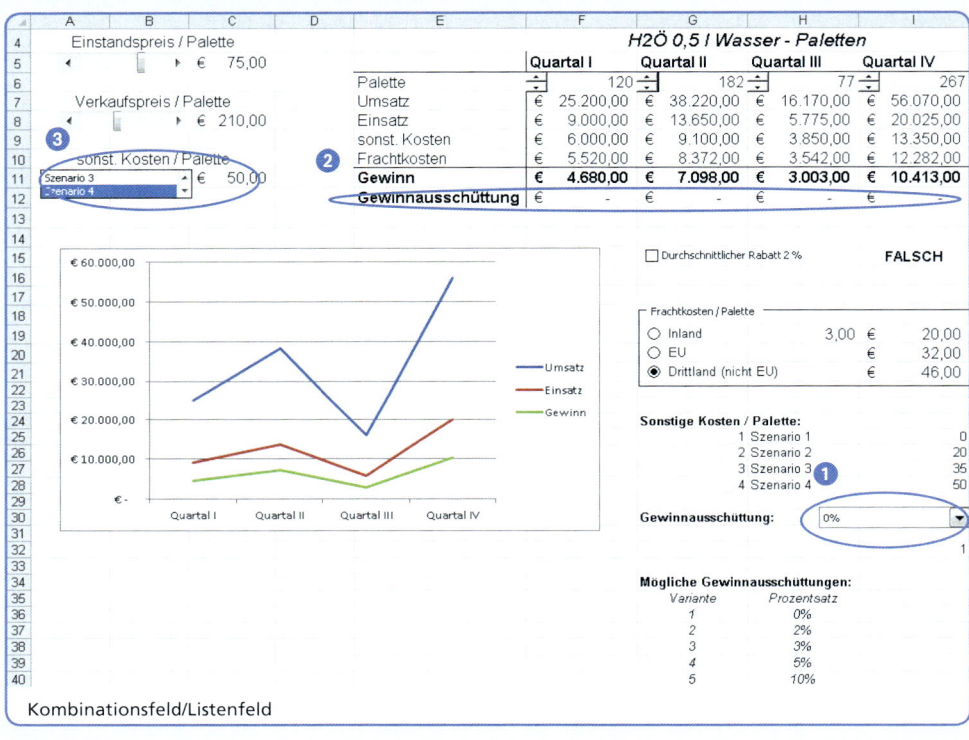

Kombinationsfeld/Listenfeld

Kombinationsfeld

Ziehen Sie neben „Gewinnausschüttung" ein Kombinationsfeld auf.

Zuerst legen Sie den Eingabebereich fest. Dies ist jener Bereich, den Sie mithilfe des Dropdown-Menüs auswählen möchten (hier *H36:H40*).

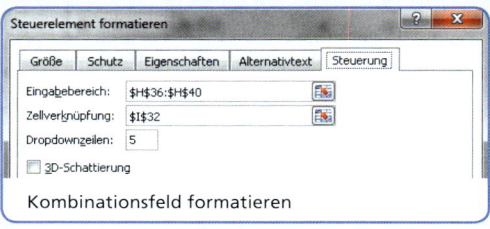

Kombinationsfeld formatieren

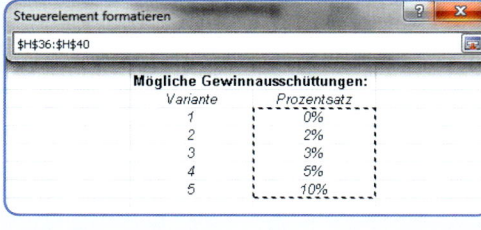

Eine verschachtelte **Wenn**-Funktion wäre zwar möglich, aber kompliziert. Bei mehr als drei **Wenn**-Funktionen ist zu überlegen, ob nicht die Anwendung des **SVerweises** effizienter ist.

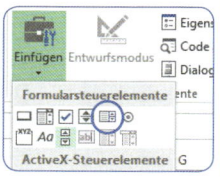

Listenfeld

Danach wird eine Zellverknüpfung erstellt (hier **I32**). In diese Zelle wird die Zeilenzahl des Dropdown-Menüs geschrieben. Das heißt: Wird **2%** gewählt, also der Wert aus der 2. Zeile, so steht in der Zelle **I32** der Wert 2.

Nun berechnen Sie die Gewinnausschüttung pro Quartal mithilfe eines **SVerweises**. Für die Zelle **F12** lautet die Funktion wie folgt: **=SVERWEIS($I$32;$G$36:$H$40;2;0)*F11.**

Listenfeld

Neben den sonstigen Kosten pro Palette soll ein Listenfeld aufgezogen werden. Dies funktioniert genauso wie beim Kombinationsfeld.

Mithilfe eines **SVerweises** holen Sie den Wert in die Zelle **C11.** Die sonstigen Kosten werden jetzt automatisch berechnet: **=SVERWEIS(B11;G25:I28;3;0).**

Übungsbeispiel

Kantinen-berechnung.xlsx

Ü 8.3 ★★★: **Kantinenberechnung** C

Sie arbeiten in einer Kantine und wollen möglichst schnell berechnen können, wie viel der Kunde zu bezahlen hat. Erstellen Sie die Essensauswahl mittels Kombinationsfeldern. Die Speisen finden Sie im Registerblatt **Menüauswahl.**

Manche Firmen zahlen ihren Mitarbeitern und Mitarbeiterinnen einen Essensbeitrag. Diese Firmen händigen ihren Mitarbeitern entweder gelbe (Ermäßigung EUR 0,50) oder rote (Ermäßigung EUR 1,00) Ermäßigungskarten aus, die diese beim Bezahlen vorzeigen müssen. Außerdem können Ihre Gäste sich jedes Essen auf einem Sammelpass abstempeln lassen. Wenn jemand einen voll gestempelten Sammelpass vorweist, bekommt er eine Ermäßigung von EUR 2,50. Die Auswahl der Ermäßigung soll über ein Listenfeld erfolgen.

Tipp:
Das Kontrollkästchen wurde bereits erstellt. In der Zelle **A9** befindet sich die Zellverknüpfung dazu. Alle Zellverknüpfungen sollen immer versteckt hinter den jeweiligen Steuerelementen liegen.

Üben

SbX ID: 2812

ⒶⒷ Ⓒ Ⓓ

SbX

Die Ausgangsdateien zu allen Übungsbeispielen finden Sie unter der ID: 2812.

Telefonabrechnung-Flower.xlsx

Ü 8.4 ★: **Telefonabrechnung „Flower"** B

Erweitern Sie das bereits bestehende automatische Excel-Sheet zur Berechnung verschiedener Telefontarife. Die Auswahl des Gebührenmodells soll mittels Dropdown-Menü möglich sein. Daneben soll nochmals der ausgewählte Tarif aufscheinen. Die Gesprächszeit in Minuten soll mittels Drehfeldern angepasst werden können.

		Gesprächszeit in Minuten	Kosten
9	Telefonrechnung vom Monat Jänner		
10			
11			
12			
13	Gebührenmodell:	Flower 7	Flower 7
14	Grundgebühr:		7,00
15	Zu anderen Mobilnetzen-Freizeit:	43	2,58
16	Zu anderen Mobilnetzen-Geschäftszeit:	78	3,90
17	Zum Festnetz:	21	1,05
18	im eigenen Netz:	342	3,42
19	Flower-BOX	12	0,60
20	SMS [Stk.]:	8	0,40
21	Summe		18,95
22	- Umsatzsteuer	20%	3,79
23	Summe exkl. USt.		15,16

8 Tabellenkalkulation professional

 Lernen  Üben  Sichern  Wissen

Buchungsbestätigung. xlsx

Ü 8.5 ★★★: Buchungsbestätigung

Sie sollen für das Reisebüro „Sonnen-Reisen" ein Formular erstellen, damit nach Eingabe der Buchungsdaten eine Buchungsbestätigung erstellt wird. Die jeweiligen Daten (Reiseziel, Anzahl der Personen, Angebot und Rabatt) sollen über Steuerelemente ausgewählt werden.

Eine Liste der Reiseziele finden Sie im Tabellenblatt *Reiseziele.* Die Anzahl der Personen soll einfach erhöht oder reduziert werden können. Falls derzeit der Angebotspreis gilt, soll dieser mit einem Klick ausgewählt werden können. In diesem Fall soll neben dem Einzelpreis das Wort „Angebot" in der Farbe Rot stehen.

Alle Zellverknüpfungen sollen auf Zellen der Spalte C verweisen.

In der Zelle *G10* soll immer das aktuelle Datum aufscheinen. In der Zelle *G25* soll sich das Fälligkeitsdatum automatisch berechnen.

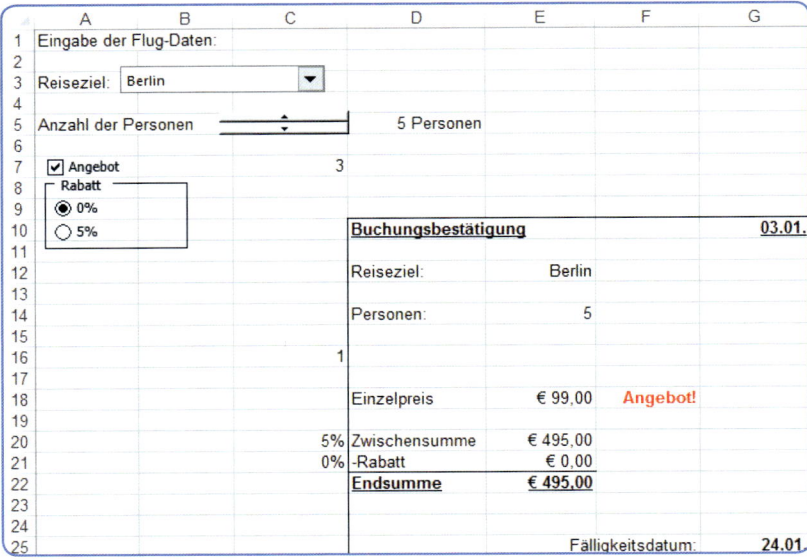

Rechnung.xlsx

Ü 8.6 ★: Rechnung B

Erweitern Sie das bestehende Rechnungsformular, sodass

1. die Rechnungsnummer einfach erhöht werden kann,
2. die Kundenkategorie und die damit verbundenen Rabatte mittels Dropdown-Menü ausgewählt werden können und sich der Rabatt- und Rechnungsbetrag automatisch berechnet.

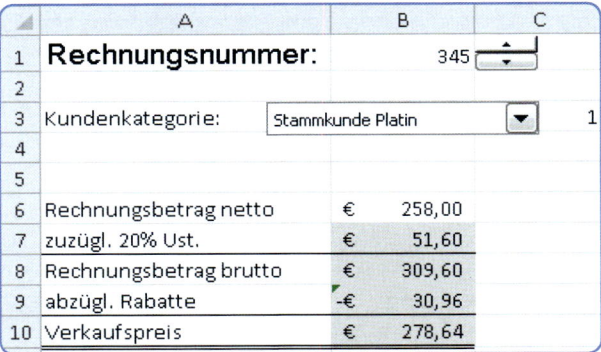

Nettoumsatz-Planung.xlsx

Ü 8.7 ★★★: Nettoumsatz-Planung C

Um verschiedene Szenarien bei der Nettoumsatz-Planung in Zukunft einfacher berechnen zu können, soll ein Excel-Sheet mit Steuerelementen angereichert werden. Gestalten Sie es wie unten abgebildet. Beachten Sie dabei Folgendes:

1. Der Bruttoverkaufspreis berechnet sich aus der Differenz von Stück und Garantieausfällen mal dem Bruttoverkaufspreis/Stk.
2. Der Rabatt berechnet sich aus dem Bruttoverkaufspreis.
3. Der Skonto berechnet sich aus der Differenz von Bruttoverkaufspreis und möglichem Rabatt.

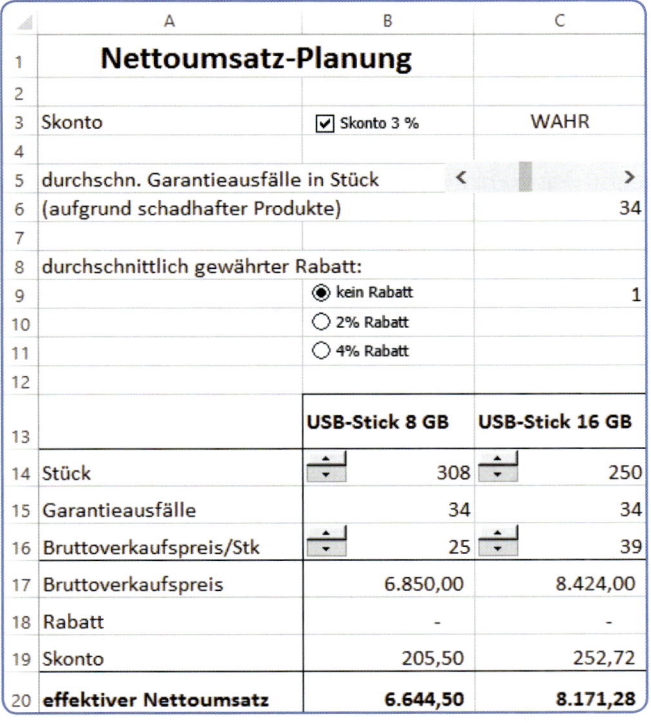

	A	B	C
1	**Nettoumsatz-Planung**		
2			
3	Skonto	☑ Skonto 3 %	WAHR
4			
5	durchschn. Garantieausfälle in Stück	‹ ▮ ›	
6	(aufgrund schadhafter Produkte)		34
7			
8	durchschnittlich gewährter Rabatt:		
9		⦿ kein Rabatt	1
10		○ 2% Rabatt	
11		○ 4% Rabatt	
12			
13		**USB-Stick 8 GB**	**USB-Stick 16 GB**
14	Stück	308	250
15	Garantieausfälle	34	34
16	Bruttoverkaufspreis/Stk	25	39
17	Bruttoverkaufspreis	6.850,00	8.424,00
18	Rabatt	-	-
19	Skonto	205,50	252,72
20	**effektiver Nettoumsatz**	**6.644,50**	**8.171,28**

Hotelanmeldung.xlsx

Ü 8.8 ★★★: Hotelanmeldung 🄲

Gestalten Sie das folgende Hotelanmeldeformular neu. Der Benutzer soll in Zukunft entweder „geschäftlich" oder „privat" bei der Art des Aufenthaltes wählen können. Die Zimmernummer sowie die Anzahl der Personen sollen mithilfe von Dropdown-Menüs auswählbar sein. Die übrigen Felder des Formulars sollen sich in Abhängigkeit von dieser Auswahl automatisch berechnen.

10	**Dauer des Aufenthalts:**	
11	*von*	06.04.
12	*bis*	08.04.
13	*Dauer*	2
14	*Art des Aufenthaltes:*	⦿ Geschäftlich
15		○ Privat
16	*Zimmernummer:*	201 ▾
17	*Zimmertyp:*	Komfort
18	*Anzahl der Personen:*	2 Personen + Zusatzbett ▾
19		
20		
21	*Zimmerpreis*	€ 272,00
22	*Ortstaxe*	€ 7,62
23	*Ust*	€ 27,20
24		
25	**Gesamtbetrag**	€ 306,82

8 Tabellenkalkulation professional

 Sichern

Formularsteuer- elemente	Über die Registerkarte *Entwicklertools* kann die Befehlsgruppe *Einfügen* ausgewählt werden. Hier finden Sie alle benötigten Formularsteuerelemente.
Bildlaufleiste/ Drehfeld	Mithilfe von **Bildlaufleisten** und **Drehfeldern** können Werte entlang einer Skala verändert werden. Durch diese „Regler" können Werte in einer Berechnung einfach angepasst werden.
Kontrollkästchen	Ein **Kontrollkästchen** ist wie ein „Ein-/Aus-Schalter", da man damit nur einfache Bedingungen stellen kann. Entweder ist etwas *WAHR* oder *FALSCH.* Sie können daher nur verwendet werden, wenn es nur zwei Auswahlmöglichkeiten gibt.
Optionsfelder	**Optionsfelder** kommen immer zur Anwendung, wenn es mehrere Auswahlmöglichkeiten gibt. Hat man mehrere Optionsfeldergruppen, die nicht zusammengehören, müssen um die Optionsfelder Gruppenfelder (Rahmen) aufgezogen werden.
Kombinationsfeld	Um ein **Dropdown-Feld** zu erzeugen, wird das Steuerelement **Kombinationsfeld** verwendet.
Listenfeld	Ähnlich wie beim Kombinationsfeld kann der Benutzer beim **Listenfeld** einen Wert aus einer Liste auswählen.

 Wissen

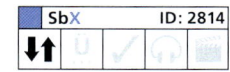

Die Ausgangsdateien zu allen Aufgaben finden Sie unter der ID: 2814.

Auftrags- kalkulation.xlsx

W 8.1: Auftragskalkulation C

Das Excel-Sheet zur Bearbeitung der Auftragskalkulation soll benutzerfreundlicher werden.

a) Nach Auswahl der Kundennummer über ein Dropdown-Menü sollen automatisch der Kundenname, die PLZ und der Ort sowie die Straße übernommen werden.

b) Auch die Artikelnummern sollen einfach über ein Menü auswählbar sein. Alle anderen benötigten Daten werden automatisch übernommen.

c) Die Mengen sollen über Regler angepasst werden können.

d) Es soll eine Auswahlmöglichkeit geben, ob ein Rabatt berechnet werden soll.

e) Gestalten Sie den Rest des Excel-Sheets so, dass alles automatisch berechnet wird.

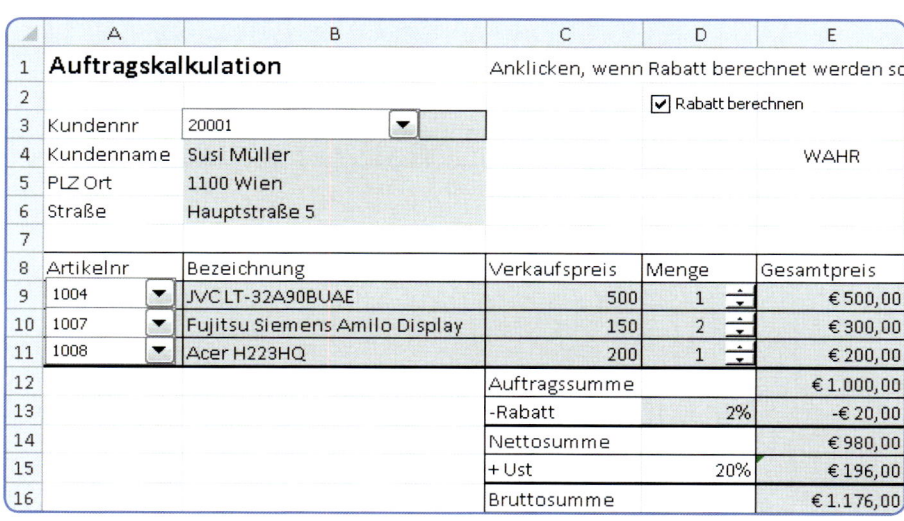

Telefonkalkulation.xlsx

W 8.2: Telefonkalkulation C

Ein Mobilfunkanbieter möchte als Kundenservice ein Berechnungsschema für Telefonkosten ins Internet stellen, bei dem jedes Gebührenmodell berücksichtigt werden kann. Das Berechnungsschema soll so benutzerfreundlich wie möglich gestaltet werden:

a) Die Tarifauswahl soll mit einem Klick möglich sein. (Die Verknüpfung zu den Zellen soll nicht erkennbar sein.)

b) Weiters soll die Option eines SMS-Pakets ausgewählt werden können.

c) Die Gesprächsminuten bzw. die versendeten SMS sollen über Regler angepasst werden können.

d) Die Gesamtkosten (ohne bzw. inkl. USt.) sollen automatisch ermittelt werden.

e) Außerdem soll die Gesamtgesprächszeit in Stunden und Minuten ausgegeben werden.

	A	B	C	D	E	F	G
1			\multicolumn{5}{c}{Telefonrechnung von 1A - Mobile}		
2							
3	*Entgelte pro Minute und inkl. USt.*						
4	Gebührenmodelle	monatliche Grundgebühr	zu anderen Mobilnetzen	zum Festnetz	netzintern	Abfrage der Mailbox	SMS
5	**Absolut Zero** ○	€ 35,00	€ -	€ -	€ -	€ -	€ 0,25
6	**Special Zero** ○	€ 20,00	€ 0,25	€ -	€ -	€ 0,25	€ 0,25
7	**Easy** ◉	€ 15,00	€ 0,05	€ 0,05	€ 0,05	€ 0,05	€ 0,25
8							
9	**SMS Paket gewählt:** ☑	SMS Paket 1000	€ 10,00				
10							
11							
12	Telefonrechnung vom Monat Juli						
13							
14							
15		Gesprächszeit in Minuten	Kosten				
16	Gebührenmodell:	\multicolumn{2}{c}{Easy}				
17	Grundgebühr:		€ 15,00				
18	zu anderen Mobilnetzen	230	€ 11,50				
19	zum Festnetz:	289	€ 14,45				
20	netzintern	345	€ 17,25				
21	Mailbox:	10	€ 0,50				
22	SMS [Stk.]:	314	€ 10,00				
23	Summe		€ 68,70				
24	- Umsatzsteuer	20%	€ 11,45				
25	Summe exkl. Ust		€ 57,25				

Ein kurzer Kompetenz-Check, bevor's weitergeht!

Kompetenz-Check

	☺	😐	☹
Ich kann mit den Steuerelementen Bildlaufleiste, Drehfeld, Kontrollkästchen, Optionsfeld und Kombinationsfeld/Listenfeld Tabellen dynamisch gestalten.			
Ich kann die benötigten Entscheidungsfunktionen so einsetzen, dass die Steuerelemente die gewünschten Ergebnisse liefern.			

8 Tabellenkalkulation professional

Lerneinheit 2
Automatisieren mittels Makros

Frau Zeilinger aus dem Sekretariat arbeitet sehr häufig mit Excel-Tabellen, in denen sie immer wieder die gleichen Textpassagen benötigt und in denen eine Kopf- und eine Fußzeile eingestellt sind. Da ihr die Arbeit mit Vorlagen zu umständlich erscheint, tritt sie mit der Bitte an Sie heran, eine Lösung zum automatisierten Einfügen von Texten und zum Anlegen von Kopf- und Fußzeilen zu erarbeiten. Diese Funktion soll über einen Shortcut ausführbar sein.

Lernen

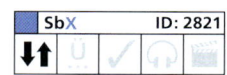

1 Der Makrorekorder

Für die Arbeit mit Makros bzw. mit VBA-Code ist die Registerkarte *Entwicklertools* erforderlich. Dieses Register wird in Office standardmäßig nicht angezeigt. Über *Datei | Optionen | Menüband anpassen* kann sie eingeblendet werden.

Die Registerkarte *Entwicklertools* wurde auch schon für die Steuerelemente aktiviert und muss nicht jedes Mal neu aktiviert werden.

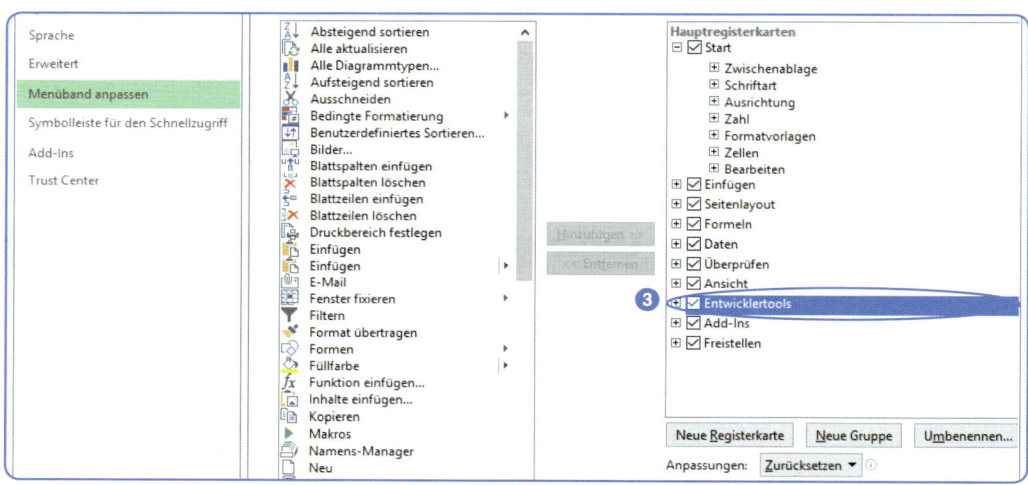

Die Voraussetzungen für das Arbeiten mit Makros in Office sind:

● die Wahl der richtigen Dateiendungen (DOCM, XLSM, PPTM)
● das Aktivieren von Makros nach dem Öffnen einer Datei
● das Einblenden des Registers *Entwicklertools*

Die einfachste Möglichkeit, VBA-Code zu erzeugen, ist die Verwendung des **Makrorekorders**. Nach dem Starten des Makrorekorders werden alle Aktionen aufgezeichnet und im Hintergrund in VBA-Code als Makro abgespeichert. Nach dem Beenden der Aufzeichnung kann das Makro beliebig oft ausgeführt und damit können die aufgezeichneten Aktionen wiederholt werden.

8 Tabellenkalkulation professional

Lehrbeispiel

makrorekorder.xlsm

Ist der Makrorekorder in der Statusleiste aktiviert, kann das Makro auch über dieses Symbol gestartet werden.

L 8.4: Makro aufzeichnen und abspielen B

Erstellen Sie mit dem Makrorekorder von Excel ein Makro, das den Text „H2Österreich GmbH" mit einer Schriftgröße von 20 pt in die Zelle **A1** und den Text „Trink.Wasser." mit einer Schriftgröße von 16 pt in die Zelle **A2** einfügt!

❶ Öffnen Sie eine leere Excel-Datei und speichern Sie diese unter „makrorekorder.xlsm" ab! Klicken Sie auf die Schaltfläche *Makro aufzeichnen* im Register *Entwicklertools,* um die Aufzeichnung zu starten.

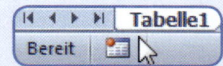

Alternativ kann die Aufzeichnung über das Makrorekordersymbol in der Statusleiste gestartet werden.

❷ Füllen Sie den Dialog *Makro aufzeichnen* aus:

Makroname: Name für das Makro; Leerzeichen, Umlaute und Sonderzeichen dürfen nicht verwendet werden.

Tastenkombination: Festlegung eines Shortcuts, mit dem das Makro über die Tastatur gestartet werden kann. Für die Tastenkombination dürfen keine Zahlen oder Sonderzeichen verwendet werden.

Makro speichern in: Mit *Diese Arbeitsmappe* wird das Makro nur in der aktuellen Datei gespeichert, mit *Neue Arbeitsmappe* steht das Makro auch in allen neuen Excel-Dateien zur Verfügung.

Beschreibung: Kurzbeschreibung des Makros; alle Zeichen sind erlaubt.

Klicken Sie abschließend auf *OK!*

Die Navigation auf der Multifunktionsleiste wird nicht aufgezeichnet.

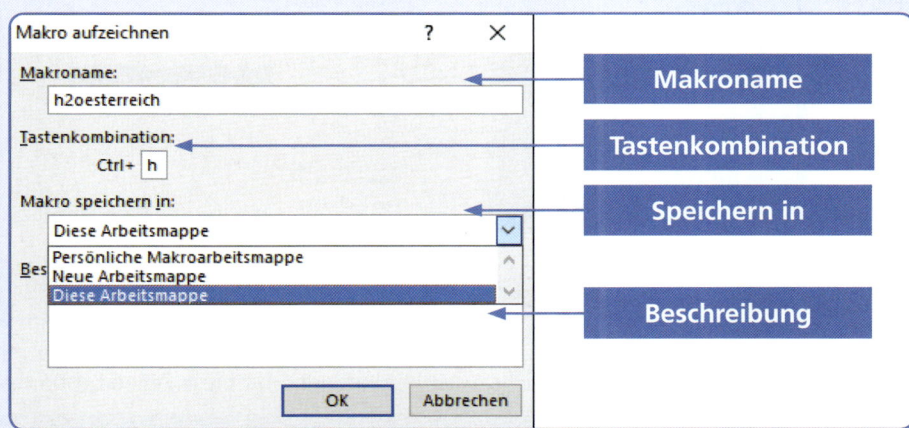

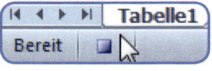

Ist der Makrorekorder in der Statusleiste aktiviert, kann das Makro auch über dieses Symbol beendet werden.

❸ Markieren Sie die Zelle **A1,** stellen Sie die Schriftgröße 20 und für die Schriftfarbe einen Blauton ein; geben Sie den Text *„H2Österreich GmbH"* ein! Markieren Sie die Zelle **A2,** stellen Sie die Schriftgröße 16 und die Schriftfarbe auf einen anderen Blauton ein; geben Sie den Text *„Trink.Wasser."* ein!

Excel-Dateien, die Makros enthalten, müssen mit der Endung .xlsm gespeichert werden!

❹ Beenden Sie die Aufzeichnung, indem Sie auf das Symbol *Aufzeichnung beenden* im Register *Entwicklertools* klicken!

	A	B	C
1	H2Österreich GmbH		
2	Trink.Wasser.		
3			

❺ Wechseln Sie in ein neues Registerblatt und drücken Sie die Tastenkombination [Strg][h]!

Für das Aufzeichnen und Abspielen von Makros sind keine VBA-Kenntnisse erforderlich. Sollen Makros hingegen im Nachhinein verändert werden, weil sie nicht richtig funktionieren, oder sollen einzelne Aktionen geändert werden, sind grundlegende VBA-Kenntnisse erforderlich.

Lehrbeispiel

makrorekorder.xlsm

L 8.5: Makro verändern B

Ändern Sie das Makro so ab, dass der Text in der Zelle *A1* in der Schriftgröße 24 und der Text in der Zelle *A2* in der Schriftgröße 20 dargestellt wird!

❶ Öffnen Sie die Datei „makrorekorder.xlsm" und klicken Sie auf die Schaltfläche *Makros* im Register *Entwicklertools* (oder drücken Sie die Tastenkombination Alt F8), um den Dialog *Makro* aufzurufen!

❷ Markieren Sie das Makro „h2oesterreich" und klicken Sie auf *Bearbeiten!* Daraufhin öffnet sich das Codefenster, in dem das Makro in Form des VBA-Codes angezeigt wird.

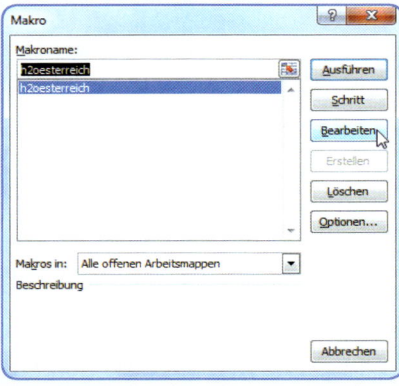

Mit *Datei | Schließen* verlässt man das VBA-Fenster und gelangt zu Microsoft Excel zurück.

Der Makrorekorder hat die aufgezeichneten Aktionen in VBA-Code übersetzt und in einer Sub-Prozedur unter dem Namen „h2oesterreich" abgespeichert.

Bei Zeilen, die mit einem ' beginnen, handelt es sich um Kommentarzeilen, die nicht interpretiert werden.

Diese beiden Zeilen dürfen nicht gelöscht bzw. sollten nicht verändert werden.

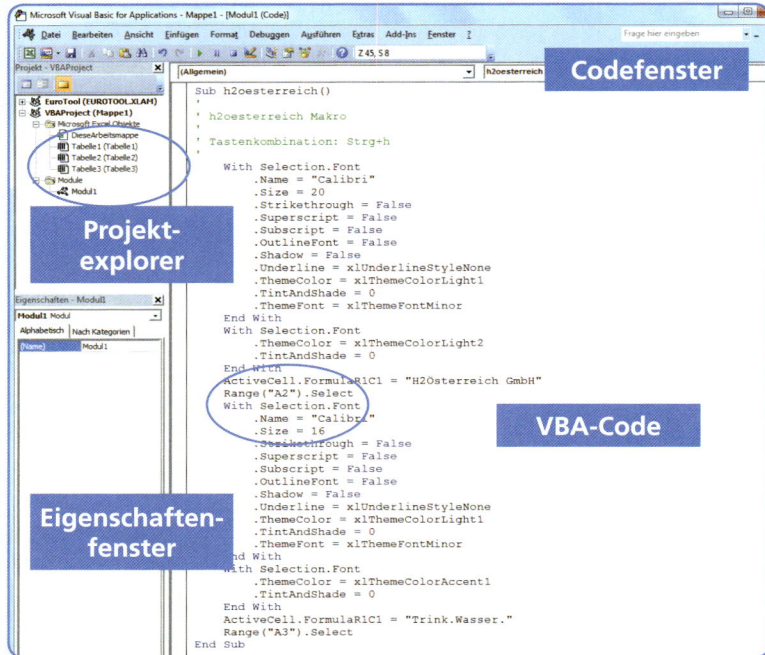

Die meisten Zeilen beginnen mit *ActiveCell* oder *Selection,* also mit einem Bezug auf die aktive Zelle oder Bereichsauswahl, und legen für diese Zellen bestimmte Eigenschaften fest.

VBA-Code	Bedeutung
`Sub h2oesterreich()` `...` `End Sub`	Jede Prozedur beginnt mit *Sub* und endet mit *End Sub.* Alle Anweisungen innerhalb dieser Zeilen gehören zu dem Makro mit dem Namen „h2oesterreich".
`With Selection.Font` `.Name = "Calibri"` `.Size = 20` `...` `End With`	Mit *Font.Name* und *Font.Size* werden Schriftart und Schriftgröße für die ausgewählte Zelle bzw. für den momentan ausgewählten Bereich *Selection* festgelegt. Bei der Schreibweise mit *With* handelt es sich um eine verkürzte Schreibweise. Die vollständigen Anweisungen lauten: `Selection.Font.Name = "Calibri"` `Selection.Font.Size = 20`
`ActiveCell.FormulaR1C1 = "H2Österreich GmbH"`	In die momentan aktive Zelle wird die Formel „H2Österreich GmbH" eingegeben. Wird einer Zelle lediglich ein fixer Wert zugewiesen, so ist auch folgende Schreibweise möglich: `ActiveCell.Value = "H2Österreich GmbH"`
`Range("A2").Select`	Mit *Range* erfolgt die Auswahl einer Zelle bzw. eines Zellbereichs, vergleichbar mit dem Markieren einer oder mehrerer Zellen mit der Maus. Um einer Zelle direkt einen Wert zuzuweisen, ist auch folgende Schreibweise möglich: `Range("A2") = "H2Österreich GmbH"`

③ Ändern Sie im VBA-Fenster die Werte für die Schriftgröße auf 24 bzw. 20 und fügen Sie am Beginn eine Anweisung ein, die die Zelle *A1* auswählt!

④ Speichern Sie die Änderungen, schließen Sie das Codefenster und führen Sie das Makro in einem neuen Arbeitsblatt erneut aus!

Übungsbeispiele

vorname_zuname.xlsm

Makroname: name
Shortcut: ⌨ Strg N

Ü 8.9 ★★: Makro erstellen B

Erstellen Sie mit dem Makrorekorder in einer neuen Excel-Datei ein Makro (inklusive Shortcut), das Ihren Vor- und Zunamen, Ihre Klasse sowie Ihre Schule einfügt! Wählen Sie dabei selbst passende Schrifteinstellungen, Schrift- und Hintergrundfarben sowie Zeilenhöhen und Spaltenbreiten!

	A	B
1	Vorname	Zuname
2		Klasse
3		Schule
4		

makrorekorder.xlsm

Makroname: kopfzeile
Shortcut: ⌨ Strg K

Ü 8.10 ★★: Makro für Kopf- und Fußzeile B

Erstellen Sie in Excel ein Makro (inklusive Shortcut), mit dem automatisch die Kopf- und Fuß-zeile mit folgenden Informationen belegt werden:

● **Kopfzeile links:** Ihr Vor- und Zuname
● **Kopfzeile rechts:** das aktuelle Datum
● **Fußzeile links:** der Name der Datei
● **Fußzeile rechts:** die aktuelle Seitenzahl

Testen Sie das Makro, wechseln Sie anschließend in das Codefenster und identifizieren Sie jene Zeilen, mit denen diese vier Werte zugewiesen werden!

briefkopfword.docm

Makroname: briefkopf
Shortcut: ⌨ Strg B

Ü 8.11 ★★: Makro für einen Briefkopf B

Erstellen Sie in Word ein Makro (inklusive Shortcut), mit dem automatisiert ein Briefkopf mit Name und Anschrift der Firma H2Ö GmbH am Seitenbeginn einfügt wird: H2Ö GmbH, Bürger-graben 1-5, 8623 Aflenz/Steiermark, Infoline: +43 810 426 235 369, Telefax: +43 3861 426 235 369, E-Mail: office@h2oe.at, Homepage: www.h2oe.at.

2 Makros starten

Um ein Makro auszuführen, gibt es mehrere Möglichkeiten:

❶ Shortcut

Der schnellste Weg, ein Makro zu starten, ist jener über einen Shortcut, der beim Erstellen des Makros festgelegt wird. Der Nachteil dieser Variante ist, dass die Anzahl der möglichen Kombi-nationen begrenzt ist und sich der Benutzer die Tastenkürzel merken muss.

❷ Dialog *Makro*

Der Start über *Entwicklertools | Code | Makros,* also über den Dialog *Makro,* ist zeitaufwen-dig und mühsam, v. a. dann, wenn Makros häufig verwendet werden.

❸ Symbole

Makros können mit einem Schaltflächensymbol verknüpft werden, das in der Symbolleiste für den Schnellzugriff angezeigt wird. Für Makros, die allgemeine Aufgaben erledigen und immer zur Verfügung stehen sollen, ist diese Variante besonders günstig.

❹ Schaltflächen

Makros können auch mit einer eigenen Schaltfläche oder anderen grafischen Objekten ge-startet werden. Diese Variante empfiehlt sich für Makros, die nur in einer bestimmten Arbeits-mappe benötigt werden.

Lehrbeispiel

makrorekorder.xlsm

L 8.6: Makro über ein Symbol starten B

Verändern Sie die Datei „makrorekorder.xlsm" so, dass das Makro „h2oesterreich" über ein Symbol in der Symbolleiste für den Schnellzugriff gestartet werden kann!

❶ Öffnen Sie die Datei „makrorekorder.xlsm" aus **L 8.4,** klicken Sie die *Symbolleiste für den Schnellzugriff* mit der rechten Maustaste an und wählen Sie den Befehl *Symbolleiste für den Schnellzugriff anpassen!*

❷ Wählen Sie unter *Weitere Befehle …* den Eintrag *Makros* aus. Im rechten Kombinationsfeld legen Sie fest, ob die Anpassung für alle Dokumente oder nur für die aktuelle Arbeitsmappe gelten soll.

❸ Wählen Sie das gewünschte Makro aus und klicken Sie auf die Schaltfläche *Hinzufügen!*

Je nach gewählter Einstellung wird das Symbol in allen Arbeitsmappen oder nur in der aktiven Mappe angezeigt.

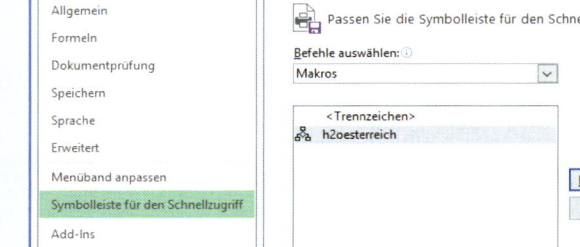
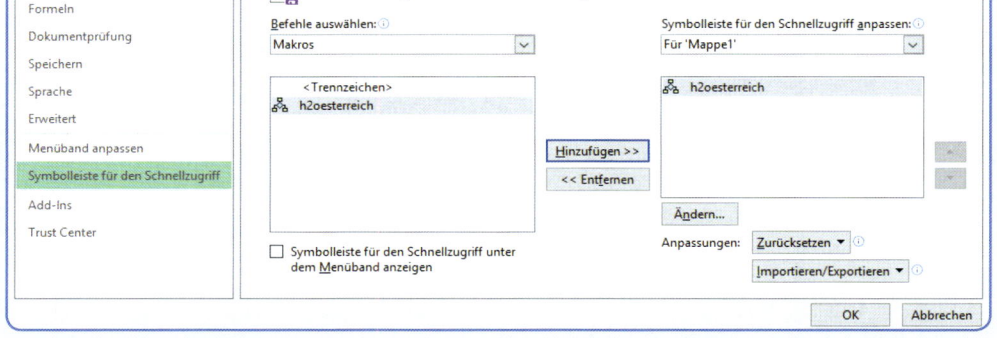

❹ Markieren Sie das Makro im linken Listenfeld, klicken Sie auf *Ändern* und wählen Sie für das Makro ein alternatives Symbol! Klicken Sie auf *OK* und verlassen Sie die Excel-Optionen!

Achtung!

Damit das Symbol für den Schnellzugriff nur in der entsprechenden Mappe sichtbar ist, muss die Auswahl auf das aktuelle Dokument eingeschränkt werden.

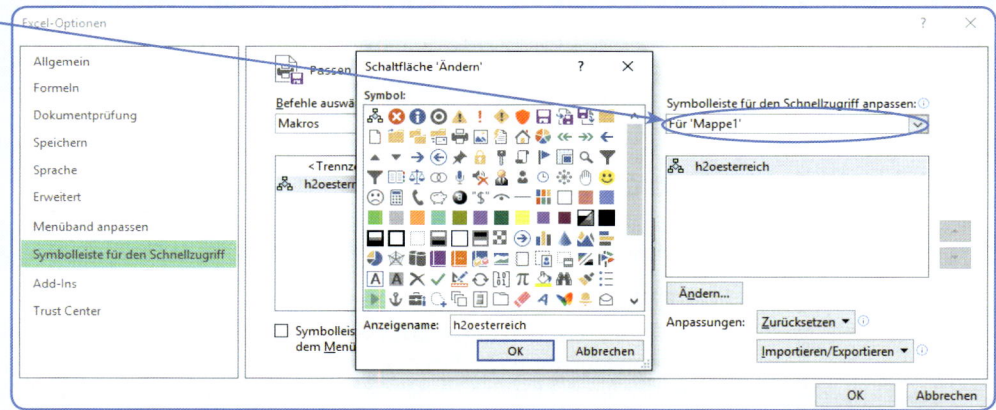

Das ausgewählte Symbol wird in der Symbolleiste für den Schnellzugriff angezeigt. Durch einen Klick auf das Symbol wird das Makro ausgeführt.

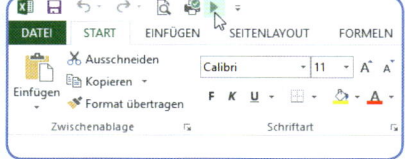

❺ Wechseln Sie in ein neues Arbeitsblatt und führen Sie das Makro über das Symbol aus!

Übungsbeispiel

vorname_zuname.xlsm

Ü 8.12 ★: Symbol für Makro hinzufügen B

Erstellen Sie zum Starten des Makros „name" ein Symbol in der Symbolleiste für den Schnellzugriff!

8 Tabellenkalkulation professional

Lehrbeispiel

makrorekorder.xlsm

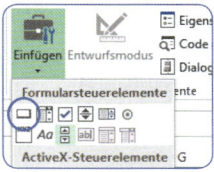

L 8.7: Makro über eine Schaltfläche starten B

Verändern Sie die Datei „makrorekorder.xlsm" so, dass das Makro „h2oesterreich" über eine Schaltfläche gestartet werden kann!

❶ Öffnen Sie die Datei „makrorekorder.xlsm" aus **L 8.4,** klicken Sie auf das Symbol *Einfügen* und auf *Schaltfläche* im Register *Entwicklertools!*

❷ Klicken Sie mit der Maus in einen freien Bereich des Registerblattes, wählen Sie aus dem Dialog *Makro* das Makro „h2oesterreich" und klicken Sie auf *OK!*

❸ Ändern Sie die Beschriftung der Schaltfläche auf „H2Österreich" und führen Sie das Makro aus!

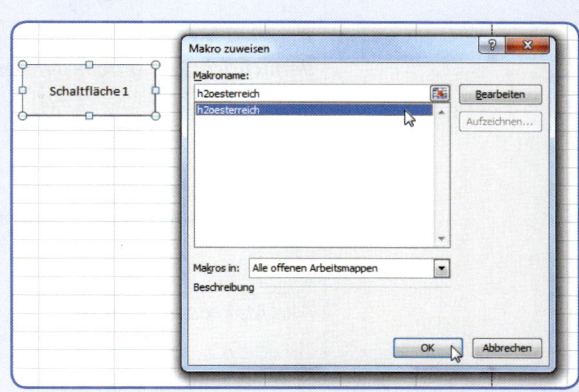

Makroviren zählten lange Zeit zu der am weitesten verbreiteten Virenart.

3 Das Sicherheitskonzept für Makros

Mit VBA-Code werden Befehle auf einem Computer ausgeführt. Öffnet ein Benutzer eine Office-Datei, deren Herkunft unbekannt ist, geht er damit ein **großes Sicherheitsrisiko** ein. Denn jede Office-Datei kann ein Makro enthalten, das eventuell bereits beim Öffnen des Dokuments ausgeführt wird.

Bei allen Vorteilen ist die Gefährlichkeit potenziell bösartiger Makros eine der größten Schwachstellen von VBA. Microsoft hat daher mit der Einführung von Office 2007 das **Sicherheitskonzept in Bezug auf Makros in zweifacher Hinsicht verschärft:** erweiterte Einstellungen im Sicherheitscenter und die Einführung neuer Dateiendungen für Dateien, die Makros enthalten.

❶ Einstellungen für Makros im Trust Center

Im **Trust Center** von Office werden die Optionen für die Makrosicherheit festgelegt. Das Sicherheitscenter wird über *Datei | Optionen* aufgerufen. Über die Schaltfläche *Trust Center* gelangt man zu den Einstellungen für z.B. Makros, Add-ins, ActiveX-Einstellungen und zu Datenschutzoptionen.

In Office werden die Optionen für die Makrosicherheit über *Datei | Optionen | Trust Center | Einstellungen für das Trust Center* festgelegt.

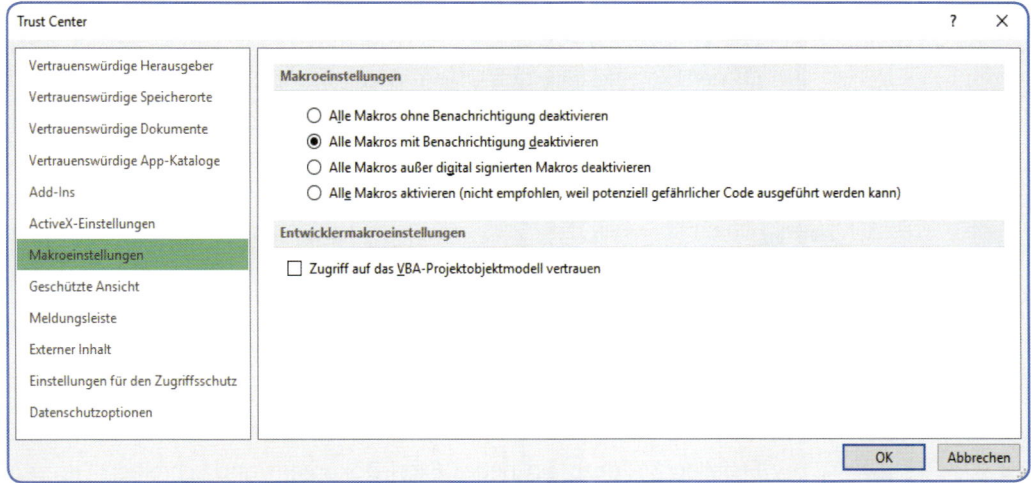

Option	Bedeutung
Alle Makros ohne Benachrichtigung deaktivieren	Das Ausführen von Makros wird verhindert. Es werden auch keine Hinweise zu vorhandenen Makros angezeigt. Diese ist die sicherste Einstellung.
Alle Makros mit Benachrichtigung deaktivieren	Das Ausführen von Makros wird verhindert, es erscheint jedoch ein Sicherheitshinweis, der auf ein vorhandenes Makro hinweist. Der Benutzer entscheidet individuell, ob die Makros der Datei aktiviert werden sollen. Dies ist die Standardeinstellung.
Alle Makros außer digital signierten Makros deaktivieren	Das Ausführen von Makros wird verhindert, außer es handelt sich um Makros, die von einem vertrauenswürdigen Herausgeber signiert wurden. Alle nicht signierten Makros werden ohne Benachrichtigung deaktiviert.
Alle Makros aktivieren	Alle Makros werden aktiviert und können ausgeführt werden. Das Sicherheitsrisiko dieser Einstellung ist sehr hoch.

❷ Spezielle Dateiendungen und Symbole

Die zweite Maßnahme, mit der Microsoft die Sicherheit in Bezug auf Makros erhöhte, war die **Einführung neuer Dateiendungen.** Der Benutzer kann bereits an der Dateierweiterung einer Office-Datei (Word, Excel, PowerPoint) erkennen, ob darin ein Makro enthalten ist. Nur Dateien, deren Erweiterung mit einem „m" endet (DOCM, XLSM, PPTM), können VBA-Makros bzw. ActiveX-Steuerelemente enthalten. Durch diese Maßnahme können Dateien mit Makros bereits vor dem Öffnen von Dateien ohne Makros unterschieden werden.

Die **Endung von Access-Datenbanken** (accdb) hängt nicht vom Vorhandensein von Makros ab.

Office-Anwendung	Endungen ohne Makros	Endungen mit Makros
Word	DOCX, DOTX	DOCM, DOTM
Excel	XLSX, XLTX	XLSM, XLTM
PowerPoint	PPTX, POTX	PPTM, POTM

Übungsbeispiel

Ü 8.13 ★: Trust Center B
Öffnen Sie eine beliebige Office-Anwendung (z.B. Excel) und überprüfen Sie die Einstellungen für die Makrosicherheit!

Üben

SbX			ID: 2822

Die Ausgangsdateien zu den Übungsbeispielen finden Sie unter der ID: 2822.

Ü 8.14 ★: Makros erstellen B
Sie wollen den Umgang mit Makros in Excel üben.

Erstellen Sie dazu ein neues Excel-Dokument und schreiben Sie „Kopieren von Zellen mittels Makros" in die Zelle *A1!*

1. Erstellen Sie ein Makro „Zellenpositionierung" mit dem Shortcut [Strg][A]; der Cursor soll bei der Anwendung des Makros immer in der Zelle *C10* positioniert werden!

2. Erstellen Sie ein Makro „Zellenkopieren" mit dem Shortcut [Strg][C]; das Makro soll dazu dienen, den Text der Zelle *A1* in die Zelle *D4* zu kopieren!

Makros_erstellen.xlsm

3. Erstellen Sie ein Makro „Zellenlöschen" mit dem Shortcut ⌷Strg⌷⌷D⌷; das Makro soll dazu dienen, dass der zuvor in **D4** eingefügte Text wieder gelöscht wird.

4. Erstellen Sie ein Marko „NeueArbeitsmappe" mit dem Shortcut ⌷Strg⌷⌷I⌷; das Makro soll eine neue Arbeitsmappe aufrufen, den Text aus Zelle **A1** der Quellarbeitsmappe in die Zelle **A1** der Zielarbeitsmappe kopieren, die Schriftgröße auf 12 Punkt erhöhen, auf **fett** stellen und den Text von **A1** bis **D1** zentrieren!

5. Erstellen Sie eine Befehlsschaltfläche mit dem Text „Startposition" und weisen Sie ihr ein Makro „Position1" mit dem Shortcut ⌷Strg⌷⌷S⌷ zu. Beim Aufruf des Makros durch Klick auf die Schaltfläche soll der Zellanzeiger in die Zelle **A1** springen.

6. Probieren Sie die Makros mehrmals aus und sehen Sie sich die Makros im Visual-Basic-Editor an!

Liter-Formatierung.xlsm

Ü 8.15 ★: Liter-Formatierung [B]
Erstellen Sie ein Makro mit dem Namen „Formatierung", das über die Tastenkombination ⌷Strg⌷⌷F⌷ gestartet wird. Das Makro soll alle Zellen bzw. Bereiche, die gerade markiert sind, automatisch formatieren. **Format:** Schriftgröße 16, Times New Roman, fett, kursiv, 2 Kommastellen und es soll auch automatisch das Wort „Liter" dabeistehen. **Achtung:** Es soll weiter mit den Zelleinträgen gerechnet werden können.

Überstunden.xlsm

Ü 8.16 ★: Überstundenliste [B]
Sie sind in der H2Ö GmbH für die Bearbeitung der Überstundenlisten zuständig. Um in Zukunft einfacher zu den richtigen Tabellenblättern zu gelangen, sollen im Tabellenblatt *Übersicht* Schaltflächen erstellt werden, die zu den einzelnen Tabellenblättern führen. In jedem der Tabellenblätter soll es einen Pfeil geben, der zur Übersicht zurückführt.

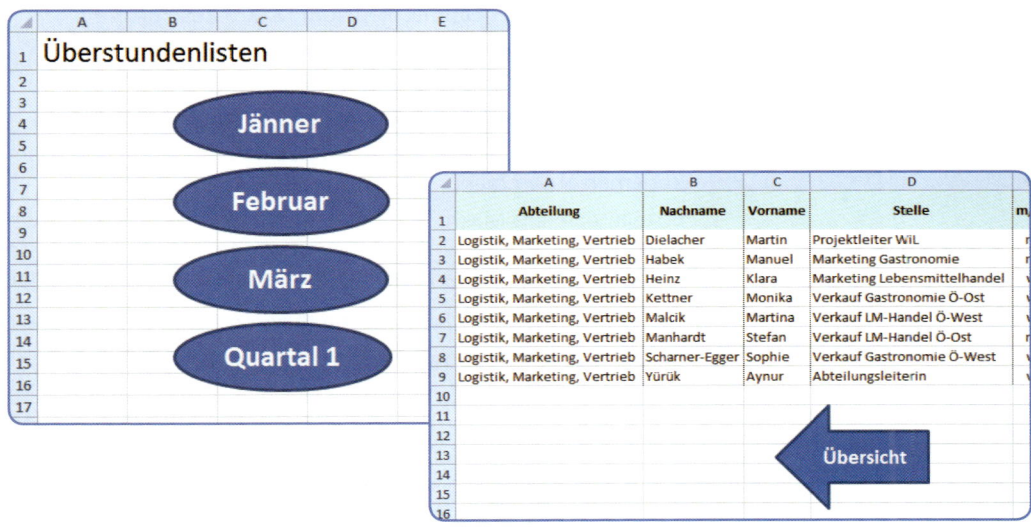

Vertreterumsätze.xlsm

Ü 8.17 ★: Vertreterumsätze [C]
Der Geschäftsinhaber der Firma Brilo möchte, dass nur mithilfe eines Shortcuts die wichtigsten Daten (Name, Monat, Umsatz) des gewünschten Vertreters in einer neuen Arbeitsmappe samt Überschrift dargestellt werden. Wenn *Egger (A12)* markiert ist, soll nur diese Zeile inkl. Überschriften in das neue Excel-Sheet kopiert werden. Vergeben Sie für das Makro den Namen „Memo" und den Shortcut ⌷Strg⌷⌷M⌷!

(Hinweis: Sie müssen mit absoluten und relativen Aufzeichnungen arbeiten!)

	A	B	C
1	*Monatsumsätze - Vertreter*		
2			
3	**Vertreter**	**Monat**	**Umsätze**
4	Maier	Jänner	€ 1.000,00
5	Berger	Februar	€ 9.000,00
6	Schwarz	Dezember	€ 6.900,00
7	Mayer	März	€ 2.000,00
8	Weiß	September	€ 1.500,00
9	Dirnberger	April	€ 8.000,00
10	Klikovits	Oktober	€ 9.800,00
11	Tschierschwitz	Mai	€ 11.000,00
12	Egger	November	€ 7.600,00
13	Seifert	Jänner	€ 7.700,00
14	Hubert	November	€ 1.900,00
15	Griglio	Mai	€ 8.500,00
16			

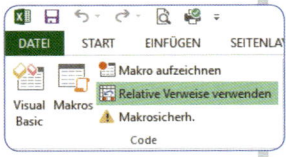
Relative Aufzeichnung aktiviert!

Lösungshinweise:

Einen Vertreter in der Spalte A markieren – *Relative Aufzeichnung* aktivieren – Makroaufzeichnung starten:

1. Markieren Sie mit der Maus den Vertreter, den Monat und den Umsatz in der Zeile, in der der Zellzeiger steht!

2. Kopieren Sie diese Zeile!

3. Öffnen Sie eine neue Arbeitsmappe.

4. Fügen Sie den Inhalt der Zwischenablage in das neue Arbeitsblatt in die Zelle **A4** ein! (Achtung: Deaktivieren Sie die relative Aufzeichnung.)

5. Wechseln Sie mit der Tastenkombination [Strg][F6] in die vorhergehende Arbeitsmappe, markieren Sie die Überschriften von **A1** bis **C3** und kopieren Sie den Zellinhalt!

6. Wechseln Sie mit der Tastenkombination [Strg][F6] in die neue Arbeitsmappe und fügen Sie den Inhalt in die Zelle **A1** ein!

7. Markieren Sie abschließend mit der Tastenkombination [Strg][Pos1] die Zelle **A1,** damit die Markierung aufgehoben wird, und schließen Sie die Makroaufzeichnung ab!

8. Testen Sie das Makro! **Achtung:** Schließen Sie vorher alle anderen offenen Excel-Dateien!

Benutzerverwaltung. xlsm

Ü 8.18 ★★: **Benutzerverwaltung** B

Sie sind für die Accountvergabe in einer Steuerberatungskanzlei in Wien zuständig. Sie erhalten daher regelmäßig Daten von neuen Benutzern, für die Sie Benutzernamen und Passwörter generieren müssen. Um den Vorgang zu automatisieren, zeichnen Sie Makros auf. Für die Zeiterfassung sowie für den Zugang zum Buchhaltungsprogramm werden jeweils eigene Benutzernamen und Passwörter benötigt.

● Zeiterfassung

1. Erstellen Sie ein Makro zur Generierung des Benutzernamens, der sich aus dem Vor- und Zunamen zusammensetzt.

2. Erstellen Sie das gleiche Makro, aber verwenden Sie diesmal die relative Aufzeichnung. Worin besteht der Unterschied zum Makro aus Punkt 1?

● Zugang zum Buchhaltungsprogramm

1. Erstellen Sie ein Makro zur Generierung des Usernamens für den Zugang zum Buchhaltungsprogramm. Dieser setzt sich aus dem ersten Buchstaben des Vornamens und dem Zunamen zusammen.

2. Erstellen Sie ein Makro zur Generierung des Passworts. Dieses setzt sich aus den ersten drei Buchstaben des Zunamens, einem Punkt, den letzten vier Buchstaben des Vornamens, sowie den ersten und letzten beiden Zahlen der Handynummer zusammen.

Weisen Sie die Makros vier „Schaltflächen" zu und testen Sie deren Funktionalität.

Sehen Sie sich außerdem den VBA-Code im Editor an.

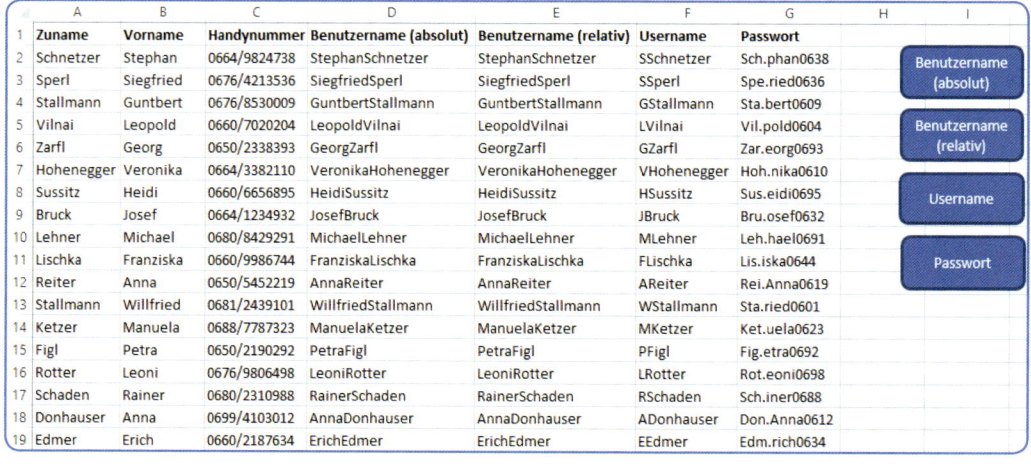

	A	B	C	D	E	F	G	H	I
1	Zuname	Vorname	Handynummer	Benutzername (absolut)	Benutzername (relativ)	Username	Passwort		
2	Schnetzer	Stephan	0664/9824738	StephanSchnetzer	StephanSchnetzer	SSchnetzer	Sch.phan0638		Benutzername (absolut)
3	Sperl	Siegfried	0676/4213536	SiegfriedSperl	SiegfriedSperl	SSperl	Spe.ried0636		
4	Stallmann	Guntbert	0676/8530009	GuntbertStallmann	GuntbertStallmann	GStallmann	Sta.bert0609		
5	Vilnai	Leopold	0660/7020204	LeopoldVilnai	LeopoldVilnai	LVilnai	Vil.pold0604		Benutzername (relativ)
6	Zarfl	Georg	0650/2338393	GeorgZarfl	GeorgZarfl	GZarfl	Zar.eorg0693		
7	Hohenegger	Veronika	0664/3382110	VeronikaHohenegger	VeronikaHohenegger	VHohenegger	Hoh.nika0610		
8	Sussitz	Heidi	0660/6656895	HeidiSussitz	HeidiSussitz	HSussitz	Sus.eidi0695		Username
9	Bruck	Josef	0664/1234932	JosefBruck	JosefBruck	JBruck	Bru.osef0632		
10	Lehner	Michael	0680/8429291	MichaelLehner	MichaelLehner	MLehner	Leh.hael0691		
11	Lischka	Franziska	0660/9986744	FranziskaLischka	FranziskaLischka	FLischka	Lis.iska0644		Passwort
12	Reiter	Anna	0650/5452219	AnnaReiter	AnnaReiter	AReiter	Rei.Anna0619		
13	Stallmann	Willfried	0681/2439101	WillfriedStallmann	WillfriedStallmann	WStallmann	Sta.ried0601		
14	Ketzer	Manuela	0688/7787323	ManuelaKetzer	ManuelaKetzer	MKetzer	Ket.uela0623		
15	Figl	Petra	0650/2190292	PetraFigl	PetraFigl	PFigl	Fig.etra0692		
16	Rotter	Leoni	0676/9806498	LeoniRotter	LeoniRotter	LRotter	Rot.eoni0698		
17	Schaden	Rainer	0680/2310988	RainerSchaden	RainerSchaden	RSchaden	Sch.iner0688		
18	Donhauser	Anna	0699/4103012	AnnaDonhauser	AnnaDonhauser	ADonhauser	Don.Anna0612		
19	Edmer	Erich	0660/2187634	ErichEdmer	ErichEdmer	EEdmer	Edm.rich0634		

Sichern

Sicherheit

Um die Sicherheit beim Einsatz von VBA-Makros zu erhöhen, gibt es in Office detaillierte **Sicherheitseinstellungen für Makros im Sicherheitscenter.** Durch die **speziellen Dateiendungen** kann der Benutzer bereits am Dateinamen erkennen, ob eine Datei ein Makro enthält. Die Dateinamen von Makrodateien enden mit dem Buchstaben **M: DOCM, XLSM, PPTM.**

Arbeitem mit Makros

Die **Voraussetzungen für das Arbeiten mit Makros** ab Office 2007 sind die Wahl der richtigen Dateiendungen, von Einstellungen, die das Ausführen von Makros zulassen, sowie das Einblenden des Registers *Entwicklertools.*

Makrorekorder

Die einfachste Variante zum Erstellen von VBA-Code ist die Aufzeichnung von Aktionen mit dem **Makrorekorder.** Die aufgezeichneten Schritte werden im Hintergrund als Makro in VBA-Code umgewandelt und sind über den Dialog *Makro* ausführ- und anpassbar.

Starten eines Makros

Neben dem Dialog *Makro* können auch ein Shortcut, eine Schaltfläche, ein Symbol und ein Ereignis zum **Starten eines Makros** definiert werden.

Makronamen

Jedes Makro hat einen Namen, der keine Umlaute und keine Leer- und Sonderzeichen enthalten darf. Alle Anweisungen innerhalb der Schlüsselwörter *Sub* und *End Sub* im VBA-Code gehören zu einem Makro.

Wissen

W 8.3: Bestellformular C

Erstellen Sie in Excel ein vollautomatisches Bestellformular mit folgenden Funktionen:

Bestellformular.xlsx

1. Im Tabellenblatt „Schritt 1" sollen die Artikel (aus dem Tabellenblatt „Artikelliste") mittels Dropdown-Menüs ausgewählt werden. Wenn der Kunde einen Artikel ausgewählt hat, soll sofort der Preis/Stück (siehe Tabellenblatt „Artikelliste") angezeigt werden. Die Menge soll der Kunde mit einem Drehfeld erhöhen/verringern können. Ab 5 Stück soll ein Rabatt von 5 % gewährt werden. Zuletzt berechnen Sie den Gesamtpreis (Preis/Stück x Menge abzügl. Rabatt). Erzeugen Sie eine Schaltfläche *Weiter ->.*

Die Ausgangsdatei zu W 8.3 finden Sie unter der ID: 2824.

Wenn der Kunde auf *Weiter* klickt, soll er automatisch zum Tabellenblatt „Schritt 2" wechseln.

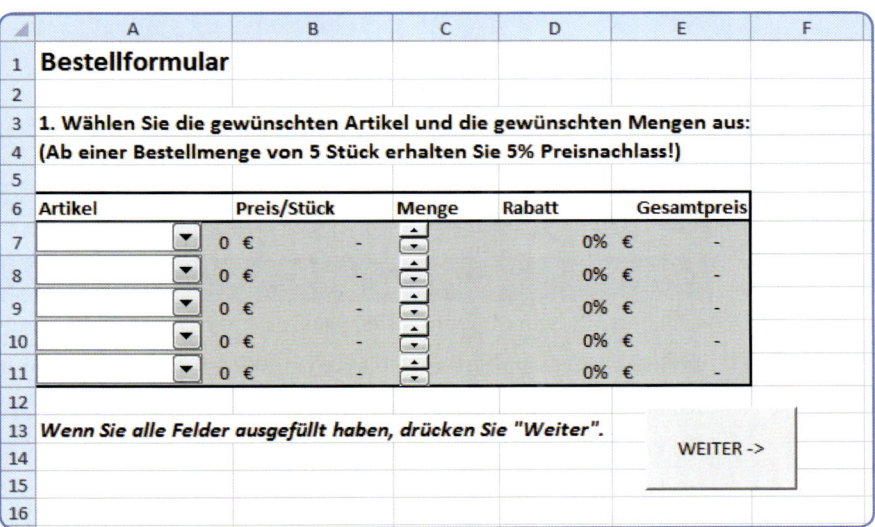

2. Im Tabellenblatt „Schritt 2" soll mittels Dropdown-Menü die Kundenart ausgewählt werden. Nach der Auswahl soll die Rabattstufe neben „Sonderrabatt:" (Daten im Tabellenblatt „Kundenart") erscheinen. Erzeugen Sie eine Schaltfläche *WEITER ->*.

Wenn der Kunde auf *Weiter* klickt, soll er automatisch zum Tabellenblatt „Schritt 3" wechseln.

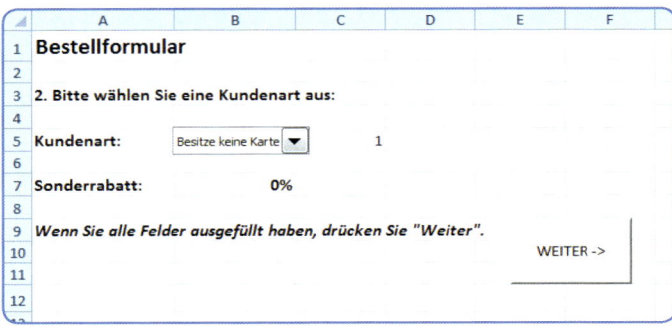

3. Im Tabellenblatt „Schritt 3" sollen die Daten aus dem Tabellenblatt „Schritt 1" übernommen werden. Der Sonderrabatt soll aus dem Tabellenblatt „Schritt 2" übernommen werden. Danach soll der Gesamtbetrag berechnet werden.

Erzeugen Sie eine Schaltfläche *Bestellung abschließen.* Wenn der Kunde auf diese klickt, soll Folgendes passieren:

a) Das Bestellformular soll gedruckt werden.

b) Im Tabellenblatt „Schritt 2" soll die Kundenart auf „Besitze keine Karte" zurückgesetzt werden.

c) Im Tabellenblatt „Schritt 3" sollen die Artikel sowie die Mengen auf den Wert 0 zurückgesetzt werden. Am Ende soll das Tabellenblatt „Schritt 3" aktiv sein.

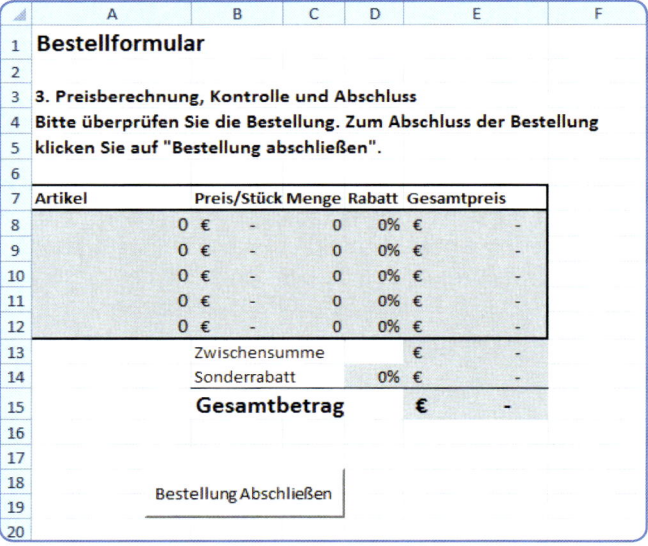

Ein kurzer Kompetenz-Check, bevor's weitergeht!

Kompetenz-Check

	☺	😐	☹
Ich kann mit dem Makrorekorder Makros aufzeichnen und verändern.			
Ich kann Eigenschaften von Objekten mit VBA-Prozeduren verändern.			
Ich kann Makros Schaltflächen zuweisen.			
Ich kann Makros über Symbole starten.			
Ich kann die Einstellungen im Trust Center verändern.			

Lerneinheit 3
Finanzmathematik

In den nächsten Jahren kommen auf die H2Ö GmbH mehrere Neuinvestitionen zu. Dafür sollen einige Varianten berechnet werden. Da in diesem Jahr ein höherer Gewinn erwirtschaftet werden konnte, soll geprüft werden, wie sich eine Veranlagung auswirken würde. Außerdem soll errechnet werden, welcher Zinssatz mit der Hausbank verhandelt werden muss, um ein bestimmtes Ziel zu erreichen.

Lernen

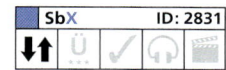

SbX ID: 2831

1 Die Funktion *ZW*

Mithilfe der finanzmathematischen Excel-Funktion **ZW** kann das Endkapital einer Einlage berechnet werden.

Lehrbeispiel

H₂Ö
MUSTERUNTERNEHMEN

L 8.8: Zinseszinsrechnung – jährliche Verzinsung **B**

Die H2Ö GmbH überlegt, EUR 30.000,00 auf ein Sparbuch einzuzahlen. Berechnen Sie, auf welchen Betrag die EUR 30.000,00 bei 1 % Zinsen p. a. in 10 Jahren anwachsen (Kapital wird jährlich verzinst).

**Jährliche_
Verzinsung.xlsx**

Lösungsweg 1 – mittels Excel-Formel in einer Tabelle

1 Berechnen Sie den Betrag, den die H2Ö in 10 Jahren auf ihrem Sparbuch hat (ohne Verwendung von Funktionen).

Bezeichnung	
p. a.	pro Jahr (per anno)
p. m.	pro Monat
p. q.	pro Quartal

	A	B	C	D
1	**Zinseszinsrechnung ohne Verwendung von Funktionen:**			
2				
3	**Werte:**			
4	Zinssatz	1%		
5	Laufzeit	10		
6	Barwert	30.000,00		
7				
8				
9	**Berechnung:**			
10	Jahr	Kapital	Zinsen	Kap+Zinsen
11	1.	30.000,00	300,00	30.300,00
12	2.	30.300,00	303,00	30.603,00
13	3.	30.603,00	306,03	30.909,03
14	4.	30.909,03	309,09	31.218,12
15	5.	31.218,12	312,18	31.530,30
16	6.	31.530,30	315,30	31.845,60
17	7.	31.845,60	318,46	32.164,06
18	8.	32.164,06	321,64	32.485,70
19	9.	32.485,70	324,86	32.810,56
20	10.	32.810,56	328,11	**33.138,66**

Jährliche Verzinsung

8 Tabellenkalkulation professional

Tragen Sie dafür zuerst den Zinssatz, die Laufzeit sowie den Barwert (= Betrag, der angelegt werden soll) ein. Danach vervollständigen Sie den bereits vorhandenen Raster. Verwenden Sie dabei Bezüge, um die Formeln zu kopieren. Der Wert am Ende der 10 Jahre (Endwert) soll fett formatiert werden.

Finanzmathematische Begriffe und ihre verschiedenen Bezeichnungen:

Werte im Bsp.	Begriffe aus der Finanzmathematik	Excel-Funktion
€ 30.000,00	Barwert, BW, Anfangskapital, K0	*BW*
€ 33.138,66	Endwert, EW, Zukunftswert, Kn	*ZW*
1 %	Zinssatz, i, r	*ZINS*
10	Jahre, Laufzeit, Zahlungszeitraum, Periode, n	*ZZR*
	Rate, regelmäßige Zahlung	*RMZ*
	Fälligkeit: – vorschüssig – nachschüssig	*F* *Argument = 1* *Argument = 0 oder ohne Angabe*

Lösungsweg 2 – mittels mathematischer Formel

Natürlich können Sie das Beispiel auch mithilfe einer Formel lösen. Die Formel für den Endwert lautet:

$$EW = BW \cdot (1 + i)^n$$

In Excel können Sie Hochzahlen mit der Taste ⌃ eingeben.

$EW = 30.000,00 \cdot 1,01^{10} = 33.138,66$

Wie man hier sehr schön sieht, kann die langwierige Berechnungsmethode aus dem Lösungsweg 1 durch die Verwendung einer einfachen Formel wesentlich verkürzt werden. Auch im Lösungsweg 1 wird diese Formel immer wieder angewendet.

1. Jahr ➤ $30.000,00 \cdot 1,01^1 = 30.300,00$ (Nur hoch eins, da nur ein Jahr verzinst wird.)

2. Jahr ➤ $30.300,00 \cdot 1,01^1 = 30.603,00$ usw.

Da diese Berechnung bei 10 Perioden 10-mal ausgeführt werden muss, geht es natürlich schneller, wenn gleich hoch 10 gerechnet wird.

Dies wäre hier **$EW = 30.000,00 \cdot 1,01^{10}$**.

Lösungsweg 3 – mittels der Excel-Funktion *ZW*

Die Berechnungsmethode aus Lösungsweg 1 ist relativ langwierig. Mittels der Excel-Finanzmathematikfunktion *ZW* kann das Beispiel einfach und schnell berechnet werden.

❶ Tragen Sie den Zinssatz, die Laufzeit sowie den Barwert in den vorgegebenen Raster ein.

❷ Berechnen Sie danach mithilfe der Excel-Funktion *ZW* den Endwert.

Die Funktion *ZW* (Endwert)

Um den Wert am Ende der 10 Jahre zu berechnen, also den Endwert, wird die Funktion *ZW* benötigt. Diese kann mithilfe des Funktionsassistenten aufgerufen werden.

Tipp:
Es ist immer von Vorteil, einen Raster zu erstellen, um mit Bezügen arbeiten zu können und die Fehleranfälligkeit zu minimieren.

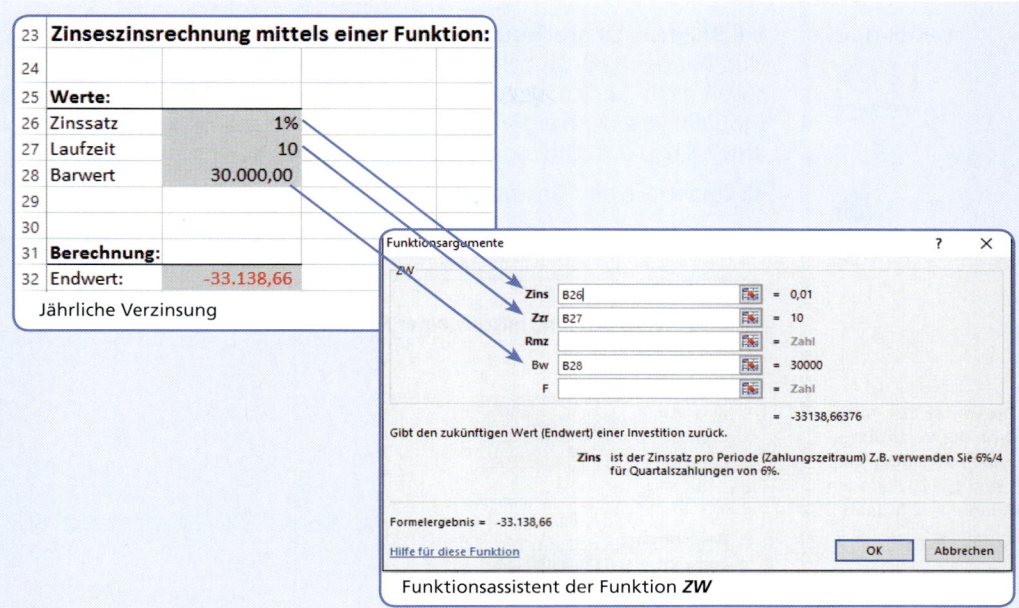

Die Werte für den Zinssatz müssen immer in Prozent eingegeben werden. Eine weitere Möglichkeit wäre, die entsprechende Dezimalzahl einzugeben (z. B. 1 % bzw. 0,01).

Da wir hier keine regelmäßigen Zahlungen haben, bleibt das Feld *RMZ* leer. Wenn wir keine regelmäßigen Zahlungen haben, kann auch das Feld *F* (vorschüssig, nachschüssig) leer bleiben.

Funktionsassistent der Funktion *ZW*

Die Syntax für die Funktion *ZW* lautet: *=ZW(Zins;Zzr;Rmz;Bw;F)*.

Wie man hier sieht, ist der Endwert in diesem Fall ein negativer Wert (–33.138,66). Das liegt daran, dass der Barwert mit einem Plus (+) eingegeben wurde. Der Barwert muss bei der Berechnung in Excel immer mit einem Minuszeichen (–) eingegeben werden, da dieser Betrag ja zuerst „bezahlt" werden muss. Der Endwert ist ein positiver Betrag, da die H2Ö diesen „erhält".

Investitionen (Geldflüsse, die bezahlt werden) werden bei Excel-Finanzmathematikfunktionen **immer** mit einem **Minus** und **Rückflüsse** (Geldflüsse, die empfangen werden) **immer** mit einem **Plus** ausgegeben.

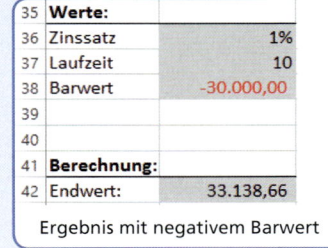

Ergebnis mit negativem Barwert

In der Zelle *B42* sollte in diesem Fall folgende Funktion stehen: *=ZW(B26;B27;;B28)*

Übungsbeispiel

Ü 8.19 ★: Sparbuch B

Sie legen heute EUR 10.000,00 mit einem garantierten Zinssatz von 0,5% p.a. auf ein Sparbuch. Auf welchen Betrag wird die Einlage in 15 Jahren angewachsen sein? Berechnen Sie dies mithilfe einer Excel-Funktion.

Sparbuch.xlsx

L 8.9: Zinseszinsrechnung – monatliche Verzinsung C

Nun hat die H2Ö GmbH ein neues Angebot von ihrer Hausbank erhalten. Die EUR 30.000,00 sollen nicht jährlich, sondern monatlich mit einem Zinssatz von 0,10 % pro Monat (1,2 % : 12 Monate) verzinst werden. Wie hoch wäre der angesparte Betrag in 10 Jahren bei dieser Variante? Soll die H2Ö dieses Angebot annehmen?

❶ Tragen Sie den Zinssatz, die Laufzeit sowie den Barwert ein.

❷ Berechnen Sie den Endwert mithilfe der Excel-Funktion **ZW**.

Monatliche_Verzinsung. xlsx

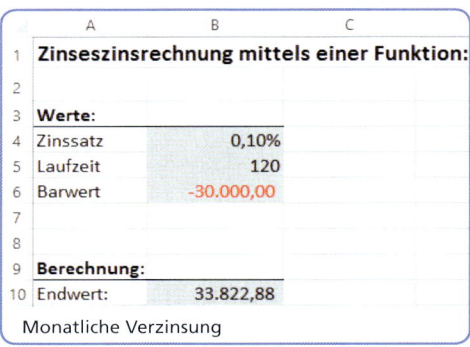

	A	B	C
1	**Zinseszinsrechnung mittels einer Funktion:**		
2			
3	**Werte:**		
4	Zinssatz	0,10%	
5	Laufzeit	120	
6	Barwert	-30.000,00	
7			
8			
9	**Berechnung:**		
10	Endwert:	33.822,88	

Monatliche Verzinsung

Die Laufzeit ist immer von der Verzinsungsperiode abhängig. Hier sind es 120 Perioden (10 Jahre x 12 Monate).

Wie man hier sehr schön sieht, führt eine monatliche Verzinsung zu einem höheren Endwert, da der Zinseszinseffekt nicht 10-mal, sondern 120-mal zum Tragen kommt. Die H2Ö sollte die monatliche Verzinsung von 0,10 % p.m. annehmen.

Ü 8.20 ★: Angebotsvergleich C

Sie haben EUR 25.000,– angespart, die Sie nun auf fünf Jahre anlegen möchten. Dafür haben Sie folgende zwei Angebote von Ihrem Bankberater erhalten:

Angebot 1: Das Kapital wird jährlich mit einem Zinssatz von 1 % p.a. veranlagt.

Angebot 2: Das Kapital wird vierteljährlich mit einem Zinssatz von 0,25 % p.q. veranlagt.

Welches Angebot sollten Sie annehmen?

	A	B	C	D
1	**Spareinlage Angebote**			
2				
3	**Werte:**	**Angebot 1**		**Angebot 2**
4	Zinssatz			
5	Laufzeit			
6	Barwert			
7				
8				
9	**Berechnung:**			
10	Endwert:			

2 Die Funktion *BW*

Die Funktion *BW* berechnet das Anfangskapital, das benötigt wird, um ein bestimmtes Endkapital zu erhalten.

L 8.10: Zinseszinsrechnung – Barwert C

Laut neuestem Bericht des Produktionschefs muss die H2Ö GmbH in 5 Jahren eine neue Abfüllanlage im Wert von EUR 21.000,00 anschaffen. Welchen Betrag muss die H2Ö heute anlegen, um bei einer jährlichen Verzinsung von 1,5 % p.a. in 5 Jahren EUR 21.000,00 angespart zu haben?

❶ Tragen Sie den Zinssatz, die Laufzeit sowie den gewünschten Endwert in den vorgegebenen Raster ein.

❷ Berechnen Sie den Barwert mithilfe der Excel-Funktion *BW.*

Die Funktion *BW* (Barwert)

Um den heute anzulegenden Betrag (Barwert) zu berechnen, wird die finanzmathematische Funktion *BW* verwendet. Verwenden Sie für die Eingabe den Funktionsassistenten.

Die Syntax für die Funktion *BW* lautet: *=BW(Zins;Zzr;Rmz;Zw;F)*.

In diesem Fall muss in die Zelle *B10* folgende Funktion eingegeben werden: *=BW(B4;B5;;B6)*.

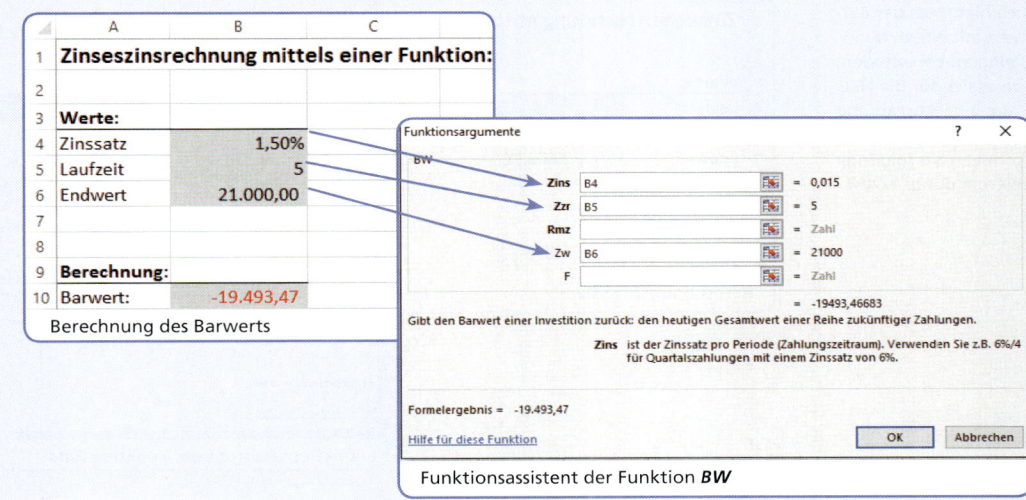

Berechnung des Barwerts

Funktionsassistent der Funktion *BW*

Übungsbeispiel

Ü 8.21 ★: Autokauf C

Sie haben vor, in vier Jahren ein Auto zu kaufen. Sie rechnen, dass Sie dafür EUR 22.000,00 brauchen werden. Welchen Betrag müssen Sie heute auf ein Sparbuch legen, das mit 0,8 % p. a. verzinst wird, damit nach den vier Jahren der erforderliche Betrag zur Verfügung steht?

Autokauf.xlsx

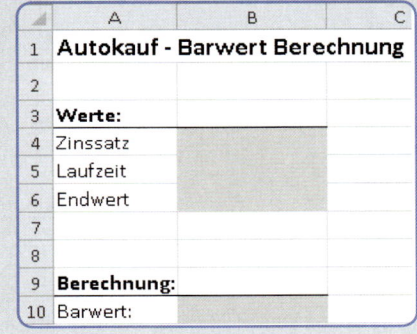

3 Die Funktion *Zins*

Um zu wissen, welchen Zinssatz man für eine bestimmte Veranlagung benötigt, z.B. bei Verhandlungen mit der Hausbank, kann man diesen mithilfe der Funktion *ZINS* ermitteln.

Lehrbeispiel

MUSTERUNTERNEHMEN

L 8.11: Zinseszinsrechnung – Zinssatz C

Derzeit hat die H2Ö GmbH EUR 30.000,00 zum Anlegen zur Verfügung. Dieser Betrag soll so angelegt werden, dass in 10 Jahren EUR 50.000,00 angespart sind. Wie hoch müsste der Zinssatz sein, um dieses Ziel zu erreichen?

Zinssatz.xlsx

❶ Tragen Sie die Laufzeit, den Barwert sowie den gewünschten Endwert in den vorgegebenen Raster ein.

❷ Berechnen Sie den Zinssatz mithilfe der Excel-Funktion *ZINS*. Ist der ermittelte Zinssatz realistisch?

Die Funktion *ZINS* (Zinssatz pro Periode)

Um den Zinssatz zu berechnen, wird die Funktion *ZINS* verwendet. Die Syntax für diese Funktion lautet: *=ZINS(Zzr;Rmz;Bw;Zw;F)*. In diesem Fall haben wir die Laufzeit, den Barwert und den Endwert gegeben. Beachten Sie, dass zumindest der Zeitraum plus zwei weitere Angaben immer bekannt sein müssen. Sonst kann der Zinssatz nicht berechnet werden.

Achtung!
Auch hier muss der Barwert mit einem Minus (–) eingegeben werden, da es sich für die H2Ö um eine Auszahlung handelt. Ansonsten bekommen Sie folgende Fehlermeldung: *#ZAHL!*

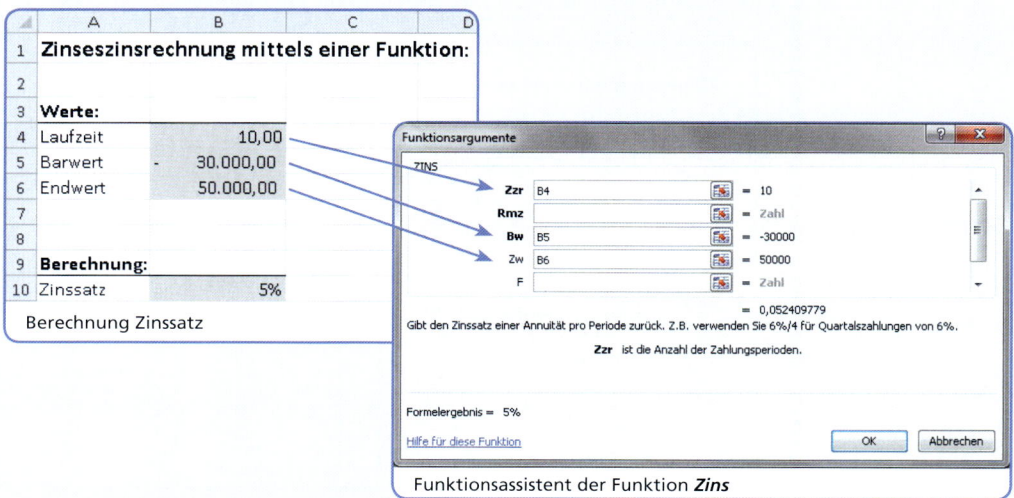

Funktionsassistent der Funktion *Zins*

In diesem Fall muss in die Zelle *B10* folgende Funktion eingegeben werden: *=ZINS(B4;;B5;B6)*.

Der ermittelte Zinssatz von 5,2 % ist derzeit (2016) nicht realistisch.

Übungsbeispiel

Eigentums-wohnung.xlsx

Ü 8.22 ★: Eigentumswohnung 🄲
Sie haben durch eine Erbschaft EUR 76.000,00 erhalten. In fünf Jahren wollen Sie sich eine kleine Eigentumswohnung kaufen. Dafür werden Sie EUR 110.000,00 benötigen. Zu welchem Zinssatz muss das Kapital zumindest angelegt werden, um diesen Betrag zu erreichen? Ist der Zinssatz nach aktuellen Gegebenheiten realistisch?

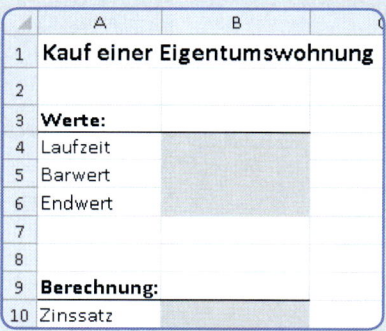

4 Die Funktion *ZZR*

Oft ist bekannt, zu welchem Zinssatz man einen fixen Betrag anlegen kann. Allerdings würde man gerne wissen, wie lange man das Kapital anlegen muss, um einen gewünschten Endwert zu erhalten.

Lehrbeispiel

H₂Ö
MUSTERUNTERNEHMEN

L 8.12: Zinseszinsrechnung – Laufzeit 🄲
Aufgrund der Vorjahresergebnisse und des diesjährigen Gewinnes hat die H2Ö GmbH beschlossen, EUR 40.000,00 zu sparen, um einen neuen Lkw im Wert von EUR 55.000,00 kaufen zu können. Wie lange muss die H2Ö das Kapital bei einer jährlichen Verzinsung von 1,5 % p. a. veranlagen, um sich den neuen Lkw leisten zu können?

❶ Tragen Sie den Zinssatz, den Barwert sowie den gewünschten Endwert in den vorgegebenen Raster ein.

❷ Berechnen Sie den Zinssatz mithilfe der Excel-Funktion *ZZR.*

Die Funktion **ZZR** (Anzahl der Perioden)

Laufzeit.xlsx

Um den Zeitraum (Periode) zu errechnen, wird die Funktion **ZZR** verwendet, die folgende Syntax hat: *=ZZR(Zins;Rmz;Bw;Zw;F)*.

Da die H2Ö zumindest EUR 55.000,– benötigt, um den Lkw kaufen zu können, muss das Ergebnis aufgerundet werden. Dafür verwenden Sie die Funktion *AUFRUNDEN*.

In die Zelle **B10** muss somit folgende Funktion eingegeben werden: *=ZZR(B4;;B5;B6)*. In *B11* wird das Ergebnis von *B10* aufgerundet *(=AUFRUNDEN(B10;0))*.

Beachten Sie auch hier, dass alle theoretischen Auszahlungen mit einem Minus, alle Einzahlungen mit einem Plus eingegeben werden müssen.

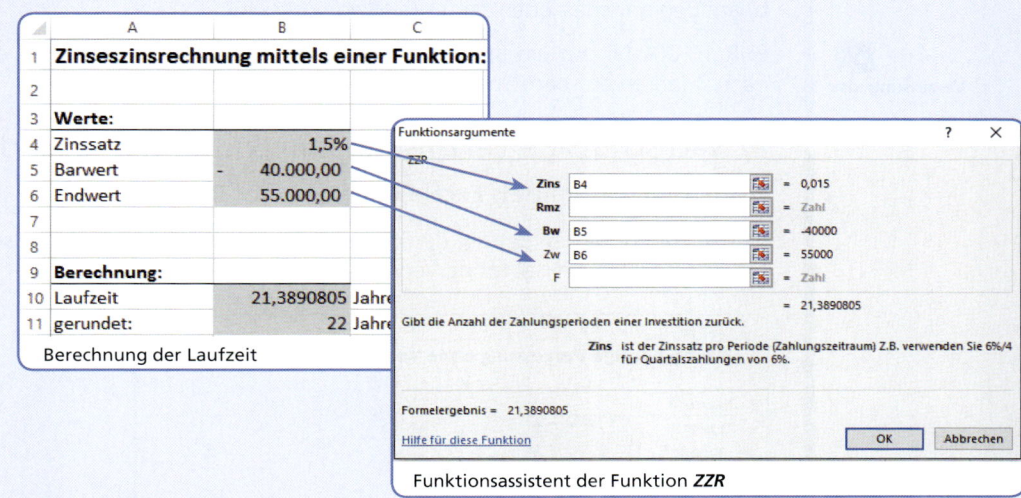

Berechnung der Laufzeit

Funktionsassistent der Funktion **ZZR**

Wenn die H2Ö GmbH in den nächsten Jahren keine weiteren Einlagen zur Finanzierung des Lkw tätigt, beträgt die Laufzeit bis zum Erreichen des erforderlichen Betrages 22 Jahre.

Übungsbeispiel

Motorrad.xlsx

Ü 8.23 ★: Motorrad C

Sie haben bei einem Gewinnspiel EUR 5.000,00 gewonnen. Dieses Geld wollen Sie in ein neues Motorrad investieren. Da dieses allerdings EUR 7.100,00 kostet, wollen Sie das Geld in der Zwischenzeit anlegen, bis Sie sich das Motorrad leisten können. Wie viele Jahre müssen Sie noch sparen, wenn Sie derzeit für das angelegte Kapital 0,3 % Zinsen pro Quartal bekommen?

	A	B
1	**Motorrad**	
2		
3	**Werte:**	
4	Zinssatz	
5	Barwert	
6	Endwert	
7		
8		
9	**Berechnung:**	
10	Laufzeit in Quartalen	
11	Laufzeit in Jahren	

8 Tabellenkalkulation professional

5 Vorschüssige/nachschüssige Verzinsung

Die Verzinsung von Zahlungen bzw. Renten kann am Anfang einer Verzinsungsperiode (z. B. am Beginn eines Jahres = vorschüssige Verzinsung) oder am Ende einer Verzinsungsperiode (z. B. am Ende eines Jahres = nachschüssige Verzinsung) erfolgen. In Microsoft Excel zeigt das Funktionsargument *F* an, ob eine Verzinsung vor- oder nachschüssig ist.

Lehrbeispiel

MUSTERUNTERNEHMEN

Verzinsung.xlsx

L 8.13: Vorschüssige und nachschüssige Verzinsung 🅱

Die H2Ö GmbH zahlt

a) am Ende eines jeden Jahres (also nachschüssig)

b) am Beginn eines jeden Jahres (also vorschüssig)

EUR 10.000,00 auf ein Sparbuch mit einer Verzinsung von 1 % p. a. ein. Welcher Betrag ist nach 3 Jahren auf dem Sparbuch verfügbar?

a) Nachschüssige Verzinsung (am Ende eines jeden Jahres)

Lösungsweg 1 – mittels Excel-Formel in einer Tabelle

❶ Berechnen Sie den Betrag, den die H2Ö GmbH in 3 Jahren bei **nachschüssiger Verzinsung** auf ihrem Sparbuch hat (ohne Verwendung von Funktionen).

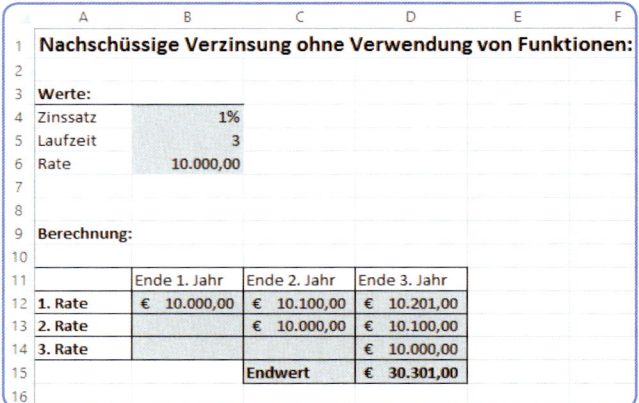

Tragen Sie dafür zuerst den Zinssatz, die Laufzeit sowie die Rate (= Betrag, der angelegt werden soll) ein. Danach vervollständigen Sie den bereits vorhandenen Raster. Verwenden Sie dabei Bezüge, um die Formeln zu kopieren. Der Wert am Ende der 3 Jahre (Endwert) soll fett formatiert werden.

Lösungsweg 2 – mittels mathematischer Formel

Das Beispiel kann auch mithilfe einer Formel gelöst werden. Beachten Sie jedoch, dass hier nicht der Barwert gegeben ist, sondern die H2Ö GmbH regelmäßige Zahlungen leistet. Daher kann die bereits im **Lehrbeispiel L 8.8** dargestellte einfache Formel für die Berechnung des Endwerts nicht verwendet werden.

Die nachfolgende Grafik zeigt Folgendes:

● Die **1. Rate** wird am Ende des ersten Jahres eingezahlt. Sie wird daher über zwei Perioden verzinst: 10.000 • 1,01 • 1,01 = 10.201,00.

● Die **2. Rate** wird am Ende des zweiten Jahres eingezahlt, sie wird über eine Periode verzinst: 10.000 • 1,01 = 10.100,00.

● Die **3. Rate** wird am Ende des dritten Jahres eingezahlt. Da die Gesamtlaufzeit 3 Jahre beträgt, wird diese Rate nicht mehr verzinst.

$$EW = 10.000 \cdot 1{,}01^2 + 10.000 \cdot 1{,}01 + 10.000 = 30.301{,}00$$

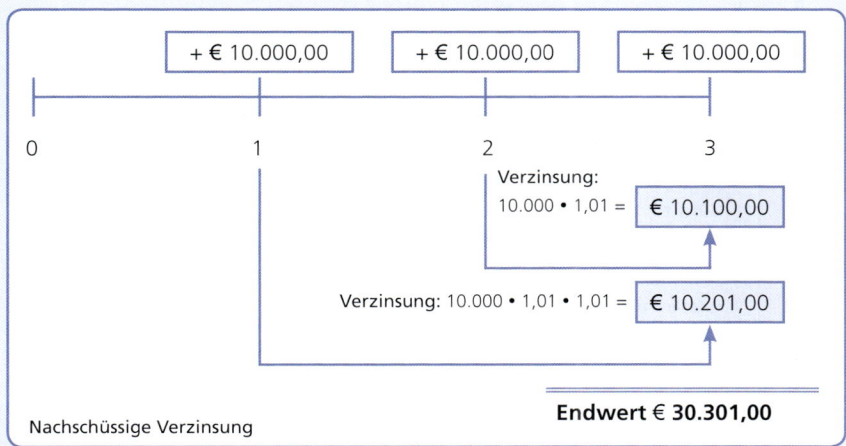

Nachschüssige Verzinsung

Lösungsweg 3 – mittels der Excel-Funktion *ZW*

Die Berechnungsmethode aus Lösungsweg 1 ist relativ langwierig. Mittels der Excel-Finanzmathematikfunktion *ZW* kann das Beispiel einfach und schnell berechnet werden.

1 Tragen Sie den Zinssatz, die Laufzeit sowie die Rate in den vorgegebenen Raster ein.

2 Berechnen Sie danach mithilfe der Excel-Funktion *ZW* den Endwert.

Mittels der Excel-Funktion *ZW* kann der Endwert einfach und schnell berechnet werden. Es werden regelmäßige, gleich hohe Zahlungen geleistet. Es ist wichtig, darauf zu achten, ob diese Raten am Beginn oder am Ende einer Periode bezahlt werden.

Tragen Sie den Zinssatz, die Laufzeit sowie den Barwert in die vorgegebene Tabelle ein und berechnen Sie mithilfe der Excel-Funktion *ZW* den Endwert.

Da die **Rate von der H2Ö GmbH bezahlt** wird, ist sie mit einem **Minuszeichen** einzugeben.

Die H2Ö GmbH leistet die **Raten** jeweils am **Ende eines Jahres.** Im Funktionsassistenten ist daher bei *F (Fälligkeit)* 0 einzutragen. Wird das Feld *F* leer gelassen, nimmt Excel automatisch an, dass die Zahlungen am Ende der Periode erfolgen.

Die Funktion *RMZ* steht für regelmäßige Zahlungen und ist bei Raten bzw. Rentenzahlungen zu verwenden.

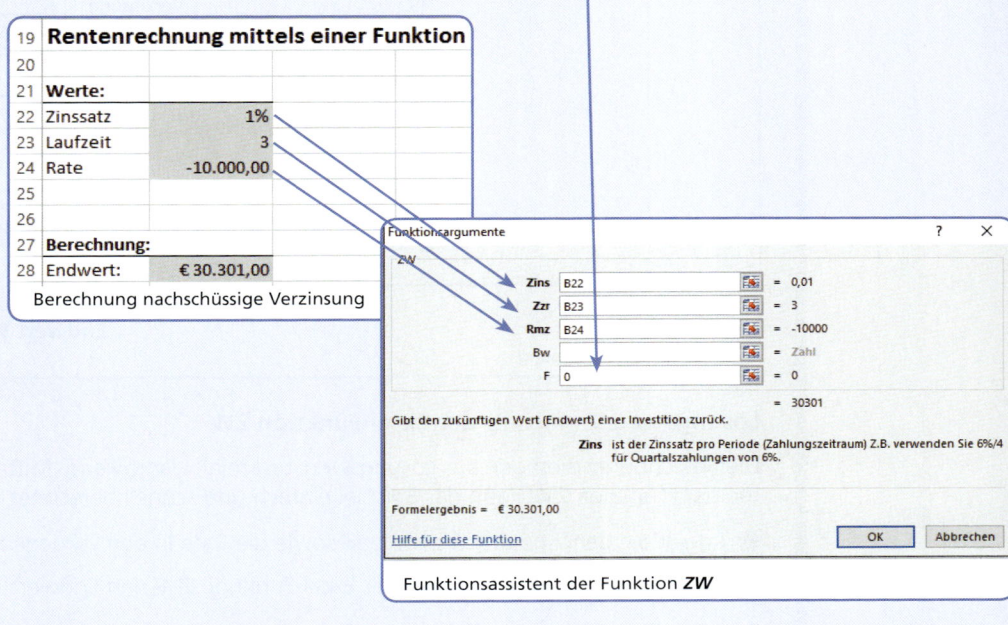

Berechnung nachschüssige Verzinsung

Funktionsassistent der Funktion *ZW*

b) Vorschüssige Verzinsung (am Beginn eines jeden Jahres)

Lösungsweg 1 – mittels Excel-Formel in einer Tabelle

32	Vorschüssige Verzinsung ohne Verwendung von Funktionen:			
33				
34	Werte:			
35	Zinssatz	1%		
36	Laufzeit	3		
37	Rate	-10.000,00		
38				
39				
40	Berechnung:			
41				
42		Beginn 1. Jahr	Beginn 2. Jahr	Beginn 3. Jahr	Ende 3. Jahr
43	1. Rate	€ 10.000,00	€ 10.100,00	€ 10.201,00	€ 10.303,01
44	2. Rate		€ 10.000,00	€ 10.100,00	€ 10.201,00
45	3. Rate			€ 10.000,00	€ 10.100,00
46				Endwert	€ 30.604,01
47					

Lösungsweg 2 – mittels mathematischer Formel

Die nachfolgende Grafik zeigt Folgendes:

- Die **1. Rate** wird am Beginn des ersten Jahres eingezahlt. Sie wird daher über drei Perioden verzinst: $10.000 \cdot 1{,}01 \cdot 1{,}01 \cdot 1{,}01 = 10.303{,}01$.

- Die **2. Rate** wird am Beginn des zweiten Jahres eingezahlt, sie wird über zwei Perioden verzinst: $10.000 \cdot 1{,}01 \cdot 1{,}01 = 10.201{,}00$.

- Die **3. Rate** wird am Beginn des dritten Jahres eingezahlt, sie wird nur über eine Periode verzinst: $10.000 \cdot 1{,}01 = 10.100{,}00$.

$$EW = 10.000 \cdot 1{,}01^3 + 10.000 \cdot 1{,}01^2 + 10.000 \cdot 1{,}01 = 30.604{,}01$$

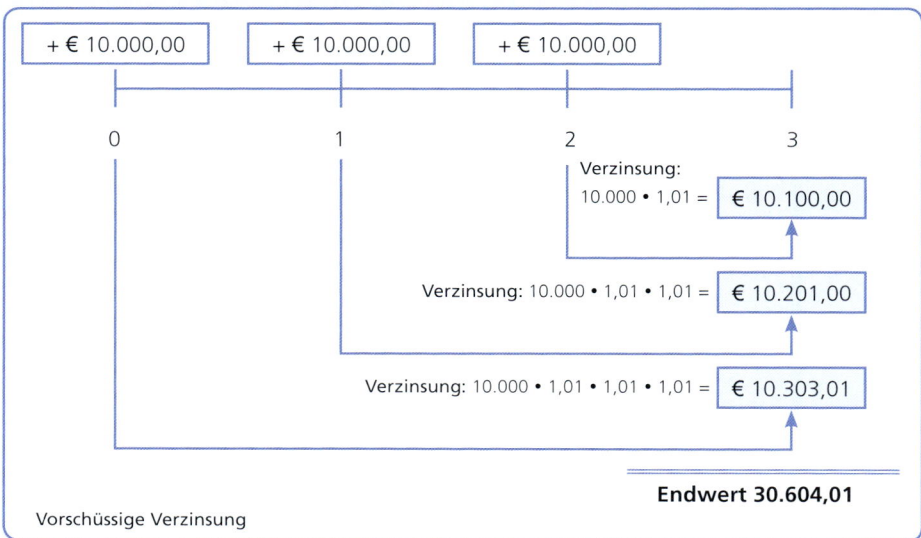

Vorschüssige Verzinsung

Lösungsweg 3 – mittels der Excel-Funktion *ZW*

Die Berechnungsmethode aus Lösungsweg 1 ist relativ langwierig. Mittels der Excel-Finanzmathematikfunktion **ZW** kann das Beispiel einfach und schnell berechnet werden.

❶ Tragen Sie den Zinssatz, die Laufzeit sowie die Rate in den vorgegebenen Raster ein.

❷ Berechnen Sie danach mithilfe der Excel-Funktion **ZW** den Endwert.

Die H2Ö GmbH leistet die **Raten** jeweils am **Beginn eines Jahres**. Im Funktionsassistenten ist daher bei *F (Fälligkeit)* 1 einzutragen.

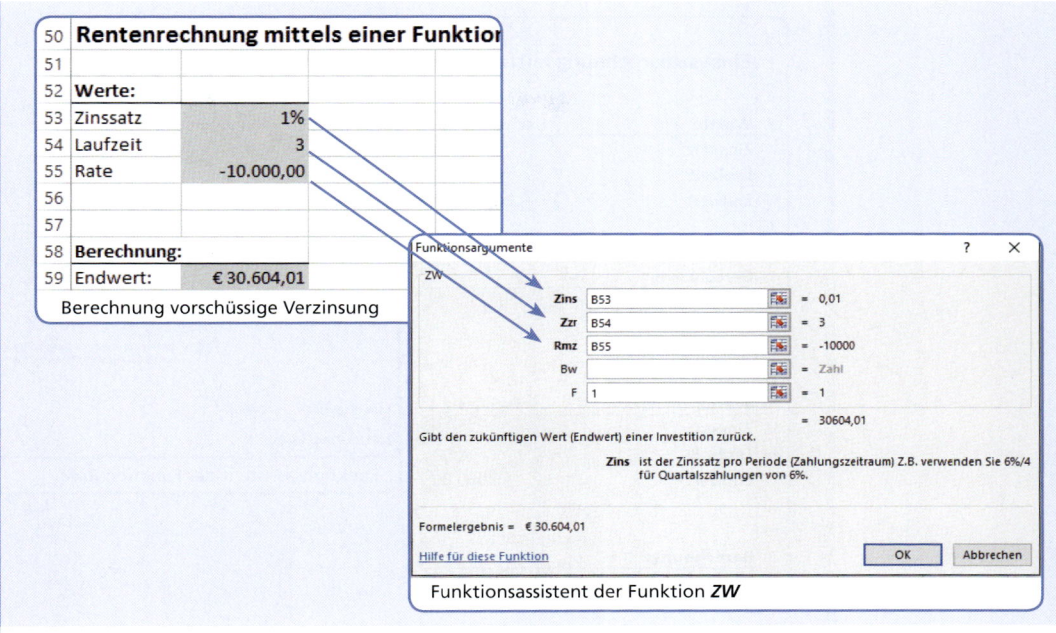

Berechnung vorschüssige Verzinsung

Funktionsassistent der Funktion *ZW*

6 Die Funktion *RMZ*

Natürlich kann mithilfe einer finanzmathematischen Excel-Funktion auch die **Höhe einer regelmäßigen Zahlung** (monatlicher/jährlicher Sparbetrag, Rente, Annuität usw.) berechnet werden.

Lehrbeispiel

Rentenrechnung.xlsx

L 8.14: Rentenrechnung C

Wie viel müsste die H2Ö GmbH jedes Jahr anlegen, um bereits in vier Jahren einen Lkw mit Anschaffungskosten in Höhe von EUR 55.000,00 kaufen zu können (Zinssatz 1,5 % p. a.)?

❶ Tragen Sie den Zinssatz, die Laufzeit sowie den gewünschten Endwert in den vorgegebenen Raster ein.

❷ Berechnen Sie den Zinssatz mithilfe der Excel-Funktion *RMZ*.

Die Funktion *RMZ* (regelmäßige Zahlungen)

Um einen Ansparbetrag (Auszahlung, Sparbetrag, Rente usw.), also eine regelmäßige Zahlung, zu berechnen, wird die Funktion *RMZ* verwendet.

Die Syntax für diese Funktion lautet: *=RMZ(Zins;Zzr;Bw;Zw;F)*.

Wenn eine regelmäßige Zahlung berechnet wird, ist die Fälligkeit bzw. der Zahlungszeitpunkt relevant. Beachten Sie dabei, dass, wenn das Feld *F* (Fälligkeit) freigelassen wird, Excel immer den Wert 0 – also nachschüssig – annimmt.

Kopieren Sie den Raster unter den bereits berechneten und geben Sie bei der Fälligkeit den Wert 1 – also vorschüssig – ein. Wie Sie sehen können, ist der jährliche Sparbetrag niedriger. Das liegt daran, dass bei einer vorschüssigen Zahlung das Kapital öfter verzinst wird.

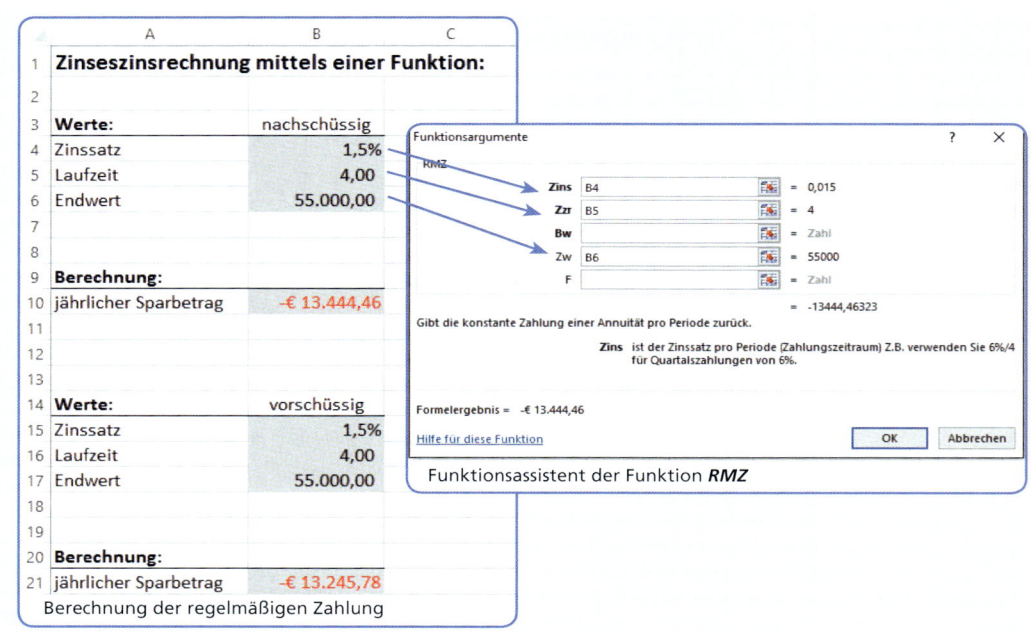

Berechnung der regelmäßigen Zahlung

Übungsbeispiel

Ü 8.24 ★: Monatlicher Sparbetrag

Welchen Betrag müssen Sie am Ende eines jeden Monats (nachschüssig) auf Ihr Sparkonto legen, damit Sie in 20 Jahren EUR 80.000,00 zur Verfügung haben? Sie rechnen mit einem durchschnittlichen Zinssatz von 0,15 % p. m.

Monatlicher_
Sparbetrag.xlsx

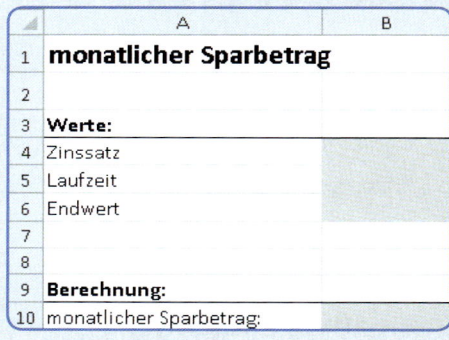

Üben

SbX   ID: 2832

Ü 8.25 ★: Renovierungsbudget

Jeden Monat können Sie EUR 200,00 auf ein Sparbuch legen. Dieses Geld wollen Sie für eine neue Einrichtung ihrer Wohnung verwenden. Sie schätzen, dass Sie für die Renovierung EUR 6.500,00 benötigen werden. Wie viele Jahre müssen Sie noch sparen, wenn Sie derzeit für das angelegte Kapital 0,15 % p. m. bekommen?

Renovierungsbudget.
xlsx

Ü 8.26 ★★: Spareinlage

Sie haben EUR 25.000,00 und wollen diesen Betrag auf ein Sparbuch legen. Die Bank bietet Ihnen eine Verzinsung von 1,3 % p. a. an.

a) Wie hoch sind die Zinsen, die Sie für ein Jahr bekommen?

b) Auf welchen Betrag ist das Kapital nach 3 Jahren angewachsen?

Lösen Sie das Beispiel so effektiv wie möglich unter der Verwendung von Bezügen.

Spareinlage.xlsx

Kreditzins.xlsx

Die Ausgangsdateien zu allen Übungsbeispielen finden Sie unter der ID: 2832.

Pensionsvorsorge.xlsx

Weltreise.xlsx

Versicherung.xlsx

Gebundenes_Kapital.xlsx

Jährlicher_Ansparbetrag.xlsx

Gebundenes_Sparbuch.xlsx

Jährliche_Rate.xlsx

Ü 8.27 ★★★: Kreditzins C
Für einen Kredit haben Sie folgendes Angebot von Ihrer Bank erhalten:

- **Kredithöhe:** EUR 40.000,00
- **monatliche Rate:** EUR 600,00 (immer am Monatsanfang zu zahlen)
- **Laufzeit:** 7 Jahre

Wie hoch ist der Zinssatz p. m., mit dem die Bank gerechnet hat?

Ü 8.28 ★★: Pensionsvorsorge C
Sie informieren sich bei Ihrer Bank bezüglich einer privaten Pensionsvorsorge. Als Ziel setzen Sie sich bei monatlichen Zahlungen von EUR 30,00, überwiesen wird jeweils am Monatsende im Nachhinein, über den Zeitraum von 15 Jahren einen Betrag von EUR 8.500,00 anzusparen.

Mit welchem Zinssatz p.a. können Sie dieses Ziel erreichen? (Vernachlässigen Sie bei Ihren Berechnungen die KESt!)

Ü 8.29 ★: Weltreise C
Sie möchten auf ihren großen Traum, eine Weltreise, hinsparen. Sie eröffnen ein eigenes Sparkonto dafür und zahlen sofort EUR 1.000,00 ein. Für die Weltreise werden Sie schätzungsweise EUR 12.000,00 benötigen (da Sie während dieses Urlaubs nicht arbeiten werden). Wie hoch ist der monatliche Sparbetrag bei einer Laufzeit von 15 Jahren und einem Zinssatz von 0,12 % p.m.?

Ü 8.30 ★: Versicherung C
Sie bezahlen ab heute 12 Jahre lang halbjährlich EUR 1.000,00 für eine Versicherung ein (insgesamt 24 Raten). Die Zinsen werden halbjährlich abgerechnet, die Verzinsung beträgt 0,25 % pro Halbjahr. Welchen Betrag wird Ihnen die Versicherung nach 12 Jahren auszahlen?

Ü 8.31 ★★: Gebundenes Kapital C
Da Ihre Firma in den letzten Jahren immer sehr gute Ergebnisse erwirtschaften konnte, möchten Sie nun das derzeit nicht benötigte Kapital anlegen. Sie haben EUR 40.000,00 zur Verfügung und wollen diesen Betrag 4 Jahre auf einem gebundenen Sparbuch zu einem fixen Zinssatz von 1,5 % p.a. anlegen. Welchen Betrag erhalten Sie nach den 4 Jahren? Lösen Sie das Beispiel so effektiv wie möglich unter Verwendung von Bezügen.

Ü 8.32 ★★: Jährlicher Ansparbetrag C
Sie legen ab heute 7 Jahre lang am Beginn jeden Jahres den Betrag von EUR 3.000,00 auf ein Sparbuch ein, das fix mit 0,75 % p.a. verzinst wird.

a) Welchen Betrag haben Sie nach 7 Jahren angespart?

b) Welchen Betrag haben Sie nach 7 Jahren angespart, wenn die Zahlung jeweils erst zu Jahresende erfolgt?

Ü 8.33 ★★★: Gebundenes Sparbuch C
Sie erhalten von einem gebundenen Sparbuch heute den Betrag von EUR 86.046,00. Sie haben dafür vor 7 Jahren EUR 60.000,00 angelegt. Während der ersten drei Jahre wurde das Sparguthaben mit 5 % p.a. verzinst. Wie hoch war die jährliche Verzinsung in den restlichen vier Jahren?

Ü 8.34 ★★: Jährliche Rate C
Sie bezahlen ab heute 20 Jahre lang jährlich EUR 1.000,00 für eine Versicherung ein. Die Zinsen werden jährlich abgerechnet, die Verzinsung beträgt 2 % p.a. Welchen Betrag wird Ihnen die Versicherung nach 20 Jahren auszahlen?

8 Tabellenkalkulation professional

Sichern

ZW — Mit der Funktion *ZW* kann der **zukünftige Wert (das Endkapital)**, also der **Endwert** einer Kapitalanlage, berechnet werden. Andere Bezeichnungen aus der Finanzmathematik sind Zukunftswert, Endkapital, Endwert, Kn, EW. Die Syntax lautet: *=ZW(Zins;Zzr;Rmz;Bw;F)*.

BW — Wenn die Höhe des **Anfangskapitals** benötigt wird, also der **Barwert** berechnet werden soll, wird die Funktion *BW* verwendet. Andere Bezeichnungen aus der Finanzmathematik sind: Anfangskapital, Barwert, BW, K0. Die Syntax lautet: *=BW(Zins;Zzr;Rmz;Zw;F)*.

ZINS — Der optimale **Zinssatz** einer Kapitalanlage wird mit der Funktion *ZINS* berechnet. Andere Bezeichnungen aus der Finanzmathematik sind: Zinssatz, Zinsfuß, i. Die Syntax lautet: *=ZINS(Zzr;Rmz;Bw;Zw;F)*.

ZZR — Um die **Laufzeit (den Zahlungszeitraum)** berechnen zu können, bietet Excel die finanzmathematische Funktion *ZZR* an. Andere Bezeichnungen aus der Finanzmathematik sind: Zeitraum, Laufzeit, Periode, Jahre, n. Die Syntax lautet: *=ZZR(Zins;Rmz;Bw;Zw;F)*.

RMZ — Die Höhe einer **regelmäßigen Zahlung** kann mit der Funktion *RMZ* berechnet werden. Andere Bezeichnungen aus der Finanzmathematik sind: regelmäßige Zahlungen, jährliche/monatliche Ansparbeträge, Rente, Rate. Die Syntax lautet: *=RMZ(Zins;Zzr;Bw;Zw;F)*.

F — Mit *F* wird die **Fälligkeit** einer regelmäßigen Zahlung ausgedrückt. 0 bedeutet nachschüssig (wird bei keiner Angabe automatisch ausgewählt), 1 bedeutet vorschüssig.

Wissen

Sparbuch_mit_Einlage.xlsx

Lebensvorsorge.xlsx

Die Ausgangsdateien zu allen Aufgaben finden Sie unter der ID: 2834.

W 8.4: Sparbuch mit zusätzlicher Einlage C
Sie legen auf ein Sparbuch heute EUR 12.000,00 ein. Das Sparbuch wird mit einem Zinssatz von 1,4 % p.a. fix verzinst. Das Geld soll auf 10 Jahre veranlagt werden. Nach drei Jahren haben Sie zusätzlich einen Betrag von EUR 7.000,00 zur Verfügung, den Sie ebenfalls auf das Sparbuch einzahlen und bis zum Laufzeitende liegen lassen. Die Verzinsung ist dieselbe. Welcher Betrag steht Ihnen nach diesen 10 Jahren zur Verfügung?

W 8.5: Lebensvorsorge D
Einer Ihrer Bekannten erzählt ganz stolz, dass seine private Lebensvorsorge kürzlich ausbezahlt wurde und er EUR 14.489,11 erhalten hat. Dafür musste er „nur" EUR 45,00 am Ende jeden Monats bezahlen.

Dieser Betrag klingt Ihrer Meinung nach nicht schlecht, und Sie informieren sich deshalb etwas genauer. Ihr Bekannter bekam für diese Anlageform einen Zinssatz von 0,35 % p.m. Unglücklicherweise kann er sich nicht mehr genau erinnern, wie lange er eingezahlt hat. Berechnen Sie den Zahlungszeitraum für diese Vorsorgeform! (Vernachlässigen Sie bei Ihren Berechnungen die KESt!)

**Autokauf_
Angebote.xlsx**

W 8.6: Autokauf Angebote C

Sie wollen ein neues Auto zum Preis von EUR 20.000,00 kaufen. Sie erhalten zwei Angebote:

Angebot 1: EUR 20.000,00 bar abzüglich 10 % Barzahlerbonus

Angebot 2: Ratenzahlung auf 5 Jahre immer am Jahresanfang, Verzinsung von 5 % p. a.

a) Welche Variante ist günstiger? Errechnen Sie die Ersparnis!

b) Ändert sich das Ergebnis, wenn die Raten immer am Ende eines Jahres bezahlt werden?

**Ein kurzer
Kompetenz-Check,
bevor's weitergeht!**

Kompetenz-Check

	☺	☺	☹
Ich kann einfache finanzmathematische Berechnungen mit den Funktionen **BW, ZW, Zins** und **ZZR** durchführen.			
Ich kann Rentenrechnungen mit der Funktion **RMZ** durchführen.			
Ich kann vor- und nachschüssige Verzinsungen mit Excel-Funktionen berechnen.			

8 Tabellenkalkulation professional

9 BETRIEBSWIRT- SCHAFTLICHE BEISPIELE
Kompetenzmodul 9

Worum geht's in diesem Kapitel?

Sie haben viele Funktionen in den Bereichen Tabellenkalkulation und Datenbanken kennengelernt. In diesem Kapitel finden Sie verschiedenste komplexe betriebswirtschaftliche Aufgaben, die Sie mithilfe von Microsoft Excel und Microsoft Access lösen können.

Für bestimmte betriebswirtschafliche Probleme gibt es sogenannte „BW Brush-up's", in denen vor den jeweiligen Beispielen kurz jene BW-Inhalte wiederholt werden, die für das Lösen der Beispiele notwendig sind.

Es werden sieben Themengebiete bearbeitet:

- Rechnungen
- Reisekostenabrechnung
- Marketing: Kundenauswertung
- Materialwirtschaft
- Kostenrechnung
- Finanzierung
- Investitionsrechnung

In diesem Kapitel erwerben Sie Kompetenzen zu folgender Bildungs- und Lehraufgabe:

- **Bereich Tabellenkalkulation – Betriebswirtschaftliche Beispiele**
  - ○ komplexe Berechnungsmodelle erstellen und damit betriebswirtschaftliche Aufgabenstellungen lösen

1 Rechnungen

Aufgabe 1.1: Kundenabrechnung – Film4you

Unternehmen

Film4you ist ein Online-Videostore und verleiht Blu-rays und DVDs, die nicht im Sortiment der großen Streaming-Anbieter sind. Es werden über 10.000 Spiele und Filme zum Verleih angeboten. Um das Angebot von Film4you nutzen zu können, melden sich die Kunden auf der Webseite des Unternehmens an und bekommen die von ihnen gewünschten Filme per Post zugeschickt. Diese können sie 30 Tage lang nutzen, danach müssen die geliehenen Artikel per Post an Film4you zurückgesandt werden.

Inhalte Wirtschaftsinformatik	Inhalte BW und Rechnungswesen
● Verwendung einfacher Formeln ● benutzerdefiniertes Zahlenformat ● verschachtelte Wenn-Funktion ● *SVerweis* ● *Verketten* bzw. *„&-Funktion"* ● *Anzahl, ZählenWenn, Mittelwert* ● Diagramme mit Sekundärachse	● Rechnung ● Umsatzsteuer ● Auswertungen

Problemstellung

Während der Sommermonate sank der Umsatz von Film4you, da bei schönem Wetter weniger Filme ausgeborgt werden. Um dem entgegenzuwirken, hat sich Frau Ivcic, die Geschäftsführerin von Film4you, entschieden, ab September nicht mehr wie bisher jedes verliehene Medium extra zu verrechnen, sondern unterschiedliche Pakete, je nach Nutzungsintensität, anzubieten. (Eine von Frau Ivcic erstellte Preisliste finden Sie in der Excel-Angabe.)

Sie sollen nun ein automatisiertes Formular erstellen, mit dem der zuständige Mitarbeiter durch Eingabe der Kundennummer sowie der Anzahl der Sendungen den individuellen Gesamtpreis pro Monat für jeden Kunden berechnen kann.

Außerdem möchte Frau Ivcic einen Überblick darüber bekommen, wie die verschiedenen Pakete bei ihren Kunden ankommen.

Ihre Aufgaben

Kundenabrechnung-Film4you.xlsx

❶ Erstellen Sie im Tabellenblatt *Abrechnung* ein automatisiertes Formular zur Berechnung des individuellen Gesamtpreises jedes Kunden entsprechend dem Screenshot unter Beachtung verschiedener Paketpreise:

	A	B	C	D
1		**Film4you - Kundenabrechnung**		
2			**Abrechnungsmonat**	Jänner
3				
4	1)	Kundennr.	102	
5		Kunde	Herr Franz Siedel	
6		gewähltes Paket	All inclusive Starter	
7		gebuchte Monate	8 Monate	
8		**Paketpreis** (abhängig vom gewählten Paket und der Buchungszeit)	€ 8,70	
9		**Versandkosten netto**	€ -	
10		**Gesamtpreis netto**	€ 8,70	
11		**+ Ust**	€ 1,74	
12		**Gesamtpreis brutto**	€ 10,44	

Beachten Sie Folgendes:

Nur die Kundennummer muss angegeben werden, alle anderen Felder sollen sich bei Eingabe der Kundennummer automatisch ändern.

a) Als Abrechnungsmonat soll automatisch der aktuelle Monat (ausgeschrieben) erscheinen.

b) Der Kunde soll immer mit Vor- und Nachnamen sowie der passenden Anrede angezeigt werden (z. B. Herr Franz Siedel). Alle relevanten Kundendaten finden Sie im Tabellenblatt *Kunden.*

c) Das gewählte Paket und die gebuchten Monate können auch aus den Kundendaten entnommen werden.

d) Der Paketpreis sowie die Versandkosten sollen entsprechend der Preisliste automatisch berechnet werden.

e) Es sollen jeweils der gesamte Nettopreis, die Umsatzsteuer sowie der Bruttopreis berechnet werden.

f) Formatieren Sie alle Werte entsprechend ihrer Einheiten!

Achtung!
Es existieren drei Preise abhängig von den gebuchten Monaten.

2 Berechnen Sie im Tabellenblatt *Auswertungen,* wie viele Kunden welches Paket gewählt haben und wie viele Monate die Kunden durchschnittlich die jeweiligen Pakete gebucht haben.

3 Für die Analyse und den Vergleich der Kundendaten möchte Frau Ivcic die Auswertungen aus Aufgabe 2 nach Paketen grafisch dargestellt haben. Erstellen Sie ein Diagramm im Tabellenblatt „Auswertungen" und formatieren Sie es entsprechend dem Screenshot!

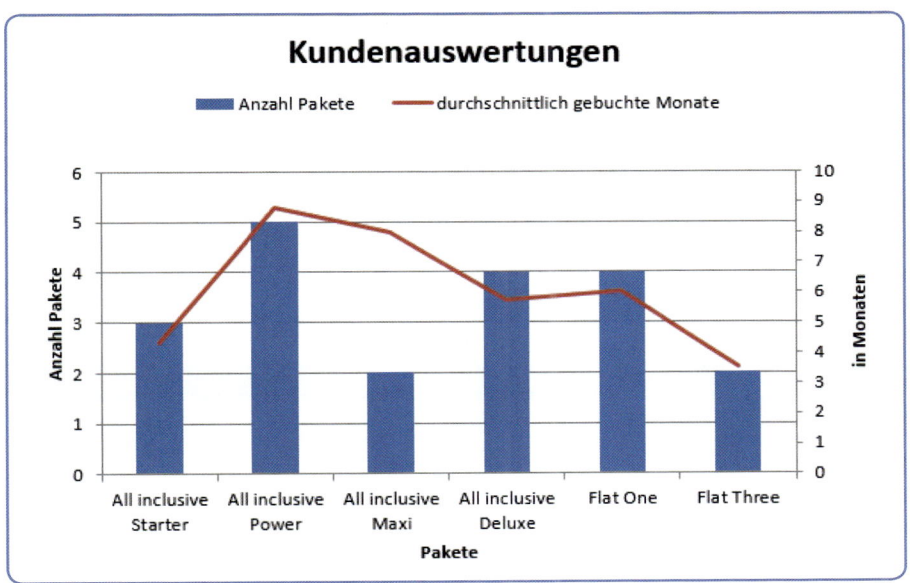

4 Interpretieren Sie die Kundenauswertungen aus Aufgabe 2 und 3! Welche Schlüsse kann bzw. soll Frau Ivcic daraus ziehen?

_____

_____

_____

_____

_____

Aufgabe 1.2: Lieferantenskonto – Ford Königer

Inhalte Wirtschaftsinformatik	Inhalte BW und Rechnungswesen
● Zielwertsuche	● Skonto ● effektive Jahresverzinsung beim Skonto

Problemstellung

Die Ford Königer GmbH hat beim Generalimporteur Ford Motor Company für einen Einkauf über EUR 100.000,00 exkl. 20 % USt folgende Zahlungsbedingung:
2 % innerhalb von 14 Tagen, 60 Tage netto Kassa

Lieferantenskonto-Königer_Kino.xlsx

Ihre Aufgaben

1 Begründen Sie, weshalb es für einen Lieferanten von Vorteil ist, einen Skonto zu gewähren!

_____

_____

_____

Hinweis:
Formel für die Skonto-effektivverzinsung:
Skontosatz x 365 / (Zahlungsziel – Kassafrist)

2 Für die Inanspruchnahme des Skontos müsste ein Kredit aufgenommen werden. Nach Rücksprache mit der Hausbank ergibt sich dafür ein effektiver Jahreszinssatz von 12 %.

Ist es vorteilhafter, den Kredit für den Abzug des Skontos aufzunehmen oder den Lieferantenkredit in Anspruch zu nehmen? Begründen Sie Ihre Antwort. Die Berechnung soll in Excel durchgeführt werden.

_____

_____

_____

3 Wie hoch müsste der Skontosatz sein, damit es für den Käufer keinen Unterschied macht, ob er einen Kredit aufnimmt oder nicht? Die Berechnung soll in Excel durchgeführt werden.

Aufgabe 1.3: Lieferantenskonto – Kino Filmeplexx

Inhalte Wirtschaftsinformatik	Inhalte BW und Rechnungswesen
● Rechnen mit Datum	● Skonto ● effektive Jahresverzinsung beim Skonto

Problemstellung

Das Kino Filmeplexx hat neue Sitzgarnituren im Wert von EUR 450.000,00 exkl. 20 % USt eingekauft. Das Rechnungsdatum ist der 1. Oktober. Die Zahlungsbedingungen lauten: 3 % Skonto bei Zahlung bis 15. Oktober, zahlbar bis 30. Dezember.

Ihre Aufgabe

Lieferantenskonto-Königer_Kino.xlsx

Für die Inanspruchnahme des Skontos müsste ein Kredit mit einem effektiven Jahreszinssatz (Annahme: 365 Tage) von 11 % aufgenommen werden. Soll das Kino den Skonto in Anspruch nehmen und den Kredit aufnehmen?

Begründen Sie Ihre Antwort anhand der Berechnung des effektiven Jahreszinssatzes des Skontos. Die Berechnung soll in Excel durchgeführt werden.

Aufgabe 1.4: Mahnplan – Mahnstufen bestimmen

Inhalte Wirtschaftsinformatik	Inhalte BW und Rechnungswesen
● Rechnen mit Datumsformaten ● *Wenn*-Funktion ● *SVerweis* ● absolute und relative Bezüge ● bedingte Formatierung	● Mahnplan

BW Brush-up Mahnplan

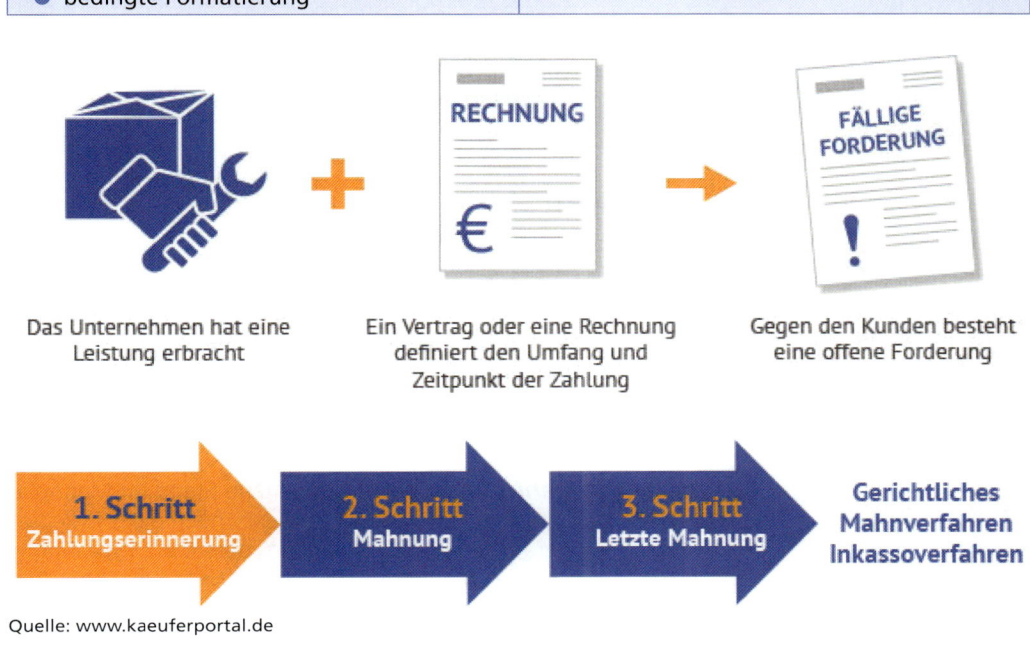

Das Unternehmen hat eine Leistung erbracht

Ein Vertrag oder eine Rechnung definiert den Umfang und Zeitpunkt der Zahlung

Gegen den Kunden besteht eine offene Forderung

1. Schritt Zahlungserinnerung → **2. Schritt** Mahnung → **3. Schritt** Letzte Mahnung → **Gerichtliches Mahnverfahren Inkassoverfahren**

Quelle: www.kaeuferportal.de

Problemstellung

Sie arbeiten in einem Unternehmen, in dem die Kunden ihren Zahlungsverpflichtungen des Öfteren nicht pünktlich nachkommen. Ihr Mahnplan gibt Ihnen vor, nach 2 Mahnungen den Rechtsanwalt einzuschalten. Sie wollen automatisch feststellen können, in welcher Mahnstufe sich die jeweilige offene Rechnung befindet.

Ihre Aufgaben

1 Errechnen Sie die Fälligkeit, wenn Sie mit den Kunden ein Zahlungsziel von 10 Tagen vereinbart haben.

2 Ermitteln Sie, seit wie vielen Tagen die Rechnung bereits fällig ist. Als Bezugsgröße ist das heutige Datum zu verwenden.

3 Bestimmen Sie die Mahnstufe der Debitoren mit zwei verschiedenen Excel-Funktionen *(Wenn-Funktion* bzw. *SVerweis).*

4 Muss ein Rechtsanwalt eingeschaltet werden, sollen die entsprechenden Felder in roter Farbe angezeigt werden.

Mahnplan-Mahnstufen_bestimmen.xlsx

	Kunden-Nr	Kunde	Offener Posten	Rechnungsdatum	Fälligkeit	Fällig seit	Mahnstufe Wenn-Funktion	Mahnstufe Sverweis-Funktion
5	12	Mayer	€ 16.840,30	18.02.2016	28.02.2016	50 Tagen	2. Mahnung	2. Mahnung
6	140	Pircher	€ 10.455,00	19.03.2016	29.03.2016	20 Tagen	1. Mahnung	1. Mahnung
7	790	Grünschnabel	€ 8.799,90	29.03.2016	08.04.2016	10 Tagen	keine Mahnung	keine Mahnung
8	904	Schiller	€ 5.320,00	09.01.2016	19.01.2016	90 Tagen	Rechtsanwalt	Rechtsanwalt
9	451	Huber	€ 4.115,00	20.12.2015	30.12.2015	110 Tagen	Rechtsanwalt	Rechtsanwalt
10	785	Scherer	€ 3.250,00	07.04.2016	17.04.2016	1 Tagen	keine Mahnung	keine Mahnung
11	739	Milanovic	€ 4.569,00	18.02.2016	28.02.2016	50 Tagen	2. Mahnung	2. Mahnung
12	359	Hiebinger	€ 2.789,00	29.03.2016	08.04.2016	10 Tagen	keine Mahnung	keine Mahnung
13	358	Berlakovic	€ 4.639,00	09.01.2016	19.01.2016	90 Tagen	Rechtsanwalt	Rechtsanwalt

Aufgabe 1.5: Mahnplan – mySegstreet

Inhalte Wirtschaftsinformatik	Inhalte BW und Rechnungswesen
● Rechnen mit Datumsformaten ● *Wenn*-Funktion ● *SVerweis* ● absolute und relative Bezüge ● bedingte Formatierung	● Mahnplan

Problemstellung

Sie sind Mitarbeiter/in des Unternehmens mySegstreet. Um nicht bei jeder Rechnung kontrollieren zu müssen, welche Mahnstufe bereits eingetreten ist, soll diese Information automatisch in einem Excel-Dokument dargestellt werden.

Ihre Aufgaben

Mahnplan-Segstreet.xlsx

1 Das „Zahlungsziel" soll mittels einer Funktion ermittelt werden. Die Kunden sind abhängig von ihrem Zahlungsverhalten in drei Kategorien eingeteilt. Kunden der Kategorie 1 begleichen ihre Rechnungen regelmäßig und so besteht nur ein geringes Risiko. Ihnen wird daher ein Zahlungsziel von 40 Tagen gewährt. Befindet sich der Kunde jedoch in Kategorie 2, so wird das Zahlungsziel auf 20 Tage verkürzt. Neukunden erhalten ein Zahlungsziel von lediglich 5 Tagen (Kategorie 3).

2 Berechnen Sie das „Fälligkeitsdatum" der Zahlung.

3 In der Spalte *Mahnstufe* soll der momentane Stand im Mahnplan ausgegeben werden. Ist die Zahlung noch nicht fällig, so soll der Text „noch nicht fällig" ausgewiesen werden. Nach 14 Tagen soll darauf hingewiesen werden, dass die „1. Mahnung" verschickt werden soll, nach 28 Tagen die „2. Mahnung". 42 Tage nach Fälligkeit der Rechnung wird ein Rechtsanwalt beauftragt.

4 Muss ein Rechtsanwalt eingeschaltet werden, sollen die entsprechenden Felder in roter Farbe angezeigt werden.

5 Formatieren Sie Ihre Tabelle wie im Screenshot abgebildet.

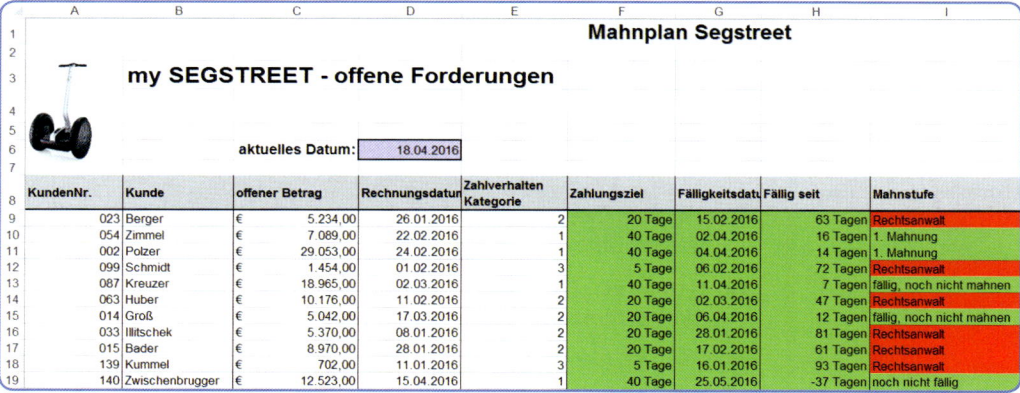

Expertenfrage

6 Warum beginnt die Tabelle für die Mahnstufen mit dem Eintrag „-40"?

2 Reisekostenabrechnung

**BW Brush-up
Kilometergeld**

Amtliches Kilometergeld

Mit dem (amtlichen) Kilometergeld sollen Fahrzeugkosten, die durch Fahrten mit einem Privatfahrzeug im Zuge einer Dienstreise anfallen, pauschal abgegolten werden.

Auflistung der Kilometergelder:

Kraftfahrzeugtyp	Kilometergeld in Euro
Pkw	0,42
Motorfahrräder und Motorräder	0,24
Mitfahrerinnen/Mitfahrer	0,05
Fahrrad bzw. zu Fuß (ab mehr als 2 km)	0,38

**BW Brush-up
Reisekosten**

Reisekosten (Diäten) bei Dienstreisen im Inland

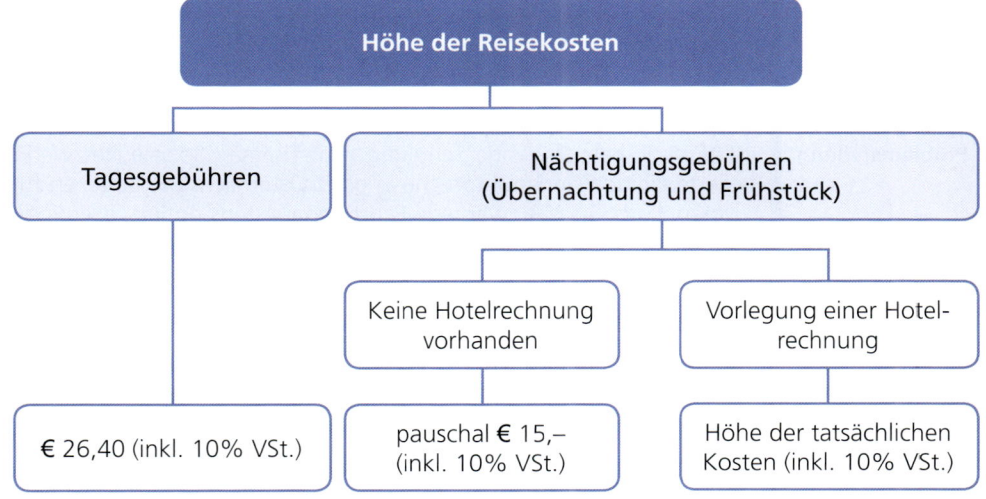

Reisekosten (Diäten) bei Dienstreisen ins Ausland

Hinweis:
Die Tages- und Nächtigungssätze sind für jedes Land unterschiedlich.

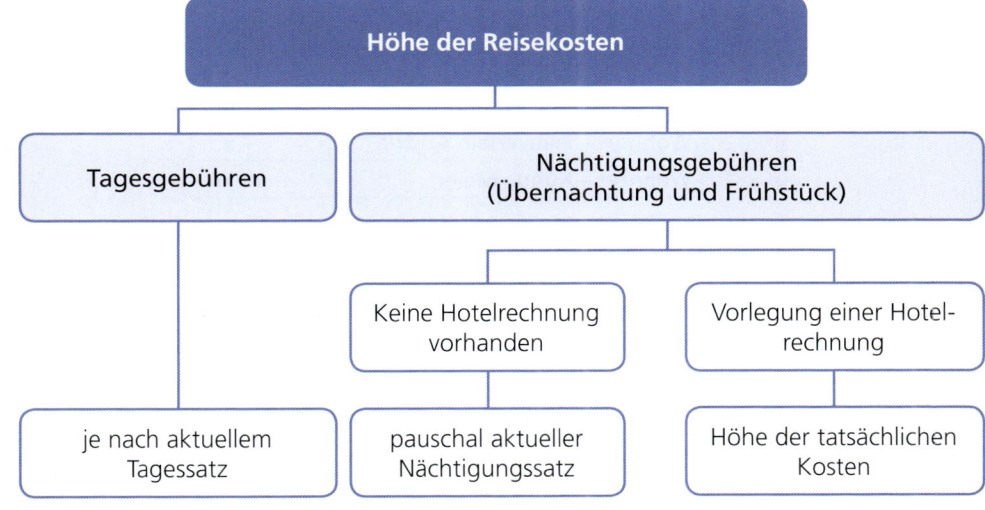

BW Brush-up
Reisekosten
verbuchen

Verbuchung von Reisekosten

● (7) Tagesgelder Inland (Ausland)
  (7) Nächtigungsgelder Inland (Ausland)
  (2) Vorsteuer (Inland)

(3) Verrechnungskonto Lohn/Gehälter

Aufgabe 2.1: Kilometergeldabrechnung – Film4you

Unternehmen

Film4you ist ein Online-Videostore und verleiht Blu-rays und DVDs, die nicht im Sortiment der großen Streaming-Anbieter sind. Es werden über 10.000 Spiele und Filme zum Verleih angeboten. Um das Angebot von Film4you nutzen zu können, melden sich die Kunden auf der Webseite des Unternehmens an und bekommen die von ihnen gewünschten Filme per Post zugeschickt. Diese können sie 30 Tage lang nutzen, danach müssen die geliehenen Artikel per Post an Film4you zurückgesandt werden.

Inhalte Wirtschaftsinformatik	Inhalte BW und Rechnungswesen
● Verwendung einfacher Formeln ● **Wenn**-Funktion ● **SVerweis**	● Kilometergeldberechnung

Problemstellung

Frau Ivcic besuchte eine Schulung zum Thema „Soziale Netzwerke" in St. Pölten und absolvierte einige Kundengespräche in ganz Österreich. Die Strecken fuhr sie jeweils mit ihrem privaten Auto. Sie hat zwar jede Fahrt genauestens notiert, allerdings weiß sie nicht, wie viel Kilometergeld sie abrechnen darf und bittet Sie nun, ihre begonnene Tabelle zu vervollständigen.

Ihre Aufgaben

Kilometergeldabrechnung-
Film4you.xlsx

❶ Vervollständigen Sie die Pkw-Kilometergeldabrechnung für Frau Ivcic für den Monat September. Wie viele Kilometer war Frau Ivcic im September beruflich unterwegs und wie viel Kilometergeld steht ihr dafür zu? Arbeiten Sie grundsätzlich mit Bezügen!

❷ Gewisse Strecken innerhalb Wiens legt Frau Ivcic mit dem Fahrrad zurück. Sie hat sich für diese Strecken bereits die Entfernung in Kilometern notiert:

Strecke	Enfernung
Wohnort – Film4you	5 km
Film4you – Kunde Gruber	1,5 km
Kunde Gruber – Wohnort	6 km
Film4you – Kunde Sloner	10 km
Kunde Sloner – Wohnort	2 km
Wohnort – Filmverleih Austria	7 km
Wohnort – Kunde Meier	12 km

Da Frau Ivcic diese Strecken immer wieder mit dem Fahrrad zurücklegt, möchte sie die Distanzen gleich in die Tabelle **Strecke & Entfernung** eintragen.

	2)	Kilometergeldberechnung Fahrrad						
26								
27								
28		Datum	Strecke	km	km-Geld		Kilometergeld Fahrrad	
29		04.09	Wohnort-Film4you	5,00 km	€ 1,90		Fahrrad ab mehr als 2 km	pro km	€ 0,38
30		04.09	Film4you-Kunde Gruber	1,50 km	€ -			
31		04.09	Kunde Gruber-Wohnort	6,00 km	€ 2,28		Strecke & Entfernung	
32		05.09	Wohnort-Film4you	5,00 km	€ 1,90		Strecke	Km
33		05.09	Film4you-Wohnort	5,00 km	€ 1,90		Wohnort-Film4you	5,0 km
34		08.09	Wohnort-Film4you	5,00 km	€ 1,90		Film4you-Wohnort	5,0 km
35		08.09	Film4you-Wohnort	5,00 km	€ 1,90		Film4you-Kunde Gruber	1,5 km
36		09.09	Wohnort-Film4you	5,00 km	€ 1,90		Kunde Gruber-Film4you	1,5 km
37		09.09	Film4you-Wohnort	5,00 km	€ 1,90		Kunde Gruber-Wohnort	6,0 km
38		14.09	Wohnort-Film4you	5,00 km	€ 1,90		Wohnort-Kunde Gruber	6,0 km
39		14.09	Film4you-Wohnort	5,00 km	€ 1,90		Film4you-Kunde Sloner	10,0 km
40		15.09	Wohnort-Film4you	5,00 km	€ 1,90		Kunde Sloner-Film4you	10,0 km
41		15.09	Film4you-Kunde Sloner	10,00 km	€ 3,80		Kunde Sloner-Wohnort	2,0 km
42		15.09	Kunde Sloner-Wohnort	2,00 km	€ 0,76		Wohnort-Kunde Sloner	2,0 km
43		25.09	Wohnort-Filmverleih Austria	7,00 km	€ 2,66		Wohnort-Filmverleih Austria	7,0 km
44		25.09	Filmverleih Austria-Wohnort	7,00 km	€ 2,66		Filmverleih Austria-Wohnort	7,0 km
45		26.09	Wohnort-Kunde Meier	12,00 km	€ 4,56		Wohnort-Kunde Meier	12,0 km
46		26.09	Kunde Meier-Wohnort	12,00 km	€ 4,56		Kunde Meier-Wohnort	12,0 km
47		27.09	Wohnort-Film4you	5,00 km	€ 1,90			
48		27.09	Film4you-Wohnort	5,00 km	€ 1,90			
49		28.09	Wohnort-Film4you	5,00 km	€ 1,90			
50		28.09	Film4you-Wohnort	5,00 km	€ 1,90			

❸ Berechnen Sie das jeweilige Fahrrad-Kilometergeld für Frau Ivcic für den Monat September. Verwenden Sie dazu die Daten aus der Tabelle *Strecke & Entfernung.*

Aufgabe 2.2: Kilometergeldabrechnung – Sonnenschein

Unternehmen

Das Unternehmen „Sonnenschein" wurde 1990 von Markus Glanzer gegründet und verarbeitet Kräuter-Spezialitäten regionaler Bio-Bauern zu hochwertigen Bio-Teeprodukten. Neben 400 verschiedenen Bio-Tees werden auch Kräuter- und Gewürzmischungen produziert.

Inhalte Wirtschaftsinformatik	Inhalte BW und Rechnungswesen
● Internetrecherche/Webabfrage ● Verwenden einfacher Formeln ● *SVerweis* ● *Wenn*-Funktion ● *SummeWenn* ● Rechnen mit Datum ● Filtern	● Reisekostenabrechnung In- und Ausland inkl. Verbuchung

Problemstellung

Sonnenschein möchte in den nächsten Jahren einen stärkeren Expansionskurs verfolgen und mithilfe von Vertriebspartnern im jeweiligen Land auch im Ausland Fuß fassen. Dazu hat die Vertriebsleiterin, Frau Gaberl, im Juni einige Dienstreisen ins Ausland, u.a. nach Albanien oder Schweden, unternommen, um mit potenziellen Partnern Kontakt aufzunehmen. Da Dienstreisen ins Ausland bei Sonnenschein bis dahin nicht notwendig waren, bittet die Personalabteilung Sie um Hilfe bei der Reisekostenabrechnung von Frau Gaberl.

Ihre Aufgaben

Kilometergeldabrechnung-Sonnenschein.xlsx

❶ Recherchieren Sie im Internet die aktuell in Österreich geltenden Tag- und Nächtigungsgelder bei Auslandsdienstreisen in Europa und vergleichen Sie diese mit den Daten in der Angabedatei im Registerblatt *Reisekostensätze.* Aktualisieren Sie diese falls notwendig. Geben Sie Ihre Internetquelle an:

_____

_____

② Frau Gaberl hat Ihnen die folgenden Daten für ihre Reisekostenabrechnung geschickt:

Beginn	Dauer (in Tagen)	Reiseziel	Hotelrechnung
6. Juni	3	Albanien	180,00
12. Juni	4	Türkei	
18. Juni	2	Schweden	200,00
21. Juni	2	Schweiz	300,00
26. Juni	3	Polen	
29. Juni	1	Ungarn	

Vervollständigen Sie das Formular und berechnen Sie die gesamten Reisekosten von Frau Gaberl für Juni. Beachten Sie die gesetzlichen Bestimmungen bez. Tages- und Nächtigungsgebühren! Formatieren Sie alle Beträge entsprechend ihrer Einheiten (Tage, € etc.).

	Beginn	Dauer	Ende	Reiseziel	Hotelrechnung	Tagesgebühren	Nächtigungsgebühren	Reisekosten gesamt
				Sonnenschein - Reisekostenabrechnung				
	2) Reisekostenabrechnung Juni: Fr. Gaberl							
	Beginn	Dauer	Ende	Reiseziel	Hotelrechnung	Tagesgebühren	Nächtigungsgebühren	Reisekosten gesamt
	06.06.	3 Tage	08.06.	Albanien	€ 180,00	€ 83,70	€ 180,00	€ 263,70
	12.06.	4 Tage	15.06.	Türkei	€ -	€ 124,00	€ 109,20	€ 233,20
	18.06.	2 Tage	19.06.	Schweden	€ 135,00	€ 85,80	€ 135,00	€ 220,80
	21.06.	2 Tage	22.06.	Schweiz	€ 165,00	€ 73,60	€ 165,00	€ 238,60
	26.06.	3 Tage	28.06.	Polen	€ -	€ 98,10	€ 50,20	€ 148,30
	29.06.	1 Tage	29.06.	Ungarn	€ -	€ 26,60	€ -	€ 26,60
							Summe Reisekosten Juni	€ 1.131,20

③ Beantworten Sie folgende Fragen:

a) Wie viel Prozent Vorsteuer enthalten die berechneten Tages- und Nächtigungsgelder?

_____

_____

b) Wie hat die Personalabteilung nun mit den Reisekosten von Fr. Gaberl umzugehen? Geben Sie auch den entsprechenden Buchungssatz an.

_____

_____

_____

④ In welchen europäischen Ländern sind die Tagesgebühren am höchsten bzw. am niedrigsten? Verwenden Sie entsprechende Instrumente zur Recherche der Daten und listen Sie jeweils die vier Länder mit den höchsten bzw. niedrigsten Tagesgebühren in den entsprechenden Tabellen auf. Interpretieren Sie das Ergebnis!

_____

_____

_____

⑤ Welche Regelungen treffen im Vergleich zu Auslandsreisen für Dienstreisen im Inland zu (Höhe der Tages- und Nächtigungsgebühren, Steuersätze etc.)?

_____

_____

_____

3 Marketing: Kundenauswertung

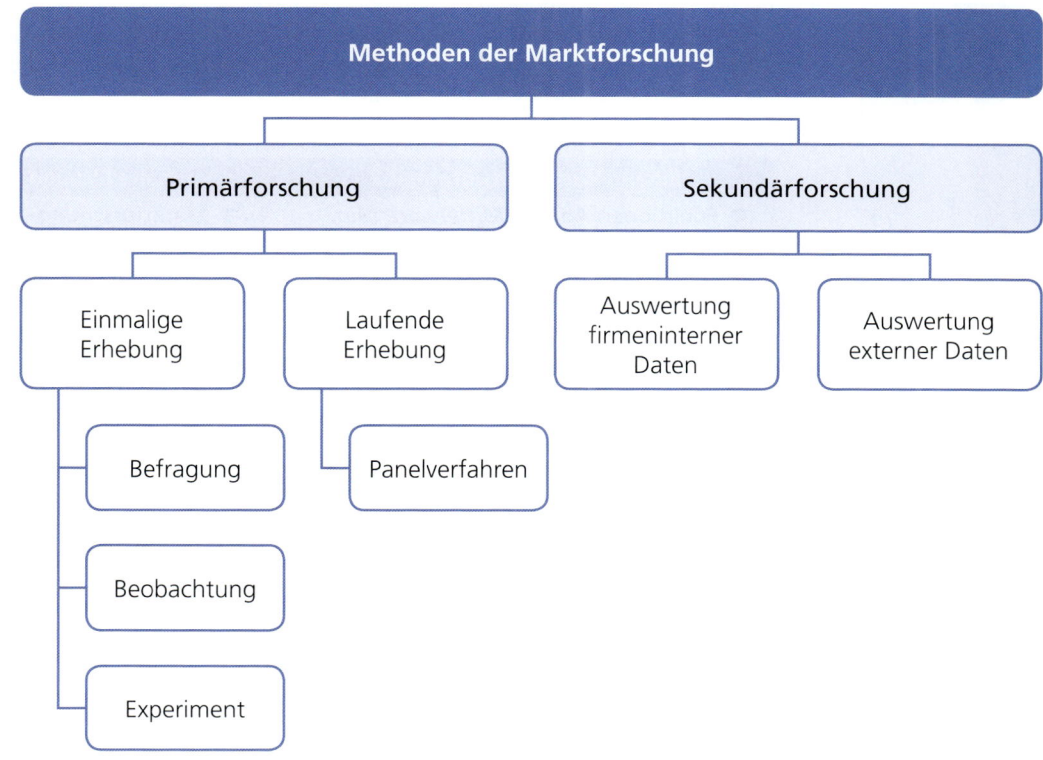

Auswertung von großen personenbezogenen Datenmengen

- Die Auswertung großer Datenmengen erfolgt meistens mithilfe der EDV (z.B. SPSS oder Excel).
- Die Daten müssen für jede Person eindeutig codiert werden – jeder Antwort wird mit einer Abkürzung oder Zahl ein eindeutiger Code gegeben, damit besser damit gerechnet werden kann.
- EDV-Auswertungen machen Kreuzauswertungen (die Verknüpfung von Fragen) möglich.
- Die Ergebnisse können verzerrt sein
  - ○ durch Zufallsfehler der Stichprobe,
  - ○ durch „Nichtantworter" bei postalischen und elektronischen Befragungen,
  - ○ durch verzerrtes Anwortverhalten (sozial erwünschte Antworten).

Aufgabe 3.1: Zielgruppenanalyse – Film4you

Unternehmen

Film4you ist ein Online-Videostore und verleiht Blu-rays und DVDs, die nicht im Sortiment der großen Streaming-Anbieter sind. Es werden über 10.000 Spiele und Filme zum Verleih angeboten. Um das Angebot von Film4you nutzen zu können, melden sich die Kunden auf der Webseite des Unternehmens an und bekommen die von ihnen gewünschten Filme per Post zugeschickt. Diese können sie 30 Tage lang nutzen, danach müssen die geliehenen Artikel per Post an Film4you zurückgesandt werden.

Inhalte Wirtschaftsinformatik	Inhalte BW und Rechnungswesen
● Funktionen *Anzahl, Mittelwert, Min, Max* ● *ZählenWenn* ● *MittelwertWenn*	● Marktforschung – Umfrage ● Target-Group ● Auswertung und Interpretation von Daten

Problemstellung

Frau Ivcic möchte Anfang Oktober eine neue großangelegte Werbekampagne starten, um den Bekanntheitsgrad des Unternehmens zu steigern. Eine Marktforschungsstudie hat gezeigt, dass Film4you in Österreich noch sehr unbekannt ist. Um mit der Werbekampagne die richtige Zielgruppe anzusprechen, muss Frau Ivcic allerdings zuerst wissen, wer ihre Kunden sind. Außerdem möchte Frau Ivcic ihren bestehenden Kunden auf ihr Nutzungsverhalten maßgeschneiderte Angebote schicken. Daher wird seit einem Jahr jeder Kunde, der sich neu auf der Webseite anmeldet, gebeten, einige statistische Daten anzugeben. Nun sollen diese Daten für die Werbekampagne ausgewertet werden.

Ihre Aufgaben

Zielgruppenanalyse-Film4you.xlsx

① Machen Sie sich mit der Datenliste (Registerblatt *Daten & Codierung*) vertraut und bearbeiten Sie dazu folgende Aufgaben:

a) Welche Daten hat Frau Ivcic mit dem Fragebogen erhoben?

_____

_____

_____

b) Woher könnte Frau Ivcic die übrigen Daten haben?

_____

_____

_____

c) Welches Bildungsniveau hat Kunde Nr. 11 und wie hoch ist sein Haushaltseinkommen in Euro?

_____

_____

_____

d) Zwei Kunden wurden noch nicht in die Datenliste aufgenommen, sollen aber bei den Auswertungen berücksichtigt werden. Die ausgefüllten Fragebögen sind unten angeführt. Aus der Datenbank entnehmen Sie folgende Benutzerdaten:

KundenNr.	Nutzungshäufigkeit	ausgeborgte Filme pro Monat
99	5x pro Jahr	0
100	4x pro Woche	16

Film4you – Daten für die Statistik

Lieber Kunde / liebe Kundin!

Unser größtes Anliegen ist es, Ihnen als Kunden, Ihre Wünsche von den Augen abzulesen. Deswegen wollen wir Ihre Meinung hören, um unser Service in Zukunft noch mehr nach Ihren Wünschen gestalten zu können!

Bitte helfen Sie mit und schenken Sie uns 5 min Ihrer Zeit. Ihre Daten werden vertraulich und anonym und nur für den Zweck dieser Studie verwendet!

Für die Statistik brauchen wir bitte folgende Daten:

Kunden Nr: 99

Alter: _19_____   Geschlecht: ☐ weiblich
                                          ☒ männlich

Bundesland: ☒ Wien   ☐ Niederösterreich   ☐ Burgenland
             ☐ Steiermark   ☐ Oberösterreich   ☐ Salzburg
             ☐ Kärnten   ☐ Tirol   ☐ Vorarlberg

Höchste abgeschlossene Bildung: ☐ Pflichtschule
                                 ☐ Lehre
                                 ☒ Allgemeinbildende höhere Schule
                                 ☐ Berufsbildende mittlere Schule (zwei- oder dreijährig)
                                 ☐ Berufsbildende höhere Schule (HAK, HLW, HLT, HTL etc.)
                                 ☐ Hochschulstudium
                                 ☐ Sonstiges:_____

Wie viele Personen leben in Ihrem Haushalt? _____3_____ davon Kinder:_____0_____

Durchschnittliches Haushaltseinkommen:
☐ <500 €   ☐ 500-1.000 €   ☐ 1.000-2.000 €   ☐ 2.000-3.000 €   ☐ 3.000-5.000 €   ☒ > 5.000 €

Vielen Dank für Ihre Kooperation! ☺

Film4you – Daten für die Statistik

Lieber Kunde / liebe Kundin!

Unser größtes Anliegen ist es, Ihnen als Kunden, Ihre Wünsche von den Augen abzulesen. Deswegen wollen wir Ihre Meinung hören, um unser Service in Zukunft noch mehr nach Ihren Wünschen gestalten zu können!

Bitte helfen Sie mit und schenken Sie uns 5 min Ihrer Zeit. Ihre Daten werden vertraulich und anonym und nur für den Zweck dieser Studie verwendet!

Für die Statistik brauchen wir bitte folgende Daten:

Kunden Nr: 100

Alter: _27_____   Geschlecht: ☒ weiblich
                                          ☐ männlich

Bundesland: ☒ Wien   ☐ Niederösterreich   ☐ Burgenland
             ☐ Steiermark   ☐ Oberösterreich   ☐ Salzburg
             ☐ Kärnten   ☐ Tirol   ☐ Vorarlberg

Höchste abgeschlossene Bildung: ☐ Pflichtschule
                                 ☐ Lehre
                                 ☐ Allgemeinbildende höhere Schule
                                 ☒ Berufsbildende mittlere Schule (zwei- oder dreijährig)
                                 ☐ Berufsbildende höhere Schule (HAK, HLW, HLT, HTL etc.)
                                 ☐ Hochschulstudium
                                 ☐ Sonstiges:_____

Wie viele Personen leben in Ihrem Haushalt? _____1_____ davon Kinder:_____0_____

Durchschnittliches Haushaltseinkommen:
☐ <500 €   ☒ 500-1.000 €   ☐ 1.000-2.000 €   ☐ 2.000-3.000 €   ☐ 3.000-5.000 €   ☐ > 5.000 €

Vielen Dank für Ihre Kooperation! ☺

---

e) Frau Ivcic sind bei der Erstellung des Fragebogens einige Fehler unterlaufen. Wie könnte der Fragebogen verbessert werden?

_____

_____

_____

_____

② Für eine optimal gestaltete Werbekampagne benötigt Frau Ivcic eine Zielgruppenbeschreibung.

a) Berechnen Sie die gewünschten Daten (siehe Screenshot) und formatieren Sie alle Beträge entsprechend ihrer Einheit!

Zielgruppenbeschreibung	Gesamt	Männer	Frauen
Anzahl Kunden	100	58	42
Durchschnittsalter	33,19 Jahre	29,79 Jahre	37,88 Jahre
Durchschnittliche Personen im Haushalt	2,70	2,62	2,81
Anzahl der Kunden über 60 Jahre	7		
Anzahl der Wiener Kunden	49		
Anzahl der niederösterreichischen Kunden	15		
Anzahl der Vorarlberger Kunden	3		
Anzahl Kunden mit Pflichtschulabschluss	25		
Anzahl Kunden mit Hochschulabschluss	8		
Ältester Kunde / Älteste Kundin	70,00 Jahre		
Jüngste Kundin / Jüngster Kunde	18,00 Jahre		
Anzahl Kunden mit weniger als 500 € Einkommen	13		
Anzahl Kunden mit mehr als 5.000 € Einkommen	14		

b) Beschreiben Sie, soweit mit den berechneten Daten möglich, die Zielgruppe von Film4you.

_____

_____

③ Weiters braucht Frau Ivcic noch Daten zur Nutzung der Benutzerkonten.

a) Berechnen Sie die gewünschten Daten (siehe Screenshot) und formatieren Sie alle Beträge entsprechend ihrer Einheit!

Benutzerdatenanalyse	Gesamt	Männer	Frauen
Durchschnittlich ausgeliehene Filme / Monat	5,27	5,03	5,60
Durchschnittlich ausgeliehene Filme / Monat bei regelmäßiger Nutzung	8,94		
Anzahl Kunden Nutzung: regelmäßig	16		
Anzahl Kunden Nutzung: sehr oft	14		
Anzahl Kunden Nutzung: oft	21		
Anzahl Kunden Nutzung: manchmal	23		
Anzahl Kunden Nutzung: selten	23		
Anzahl Kunden Nutzung: nie	3		
Anzahl Kunden mit mehr als 10 geliehenen Filmen / Monat	11		
Meiste ausgeliehene Filme / Monat	16		

b) Beschreiben Sie, soweit mit den berechneten Daten möglich, die Benutzerdaten der Kunden von Film4you.

_____

_____

_____

_____

Aufgabe 3.2: Kundendatenumfrage – Film4you

Unternehmen

Film4you ist ein Online-Videostore und verleiht Blu-rays und DVDs, die nicht im Sortiment der großen Streaming-Anbieter sind. Es werden über 10.000 Spiele und Filme zum Verleih angeboten. Um das Angebot von Film4you nutzen zu können, melden sich die Kunden auf der Webseite des Unternehmens an und bekommen die von ihnen gewünschten Filme per Post zugeschickt. Diese können sie 30 Tage lang nutzen, danach müssen die geliehenen Artikel per Post an Film4you zurückgesandt werden.

Inhalte Wirtschaftsinformatik	Inhalte BW und Rechnungswesen
● Filtern ● Sortieren ● bedingte Formatierung	● Marktforschung – Umfrage ● Target-Group ● Auswertung und Interpretation von Daten

Problemstellung

Frau Ivcic möchte Anfang Oktober eine neue großangelegte Werbekampagne starten, um den Bekanntheitsgrad des Unternehmens zu steigern. Eine Marktforschungsstudie hat gezeigt, dass Film4you in Österreich noch sehr unbekannt ist. Um mit der Werbekampagne die richtige Zielgruppe anzusprechen, muss Frau Ivcic allerdings zuerst wissen, wer ihre Kunden sind. Außerdem möchte Frau Ivcic ihren bestehenden Kunden auf ihr Nutzungsverhalten maßgeschneiderte Angebote schicken. Daher wird seit einem Jahr jeder Kunde, der sich neu auf der Webseite anmeldet, gebeten, einige statistische Daten anzugeben. Nun sollen diese Daten für die Werbekampagne ausgewertet werden.

Ihre Aufgaben

Kundendatenumfrage-Film4you.xlsx

① Um einen besseren Überblick zu bekommen, ob die älteren Kunden eher weiblich oder männlich sind, möchte Frau Ivcic alle Datensätze zu Frauen rosa und alle zu Männern blau eingefärbt und die Liste nach dem Alter gereiht haben.

② Frau Ivcic möchte außerdem auf einen Blick, farblich gekennzeichnet von Grün nach Rot, die Nutzungshäufigkeit ihrer Kunden sehen. Verwenden Sie dafür das angegebene Farbschema. Dabei sollen die Kunden mit regelmäßiger Nutzung zu Beginn stehen und jene, die ihr Konto nie nutzen, am Schluss. Weiters sollen auch jene mit den meisten ausgeborgten Filmen in jeder Gruppe zu Beginn stehen.

Farbe	Nutzung
hellgrün	sehr oft
gelb	oft
orange	manchmal
hellrot	selten
dunkelrot	nie
dunkelgrün	regelmäßig

③ Frau Ivcic plant eine Plakatkampagne in Wien durchzuführen, welche vor allem die weiblichen Kunden ansprechen soll. Dazu braucht sie eine Liste aller Wiener Kundinnen, gereiht nach dem Alter.

④ Um jenen Kunden, die nur wenige Filme pro Monat bestellen, gezielt einen Aktionspreis anbieten zu können, braucht Frau Ivcic eine Liste von allen Kunden mit weniger als fünf ausgeborgten Filmen pro Monat – beginnend mit den Kunden, die vier Filme ausgeliehen haben.

⑤ Mit einer anderen Plakatserie möchte Frau Ivcic besonders ältere Menschen dazu animieren, Filme auszuborgen, und gleichzeitig auf die praktischen Seiten der Postzustellung hinweisen. Dazu braucht sie eine Liste aller Kunden ab 50 Jahren, sortiert nach Bundesland. Alle Kunden mit mehr als zehn ausgeborgten Filmen pro Monat sollen grün, die mit weniger als drei ausgeborgten Filmen rot markiert sein.

	A	B	C	D	E	F	G	H	I	J	K
1		Film4you - Kundenbefragung									
2											
3	5)					Statistische Daten				Benutzerdaten	
4		KundenN ▼	Alt ▾▼	Geschlec ▼	Bundesla ▾▼	Bildung ▼	Personen (H ▼	Kinder ▼	Einkomm ▼	Nutzung ▼	Filme / Mon ▼
10		11	60	m	K	BH	4	2	4	sehr oft	9
11		12	70	w	K	P	2	0	3	oft	6
15		96	52	m	N	BH	4	2	6	selten	3
16		68	54	m	N	L	3	1	4	selten	1
17		77	65	w	O	BM	5	3	4	regelmäßig	9
33		7	54	m	ST	P	4	1	3	manchmal	2
36		13	50	w	V	HS	3	2	4	regelmäßig	7
37		32	53	w	W	S	3	1	4	selten	2
44		42	53	w	W	HS	4	2	5	sehr oft	3
46		61	54	w	W	BM	2	0	5	selten	4
52		49	55	w	W	BM	3	0	5	sehr oft	7
53		29	56	w	W	A	2	0	5	sehr oft	16
65		33	63	w	W	P	4	2	4	oft	12
66		40	64	w	W	BM	2	0	4	manchmal	5
72		62	64	w	W	BH	2	0	4	selten	2
81		48	65	m	W	BH	6	3	6	selten	4
100		6	68	w	W	S	2	0	4	selten	4

Aufgabe 3.3: Auswertung und Interpretation von Kundendaten – Film4you

Unternehmen

Film4you ist ein Online-Videostore und verleiht Blu-rays und DVDs, die nicht im Sortiment der großen Streaming-Anbieter sind. Es werden über 10.000 Spiele und Filme zum Verleih angeboten. Um das Angebot von Film4you nutzen zu können, melden sich die Kunden auf der Webseite des Unternehmens an und bekommen die von ihnen gewünschten Filme per Post zugeschickt. Diese können sie 30 Tage lang nutzen, danach müssen die geliehenen Artikel per Post an Film4you zurückgesandt werden.

Inhalte Wirtschaftsinformatik	Inhalte BW und Rechnungswesen
● Pivot-Tabellen ● Diagramm mit Sekundärachse	● Auswertung und Interpretation von Daten

Problemstellung

Frau Ivcic möchte Anfang Oktober eine neue großangelegte Werbekampagne starten, um den Bekanntheitsgrad des Unternehmens zu steigern. Eine Marktforschungsstudie hat gezeigt, dass Film4you in Österreich noch sehr unbekannt ist. Um mit der Werbekampagne die richtige Zielgruppe anzusprechen, muss Frau Ivcic allerdings zuerst wissen, wer ihre Kunden sind. Außerdem möchte Frau Ivcic ihren bestehenden Kunden auf ihr Nutzungsverhalten maßgeschneiderte Angebote schicken. Daher wird seit einem Jahr jeder Kunde, der sich neu auf der Webseite anmeldet, gebeten, einige statistische Daten anzugeben. Nun sollen diese Daten für die Werbekampagne ausgewertet werden.

9 Betriebswirtschaftliche Beispiele

Auswertung_Kunden-daten-Film4you.xlsx

Ihre Aufgaben

1 Frau Ivcic denkt, dass die meisten ihrer Kunden aus dem Internet von Film4you erfahren haben. Bei wie vielen Kunden trifft das zu? Berechnen Sie effizient und erklären Sie Ihre Antwort!

_____

_____

2 Frau Ivcic vermutet, dass ihre weiblichen Kunden aus Wien durchschnittlich ein niedrigeres Einkommen haben als die männlichen Kunden aus Wien. Stimmt ihre Annahme?

_____

_____

3 Besonders interessant ist für Frau Ivcic auch, wie hoch das durchschnittliche Einkommen ihrer Kunden in den verschiedenen Bundesländern ist und wie viele Filme pro Monat von den Kunden aus den einzelnen Bundesländern durchschnittlich ausgeborgt werden. Berechnen Sie und bearbeiten Sie folgende Aufgaben:

a) Die Kunden aus welchem Bundesland haben das durchschnittlich höchste Einkommen?

_____

b) Die Kunden aus welchem Bundesland borgen durchschnittlich am wenigsten Filme pro Monat aus?

_____

c) Stellen Sie das durchschnittliche Einkommen der Kunden sowie die durchschnittlich ausgeborgten Filme nach Bundesland grafisch dar!

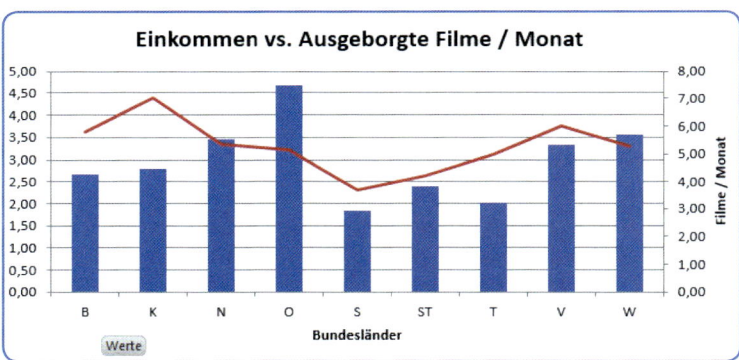

4 Berechnen Sie die Kundenanzahl sowie das Durchschnittsalter nach Bundesland und beantworten Sie die folgenden Fragen:

a) Aus welchem Bundesland kommen die meisten Kunden? Woran könnte das liegen?

_____

_____

_____

b) Welches Bundesland hat die durchschnittlich ältesten, welches die durchschnittlich jüngsten Kunden?

_____

_____

_____

5 Weiters interessiert Frau Ivcic das Geschlecht ihrer Kunden in Prozent in den verschiedenen Altersklassen.

a) Sie vermutet, dass die Kunden unter 40 Jahren überwiegend männlich sind. Stimmt Frau Ivcics Annahme? Begründen Sie Ihre Antwort! Teilen Sie die Kunden dazu in nachfolgende Altersklassen auf!

Alter	Geschlecht				Gesamt: Anzahl	Gesamt: in %
	Männlich		Weiblich			
	Anzahl	in %	Anzahl	in %		
⊞ unter 40 Jahre	48	64,86%	26	35,14%	74	100,00%
⊞ ab 40 Jahren	10	38,46%	16	61,54%	26	100,00%
Gesamtergebnis	58	58,00%	42	42,00%	100	100,00%

b) Welche Möglichkeiten sehen Sie, mehr weibliche Kunden unter 40 Jahren anzusprechen? Schlagen Sie Frau Ivcic drei Möglichkeiten vor!

6 Frau Ivcic möchte außerdem wissen, welches Bildungsniveau ihre Kunden haben und wie hoch das durchschnittliche Haushaltseinkommen der jeweiligen Bildungsniveaus ist.

a) Clustern Sie die Kunden nach dem Bildungsniveau (mit/ohne Matura und Sonstiges). Frau Ivcic vermutet, dass weniger als 20 % ihrer Kunden Matura haben, wobei der Prozentsatz der weiblichen Kunden mit Matura höher ist als jener der männlichen. Stimmt das? Begründen Sie Ihre Antwort!

Anzahl von Kunden Geschlecht			
Bildungsniveau	m	w	Gesamtergebnis
⊞ mit Matura	26,00%	13,00%	39,00%
⊞ ohne Matura	31,00%	27,00%	58,00%
⊞ sonstige	1,00%	2,00%	3,00%
Gesamtergebnis	58,00%	42,00%	100,00%

b) Wie könnten Kunden mit höherem Bildungsniveau (ab Matura) gezielt angesprochen werden? Geben Sie zwei Beispiele!

c) Frau Ivcic interessiert das durchschnittliche Einkommen ihrer Kunden im Vergleich zum Bildungsniveau (ohne/mit Matura bzw. Sonstiges). Stimmt es, dass Kunden ohne Matura durchschnittlich weniger verdienen als Kunden mit Matura? Wie viel verdienen diese beiden Gruppen jeweils in etwa?

❼ Frau Ivcic vermutet, dass ihre Kunden sehr oft nur im Onlineangebot stöbern, aber wenig ausborgen. Sie möchte wissen, wie oft die Kunden ihr Benutzerkonto nützen und wie viele Filme sie im Vergleich dazu durchschnittlich ausborgen. Stimmt Frau Ivcics Vermutung, dass die Kunden oft nur stöbern? Begründen Sie Ihre Antwort!

Nutzungshäufigkeit ⏷	Mittelwert von Filme / Monat
regelmäßig	8,94
sehr oft	7,14
oft	5,76
manchmal	3,74
selten	3,35
nie	0,00
Gesamtergebnis	**5,27**

Aufgabe 3.4: Datenbankauswertungen Datenmanagement des Hotels Wohlfühl-Oase

Unternehmen

Das Hotel Wohlfühl-Oase ist ein modernes, familiäres Wellnesshotel mit angrenzendem Restaurant, das von Frau Sommer betrieben wird. Die Wohlfühl-Oase bietet ihren Gästen insgesamt 50 Zimmer und beschäftigt derzeit 25 Mitarbeiterinnen und Mitarbeiter.

Inhalte Wirtschaftsinformatik	Inhalte BW und Rechnungswesen
Access: ● Datensätze eintragen ● einfache Auswahlabfragen ● Parameterabfragen ● Funktionen ● berechnete Felder ● Outer-Join-Abfragen ● Ettiketten ● Formulare **Word** ● Serienbriefe	● Kundenmanagement ● Personalanwerbung und -auswahl ● Schriftverkehr – Angebot / Werbebrief

Problemstellung

Das Hotel Wohlfühl-Oase verwaltet seine Kunden-, Mitarbeiter- sowie Buchungsdaten in einer eigenen Datenbank. **Heute ist der 7. Juli 2018** und Frau Sommer bittet Sie, noch einige Auswertungen durchzuführen, da sie für das große Sommerfest am 10. August 2018 ihre zu dieser Zeit anwesenden Gäste einladen möchte.

Wohlfühl-Oase.accdb

Ihre Aufgaben

1. Kundenmanagement

1 Eingabe Kunden

Hinweis:
Denken Sie daran, dass Sie auch die Tabellen *PLZ* bzw. *Buchungen* entsprechend erweitern!

● Zwei neue Kunden wurden in der Datenbank noch nicht erfasst. Tragen Sie die fehlenden Daten direkt in die jeweiligen Tabellen ein:

○ Marlene Conga (Engerthstraße 24, 3100 St. Pölten, Tel.-Nr.: 0676 364 23 32, Geburtsdatum: 10.8.1967) hat eine Anfrage für den nächsten Sommer geschrieben.

○ Roland Grazer (Dorfstraße 42, 1090 Wien, Tel.-Nr.: 0688 345 543 12, Geburtsdatum: 13.4.1981) hat heute (7.7.2018) erstmals für 4 Nächte (3.5. – 7.5. nächstes Jahr) das Zimmer Nr. 3 reserviert.

2 Stamm-kundenliste

● Frau Sommer benötigt für die alljährliche Stammkundenaktion eine aktuelle Liste aller Stammkunden, sortiert nach dem Nachnamen mit vollständigen Namen und Adressen. Speichern Sie die Abfrage unter „02 – Stammkundenliste".

3 Wiener Kunden

● Da ein großer Teil der Kunden aus Wien kommt, möchte Frau Sommer eine Liste mit ihren Wiener Kunden. Neben dem Namen interessiert Frau Sommer auch, ob diese Kunden zu ihren Stammkunden zählen. Speichern Sie die Abfrage unter „03 – Wiener Kunden".

4 Kunden alt

● Frau Sommer möchte allen Kunden Attraktionen bieten, welche ihren individuellen Bedürfnissen entsprechen. Sie möchte zum Beispiel einen Busausflug zum Mölltaler Gletscher mit einer leichten Wanderung für all jene anbieten, die noch gut zu Fuß sind. Sie hätte dafür gerne eine Liste mit den Geburtsdaten aller Kunden, die vor 1950 geboren wurden. Speichern Sie die Abfrage unter „04 – Kunden alt".

5 Kunden jung

● Auch für die jüngeren Kunden möchte Frau Sommer attraktive Angebote bereithalten. Sie könnte sich vorstellen, an dem zum Hotel gehörigen See Wakeboard-Kurse anzubieten. Dazu benötigt Frau Sommer eine Liste aller Kunden unter 30 Jahren inkl. ihrem Alter. Diese Abfrage soll immer die aktuell unter 30-Jährigen anzeigen. Speichern Sie Ihre Abfrage unter „05 – Kunden jung".

6 Stammkunden Alter

● Frau Sommer ist an der Altersstruktur ihrer Stammkunden interessiert und bittet um eine Liste ihrer Stammkunden sortiert nach deren Alter. Speichern Sie die Abfrage unter „06 – Stammkunden Alter".

7 Durchschnitt-liches Alter Stammkunden

● Da die vorige Abfrage gezeigt hat, dass die Stammkunden sehr unterschiedlichen Alters sind, möchte Frau Sommer auch das durchschnittliche Alter ihrer Stammkunden, getrennt nach Geschlecht, wissen. Speichern Sie Ihre Abfrage unter „07 – Durchschnittliches Alter Stammkunden – nach Geschlecht".

Stimmt es, dass die männlichen Stammkunden durchschnittlich älter sind?

8a Geburtstags-kinder des Monats

● Um ihren Kunden zum Geburtstag gratulieren zu können, benötigt Frau Sommer eine Liste mit den Geburtsdaten all jener Kunden, welche in diesem Monat Geburtstag haben. Die Liste soll immer die Geburtstagskinder des aktuellen Monats anzeigen. Speichern Sie Ihre Abfrage unter „08a – Geburtstagskinder des Monats"!

8b Geburtstags-kinder des Tages

● Frau Sommer möchte allen Kunden zu ihrem Geburtstag eine Karte schreiben. Daher braucht sie eine Liste mit allen Kunden, die an einem bestimmten Tag Geburtstag haben. Bei jeder Abfrage soll das gewünschte Datum eingegeben werden können. Testen Sie die Abfrage mit dem Datum 07.07.2018. Speichern Sie Ihre Abfrage unter „08b – Geburtstagskinder des Tages"!

9a Anwesende Gäste

● Frau Sommer möchte eine Liste mit allen Gästen, die an einem bestimmten Tag im Haus waren, weil eine Kamera vergessen wurde. Um diese Abfrage auch zukünftig verwenden zu können, soll das gewünschte Datum jedes Mal neu eingegeben werden können. Testen Sie die Abfrage mit dem Datum 07.07.2018. Speichern Sie Ihre Abfrage unter „09a – Anwesende Gäste".

Hinweis:
Für die Lösung dieser Abfrage müssen die Parametereinstellungen lt. Abbildung vorgenommen werden! Begründung: In der Rechnung kommen zwei unterschiedliche Felddatentypen vor.

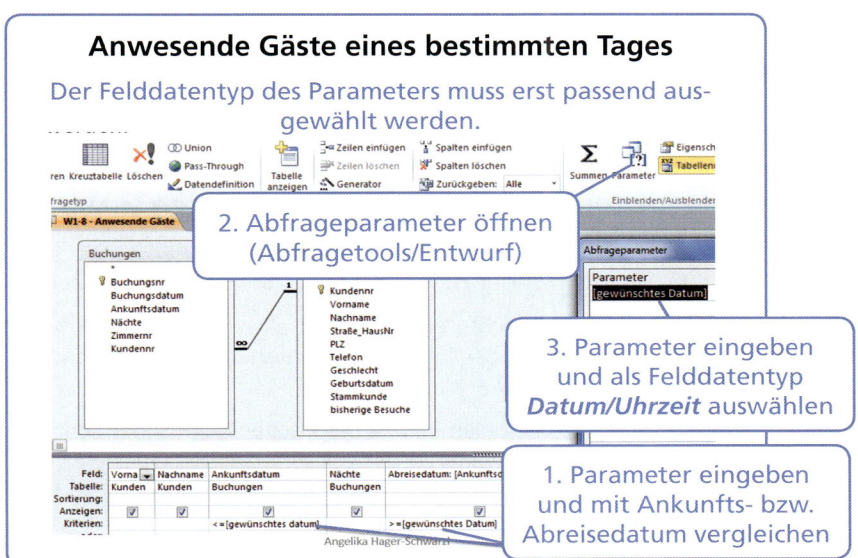

Anwesende Gäste eines bestimmten Tages

Der Felddatentyp des Parameters muss erst passend ausgewählt werden.

Angelika Hager-Schwarzl

9b Anwesende Geburtstagskinder

● Frau Sommer möchte den Gästen, die ihren Geburtstag in der Wohlfühl-Oase verbringen, gerne persönlich gratulieren. Daher braucht sie eine Liste mit allen Gästen, die an einem bestimmten Tag Geburtstag haben und im Haus sind. Bei jeder Abfrage soll das Datum neu eingegeben werden können. Speichern Sie Ihre Abfrage unter „09b – Anwesende Geburtstagskinder". Testen Sie die Abfrage mit dem heutigen Datum (07.07.2018) sowie mit dem 10.08.2018 (Sommerfest)!

10 Zimmerkategorien Hochsaison

● Weiters interessiert Frau Sommer, welche Zimmerkategorien für die Hochsaison (Ankunftsdatum Juli und August) wie oft gebucht wurden. Speichern Sie Ihr Ergebnis unter „10 – Zimmerkategorien Hochsaison".

11 Kunden ohne Buchung

● Frau Sommer will außerdem wissen, welche Kunden laut Datenbank noch nie ein Zimmer gebucht haben. Speichern Sie Ihre Abfrage unter „11 – Kunden ohne Buchung". Warum befinden sich diese Kunden trotzdem in der Datenbank?

_____

_____

12 Durchschnittliche Aufenthaltsdauer

● Frau Sommer möchte wissen, wie lange Stammkunden bzw. Nicht-Stammkunden im Durchschnitt jeweils bleiben. Speichern Sie Ihre Abfrage unter „12 – durchschnittliche Aufenthaltsdauer". Bleiben Stammkunden länger als andere Kunden? Wenn ja, wie viel länger?

_____

_____

13 Einladung Sommerfest

● Am 10.8. findet das große Sommerfest der Wohlfühl-Oase statt. Frau Sommer möchte allen Gästen, die zu diesem Zeitpunkt im Hotel sind, eine Einladung sowie einen Gutschein für ein Getränk schicken. Speichern Sie eine Liste mit den vollständigen Adressen der anwesenden Gäste unter „13 – Einladungen Sommerfest".

14 Umsatz Hauptsaison

● Frau Sommer möchte den gesamten Umsatz der Hauptsaison, also aller Kunden, die im Juli oder August angereist sind, wissen. Speichern Sie Ihre Abfrage unter „14 – Umsatz Hauptsaison". Wie hoch war der Umsatz der heurigen Hauptsaison 2018?

_____

15 Frühbucherrabatt

Hinweis:
Denken Sie daran, dass Sie auch die Tabelle *PLZ* entsprechend erweitern!

● Alle Kunden, die bereits für das nächste Jahr gebucht haben, bekommen einen Frühbucherrabatt auf diesen Aufenthalt. Die Höhe des Rabatts wird je nach Auftragslage jedes Jahr neu bestimmt. Frau Sommer möchte nun eine Liste aller Kunden, die für das nächste Jahr bereits einen Aufenthalt gebucht haben, mit dem Rechnungsbetrag für diesen Aufenthalt unter Berücksichtigung des Frühbucherrabatts. Damit die Abfrage auch nächstes Jahr durchgeführt werden kann, soll der Prozentsatz des Rabatts jedes Mal neu eingegeben werden können. Speichern Sie Ihre Abfrage unter „15 – Frühbucherrabatt".

2. Personalmanagement

16 Eingabe Mitarbeiter

● Zwei neue Mitarbeiter wurden in der Datenbank noch nicht erfasst. Erstellen Sie zuerst ein Formular zur Eintragung von neuen Mitarbeitern und tragen Sie dann die Daten ein:

○ Buchhalterin Agnes Hagen, Vorgartenstraße 229/4/13, 1200 Wien, Tel.-Nr.: 0676 364 23 32, Geburtsdatum: 10.11.1983

○ Masseur Hubert Wagner, Dorfstraße 23, 9300 St. Veit, Tel.-Nr.: 0688 345 543 12, Geburtsdatum: 2.7.1991

Speichern Sie Ihr Formular unter „16 – Eingabe Mitarbeiter".

17 Mitarbeiterliste

● Frau Sommer möchte eine Liste mit allen Mitarbeitern sowie deren Zuteilung zu den unterschiedlichen Arbeitsbereichen, sortiert nach Bereich und Nachname. Speichern Sie Ihre Abfrage unter „17 – Mitarbeiterliste".

18 Zuständigkeit Zimmer

● Damit diversen Problemen bzw. Wünschen der Kunden schnell nachgegangen werden kann, sollen Sie für die Rezeption eine Liste erstellen, welche Mitarbeiter für welche Zimmer zuständig sind – sortiert nach Zimmernummer. Speichern Sie Ihre Abfrage unter „18 – Zuständigkeit Zimmer".

19 Aufteilung Zimmer

- Unter den Reinigungskräften gibt es Streitigkeiten bezüglich der Anzahl der Zimmer, die jeder Mitarbeiter zu reinigen hat. Herr Dieter hat sich beschwert, dass die Zimmer sehr ungerecht aufgeteilt sind, da er angeblich für mehr Zimmer zuständig ist als seine Kollegen. Erstellen Sie eine Abfrage, in der ersichtlich ist, wer welche Zimmer zu reinigen hat und speichern Sie diese unter „19 – Aufteilung Zimmer".

  Ist die Aufteilung der Zimmer auf die Reinigungskräfte fair? Begründen Sie Ihre Antwort!

  _____

20 Bereichs-aufteilung

- Frau Sommer möchte wissen, wie viele männliche und wie viele weibliche Angestellte in jedem der Bereiche arbeiten und ob die Frauenquote in manchen Bereichen höher ist als in anderen. Speichern Sie Ihre Ergebnisse unter „20 Bereichsaufteilung – nach Geschlecht". In welchen Bereichen arbeiten die meisten Frauen?

  _____

21 Runde Geburts-tage Mitarbeiter

- Den Mitarbeitern, die im aktuellen Jahr einen runden Geburtstag feiern, wird beim Sommerfest mit einer Wohlfühl-Torte offiziell gratuliert. Erstellen Sie eine Liste mit all jenen Mitarbeitern, die heuer (2018) einen runden Geburtstag feiern! Die Liste soll anzeigen, um welchen Geburtstag es sich handelt und sich jedes Jahr automatisch aktualisieren. Speichern Sie Ihr Ergebnis unter „21 – Runde Geburtstage Mitarbeiter".

22 Posten-besetzung

- Bisher hatte Frau Sommer die Leitung aller verwaltungstechnischen Bereiche im Hotel übernommen. Da dies sehr arbeitsintensiv ist und sich Frau Sommer persönlich um das Wohl ihrer Gäste kümmern will, möchte sie mit Anfang nächsten Monats den Posten einer Chefrezeptionistin/eines Chefrezeptionisten besetzen. Diese/r wird die Führung des Rezeptionsteams übernehmen, selbst in der Gästebetreuung mitarbeiten sowie Verwaltungsaufgaben übernehmen.

  a) Frau Sommer hat die Möglichkeit, diesen Personalbedarf extern oder intern zu decken. Welche Vor- und Nachteile sind jeweils mit der internen und der externen Besetzung verbunden? Was würden Sie Frau Sommer empfehlen? Begründen Sie Ihre Empfehlung!

  _____

  _____

  _____

  _____

  _____

  b) Nehmen Sie an, Frau Sommer möchte die Stelle extern besetzen. Schlagen Sie ein mindestens zweistufiges Auswahlverfahren vor, um die geeignetste Mitarbeiterin/den geeignetsten Mitarbeiter für diese Stelle zu finden!

  _____

  _____

  _____

  _____

  _____

3. Kommunikationsmanagement

23 Stammkunden-liste

- Das Hotel Wohlfühl-Oase bietet anlässlich seines zehnten Geburtstages eine neue Aktion für seine Stammkunden an: Bei einer Zimmerbuchung im Zeitraum von 1. Juli 2018 bis 31. Juli 2018 (Reisezeitraum uneingeschränkt) erhalten Stammkunden einen Rabatt in Höhe von 10 %. Frau Sommer beauftragt Sie nun, den Stammkunden die entsprechenden Informationen per Post zukommen zu lassen. Erstellen Sie in der Datenbank „Wohlfühl-Oase" eine Abfrage mit allen notwendigen Daten. Die Abfrage soll als Empfängerliste für Serienbriefe einsetzbar sein. Speichern Sie Ihre Abfrage unter „Stammkundenliste".

24 Serienbrief

● Wir haben heute den 15.6.2018. Sie sollen einen Serienbrief an alle Stammkunden formulieren, in dem Sie diese über die Geburtstagaktion des Hotels informieren und zu einer möglichst raschen Buchung motivieren. Die Aktion sieht wie folgt aus:

Alle Stammkunden, die zwischen 1.7.2018 und 31.7.2018 einen Aufenthalt (in einem unbegrenzten Reisezeitraum) buchen, bekommen 10 % Rabatt auf diesen Aufenthalt.

25 Etiketten

● Entwerfen Sie passende Etiketten (Zweckform 3416) für die Sendung und sortieren Sie diese nach Postleitzahlen. Speichern Sie die Etiketten unter „Etiketten Stammkunden"!

4 Materialwirtschaft

BW Brush-up
ABC-/XYZ-Analyse

ABC-Analyse

● Die ABC-Analyse ist ein Instrument zur **Optimierung der Materialwirtschaft.**

● Mithilfe der ABC-Analyse teilt man alle Produkte entsprechend ihrer Werte (z. B.Umsatzanteil, Lagerwert etc.) in die Kategorien A, B oder C ein.

● **A-Güter haben den höchsten Wert** und tragen somit am meisten zum Erfolg des Unternehmens bei, **C-Güter weisen den geringsten Wert auf.**

● Mithilfe der Kategorien kann die Bedarfsplanung gesteuert werden. Das Hauptaugenmerk sollte dabei auf den A-Gütern liegen, da diese am meisten zum Umsatz des Unternehmens beitragen. C-Güter können dabei eher vernachlässigt werden.

Behandlung von A-, B- und C-Gütern

● **A-Güter:** Das Hauptaugenmerk der Beschaffungs-, Lagerhaltungs- und Kontrolltätigkeiten wird auf diese gelegt (z. B. sorgfältige Lieferantenauswahl, Minimierung der Beschaffungs- und Lagerzeiten, genaue Überwachung der Bestände, Ausnutzung des Skontos, Vermeidung von Lagerverlusten etc.).

● **B-Güter:** Sie nehmen eine Mittelstellung ein.

● **C-Güter:** Sie werden aufgrund ihres geringen Wertes eher großzügig verwaltet (z. B. Einkauf in großen Mengen, weniger Beschaffungsmarktforschung, indirekte Erfassung des Wareneinsatzes, dezentrale Lagerung etc.).

XYZ-Analyse

● Die XYZ-Analyse ist wie die ABC-Analyse ein Instrument zur **Optimierung der Materialwirtschaft.**

● Mithilfe der XYZ-Analyse teilt man alle Produkte entsprechend ihres Verbrauchs in die Kategorien X, Y oder Z ein.

● **X-Güter** haben einen **regelmäßigen Verbrauch, Y-Güter** unterliegen **stärkeren Schwankungen** und **Z-Güter** fallen sehr **unregelmäßig** an – ihr Verbrauch ist daher schwer vorherzusagen.

Die kombinierte ABC-/XYZ-Analyse

	Verbrauchswert		
Vorhersagegenauigkeit	A (hoch)	B (mittel)	C (niedrig)
X (hoch)	just-in-time-geeignet		verbrauchsgesteuert
Y (mittel)			
Z (niedrig)	bedarfsgesteuert		Programm- und Sortenbereinigung

Aufgabe 4.1: ABC-Analyse – Autohaus

Inhalte Wirtschaftsinformatik	Inhalte BW und Rechnungswesen
● absolute und relative Bezüge ● bedingte Formatierung ● *Wenn*-Funktion ● Sortieren ● Diagramm ● Funktion *Rang*	● ABC-Analyse

Problemstellung   Um die Lagerdisposition des Autohauses Rath und die Bestellabwicklung im Neuwagengeschäft effizienter organisieren zu können, sollen Sie anhand der Lagerdaten aus dem Monat Jänner eine ABC-Analyse dieser Kostenstelle durchführen.

Ihre Aufgaben

ABC-Analyse-Autohaus.xlsx

❶ Führen Sie eine ABC-Analyse wie folgt durch:

   a) Berechnen Sie den Lagerwert in absoluten und relativen Zahlen.

   b) Sortieren Sie anschließend die lagernden Autos absteigend nach dem Lagerwert.

   c) Errechnen Sie den kumulierten Anteil wertmäßig.

   d) Ordnen Sie die Autos entsprechend der unten angeführten Klassifikationstabelle mithilfe einer Excel-Funktion zu.

Klasse	Anteil am Gesamtwert
A-Güter	75 %
B-Güter	20 %
C-Güter	5 %

❷ Formatieren Sie die Zellen mit den Lagerwerten entsprechend der Lösung.

Lager Neuwagen Jänner

Rang	Artikel	Menge	Einkaufspreis	Lagerwert	% Anteil wertmäßig	kumulierter % Anteil wertmäßig	Art
6	Cmax	30	35.950,00 €	1.078.500,00 €	20,57%	20,57%	A
9	Focus	40	25.630,00 €	1.025.200,00 €	19,56%	40,13%	A
10	Mondeo	30	25.120,00 €	753.600,00 €	14,38%	54,51%	A
5	Galaxy	19	36.120,00 €	686.280,00 €	13,09%	67,60%	A
1	Transit	13	45.890,00 €	596.570,00 €	11,38%	78,98%	B
8	New Focus	14	28.190,00 €	394.660,00 €	7,53%	86,51%	B
12	Fiesta	15	16.450,00 €	246.750,00 €	4,71%	91,22%	B
3	Connect	5	45.390,00 €	226.950,00 €	4,33%	95,55%	C
4	Ranger	2	37.890,00 €	75.780,00 €	1,45%	97,00%	C
7	Focus Cabrio	2	30.120,00 €	60.240,00 €	1,15%	98,14%	C
2	Maverick	1	45.720,00 €	45.720,00 €	0,87%	99,02%	C
14	KA	2	9.990,00 €	19.980,00 €	0,38%	99,40%	C
11	Fusion	1	19.190,00 €	19.190,00 €	0,37%	99,76%	C
13	Streetcar	1	12.380,00 €	12.380,00 €	0,24%	100,00%	C

❸ Alle A-Güter sollen einen roten Hintergrund, alle B-Güter einen gelben Hintergrund und alle C-Güter einen grünen Hintergrund erhalten.

❹ Welche Schlussfolgerungen können Sie in der Lagerdisposition bzw. in der Einkaufspolitik für die Kategorie „A-Güter" ziehen? Führen Sie mindestens je zwei Maßnahmen an.

   ● Lagerdisposition

     _____

     _____

   ● Einkaufspolitik

     _____

     _____

5 Nennen Sie mindestens 3 Typen von Neuwagen, die in der Lagerverwaltung eine geringe Bedeutung einnehmen sollen:

_____

6 In welchen Bereichen – außer der Lagerdisposition – können Sie die ABC-Analyse noch einsetzen?

_____

_____

7 Wie beschreiben Sie Waren der Klasse B?

_____

_____

Aufgabe 4.2: ABC- und XYZ-Analyse – Naturreich

Unternehmen

Neben Outdoor-Kleidung und Bergschuhen bekannter Marken bietet das Unternehmen Naturreich seinen Kunden Campingutensilien – von Zelten über Gaskocher bis hin zu Schlafsäcken – sowie Ausrüstung für Outdoor-Aktivitäten wie Wandern, Klettern, Bergsteigen, Schneeschuhwandern und Schitouren an.

Inhalte Wirtschaftsinformatik	Inhalte BW und Rechnungswesen
● Verwenden einfacher Funktionen	● ABC-Analyse
● Diagramm erstellen	● XYZ-Analyse
● *SVerweis*	
● Sortieren	

Problemstellung

Herr Dinzer möchte schon länger Ordnung in sein Lager und vor allem in die Beschaffung seiner Waren bringen. Jetzt nimmt er ein aktuelles Ereignis zum Anlass, um den Beschaffungsprozess neu zu strukturieren. Ein Mitarbeiter hat gestern über eine Stunde damit verbracht, gelieferte Taschenmesseretuis (á EUR 3,00) zu kontrollieren, während im Shop die Hölle los war. Dazu möchte Herr Dinzer, dass Sie die verschiedenen Waren von Naturreich nach ihrem Wert sowie ihrem Anfall clustern, damit er für jedes Produkt die richtige Beschaffungsstrategie wählen kann.

Ihre Aufgaben

ABCXYZ-Analyse-Naturreich.xlsx

1 Führen Sie in der Registerkarte *„ABC-Analyse"* eine ABC-Analyse für die Artikel von Naturreich durch. Formatieren Sie alle Beträge entsprechend ihrer Einheit.

Klasse	Verbrauchswert
A	40 %
B	36 %
C	24 %

2 Stellen Sie das Ergebnis der ABC-Analyse grafisch dar und formatieren Sie das Diagramm ansprechend.

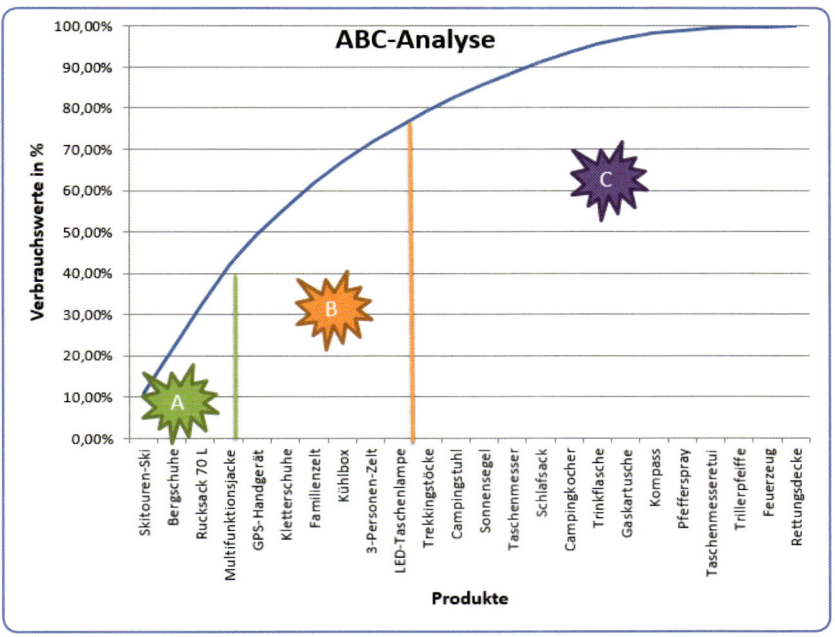

3 Beantworten Sie folgende Fragen und begründen Sie Ihre Antworten:

a) Wie soll der Beschaffungsprozess der Taschenmesseretuis in Zukunft geregelt werden?

_____

_____

_____

b) Für welche Produkte sollte Herr Dinzer aufgrund Ihrer Ergebnisse aus Aufgabe 1 und 2 den Beschaffungsprozess sowie die Kontrolle genauer planen, für welche nicht so genau?

_____

_____

_____

4 Warum wird die ABC-Analyse oft durch die XYZ-Analyse ergänzt? Welche Vorteile würde eine XYZ-Analyse für Herrn Dinzer haben? Begründen Sie Ihre Antwort!

_____

_____

_____

_____

5 Stellen Sie die XYZ-Analyse für die Produkte der Kategorien A und B in der Registerkarte *„XYZ-Analyse"* auf Basis des ersten Halbjahres wie abgebildet grafisch dar!

Analysieren Sie das Diagramm und ordnen Sie die Produkte nach ihrer ABC- sowie ihrer XYZ-Kategorie entsprechend ihrer Wichtigkeit in der Bedarfsplanung ein.

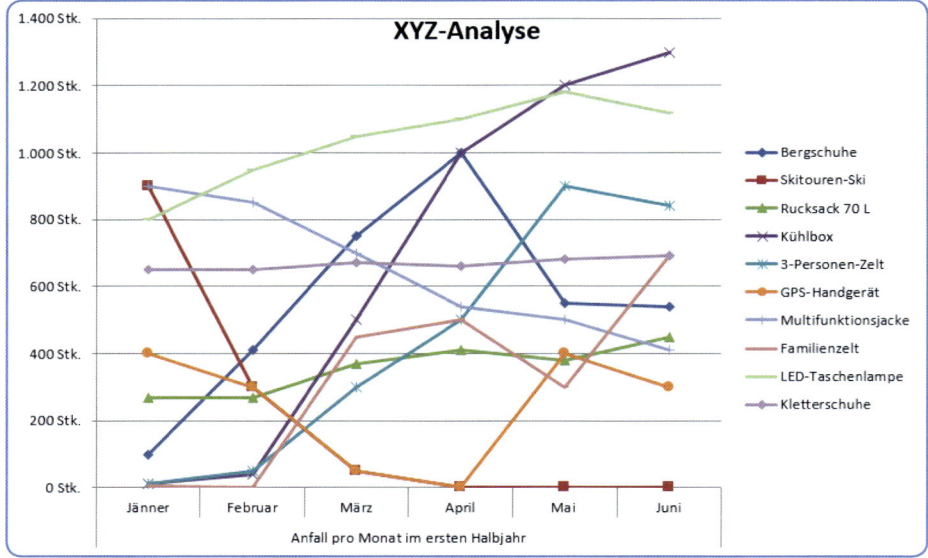

⑥ Welche Empfehlungen können Sie Herrn Dinzer nach Durchführung der XYZ-Analyse für die Planung seines Beschaffungsprozesses geben?

_____

_____

⑦ Warum könnte es problematisch sein, wenn bei der XYZ-Analyse nur ein Halbjahr analysiert wird?

_____

_____

Aufgabe 4.3: ABC-Analyse – H2Ö GmbH

Inhalte Wirtschaftsinformatik	Inhalte BW und Rechnungswesen
● Verwenden einfacher Funktionen ● Diagramm erstellen ● *SVerweis* ● Sortieren ● Bilder bearbeiten	● ABC-Analyse

Problemstellung

Als Büromitarbeiter/in der H2Ö Gmbh, einem österreichischen Mineralwasserhersteller, sollen Sie für die Geschäftsführung den Jahresumsatz produktspezifisch aufbereiten. Sie verwenden die ABC-Analyse, um die Wichtigkeit der Produkte für den Jahresumsatz deutlich zu machen. Die Kategorien wurden wie folgt festgelegt:

● A bei 80%
● B bei 95 %
● C beim Rest

H₂Ö
MUSTERUNTERNEHMEN

Ihre Aufgaben

**ABC-Analyse-
H2Ö.xlsx**

① Um die ABC-Analyse korrekt durchführen zu können, benötigen Sie noch weitere Werte. Welche? Errechnen bzw. ermitteln Sie die fehlenden Werte für die noch benötigte(n) Spalte(n)!

② Erzeugen Sie das Liniendiagramm „ABC-Analyse" mit Datenpunkten auf einem eigenen Registerblatt *„ABC-Analyse"*!

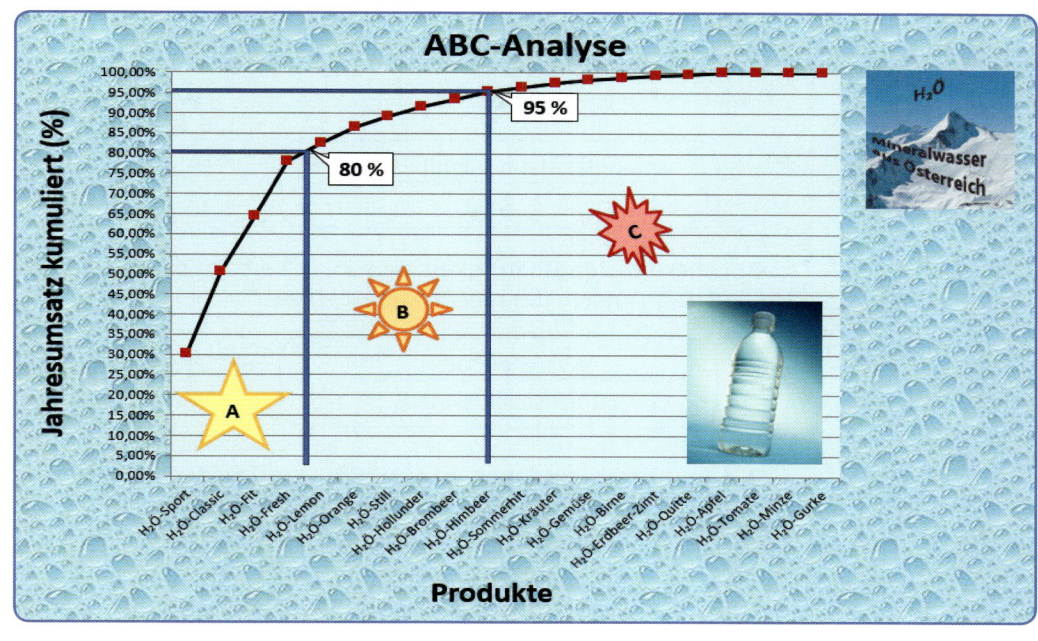

3 Formatieren Sie das Diagramm entsprechend der Abbildung. Versuchen Sie, ähnliche Grafiken und Symbole für das Diagramm zu finden bzw. selbst zu erstellen.

4 Errechnen Sie die Jahresumsätze der einzelnen Kategorien (A, B und C)!

5 Welche Entscheidungen würden Sie aufgrund der ABC-Analyse treffen? Begründen Sie Ihre Antwort.

_____

_____

_____

_____

Aufgabe 4.4: Lagerkennzahlen – Naturreich

Unternehmen

Neben Outdoor-Kleidung und Bergschuhen bekannter Marken bietet das Unternehmen Naturreich seinen Kunden Campingutensilien – von Zelten über Gaskocher bis hin zu Schlafsäcken – sowie Ausrüstung für Outdoor-Aktivitäten wie Wandern, Klettern, Bergsteigen, Schneeschuhwandern und Schitouren an.

Inhalte Wirtschaftsinformatik	Inhalte BW und Rechnungswesen
● Verwenden einfacher Formeln	● Lagerkennzahlen
● Filtern	● Lagerumschlagsdauer
● bedingte Formatierung	● Lagerumschlagshäufigkeit
● benutzerdefiniertes Zahlenformat	● Servicegrad
● absolute/relative Bezüge	● Lieferbereitschaft
	● Durchschnittslager

Lagerkennzahlen

● **Durchschnittslager:** gibt an, wie viele Stück einer Ware auf ein Jahr gesehen durchschnittlich auf Lager liegen

$$\frac{Anfangsbestand + Endbestand}{2}$$

● **Lagerumschlagshäufigkeit:** gibt an, wie oft sich das Lager dreht bzw. umschlägt – wie oft sich also im Jahr das Lager komplett erneuert

$$\frac{Wareneinsatz}{Durchschnittslager}$$

● **Lagerumschlagsdauer:** gibt an, wie viele Tage Waren durchschnittlich auf Lager sind, bis sie verkauft werden

$$\frac{365}{Lagerumschlagshäufigkeit}$$

Möglichkeiten zur Verbesserung (Erhöhung) der Lagerumschlagsdauer

● **Lagerverminderung** durch:

○ Einschränken des Sortiments

○ Herabsetzen der durchschnittlichen Lagermenge pro Warenposition

○ Verkürzung der Beschaffungszeit durch Verkürzung von Beschaffungsvorbereitung, Lieferzeit, Transportzeit und Prüfzeit

● **Lieferbereitschaft/Servicegrad:** gibt an, wie viel Prozent der Anfragen oder angeforderten Abfassungen von dem Unternehmen erfüllt werden können

$$\frac{Anzahl\ der\ erfüllten\ Abfassungen}{Anzahl\ der\ angeforderten\ Abfassungen} \times 100$$

Herr Dinzer möchte wissen, welche Produkte jeweils am kürzesten und welche am längsten auf Lager sind, also welche Produkte zu den Verkaufsschlagern und welche eher zu den Ladenhütern zählen. Außerdem hatte Naturreich in letzter Zeit öfter zu wenig Schitouren-Schi auf Lager. Wie wirkt sich das auf den Umsatz von Herrn Dinzer aus?

Ihre Aufgaben

Lagerkennzahlen-Naturreich.xlsx

❶ Berechnen Sie den Wareneinsatz, das Durchschnittslager, die Lagerumschlagshäufigkeit, die Lagerumschlagsdauer sowie den Servicegrad (= Lieferbereitschaft) für die Produkte von Naturreich. Die Verkaufsmitarbeiter notieren alle Anfragen von Kunden, auch wenn diese nicht erfüllt werden können. Formatieren Sie alle Beträge Ihrer Berechnungen entsprechend ihrer Einheiten!

❷ Interpretieren Sie die Lagerkennzahlen allgemein für das gesamte Unternehmen sowie im Detail für die drei A-Güter (Schitouren-Schi, Bergschuhe und Rucksack 70 L). Falls notwendig, bereiten Sie außerdem Vorschläge vor, wie die Lagerumschlagsdauer der A-Güter verbessert werden kann!

❸ Herr Dinzer möchte die generelle Servicebereitschaft ausbauen. Kopieren Sie Ihre Berechnungen aus Aufgabe 1 in das Tabellenblatt *„schlechter Servicegrad"* und lassen Sie nur jene Produkte anzeigen, bei welchen Naturreich eine Lieferbereitschaft von schlechter als 95 % aufweist.

❹ Herr Dinzer möchte den Verkaufsschlager und den Ladenhüter seiner Produkte auf einen Blick sehen. Kopieren Sie Ihre Berechnungen von Aufgabe 1 in das Tabellenblatt *„Ladenhüter & Verkaufsschlager",* wo automatisch das Produkt mit der besten Lagerumschlagshäufigkeit rosa und das mit der schlechtesten blau markiert werden soll.

Artikel	Stückwert	Verbrauch	Anfangsbestand	Endbestand	Kundenanfragen	Wareneinsatz (€)	Durchschnittslager	Lagerumschlagshäufigkeit	Lagerumschlagsdauer	Servicegrad
Skitouren-Ski	€ 429,00	2500 Stk.	€ 214.500,00	€ 300.300,00	3000 Stk.	€ 1.072.500,00	€ 257.400,00	4,17 Mal	87,60 Tage	83,33%
Bergschuhe	€ 153,00	6700 Stk.	€ 306.000,00	€ 229.500,00	6800 Stk.	€ 1.025.100,00	€ 267.750,00	3,83 Mal	95,34 Tage	98,53%
Rucksack 70 L	€ 234,00	4300 Stk.	€ 182.520,00	€ 70.200,00	4310 Stk.	€ 1.006.200,00	€ 126.360,00	7,96 Mal	45,84 Tage	99,77%
Multifunktionsjacke	€ 127,00	7800 Stk.	€ 381.000,00	€ 444.500,00	8400 Stk.	€ 990.600,00	€ 412.750,00	2,40 Mal	152,08 Tage	92,86%
GPS-Handgerät	€ 249,00	2900 Stk.	€ 298.800,00	€ 273.900,00	3010 Stk.	€ 722.100,00	€ 286.350,00	2,52 Mal	144,74 Tage	96,35%
Kletterschuhe	€ 76,00	8000 Stk.	€ 38.000,00	€ 22.800,00	8105 Stk.	€ 608.000,00	€ 30.400,00	20,00 Mal	18,25 Tage	98,70%
Familienzelt	€ 147,00	3900 Stk.	€ 117.600,00	€ 147.000,00	4000 Stk.	€ 573.300,00	€ 132.300,00	4,33 Mal	84,23 Tage	97,50%
Kühlbox	€ 67,00	8100 Stk.	€ 67.000,00	€ 53.600,00	8140 Stk.	€ 542.700,00	€ 60.300,00	9,00 Mal	40,56 Tage	99,51%
3-Personen-Zelt	€ 79,00	5200 Stk.	€ 23.700,00	€ 39.500,00	5300 Stk.	€ 410.800,00	€ 31.600,00	13,00 Mal	28,08 Tage	98,11%
LED-Taschenlampe	€ 32,00	12400 Stk.	€ 64.000,00	€ 86.400,00	12900 Stk.	€ 396.800,00	€ 75.200,00	5,28 Mal	69,17 Tage	96,12%
Trekkingstöcke	€ 29,00	13100 Stk.	€ 118.900,00	€ 110.200,00	14500 Stk.	€ 379.900,00	€ 114.550,00	3,32 Mal	110,06 Tage	90,34%
Campingstuhl	€ 29,00	12000 Stk.	€ 58.000,00	€ 66.700,00	12005 Stk.	€ 348.000,00	€ 62.350,00	5,58 Mal	65,40 Tage	99,96%
Sonnensegel	€ 36,00	7800 Stk.	€ 32.400,00	€ 39.600,00	7850 Stk.	€ 280.800,00	€ 36.000,00	7,80 Mal	46,79 Tage	99,36%
Taschenmesser	€ 18,50	14500 Stk.	€ 92.500,00	€ 99.900,00	14600 Stk.	€ 268.250,00	€ 96.200,00	2,79 Mal	120,90 Tage	99,32%
Schlafsack	€ 25,00	9800 Stk.	€ 12.500,00	€ 22.500,00	9900 Stk.	€ 245.000,00	€ 17.500,00	14,00 Mal	26,07 Tage	98,99%
Campingkocher	€ 24,00	10000 Stk.	€ 26.400,00	€ 168.000,00	11000 Stk.	€ 240.000,00	€ 97.200,00	2,47 Mal	147,83 Tage	90,91%
Trinkflasche	€ 12,00	18200 Stk.	€ 4.800,00	€ 12.000,00	18300 Stk.	€ 218.400,00	€ 8.400,00	26,00 Mal	14,04 Tage	99,45%
Gaskartusche	€ 7,00	21000 Stk.	€ 4.200,00	€ 2.240,00	22000 Stk.	€ 147.000,00	€ 3.220,00	45,65 Mal	8,00 Tage	95,45%
Kompass	€ 7,80	12300 Stk.	€ 31.200,00	€ 15.600,00	12300 Stk.	€ 95.940,00	€ 23.400,00	4,10 Mal	89,02 Tage	100,00%
Pfefferspray	€ 4,10	18600 Stk.	€ 3.690,00	€ 4.510,00	18650 Stk.	€ 76.260,00	€ 4.100,00	18,60 Mal	19,62 Tage	99,73%
Taschenmesseretui	€ 3,00	12000 Stk.	€ 600,00	€ 1.200,00	13500 Stk.	€ 36.000,00	€ 900,00	40,00 Mal	9,13 Tage	88,89%
Trillerpfeife	€ 2,30	11000 Stk.	€ 9.200,00	€ 7.130,00	11000 Stk.	€ 25.300,00	€ 8.165,00	3,10 Mal	117,80 Tage	100,00%
Feuerzeug	€ 0,86	25700 Stk.	€ 2.580,00	€ 3.440,00	25750 Stk.	€ 22.102,00	€ 3.010,00	7,34 Mal	49,71 Tage	99,81%
Rettungsdecke	€ 0,80	14500 Stk.	€ 560,00	€ 800,00	15300 Stk.	€ 11.600,00	€ 680,00	17,06 Mal	21,40 Tage	94,77%

Aufgabe 4.5: Optimale Bestellmenge Hotel Wohlfühl-Oase

Unternehmen

Das Hotel Wohlfühl-Oase ist ein modernes, familiäres Wellnesshotel mit angrenzendem Restaurant, das von Frau Sommer betrieben wird. Die Wohlfühl-Oase bietet ihren Gästen insgesamt 50 Zimmer und beschäftigt derzeit 25 Mitarbeiterinnen und Mitarbeiter.

Inhalte Wirtschaftsinformatik	Inhalte BW und Rechnungswesen
● einfache Diagramme ● Verwenden einfacher Formeln ● absolute/relative Bezüge ● *WURZEL*-Funktion	● Berechnung der optimalen Bestellmenge ● Kosten der Materialwirtschaft

BW Brush-up:
Kosten der Material-
wirtschaft

Kosten der Materialwirtschaft

● **Fixe Bestellkosten:** Sach- und Personalkosten für Angebotseinholung, Bestellung, Terminüberwachung etc. Sie **steigen bei steigender Bestellhäufigkeit** (Anzahl der Bestellungen).

● **Lagerkosten:** Kosten für den Lagerraum und dessen Ausstattung wie Miete, Abschreibung, Versicherung, Beheizung etc. Sie **sinken bei steigender Bestellhäufigkeit.** (Somit ergibt sich eine geringere Bestellmenge pro Bestellung.)

● **Zinskosten:** Kosten für das gebundene Kapital in den Materialvorräten. Sie **sinken bei steigender Bestellhäufigkeit.**

● Lager- und Zinskosten

$$\frac{\text{Bestellmenge}}{2} \times \text{Preis} \times (\text{Lagerkostensatz} + \text{Zinskostensatz})$$

● Optimale Bestellmenge

$$\sqrt{\frac{200 \times \text{Jahresbedarf} \times \text{fixe Bestellkosten pro Bestellung}}{\text{Preis pro Mengeneinheit} \times (\text{Zinssatz} + \text{Lagerkostensatz})}}$$

9 Betriebswirtschaftliche Beispiele

● Optimale Bestellhäufigkeit

$$\frac{\text{Jahresverbrauch}}{\text{optimale Bestellmenge}}$$

Problemstellung

Frau Sommer hat morgen einen Termin mit dem Küchenchef, bei dem es um die Optimierung der Lebensmittel- und Getränkevorräte geht. Konkreten Anlass dazu gaben die immer öfter unbrauchbar gewordenen tiefgekühlten Meeresfrüchte, da jeweils ein ganzer Jahresvorrat auf einmal eingekauft wurde. Früher wurde jeweils nur ein Monatsvorrat gekauft, dafür betrugen die Bestellkosten mehr als die Kosten für die Meeresfrüchte an sich. Frau Sommer beauftragt Sie nun, jene Bestellmenge zu berechnen, bei der die Kosten möglichst niedrig sind, aber auch keine Ware verdirbt.

Ihre Aufgaben

Optimale Bestellmenge-Wohlfühloase.xlsx

① Sie haben folgende Daten vom Küchenchef bekommen:

Bezeichnung	Wert
Jahresverbrauch	2000 kg
Preis pro kg	EUR 9,99
fixe Bestellkosten	EUR 56,00
Lagerkostensatz	5,0%
Zinskostensatz	4,0%

Berechnen Sie in den entsprechenden Zellen jeweils die Bestellmenge sowie die Bestell-, Lager-/Zins- und Gesamtkosten für jede Bestellhäufigkeit. Formatieren Sie alle Werte entsprechend ihrer Einheiten!

② Stellen Sie die Bestell-, Lager-/Zins- sowie Gesamtkosten für die unterschiedlichen Bestellhäufigkeiten grafisch dar.

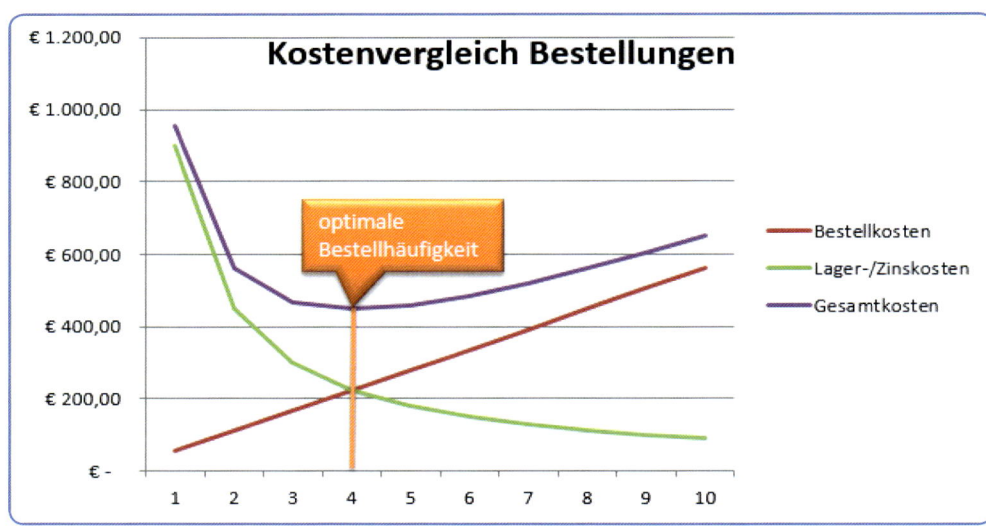

③ Erklären Sie das Diagramm kurz und ermitteln Sie mithilfe der Daten aus den Aufgaben 1 und 2 die optimale Bestellhäufigkeit!

_____

_____

_____

④ Berechnen Sie mithilfe der Formel die optimale Bestellmenge! Kontrollieren Sie, ob Ihr Ergebnis mit den Ergebnissen aus den vorigen Aufgaben übereinstimmt.

⑤ Erklären Sie dem Küchenchef, was Ihre Berechnungen nun für ihn konkret bedeuten!

_____

_____

_____

_____

5 Kostenrechnung

**BW Brush-up
Kostenrechnung**

Kostenarten

● **Fixkosten:** Kosten, die unabhängig von der Auslastung sind (z. B. Miete, Gehälter etc.).
   ○ **Sprungfixe Kosten:** Kosten, die innerhalb einer Kapazitätsstufe konstant sind und beim Überschreiten bestimmter Kapazitätsgrenzen steigen/fallen.
● **Variable Kosten:** Kosten, die abhängig von der Auslastung sind (z. B. Wareneinsatz etc.).

Break-even-Point

● **Deckungsbeitrag:** Dieser Betrag trägt zur Deckung der Fixkosten bei.

> Verkaufserlös
> – variable Kosten
> ―――――――――――
> Deckungsbeitrag

● **Break-even-Point:** Jener Punkt, bei dem ein Unternehmen weder Gewinn noch Verlust macht, d.h., alle Kosten sind gedeckt.

> $$\frac{\text{Fixkosten}}{\text{Deckungsbeitrag / Stk.}}$$

Break-even-Point unter Berücksichtigung eines Mindestgewinns

> $$\frac{\text{Fixkosten + Mindestgewinn}}{\text{Deckungsbeitrag / Stk.}}$$

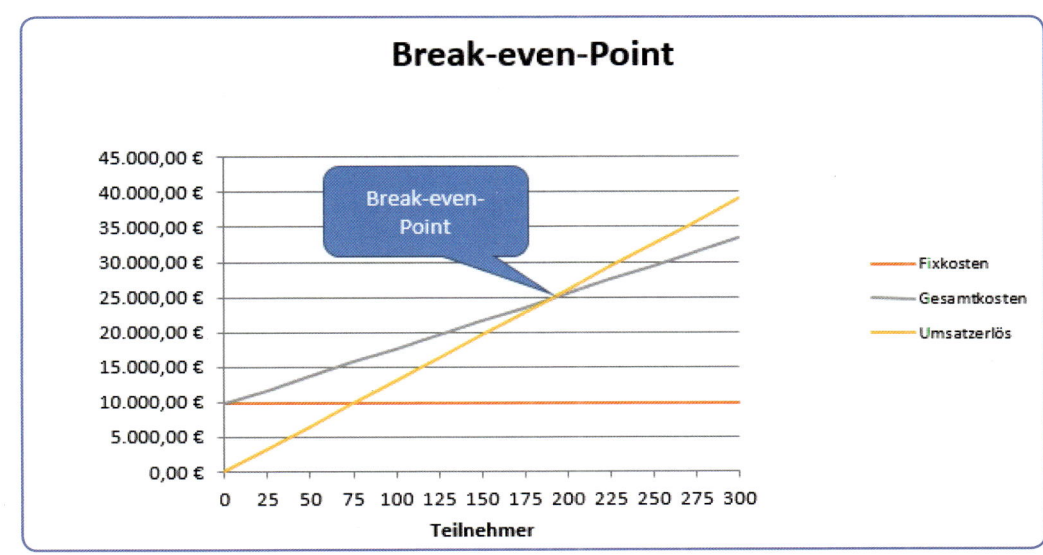

Aufgabe 5.1: Break-even-Point Kebap-Stand

Inhalte Wirtschaftsinformatik	Inhalte BW und Rechnungswesen
● Rechnen mit Bezügen ● Formeln	● Break-even-Analyse ● Gewinnschwellenmenge ● Deckungsbeitrag

Problemstellung

Mustafa Korkmaz überlegt, ob er einen eigenen Kebap-Stand eröffnen soll.

Er hätte folgende monatliche Kosten:
Miete   EUR 600,00 exkl. USt
Strom, Wasser etc.   EUR 200,00 exkl. USt

Der Materialeinsatz pro Kebap für Fleisch, Pide, Paradeiser, Gewürze etc. würde sich auf EUR 0,50 exkl. Ust. belaufen. Der Verkaufspreis pro Kebap beträgt EUR 3,00 exkl. Ust. Mustafa selbst möchte eine monatliche Privatentnahme von EUR 2.000,00 tätigen.

Ihre Aufgabe

Erstellen Sie ein neues Excel-Dokument und berechnen Sie, wie viele Kebaps Herr Korkmaz pro Monat verkaufen müsste, um den Break-even-Point zu erreichen. Speichern Sie das Dokument abschließend unter dem Namen „Break-even Kebap-Stand".

Aufgabe 5.2: Break-even-Point b-phone

Inhalte Wirtschaftsinformatik	Inhalte BW und Rechnungswesen
● Rechnen mit Bezügen ● Formeln	● Break-even-Analyse ● Gewinnschwellenmenge ● Deckungsbeitrag

Problemstellung

Die Birne AG ist Hersteller von Mobiltelefonen. Das neue Modell „b-phone 5" kann um EUR 555,00 verkauft werden. Die variablen Fertigungskosten pro Mobiltelefon betragen EUR 210,00. Für Verwaltung, Fertigungsgebäude, Forschungen, Werbung etc. fallen anteilig für dieses Modell fixe Kosten in Höhe von EUR 155,25 Mio. an.

Ihre Aufgabe

Erstellen Sie ein neues Excel-Dokument und ermitteln Sie, wie viele „b-phone 5" Mobiltelefone die Birne AG verkaufen muss, um den Break-even-Point zu erreichen. Speichern Sie das Dokument abschließend unter dem Namen „Break-even b-phone".

Aufgabe 5.3: Break-even-Point Kongressorganisation

Inhalte Wirtschaftsinformatik	Inhalte BW und Rechnungswesen
● absolute und relative Bezüge ● Formeln ● benutzerdefiniertes Format ● Währungsformat ● Liniendiagramm ● Zielwertsuche	● Break-even-Analyse ● Gewinnschwellenmenge ● Deckungsbeitrag

Problemstellung

Sie arbeiten bei einem Kongressveranstalter und planen einen zweitägigen Kongress zum Thema „Sustainability in Marketing & Sales" in Wien. Folgende Kostenpositionen haben Sie in einem ersten Planungsschritt identifiziert:

Kostenposition	Kosten in EUR	
Mitarbeiter/innen Planung	4.200,00	pro Kongress
Raumkosten	1.000,00	pro Tag
Technik	800,00	pro Tag
Mitarbeiter/innen Kongressbetreuung	800,00	pro Tag
Sonstige Kosten	200,00	pro Tag
Verpflegung für Teilnehmer/innen	28,00	pro Teilnehmer/in pro Tag
Unterlagen für Teilnehmer/innen	22,50	pro Teilnehmer/in

Die für Referentinnen und Referenten anfallenden Kosten werden von Sponsoren übernommen. Pro Teilnehmer/in wird ein Kongressbeitrag von EUR 130,00 eingehoben.

Ihre Aufgaben

**Break-even_
Kongressorganisation.xlsx**

❶ Welcher Deckungsbeitrag wird pro Teilnehmer/in erwirtschaftet?

❷ Wie viele Teilnehmer/innen müssten diesen Kongress besuchen, um ihn kostendeckend durchführen zu können?

❸ Stellen Sie die Gewinnschwelle mittels eines Liniendiagrammes grafisch wie abgebildet dar.

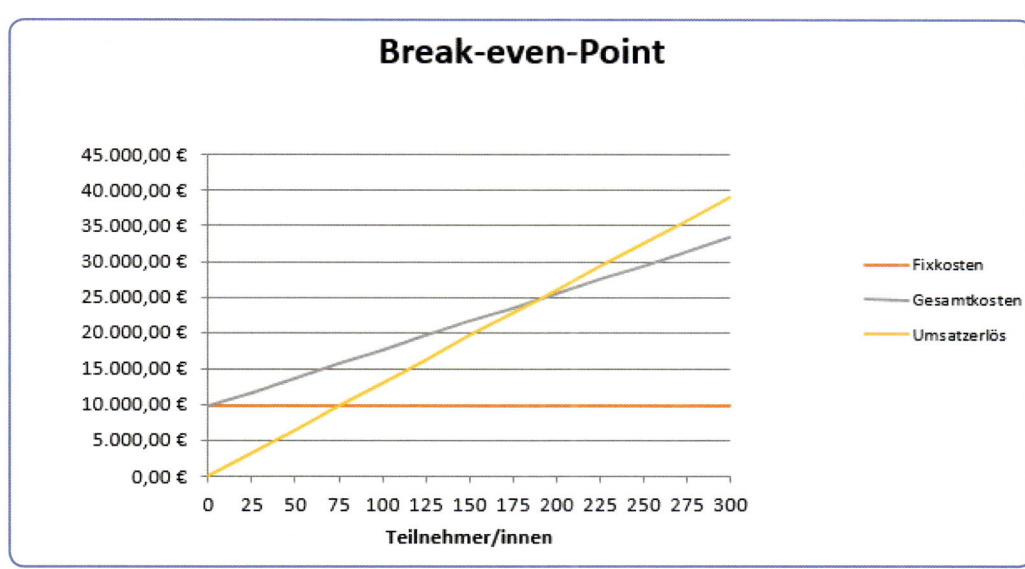

❹ Wie hoch müsste der Kongressbeitrag pro Teilnehmer/in sein, wenn lediglich ein Saal mit einer Kapazität von 150 Personen zur Verfügung steht? Kopieren Sie dazu die gesamte Tabelle *„BEP 1-3"* in ein neues Tabellenblatt und nehmen Sie erst dann die Berechnung vor.

Aufgabe 5.4: Break-even – Film4you

Unternehmen

Film4you ist ein Online-Videostore und verleiht Blu-rays und DVDs, die nicht im Sortiment der großen Streaming-Anbieter sind. Es werden über 10.000 Spiele und Filme zum Verleih angeboten. Um das Angebot von Film4you nutzen zu können, melden sich die Kunden auf der Webseite des Unternehmens an und bekommen die von ihnen gewünschten Filme per Post zugeschickt. Diese können sie 30 Tage lang nutzen, danach müssen die geliehenen Artikel per Post an Film4you zurückgesandt werden.

Inhalte Wirtschaftsinformatik	Inhalte BW und Rechnungswesen
● absolute und relative Bezüge	● fixe und variable Kosten
● benutzerdefinierte Zahlenformate	● Deckungsbeitragsrechnung
● Verwendung einfacher Formeln	● Break-even-Analyse
● Zielwertsuche	● Kostenmanagement

Problemstellung

Frau Ivcic verlieh im Juni 2.600 Medien und verrechnete pro verliehenem Medium EUR 2,30 Leihgebühr sowie EUR 1,98 Versandkosten. Kann sie damit all ihre Kosten decken? Wenn ja, wie hoch ist ihr Gewinn? Wenn nein, wie viele Medien müsste sie mehr verleihen, damit sie zumindest keinen Verlust erwirtschaftet? Begründen Sie Ihre Antworten jeweils rechnerisch.

Ihre Aufgaben

**Break-even_
Film4you.xlsx**

① Teilen Sie die Gesamtkosten lt. BÜB für den Monat Juni in fixe und variable Kosten auf und berechnen Sie jeweils die Summen:

Position	Gesamtkosten
Stromverbrauch	120,00
Gehälter	3.200,00
Telefon- und Internetgebühren	260,00
Portogebühren	610,00
Versicherungsaufwand	46,00
Mietaufwand	800,00
Werbeaufwand	500,00
sonstige Kosten	800,00
Zinsaufwand für Bankdarlehen	250,00
Gehaltsnebenkosten	2.080,00
kalkulatorische Abschreibung Medien	666,00
kalkulatorische Abschreibung Sonstiges	291,00
kalkulatorischer Unternehmerlohn	2.500,00
kalkulatorische Eigenkapitalzinsen	200,00
kalkulatorische Wagnisse	70,00

Hinweis:
Kalkulatorische Wagnisse sind immer variabel.

Der Stromverbrauch sowie der Werbeaufwand sind zur Hälfte von der Auslastung abhängig. Die sonstigen Kosten sind als fix anzusehen. Die kalkulatorischen Abschreibungen der Medien sind zu 70 % von der Auslastung abhängig, alle anderen kalkulatorischen Kosten sind bis auf die kalkulatorischen Wagnisse als fix anzusehen.

② Berechnen Sie den Deckungsbeitrag pro Medium auf Basis folgender Daten:

Anzahl der verliehenen Medien im Juni	2.600
Preis pro Medium	EUR 2,30
Versandkosten pro Medium	EUR 1,98

③ Wie viele Medien muss Film4you pro Monat verleihen, um alle Kosten decken zu können? Formatieren Sie den Betrag entsprechend seiner Einheit!

④ Kann Frau Ivcic im Juni alle ihre Kosten decken? Wenn nein, wie viele Medien müsste sie mehr verleihen, damit sie zumindest keinen Verlust erwirtschaftet? Begründen Sie Ihre Antwort, ohne eine Berechnung durchzuführen.

_____

_____

_____

_____

⑤ Frau Ivcic möchte in Zukunft einen Gewinn von EUR 1.000,00 pro Monat erwirtschaften. Wie viele Medien muss sie, ausgehend von den Daten vom Juni, im Monat verleihen?

⑥ Kopieren Sie die Aufstellung von Aufgabe 5 und berechnen Sie den möglichen Gewinn, wenn aufgrund der aktuellen Personalsituation max. 3.000 Medien pro Monat verliehen werden können. (Hinweis: Achten Sie beim Kopieren von Formeln auf die Bezüge!)

Aufgabe 5.5: Break-even – Wohlfühl-Oase

Unternehmen

Das Hotel Wohlfühl-Oase ist ein modernes, familiäres Wellnesshotel mit angrenzendem Restaurant, das von Frau Sommer betrieben wird. Die Wohlfühl-Oase bietet ihren Gästen insgesamt 50 Zimmer und beschäftigt derzeit 25 Mitarbeiterinnen und Mitarbeiter.

Inhalte Wirtschaftsinformatik	Inhalte BW und Rechnungswesen
● einfache Formeln ● Steuerelemente	● Break-even-Point ● Mindestauslastung ● Zusatzangebot

Problemstellung

Frau Sommer plant auszubauen, es sollen 20 neue Zimmer entstehen. Sie hatte bereits ein Gespräch mit ihrem Bankberater und hat einen Kredit für den Ausbau zugesagt bekommen. Nun hat sie bereits die Pläne für die Außen- und die Innengestaltung sowie eine voraussichtliche Kostenaufstellung vorliegen. Sie plant mit **7.000 Nächtigungen** pro Jahr, ist allerdings unsicher, ob die Auslastung der Zimmer hoch genug sein wird, um die Fixkosten zu decken oder ob sie lieber an der Einrichtung etwas einsparen sollte. Helfen Sie Frau Sommer und berechnen Sie, ob **7.000 Nächtigungen** im Jahr reichen, um die Kosten zu decken.

Ihre Aufgaben

**Break-even_
Wohlfühloase.xlsx**

① Wie viele Nächtigungen kann Frau Sommer höchstens pro Jahr verkaufen, wenn das Hotel 300 Tage im Jahr geöffnet ist und der Ausbau 15 Doppel- und 5 Dreibettzimmer umfasst?

② Wie viele Nächtigungen muss Frau Sommer im Jahr mindestens verkaufen, damit sie ihre Kosten decken kann und welcher Auslastung in Prozent entspricht das?

Folgende Kosten und Erlöse hat Frau Sommer für den Ausbau geplant:

Geplante Kosten und Erlöse für neue Zimmer	EUR
Lebensmitteleinsatz Frühstück pro Person und Nacht	11,20
Personalkosten	85.000,00
Abschreibung Gebäude und Einrichtung	72.000,00
sonstige Fixkosten	294.000,00
Erlöse pro Person und Nacht (exkl. USt und Ortstaxe)	75,00
geplante Nächtigungen pro Jahr	7.000,00

3 Welches Betriebsergebnis erwirtschaftet Frau Sommer für den Ausbau mit den geplanten 7000 Nächtigungen?

_____

_____

Gestalten Sie Ihre Berechnungen so, dass Frau Sommer mit wenigen Klicks die Auswirkungen einer veränderten Nächtigungszahl auf das Betriebsergebnis ermitteln kann. Sie möchte folgendes Symbol: ◄▮▮▮▮▮▮▮ ►

Mit jedem Klick sollen 10 Nächte mehr oder weniger ausgewählt werden können.

4 Was soll Frau Sommer nun machen? Soll sie an der Inneneinrichtung sparen? Welche anderen Möglichkeiten können Sie Frau Sommer empfehlen, um ihre Kosten für den Neubau zu decken?

_____

_____

_____

_____

_____

5 Holler Reisen bietet Frau Sommer 500 zusätzliche Nächtigungen in der Nebensaison um einen Preis pro Person und pro Nacht von EUR 65,00 an. Wie würde sich bei Annahme des Angebots das Betriebsergebnis verändern? Soll Frau Sommer das Angebot annehmen? Begründen Sie Ihre Antwort auch rechnerisch!

_____

_____

_____

_____

_____

6 Was muss Frau Sommer bedenken, wenn sie das Angebot von Holler Reisen annimmt? Gibt es Gründe, warum sie es nicht annehmen sollte? Begründen Sie Ihre Antwort!

_____

_____

_____

_____

_____

6 Finanzierung

Wichtige Begriffe

- **Laufzeit:** Dauer, über welche der Kredit zurückgezahlt wird
- **Kreditbetrag:** Betrag, in dessen Höhe der Kredit aufgenommen wird
- **Kreditrate (= Annuität):** Betrag, der jährlich gezahlt werden muss (Tilgung + Zinsen)
- **Tilgung:** Betrag, mit welchem die Schulden an sich zurückgezahlt werden
- **Zinsen:** Entgelt, das der Bank für die Überlassung des Geldes gezahlt wird (= Aufwand)
- **Jahreszinssatz:** Zinssatz, welcher jährlich für die Überlassung des Geldes an die Bank gezahlt wird
- **Zahlungsweise: vorschüssig** – die Kreditrate wird jeweils Anfang des Jahres bezahlt; **nachschüssig** – die Kreditrate wird jeweils Ende des Jahres bezahlt
- Ein **Tilgungsplan** gibt einen Überblick über die Rückzahlung eines Kredites über die gesamte Laufzeit, gegliedert in Tilgung und Zinsen.

Vergleich der Gesamtzinsbelastung

Statischer Vergleich	Dynamischer Vergleich
• Der zeitliche Anfall der Zahlungen wird nicht berücksichtigt. • Der Zinseszinseffekt wird nicht berücksichtigt.	• Die einzelnen Zahlungen werden mit dem Kalkulationszinssatz auf den Barwert (Wert der Zahlung zum Zeitpunkt 0) abgezinst: $$\frac{\text{Zinsen}}{(1 - \text{Zinssatz})\char94\text{Periode}}$$ oder Funktion Nettobarwert (NBW)

Aufgabe 6.1: Kredittilgung – grafisch

Inhalte Wirtschaftsinformatik	Inhalte BW und Rechnungswesen
• Funktion *AutoAusfüllen* • Liniendiagramm	• Finanzierung

Herr Bram nimmt sich einen Kredit in Höhe von EUR 30.000,00 mit 6%-iger Verzinsung auf. Jährlich kann er EUR 3.000,00 zurückzahlen! Er möchte nun die Laufzeit des Darlehens, das jeweilige Restdarlehen pro Jahr (auch grafisch) sowie die dafür anfallenden Zinsen ermitteln. Außerdem möchte er die Tilgung je Jahr errechnen!

Ihre Aufgaben

1. Vervollständigen Sie die Spalte *Laufzeit.*

2. Füllen Sie die Spalte *Rückzahlung* mittels Drag-&-Drop aus!

3. Ermitteln Sie die Tilgung und das Restdarlehen sowie die Zinsen dafür (Feldbezug)! Kopieren Sie die Formeln mittels Drag-&-Drop nach unten!

4. Erstellen Sie nachstehendes Liniendiagramm mit Datenpunkten, das den Verlauf des Restdarlehens über die ermittelte Laufzeit zeigt.

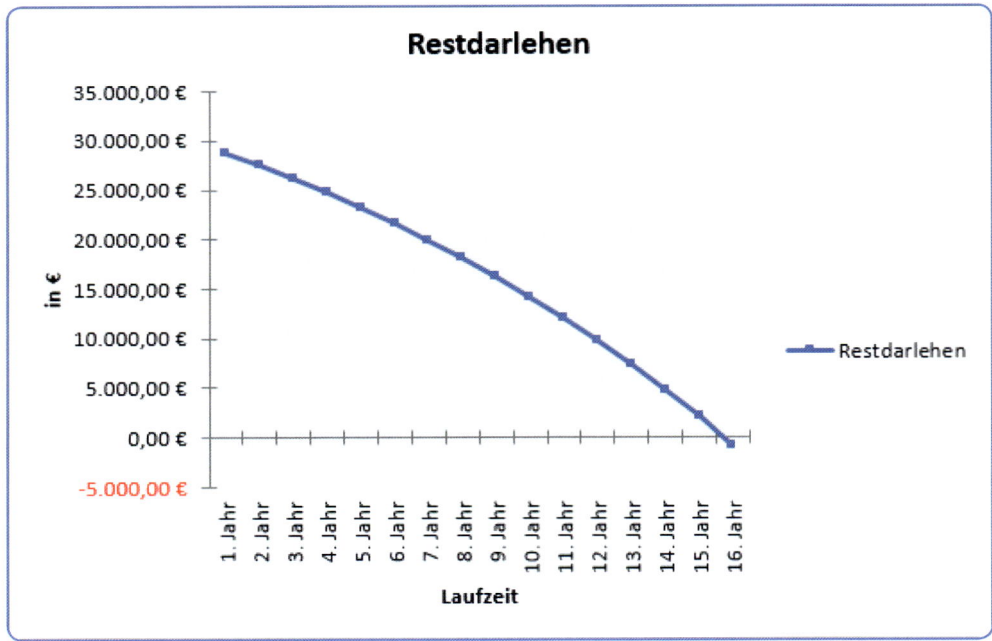

Aufgabe 6.2: Finanzierung Sonnenschein

Unternehmen

Das Unternehmen „Sonnenschein" wurde 1990 von Markus Glanzer gegründet und verarbeitet Kräuter-Spezialitäten regionaler Bio-Bauern zu hochwertigen Bio-Teeprodukten. Neben 400 verschiedenen Bio-Tees werden auch Kräuter- und Gewürzmischungen produziert.

Inhalte Wirtschaftsinformatik	Inhalte BW und Rechnungswesen
● finanzmathematische Formeln (**NBW,** **Zins**) ● absolute/relative Bezüge ● Verwenden einfacher Formeln ● einfache Diagramme	● Tilgungsplan ● Kreditkonditionen ● Finanzmathematik

Problemstellung

Die Sonnenschein Teeproduktions GmbH ersetzt die alte Produktionsmaschine für Teepäckchen durch die neue Produktionsmaschine „Easy". Aufgrund der aktuellen finanziellen Situation soll diese Anschaffung fremdfinanziert werden. Dem Geschäftsführer, Herrn Glanzer, liegen zwei Kreditangebote vor und er muss sich nun für die günstigere Variante entscheiden (alle Angaben siehe Excel-Datei).

Ihre Aufgaben

Finanzierung_ Sonnenschein.xlsx

1 In den Angeboten wurden jeweils nur die jährlichen Rückzahlungsraten angegeben. Um die Kredite miteinander vergleichen zu können, berechnen Sie in einem ersten Schritt jeweils den Jahreszinssatz der beiden Kreditvarianten (siehe Tabellen) in den entsprechenden Zellen!

Kreditvariante A	
Laufzeit	8 Jahre
Kreditbetrag	EUR 145.000,00
jährliche Kreditrate	EUR 23.200,00
Zahlungsweise	nachschüssig

Kreditvariante B	
Laufzeit	12 Jahre
Kreditbetrag	EUR 145.000,00
jährliche Kreditrate	EUR 16.250,00
Zahlungsweise	nachschüssig

② Da sich die beiden Kredite in den sonstigen Konditionen stark unterscheiden, wollen Sie zusätzlich die jährlichen Zinskosten vergleichen. Vervollständigen Sie dazu die Tilgungspläne der beiden Kreditvarianten.

③ Stellen Sie die jährlichen Rückzahlungsraten aufgeschlüsselt in Zinsbelastung und Tilgungsrate für beide Kreditvarianten vergleichend grafisch dar (siehe Screenshot)! Kopieren Sie dazu die entsprechenden Daten in die Tabelle „Zinsbelastung – Vergleich"!

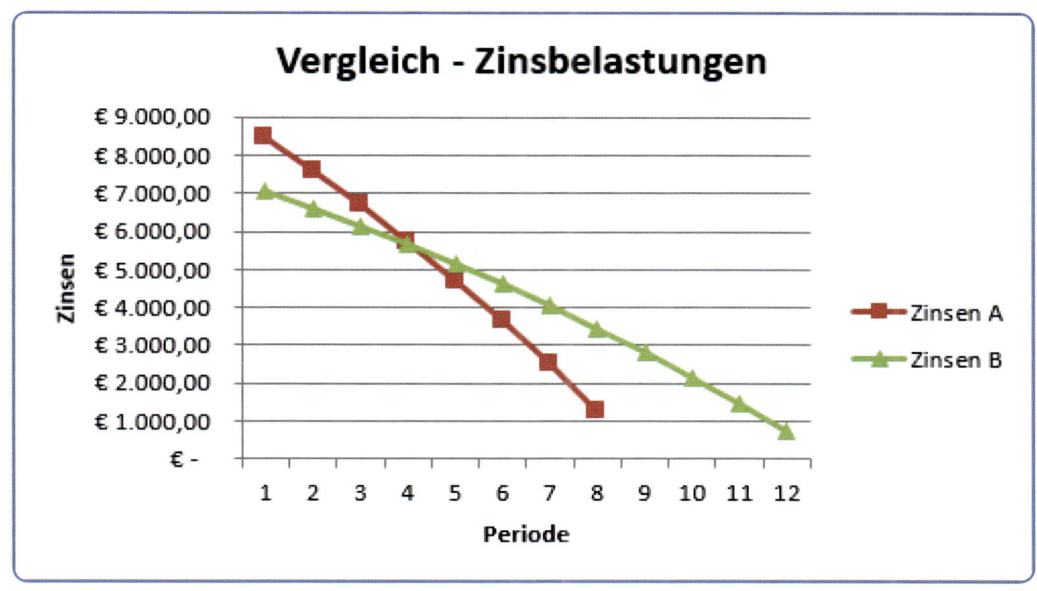

④ Für welchen Kredit sollte sich Herr Glanzer aufgrund der anfallenden Zinskosten über die gesamte Laufzeit im Sinne eines statischen Vergleichs entscheiden? Begründen Sie Ihre Antwort!

_____

_____

_____

⑤ Welche Probleme und Verzerrungen treten bei diesem statischen Vergleich auf?

_____

_____

_____

Hinweis:
Lösen Sie diese Aufgabe
mit der Funktion *NBW*.

⑥ Herr Glanzer möchte ein möglichst genaues Bild der beiden Kreditvarianten bekommen und beauftragt Sie daher, auch einen dynamischen Vergleich durchzuführen. Berechnen Sie dafür die Barwerte der Zinsbelastungen der beiden Kreditvarianten über die gesamte Laufzeit (Tabelle „Aufgabe 2")! Rechnen Sie mit einem Kalkulationszinssatz von 4 %.

⑦ Für welchen Kredit soll sich Herr Glanzer aufgrund der Berechnungen aus Aufgabe 6 entscheiden? Begründen Sie Ihre Antwort!

_____

_____

_____

7 Investitionsrechnung

Statische Investitionsrechnung

**BW Brush-up
Investitionsrechnung**

- **Kostenvergleichsrechnung:** Das Objekt mit den niedrigsten Kosten ist die bessere Entscheidung.
- **Rentabilitätsvergleichsrechnung:** Das Objekt mit der größeren Rentabilität (Gewinn / eingesetztes Kapital) ist die bessere Entscheidung.
- **Amortisationsrechnung statisch:** Das Objekt, das sich selbst schneller refinanziert (das eingesetzte Kapital wieder zurück erwirtschaftet), ist die bessere Entscheidung.

Hinweis:
Der zeitliche Anfall der Zahlungen wird nicht berücksichtigt.
Der Zinseszinseffekt wird nicht berücksichtigt.

Dynamische Investitionsrechnung

- **Kapitalwertmethode:** Unter Berücksichtigung des Zinses und Zinseszinses werden die Ein- und Auszahlungen über alle Perioden abgezinst. Das Objekt mit den niedrigsten Kosten ist die bessere Entscheidung.
- **Methode des internen Zinsfußes:** Es wird die jährliche Rendite von Investitionen mit schwankenden Gewinnen errechnet. Somit wird der Zinssatz errechnet, der einen Kapitalwert von null liefert. Die Investition mit dem höheren Zinssatz ist zu wählen.
- **Amortisationsrechnung dynamisch:** Das Objekt, das sich selbst schneller unter Berücksichtigung des Zinses und Zinseszinses refinanziert (das eingesetzte Kapital wieder zurück erwirtschaftet), ist die bessere Entscheidung.

Hinweis:
Die einzelnen Zahlungen werden mit dem Kalkulationszinssatz auf den Barwert (Wert der Zahlung zum Zeitpunkt 0) abgezinst.

Aufgabe 7.1: Kostenvergleichsrechnung Handykauf/Autokauf

Kostenvergleichsrechnung.xlsx

Inhalte Wirtschaftsinformatik	Inhalte BW und Rechnungswesen
• absolute/relative Bezüge • Verwenden einfacher Formeln	• statische Investitionsrechnung • Kostenvergleichsrechnung

Problemstellung a)

Katja möchte sich ein neues Smartphone kaufen. Sie hat zwei Varianten zur Auswahl:

Variante 1: EUR 99,00 Kaufpreis für das Smartphone und Tarif EUR 39,90 pro Monat

Variante 2: Kajta hätte auch die Möglichkeit, sich das Smartphone ohne Bindung um EUR 457,00 bei einem Onlinehändler zu kaufen und einen Tarif um EUR 15,00 pro Monat ohne Handy zu wählen, der dieselben inkludierten Freieinheiten wie der Tarif in Variante 1 enthält.

Ihre Aufgabe

Für welche Variante soll sich Katja entscheiden, wenn von einer Vertragsdauer von 24 Monaten und keinen weiteren Kosten (Überschreitung der Freiminuten, Aktivierungskosten, Servicepauschalen etc.) auszugehen ist?

Problemstellung b)

Philipp möchte sich einen Kleinwagen kaufen.

Der Händler Nemeth bietet ihm ein Auto zum Barzahlungspreis von EUR 10.990,00 an. Beim Händler Dvorak hätte er die Möglichkeit, eine Anzahlung von EUR 3.000,00 und danach 36 Monatsraten zu je EUR 225,00 zu leisten.

Ihre Aufgabe

Für welchen Händler soll sich Philipp nach der Kostenvergleichsrechnung entscheiden?

Aufgabe 7.2: Rentabilitätsvergleichsrechnung Maschinen-ankauf/Getränkeautomat

Rentabilitäts-rechnung.xlsx

Inhalte Wirtschaftsinformatik	Inhalte BW und Rechnungswesen
● absolute/relative Bezüge ● Verwenden einfacher Formeln	● statische Investitionsrechnung ● Rentabilitätsvergleichsrechnung

Problemstellung a)

Die Birne Mobil AG hat die Wahl zwischen den Maschinen *A4 High* und *A5 Ultra* zur Herstellung von Smartphone-Gehäusen. Bei den beiden Maschinen ist mit folgenden Erträgen und Kosten zu rechnen:

Rentabilität

$$\frac{\text{Erlöse} - \text{Kosten}}{\text{Ø Kapitaleinsatz}} \times 100$$

Hinweis:

Das Objekt mit der größeren Rentabilität ist die bessere Entscheidung.

	Maschine A4 High	Maschine A5 Ultra
Anschaffungskosten	€ 1.500.000,00	€ 3.000.000,00
jährliche fixe Kosten	€ 300.000,00	€ 300.000,00
jährliche variable Kosten	€ 1.400.000,00	€ 1.500.000,00
jährliche Erlöse	€ 2.000.000,00	€ 2.550.000,00
Nutzungsdauer in Jahren	9	6

Ihre Aufgabe

Welche Maschine soll die Birne Mobil AG nach der Rentabilitätsvergleichsrechnung beschaffen?

Problemstellung b)

In einer Schule soll ein neuer Getränkeautomat aufgestellt werden. Es soll entweder ein Getränke-Snack- Automat mit angeschlossenem Kaffeeautomaten oder nur ein Getränke-Snack-Automat angeschafft werden.

	Snack & Coffee	Snack
Kaufpreis	€ 17.000,00	€ 11.000,00
erwarteter Erlös pro Jahr	€ 8.000,00	€ 5.000,00
erwartete Kosten pro Jahr	€ 4.000,00	€ 2.000,00
Nutzungsdauer in Jahren	6	5

Ihre Aufgabe

Welcher Automat soll nach der Rentabilitätsvergleichsrechnung beschafft werden?

7.3: Amortisationsrechnung statisch – Solaranlage/ Copyshop

Amortisation_ statisch.xlsx

Inhalte Wirtschaftsinformatik	Inhalte BW und Rechnungswesen
● absolute/relative Bezüge ● Verwenden einfacher Formeln	● statische Investitionsrechnung ● Amortisationsrechnung

Problemstellung a)

Familie Grünwald möchte sich eine Solaranlage anschaffen, um Energiekosten zu sparen. Sie findet dazu folgende Angebote:

Variante 1: Kaufpreis EUR 2.990,00

Durch die Umsetzung von Angebot 1 könnte Familie Grünwald Energiekosten von EUR 230,00 pro Jahr sparen.

Amortisationszeit

$$\frac{\text{Anschaffungskosten}}{\text{Kostenersparnis / Periode}}$$

Variante 2: Kaufpreis EUR 1.990,00

Durch die Umsetzung von Angebot 2 könnte Familie Grünwald Energiekosten von EUR 160,00 pro Jahr sparen.

Ihre Aufgabe

Welches Angebot wird Familie Grünwald annehmen, wenn sie ihre Entscheidung aufgrund der statischen Amortisationsrechnung trifft?

Problemstellung b)

Ein Copyshop ersetzt einen alten Kopierer. Folgende Firmen haben ein Angebot für einen neuen Kopierer abgegeben:

	CABON	KONIBA	BEROX
Kaufpreis	€ 11.000,00	€ 14.000,00	€ 8.500,00
Kosten pro Kopie	€ 0,024	€ 0,015	€ 0,03

Hinweis:
Das Investitionsobjekt mit der kürzeren Amortisationszeit wird gewählt.

Die Kunden bezahlen pro Kopie EUR 0,05 und es ist von 100.000 Kopien pro Jahr auszugehen.

Ihre Aufgabe

Welches Gerät sollte nach der statischen Amortisationsrechnung angeschafft werden?

Aufgabe 7.4: Kapitalwertmethode – Handykauf/Autokauf

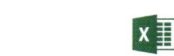

**Kapitalwert_
Handy_Auto.xlsx**

Inhalte Wirtschaftsinformatik	Inhalte BW und Rechnungswesen
● absolute/relative Bezüge	● dynamische Investitionsrechnung
● Verwenden einfacher Formeln	● Kapitalwertmethode

Problemstellung a)

Katja möchte sich ein neues Smartphone kaufen. Sie hat zwei Varianten zur Auswahl:

Variante 1: EUR 99,00 Kaufpreis für das Smartphone und Tarif EUR 39,90 pro Monat

Hinweis:
Unter Berücksichtigung des Zinses und Zinseszinses werden die Ein- und Auszahlungen über alle Perioden abgezinst und das Objekt mit den niedrigsten Gesamtkosten gewählt.

Variante 2: Katja hätte auch die Möglichkeit, sich das Smartphone ohne Bindung um EUR 457,00 bei einem Onlinehändler zu kaufen und einen Tarif um EUR 15,00 pro Monat ohne Handy zu wählen, der dieselben inkludierten Freieinheiten wie der Tarif in Variante 1 enthält.

Ihre Aufgabe

Wie soll sich Katja nach der Kapitalwertmethode entscheiden, wenn von einer Vertragsdauer von 24 Monaten, keinen weiteren Kosten (Überschreitung der Freiminuten, Aktivierungskosten, Servicepauschalen etc.) und einem Zinssatz von 0,2 % pro Monat auszugehen ist?

Problemstellung b)

Philipp möchte sich einen Kleinwagen kaufen.

Der Händler Nemeth bietet ihm ein Auto zum Barzahlungspreis von EUR 10.990,00 an. Beim Händler Dvorak hätte er die Möglichkeit, eine Anzahlung von EUR 3.000,00 und danach 36 Monatsraten zu je EUR 225,00 zu leisten.

Ihre Aufgabe

Für welchen Händler soll sich Philipp nach der Kapitalwertmethode bei einem Zinssatz von 0,15 % pro Monat entscheiden?

Aufgabe 7.5: Interner Zinsfuß Maschinenankauf/Getränkeautomat

Interner_Zinsfuß.xlsx

Inhalte Wirtschaftsinformatik	Inhalte BW und Rechnungswesen
● absolute/relative Bezüge	● dynamische Investitionsrechnung
● Verwenden einfacher Formeln	● Methode des internen Zinsfußes

Problemstellung a)

Die Birne Mobil AG hat die Wahl zwischen den Maschinen *A4 High* (Nutzungsdauer 9 Jahre) und *A5 Ultra* (Nutzungsdauer 6 Jahre) zur Herstellung von Smartphone-Gehäusen. Bei den beiden Maschinen ist mit schwankenden Gewinnen zu rechnen:

	Maschine A4 High	Maschine A5 Ultra
Anschaffungskosten	€ 1.500.000,00	€ 3.000.000,00
Gewinn im Jahr 1	€ 200.000,00	€ 600.000,00
Gewinn im Jahr 2	€ 220.000,00	€ 620.000,00
Gewinn im Jahr 3	€ 240.000,00	€ 750.000,00
Gewinn im Jahr 4	€ 250.000,00	€ 750.000,00
Gewinn im Jahr 5	€ 400.000,00	€ 740.000,00
Gewinn im Jahr 6	€ 400.000,00	€ 715.000,00
Gewinn im Jahr 7	€ 400.000,00	
Gewinn im Jahr 8	€ 370.000,00	
Gewinn im Jahr 9	€ 240.000,00	

Hinweis:
Interner Zinfuß: Barwert der Einzahlungen = Barwert der Auszahlungen. Das Investitionsobjekt mit dem höheren Zinsfuß ist zu wählen.

Ihre Aufgabe

Hinweis:
Funktion für den internen Zinsfuß: *IKV*

Welche Maschine soll die Birne Mobil AG nach der Methode des internen Zinsfußes beschaffen?

Problemstellung b)

In einer Schule soll ein neuer Getränkeautomat aufgestellt werden. Es soll entweder der Automat Snack & Coffee (Nutzungsdauer 6 Jahre) oder nur ein Snack-Automat (Nutzungsdauer 5 Jahre) angeschafft werden.

	Snack & Coffee	Snack
Kaufpreis	€ 17.000,00	€ 11.000,00
Gewinn im Jahr 1	€ 4.500,00	€ 3.300,00
Gewinn im Jahr 2	€ 4.000,00	€ 3.200,00
Gewinn im Jahr 3	€ 3.800,00	€ 3.150,00
Gewinn im Jahr 4	€ 3.800,00	€ 3.000,00
Gewinn im Jahr 5	€ 3.700,00	€ 3.000,00
Gewinn im Jahr 6	€ 3.700,00	

Ihre Aufgabe

Welcher Automat soll nach der Methode des internen Zinsfußes beschafft werden?

Aufgabe 7.6: Amortisationsrechnung dynamisch – Solaranlage/Copyshop

Amortisation_dynamisch.xlsx

Inhalte Wirtschaftsinformatik	Inhalte BW und Rechnungswesen
● absolute/relative Bezüge ● Verwenden einfacher Formeln	● dynamische Investitionsrechnung ● Methode des internen Zinsfußes

Problemstellung a)

Familie Grünwald möchte sich eine Solaranlage anschaffen, um Energiekosten zu sparen. Sie findet dazu folgende Angebote:

Variante 1: Kaufpreis EUR 2.990,00

Durch die Umsetzung von Angebot 1 könnte Familie Grünwald Energiekosten von EUR 230,00 pro Jahr sparen.

Hinweis:
Das Investitionsobjekt mit der kürzeren Amortisationszeit wird gewählt.

Variante 2: Kaufpreis EUR 1.990,00

Durch die Umsetzung von Angebot 2 könnte Familie Grünwald Energiekosten von EUR 160,00 pro Jahr sparen.

Hinweis:
Funktion für die
Amortisationsdauer:
ZZR

Ihre Aufgabe

Welches Angebot wird Familie Grünwald annehmen, wenn sie ihre Entscheidung aufgrund der dynamischen Amortisationsrechnung trifft und von einem Zinssatz von 2,5 % pro Jahr auszugehen ist?

Problemstellung b)

Ein Copyshop ersetzt einen alten Kopierer. Folgende Firmen haben ein Angebot für einen neuen Kopierer abgegeben:

	CABON	KONIBA	BEROX
Kaufpreis	€ 11.000,00	€ 14.000,00	€ 8.500,00
Kosten pro Kopie	€ 0,024	€ 0,015	€ 0,03

Die Kunden bezahlen pro Kopie EUR 0,05 und es ist von 100.000 Kopien pro Jahr auszugehen.

Ihre Aufgabe

Welches Gerät sollte nach der dynamischen Amortisationsrechnung angeschafft werden?

Aufgabe 7.7: Kritische Auslastung – Druckerkauf

Inhalte Wirtschaftsinformatik	Inhalte BW und Rechnungswesen
● Rechnen mit Bezügen ● Formeln	● Break-even-Analyse ● Gewinnschwellenmenge ● Deckungsbeitrag

Kritische-Auslastung_
Druckerkauf.xlsx

BW Brush-up
Kritische Auslastung

Kritische Auslastung – Interpretation

● Liegt die produzierte Menge **unter der kritischen Auslastung,** ist die Investition mit den niedrigeren Anschaffungskosten zu wählen.

● **Übersteigt** die Menge die kritische Auslastung, ist die Investiton mit den höheren Anschaffungskosten zu wählen.

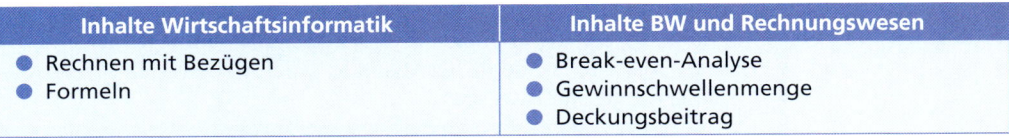

$$\frac{\text{Fixkosten Investition 2} - \text{Fixkosten Investition 1}}{\text{Variable Kosten Investition 1} - \text{Variable Kosten Investition 2}}$$

Problemstellung

Anna will sich einen neuen Drucker kaufen. Sie hat die Wahl zwischen folgenden Geräten:
Variante 1:
Laserdrucker HL-5350, Verkaufspreis: EUR 279,90
Toner TN-3170 reicht für ca. 7000 Seiten, Verkaufspreis: EUR 96,90

Variante 2:
Laserdrucker HL-2130, Verkaufspreis: EUR 59,00
Toner TN-2010 reicht für ca. 1.000 Seiten, Verkaufspreis: EUR 34,90

Ihre Aufgabe

Ab wie vielen gedruckten Seiten ist der teurere HL-5350 günstiger als der billigere HL-2130, wenn nur auf den Verbrauch und nicht auf die Druckleistung (Seiten pro Minute etc.) geachtet wird?

Stichwortverzeichnis

5-W-Prinzip...108

Abfragekriterien 2
AccessPoint...133
Adware...145
AES..174
Aggregieren von Werten..............................8
Aktualisierungsabfragen 65
Anfügeabfragen 64
Antivirenprogramm.....................................149
Attribute...84
– zusammengesetzte 84
– virtuelle...86

Barwert-Funktion.......................................206
Baum..131
Bedrohungen..146
Benutzerkonto..119
Berechnete Textfelder..................................28
Berichte
– Gruppieren 29
– Sortieren 29
Beziehungen...84
Bildlaufleiste 182
Bildnisschutz..168
Brute-Force...148
Bus...131
Button-Lösung..170

Cäsar-Chiffre..173
Chen, Peter...83
Codd, Edgar Frank 83
Copyright 165
Creative Commons 165

Dateiversionsverlauf..................................152
Daten
– importieren 57, 73
– exportieren 58, 72
Datendose..136
Datenmodelle 80
Datensatzquelle 20
Datenschutz...158
Datenschutzbehörde....................................160
Datensicherheit..150
Datensicherung..151
Datentypen...44
Datenverarbeitungsregister 159
Datumsfunktionen.......................................4
Differenzielle Datensicherung.....................151
DMZ...138
Drehfeld 182
Druckeranschluss 125
Druckertypen 124
DVR..159

E-Business...169
ECG...163, 171
Einfachinformationen...................................42
Eingabeformate 48
Endwert-Funktion 204
Entität..84
Entity-Relationship-Diagramm 83

Entwicklertools 183
Ereignisanzeige 117

FAT32...120
Fehlende Werte 87
Fehleranalyse 107
Felddatentyp..46, 47
Felder...46
Feldliste 22
Finanzmathematische Funktionen 203
Firewall 135
– Contentfilter 149, 150
– Paketfilter 149, 150
– Stateful Inspection 150
– Windows 149
Freie Werknutzung 167
Freigaben...120
– administrative 123
– versteckte 123
Fremdschlüssel...................................43, 50, 85

Gleichheitsverknüpfung 52
Gruppenfeld 184
Gruppierungsebene 31
Gültigkeitsregel..47

Hacker..144
Hash...174
Hoax...144
Hub..133

Indexierung...46
Inklusionsverknüpfung.................................52
Inkrementelle Datensicherung.....................151
Inner Join...52
IP-Adresse..116

Ja/Nein-Felder 2

Kanalvermittlung 132
Kardinalität..88
Kategorien...135
Keylogger 148
Knowledgebase..109
Kombinationsfeld...186
Kontrollkästchen..184
Kreuztabellenabfragen 11
Kryptografie...172
Kupferkabel 130

LAN..129
Left Join...52
Lichtwellenleiter...130
Listenfeld...186
Löschabfragen 66

Makrorekorder 192
Malware 145
Massenmails 164
Mehrfachbeziehung.....................................50
Mehrfachinformationen...............................42
Meldepflicht 161
Mindmaps 81

Nachschlagefelder 48
Nachschüssige Verzinsung..........................210
Netzwerkdrucker 123, 126
Normalformen 99
NTFS 120
Null...87

OneDrive 110
Optionsfeld...184
OSI-Schichten 134

Paketvermittlung.......................................132
Parameterabfragen 6
Partitionen 114
Passwortqualität 147
Patchkabel 136
Pflichtfelder 47
Polizeivirus 145
Primärschlüssel..........................42, 45, 50, 85

Reflexivverknüpfung 52
Relationale Auflösung...................................94
Rentenrechnung 213
Right Join...52
Ring...131
RMZ-Funktion 213
Rollen 119
Rootkit...144
Router 133

Schichtenmodell 134
Server-Manager 116
Sicherheitseinstellungen............................121
Spam...144, 162
Spitzenwerte...10
Spyware..144
SQL-Abfragen 67

SQL-Anweisung 21
Standard- und Musterverordnung 161
Stern 131
Strukturierte Verkabelung 135
Switch 133
Systemabbildsicherung...............................152
Systemabsturz...107
System-Recovery 154

Task-Manager...118
Textfunktionen...4
Topologien..131
Trojaner 144

Unterberichte 33
Unterformulare 26
Urheberrecht 164

Verteilerschrank..136
Viren..144
Virtuelle Maschine 112
Voice-over-IP...132
Vollsicherung 151
Vorschüssige Verzinsung 210

WAN...129
Wertliste..49
Widerrufsrecht..170
Wiederherstellung 153
WLAN...137
Wurm...145

Zahlenfunktionen..4
Zeitfunktionen..4
ZINS-Funktion 207
ZZR-Funktion 208

Bildnachweis

Fotos von Hard- und Softwareprodukten sowie Firmenlogos wurden für den Zweck der Publikation freigegeben und stammen vom Presseservice der jeweiligen Hersteller bzw. Organisationen:

- Adobe
- Assmann
- Cisco
- Hewlett Packard
- Microsoft
- Samsung
- Symantec

Seite 57, 144, 158, 182, 192, 203, Logo Film4You (S. 220, 226, 230, 232, 233, 252), Logo Sonnenschein (S. 227, 256), Logo Wohlfühl-Oase (S. 236, 247, 253, 256), Logo Naturreich (S. 242, 245): **Shutterstock, Inc.**

Produktunabhängige Fotos und Symbole in Abbildungen wurden dem Clipart- und Fotoservice von Microsoft entnommen.

Alle anderen Quellenangaben befinden sich direkt bei den Abbildungen.

Die übrigen Fotos und Abbildungen wurden von den Autoren selbst erstellt. Alle Rechte für diese Abbildungen liegen bei den Autoren.